p. 1: cartaz do início da guerra civil,
artista anônimo.
"Trabalhadoras, levantem os fuzis!"

quarta capa: Brigada de Alfabetização
Rural, 1931.

MULHER, ESTADO E REVOLUÇÃO

WENDY GOLDMAN

MULHER, ESTADO E REVOLUÇÃO

política familiar e vida social soviéticas, 1917-1936

Copyright desta edição © Boitempo Editorial, 2014
Copyright © Cambridge University Press, 1993
Traduzido do original em inglês *Women, the State and Revolution:
Soviet Family Policy and Social Life, 1917-1936*

Coordenação editorial:	Ivana Jinkings
Editora-adjunta:	Bibiana Leme
Assistência editorial:	Thaisa Burani
Tradução:	Natália Angyalossy Alfonso (com a colaboração de Daniel Angyalossy Alfonso e Marie Christine Aguirre Castañeda)
Revisão da tradução:	Edison Urbano
Preparação:	José Eduardo de Souza Góes
Revisão:	Denise Camargo
Capa, caderno de imagens e p. 3 e 5:	Antonio Kehl
Diagramação:	Juliana Daguer Esposito e Filipe da Souza
Coordenação de produção:	Livia Campos

CIP - Brasil. Catalogação na Publicação Sindicato Nacional dos Editores de Livros, RJ

G572m

Goldman, Wendy Z.

Mulher, Estado e revolução : política familiar e vida social soviéticas, 1917-1936 / Wendy Z. Goldman ; [tradução Natália Angyalossy Alfonso, com colaboração de Daniel Angyalossy Alfonso e Marie Christine Aguirre Castañeda]. - 1. ed. - São Paulo : Boitempo : Iskra Edições, 2014.

il.

Tradução de: Women, the State and Revolution: Soviet Family Policy and Social Life, 1917-1936
ISBN 978-85-7559-364-6

1. Família - União Soviética - História. 2. Vida urbana - União Soviética. 3. Comunismo - União Soviética - Aspectos psicológicos. 4. União Soviética - Condições sociais. 5. União Soviética - História - 1925-1953. I. Título.

14-10066

CDD: 306.850947
CDU: 316.356.2(47+57)

É vedada a reprodução de qualquer parte deste livro sem a expressa autorização da editora.

1ª edição: março de 2014;
1ª reimpressão: novembro de 2014; 2ª reimpressão: abril de 2016;
3ª reimpressão: agosto de 2017; 4ª reimpressão: outubro de 2018;
5ª reimpressão: novembro de 2019; 6ª reimpressão: março de 2021;
7ª reimpressão: agosto de 2023

BOITEMPO
Jinkings Editores Associados Ltda.
Rua Pereira Leite, 373
05442-000 São Paulo SP
Tel.: (11) 3875-7250 / 3875-7285
editor@boitempoeditorial.com.br
boitempoeditorial.com.br | blogdaboitempo.com.br
facebook.com/boitempo | twitter.com/editoraboitempo
youtube.com/tvboitempo | instagram.com/boitempo

SUMÁRIO

PREFÁCIO À EDIÇÃO BRASILEIRA 9

PRÓLOGO – Amor e revolução
Diana Assunção 13

AGRADECIMENTOS DA AUTORA 17

1. As origens da visão bolchevique:
amor sem entraves, mulheres livres 19

2. O primeiro retrocesso:
besprizornost' e a criação socializada da criança 97

3. A lei e a vida colidem:
união livre e população assalariada 141

4. Agitando o mar de estagnação camponesa 187

5. Podando o "matagal burguês":
esboço de um novo código da família 231

6. Liberdade sexual ou caos social:
o debate sobre o Código de 1926 261

7. Controlando a reprodução:
mulheres *versus* Estado 303

8. Reformulando a visão:
a ressurreição da família 345

CONCLUSÃO – O oxímoro de Stálin:
Estado socialista, direito e família 389

ÍNDICE DE TABELAS 397

CRÉDITOS DAS IMAGENS 399

PREFÁCIO À EDIÇÃO BRASILEIRA

Em alguns poucos anos, o centenário da Revolução Russa estará diante de nós. A Revolução e seus frutos modelaram a política e os eventos do século XX tão profundamente que é como se ela tivesse ocorrido há pouco tempo. Ativistas e revolucionários de todo o mundo se basearam no legado da Revolução, inspirados pelos sonhos revolucionários. Gerações sucessivas, fascinadas pela Revolução, participaram das grandes lutas dos trabalhadores industriais e das rebeliões camponesas dos anos 1930, da resistência antifascista da Segunda Guerra Mundial, de movimentos anticolonialistas e anti–imperialistas, do grande ascenso estudantil dos anos 1960 e 1970, e dos mais recentes protestos do novo milênio. Apesar de o stalinismo e as forças antidemocráticas de repressão terem prestado um triste serviço para desacreditar a Revolução e seu significado, o grande experimento soviético tem muito a ensinar. Enquanto o espaço entre ricos e pobres cresce cada vez mais, e os trabalhadores recebem apenas uma pequena porção do valor que eles produzem para as grandes empresas, a determinação dos trabalhadores em controlar as terras, as fábricas e os serviços oferecidos ainda tem grande relevância para a maioria da população mundial. Em um mundo no qual terra, água, animais e seres humanos estão sendo envenenados e destruídos pelo insustentável dinamismo do capitalismo, o princípio do "crescimento incessante e lucro" está sendo questionado. Fico muito satisfeita por *Mulher, Estado e revolução* ter agora uma edição brasileira e, assim, ganhar um horizonte mais vasto de leitores. Faço uma calorosa saudação aos meus leitores de língua portuguesa e espero que vocês encontrem nestas páginas algo que possa ser útil tanto em suas vidas pessoais quanto nas lutas coletivas.

Este livro retrata as grandes experiências da libertação da mulher e do amor livre na União Soviética depois da Revolução, além do que sucedeu dessas experiências com a direção stalinista. Seu tema é a difícil relação entre vida cotidiana e belos ideais. O livro examina as condições materiais da União Soviética depois da Revolução e explora o que era realmente possível sob a luz dessas condições. Seus questionamentos são relevantes para qualquer Revolução ou movimento social: quando um novo mundo poderá ser criado? Quais são as condições necessárias para se realizar ideais revolucionários? É possível que se crie total liberdade sexual para homens e mulheres sob condições de desemprego, discriminação e persistência de atitudes patriarcais? O que podemos aprender da experiência de nossos camaradas, especialmente a classe trabalhadora e as mulheres camponesas, depois da Revolução Russa?

Eu comecei a me interessar pelo tema do "amor livre" muitos anos atrás, quando era estudante de ensino médio e ativista de esquerda nos anos 1970, em Nova York. Naquela época, muitos grupos radicais debatiam como deveriam ser as "novas relações" entre homens e mulheres. Como deveriam viver as pessoas que estão comprometidas com mudanças sociais? Como poderíamos colocar em prática valores que desejamos ver em uma nova sociedade? Todos aderiam formalmente à noção de igualdade entre homens e mulheres, apesar de, na prática, os homens normalmente tomarem posições de liderança, ao passo que as mulheres faziam um trabalho mais organizacional. Os homens faziam longos e intensos discursos nos encontros; as mulheres falavam menos e com menos confiança. Os homens pareciam ter o domínio de importantes textos teóricos; as mulheres ficavam menos confortáveis com a teoria e em demonstrar suas habilidades intelectuais. Resumindo, as relações de gênero entre jovens radicais, em última instância, eram uma réplica do que acontecia na sociedade como um todo.

Um grande debate que fascinava a todos (em parte porque nós éramos jovens!) era sobre monogamia. A monogamia era um repressivo sistema social que deveria ser "esmagado"? Ou os jovens ativistas deveriam se espelhar nos trabalhadores e, assim, reproduzir a família estável e monogâmica? Alguns grupos revolucionários encorajavam os casais a serem monogâmicos e até a se casarem. Outros tratavam o casamento com desprezo, considerando-o uma forma de escravidão para ambos os sexos. Como uma jovem mulher naquela época, eu me encantava com esses debates. Por um lado, as possibilidades de relacionamentos não monogâmicos pareciam excitantes. Por outro, eu identificava homens que se aproveitavam dessas ideias apenas para

MULHER, ESTADO E REVOLUÇÃO

dormir com várias mulheres e não ter de assumir responsabilidade alguma. Quando as mulheres protestavam contra esse tratamento, os homens as acusavam de "burguesas" ou "ciumentas" – em outras palavras, não eram dignas de ideais progressistas.

Nos anos 1980, os movimentos sociais das décadas de 1960 e 1970 nos Estados Unidos foram varridos por uma reação da direita. Eu decidi me formar na escola para poder estudar a história da Rússia. Queria entender por que os ideais do movimento revolucionário russo resultaram na repressão política e social do stalinismo. Um dia, na biblioteca, perpassei um relatório estenográfico sobre um encontro de homens e mulheres, na União Soviética, nos primeiros anos após a Revolução. Eles debatiam sobre família e monogamia, discutindo as mesmas questões que eu lembrava da minha própria experiência. Esses camaradas soviéticos pareciam extremamente familiares e, ainda assim, diferentes de seus companheiros dos dias atuais. Seus sonhos, ideais e esperanças eram os mesmos. Ainda assim, as condições que eles encaravam eram diferentes.

Mulher, Estado e revolução explora por que o primeiro experimento com o amor livre e a emancipação da mulher falhou. Combinando história política e social, o livro recupera não apenas as lições discutidas por juristas e revolucionários, mas também as lutas diárias e ideias de mulheres trabalhadoras e camponesas. Nos anos 1920, milhões de crianças desabrigadas vagueavam pelas estações de trem e cidades da União Soviética. Mulheres procuravam emprego em uma área industrial destruída por anos de guerra. A maioria das pessoas ainda vivia em vilas rurais atoladas na pobreza, com acesso restrito a hospitais, escolas ou rodovias. Camponeses viviam em famílias grandes e multifamiliares, que dividiam a terra, animais, ferramentas e uma economia caseira comum. As mulheres tinham poucas oportunidades nessas famílias patriarcais, mas, ao mesmo tempo, não poderiam viver independentemente da família nem cuidar da terra sozinhas. No campo, as mulheres dependiam, em geral, da família patriarcal para sobreviverem. As mulheres da classe trabalhadora também dependiam da família e do salário do marido. Sem terem acesso a um salário decente e independente, não conseguiam sustentar suas crianças ou os pais idosos. Apesar de a primeira Constituição soviética ter facilitado o divórcio, camponesas e mulheres trabalhadoras não podiam sustentar suas famílias nem a si próprias sem terra e salário independentes. Tais condições levaram muitas mulheres a se posicionarem contra o amor livre e o divórcio fácil. As condições que elas enfrentaram ainda prevalecem, hoje, em muitas partes do mundo, onde mulheres que vivem em áreas rurais e urbanas pobres têm de lutar para sobreviver.

Desde os setores comunistas cristãos até os dias de hoje, os ideais do amor livre sempre intrigou os jovens radicais. Ainda assim, não precisamos que o passado se repita sem fim. De muitas maneiras, as experiências dos nossos camaradas soviéticos, suas realizações e suas derrotas, apontam soluções para o futuro. Tais experiências sugerem que se criarmos pleno emprego e salários com os quais possamos viver de fato, para homens e mulheres, a independência para ambos os sexos virá como consequência. Se as mulheres tiverem o controle sobre seus próprios corpos, acesso ao aborto legal e seguro, opção de controle de natalidade saudável e bons cuidados médicos, elas poderão exercer sua liberdade sexual. Se os homens assumirem responsabilidades iguais pelos filhos e pelas tarefas domésticas, as mulheres poderão se realizar como seres humanos iguais. Creches, restaurantes públicos e lavanderias, tudo isso para que as mulheres possam se livrar do fardo dos afazeres domésticos e cuidados com os filhos, os quais normalmente têm de suportar.

Dedico esta edição brasileira de *Mulher, Estado e revolução* aos jovens que tentam criar um novo mundo de justiça econômica e política. Aprendam com o passado e lutem pelo futuro. Ele pertence a vocês.

Wendy Goldman
Pittsburgo, 15 de dezembro de 2013

PRÓLOGO

AMOR E REVOLUÇÃO

Em outubro de 1917, a classe operária russa tomou o céu por assalto, chegando à ditadura do proletariado antes que os países avançados da Europa. Esta obra que vem agora a público no Brasil, *Mulher, Estado e revolução*, trata da Revolução Russa através do olhar das mulheres. São as grandes experiências na libertação feminina e sobre o amor livre após a tomada do poder. O estudo vai desde a triunfante Revolução operária de 1917 até 1936, quando o regime já se encontrava sob o controle da burocracia stalinista.

A estratégia bolchevique de libertação da humanidade através de uma revolução operária incluía a luta contra a opressão às mulheres e a outros setores da sociedade. Após a tomada do poder, porém, essa problemática se colocava de forma muito mais concreta, lançando aos revolucionários o desafio de levar adiante todos os âmbitos da construção de uma sociedade comunista, desde as questões do modo de vida, da organização familiar e das relações humanas em geral.

Essa tentativa acompanha os avanços da classe trabalhadora no âmbito internacional, já que toda a luta dos bolcheviques está sob o crivo dos enormes atrasos na economia e na cultura da Rússia. A situação social numa época de guerra civil era de centenas de milhares de mortes por fome e frio. Todos os sonhos dos bolcheviques se chocaram com tal realidade, uma verdadeira obra de criação contra as pressões de todos os imperialismos atuando contra os anseios revolucionários, ao mesmo tempo que confirmava a teoria da revolução permanente, isto é, que a luta de classes não termina após a tomada do poder. Leon Trótski, grande elaborador dessa teoria, também ressaltava que

> A Revolução de Outubro inscreveu em sua bandeira a emancipação da mulher e produziu a legislação mais progressista na história sobre o matrimônio e a família. Isso não quer dizer, no entanto, que imediatamente a mulher soviética conquistou uma "vida feliz". A verdadeira

emancipação da mulher é inconcebível sem um aumento geral da economia e da cultura, sem a destruição da unidade econômica familiar pequeno-burguesa, sem a introdução da elaboração socializada dos alimentos e sem educação.[1]

Esse questionamento frontal à forma de organização do Estado capitalista colocou em primeiro plano a necessidade de libertar as mulheres do que os bolcheviques consideravam como a "escravidão do lar". E, ao mesmo tempo que sustentavam que o trabalho doméstico deveria ser separado por completo do lar, também apontavam a necessidade de as mulheres fazerem parte da produção, como trabalhadoras, conquistando assim uma independência econômica fundamental em relação aos homens.

Nesta obra, Goldman retrata quais foram as origens dessa visão bolchevique para defender o amor sem entraves e uma sociedade na qual as mulheres pudessem ser verdadeiramente livres. Ela começa por apontar que:

> Em outubro de 1918, menos de um ano após a chegada dos bolcheviques ao poder, o Comitê Executivo Central do Soviete (VTsIK), o mais alto órgão legislativo, ratificou um Código completo do Casamento, da Família e da Tutela. O Código captou em lei uma visão revolucionária das relações sociais, baseada na igualdade das mulheres e no "definhamento" (*otmiranie*) da família.

É importante ressaltar que esses debates ocorriam em meio a uma situação conturbada para a consolidação da Revolução. A paz de Brest-Litovisk foi firmada apenas em 3 de março de 1918. Mesmo com todos esses desafios e a ofensiva sangrenta dos inimigos da Revolução, com a guerra civil perdurando até 1922, não cessaram os debates sobre a libertação feminina.

Com o Código de 1918, a igualdade perante a lei proporcionou às mulheres muitos direitos para decidir sobre suas próprias vidas. Contudo, os bolcheviques lutavam também pela igualdade não somente perante a lei, mas perante a vida cotidiana. Muitos estudos foram realizados após a Revolução sobre o trabalho e o tempo, sobre

---

[1] Leon Trotski, "Twenty Years of Stalinista Degeneration", em *Fourth International*, v. 6, n. 3, mar. 1945. Publicado originalmente em *The Bulletin of the Russian Opposition*, n. 66-7, maio-jun. 1938.

a quantidade de horas que mulheres e homens da classe trabalhadora dedicavam ao trabalho doméstico. Era nítido que os homens podiam se desenvolver como seres humanos, ao passo que as mulheres serviam à família, aponta também Goldman. Os revolucionários russos, portanto, avançaram nesse sentido socializando o trabalho doméstico por meio de lavanderias, creches e restaurantes públicos, reduzindo-o assim ao mínimo possível. Somente uma sociedade comunista é capaz de levar adiante essa tarefa.

Tal condição material, fundamental para a libertação das mulheres, era um passo extremamente largo, porém ainda insuficiente. Dava as condições materiais para a libertação feminina e permitia que as relações capitalistas não atravessassem as relações sociais em todos os seus âmbitos. Mas a opressão milenar às mulheres não poderia ser transformada de um dia para o outro, e todo um processo de "revolução dentro da revolução" deveria avançar. Por isso reflexões acerca das formas de relação social, da criação coletiva das crianças e do amor foram tema de debates calorosos entre os pensadores revolucionários da Rússia pós-1917.

Goldman investigou atas de reuniões entre bolcheviques que debatiam como deveria ser a organização familiar, os direitos das crianças, o direito da juventude de se emancipar do poder de seus pais e o direito ao amor livre, sem entraves. Hierarquias de todo o tipo foram questionadas, não somente "o monarca e seus homens da lei, a polícia e os sacerdotes; os proprietários e os gerentes, os oficiais e os amos", como também aquelas dentro da família e de outras ordens de organização social – como as escolas, que se tornaram mistas, e professores, estudantes e trabalhadores criaram sovietes para governá-las, conforme ilustra a autora. A possibilidade de que a socialização das tarefas domésticas se efetivasse acompanhada dessa tentativa de mudança radical na organização social proporcionaria a possibilidade de se desenvolverem relações novas, não obrigatórias e baseadas em sentimentos mútuos.

Libertar as mulheres das tarefas domésticas, socializando-as, e dar as condições materiais e econômicas para livrar as relações humanas de qualquer entrave capitalista também estava acompanhado da necessidade que as mulheres tomassem em suas mãos o destino do país e da sociedade, passando a não somente ter mais direitos ou mais liberdade, mas também administrando o Estado operário e dirigindo os sovietes. Essa ideia confrontava diretamente o que o capitalismo relegava às mulheres. Não era uma questão de opressão somente, mas a noção de que a própria alienação do trabalho doméstico impede as mulheres de qualquer desenvolvimento.

Todo o percurso apresentado por Goldman em *Mulher, Estado e revolução* mostra que o destino de uma revolução e a luta por irromper contra a opressão milenar às mulheres e contra o núcleo familiar como base da sociedade capitalista são parte de uma mesma estratégia. Ao mesmo tempo, a pesquisadora norte-americana tenta responder um questionamento fundamental a partir dos retrocessos na situação feminina, sobre como o Estado operário se distanciou das ideias originais da Revolução, voltando a reproduzir velhos padrões sociais. Aqui é fundamental remarcar o que significou a burocratização stalinista no Estado operário, que particularmente no que diz respeito à libertação das mulheres foi um retrocesso em toda a linha, com Stálin defendendo a "volta à família e ao lar".

Por tudo isso, esta publicação nos ajuda a entender, justamente num momento de efervescência política em todo o mundo, que resgatar a perspectiva de uma sociedade de produtores livremente associados, tirando as lições das experiências mais avançadas da classe operária mundial, é a resposta mais atual e incondicional para emancipar e libertar as mulheres, proporcionando não somente igualdade de direitos e leis, mas irrompendo essa estrutura capitalista para, como dizia Karl Marx, apanhar a flor viva da vida.

Diana Assunção
São Paulo, março de 2014

AGRADECIMENTOS DA AUTORA

Muitas pessoas e instituições me ajudaram com este projeto. Bolsas de estudo do Conselho Internacional de Pesquisa e Intercâmbio me permitiram realizar minhas pesquisas nos Estados Unidos, de 1983 a 1984, e na União Soviética, de 1945 a 1985. O Conselho de Pesquisa em Ciência Social proveu dois anos de fundos, e o Fundo Nacional para Humanidades garantiu bolsas para o verão de 1989 e o ano acadêmico de 1990 a 1991. O departamento de história da Universidade Carnegie Mellon me dispensou das minhas funções docentes por um semestre. Sou grata a diversos editores pela permissão de reeditar determinado material. Partes do capítulo 6 apareceram nos artigos "Working-Class Women and the 'Withering Away' of the Family: Popular Responses to Family Policy", em Sheila Fitzpatrick, Alexander Rabinowitch, Richard Stites (orgs.), *Russia in the Era of NEP: Explorations in Soviet Society and Culture* (Bloomington, Indiana University Press, 1991); e "Freedom and Its Consequences: The Debate on the Soviet Family Code of 1926", *Russian History*, v. 11, n. 4, 1984. Do capítulo 7, apareceram pela primeira vez em "Abortion, the State and Soviet Women, 1917-1936", em Barbara Clements, Barbara Engel, Christine Worobec (orgs.), *Russian Women: Accommodation, Resistance, Transformation* (Berkeley, Los Angeles, University of California Press, 1991). O. I. Chistiakov, Yuri Druzhnikov, Carol Leonard, Kate Lynch, Richard Pisani, Leslie Rowland, Ken Straus, Richard Sites e Ronald Suny, todos merecem agradecimentos pela sua ajuda e comentários em diversos estágios deste trabalho. Amy Stanley leu e discutiu avidamente o presente trabalho, ajudando-me em cada estapa e de todas as maneiras, e esteve presente nos melhores e piores momentos. Barbara Clements tomou muito de seu tempo para fazer do manuscrito um livro melhor, e sou grata pelos seus esforços. As críticas e os conselhos cheios de princípios de Barbara Engels, bem como sua vontade de dividir ideias e oportunidades, me deram um modelo de como mulheres, dentro de sua profissão, podem ajudar umas às outras a avançar em um projeto comum. Em nossa primeira reunião, em um dormitório sombrio da Universidade Estatal de Moscou, começamos uma discussão sobre mulheres que continuou ao longo dos anos, em uma variedade improvável de cenários. Eu quero agradecer a meu conselheiro, Alfred J. Rieber, por toda sua ajuda e por estender-me a mão nos momentos críticos. Acima de tudo, quero agradecer a meu marido, Marcus Rediker. As ideias deste livro têm sido parte de uma longa discussão política, e ele, mais que qualquer um, me ajudou a dar forma a sua substância, estilo e direção. Ele tem sido minha maior fonte de incentivo, meu crítico mais afiado, e sempre meu "primeiro leitor".

1
AS ORIGENS DA VISÃO BOLCHEVIQUE: AMOR SEM ENTRAVES, MULHERES LIVRES

É fato curioso que, a cada grande revolução, volte à cena a questão do "amor livre".
Friedrich Engels, 1883[1]

[A família] será enviada ao museu de antiguidades para que descanse ao lado da roca de fiar, do machado de bronze, da carruagem a cavalo, do motor a vapor e do telefone com fio.
S. Ia. Vol'fson, 1929[2]

Em outubro de 1918, apenas um ano após a chegada dos bolcheviques ao poder, o Comitê Executivo Central do Soviete (VTsIK), o mais alto órgão legislativo, ratificou um Código completo do Casamento, da Família e da Tutela. O Código captou em lei uma visão revolucionária das relações sociais, baseada na igualdade das mulheres e no "definhamento" (*otmiranie*) da família. Segundo Alexander Goikhbarg, o jovem e idealista autor do novo Código da Família, este abria caminho para um período no qual as algemas "de marido e esposa" se tornariam "obsoletas". O Código foi elaborado levando em consideração sua própria obsolescência. Goikhbarg escreveu: "O poder proletário elabora seus códigos e todas as suas leis dialeticamente, para que cada dia da existência deles mine a necessidade de existirem". Resumindo, o objetivo da lei era "tornar a lei supérflua"[3].

Goikhbarg e seus companheiros revolucionários esperavam plenamente que não apenas o casamento e a família definhassem, como

---

[1] Friedrich Engels, citado em Christopher Hill, *The World Turned Upside Down: Radical Ideas During the English Revolution* (Nova York, Penguin Books, 1975), p. 306 [ed. bras.: *O mundo de ponta cabeça: ideias radicais durante a Revolução Inglesa de 1640*, trad. Renato Janine Ribeiro, São Paulo, Companhia das Letras, 1987, p. 294].

[2] Semen Iakovlevich Vol'fson, *Sotsiologiia braka i sem'i* (Minsk, 1929), p. 450.

[3] Alexander Grigor'Evich Goikhbarg, "Pervyi Kodeks Zakonov RSFSR", *Proletarskaia Revoliutsiia i Pravo*, n. 7, 1918, p. 4, 8-9.

também a lei e o Estado. Lênin havia analisado cuidadosamente o futuro do Estado em seu famoso trabalho *O Estado e a revolução*, finalizado em setembro de 1917, somente um mês antes de os bolcheviques tomarem o poder. Baseadas nos comentários amplamente disseminados de Marx e Engels sobre a natureza do Estado, as ideias de *O Estado e a revolução* afinal chegaram a representar a posição mais utópica, libertária e antiestatista dentro do *corpus* contraditório do próprio pensamento de Lênin, assim como da teoria marxista subsequente. Em sua vigorosa argumentação contra o reformismo no movimento social-democrata, Lênin defendia que os revolucionários vitoriosos teriam de esmagar o Estado burguês e criar um novo Estado em seu lugar. Porém, a nova "ditadura do proletariado" seria democrática para a ampla maioria, já que seu poder seria mobilizado somente para eliminar os antigos exploradores. Seu objetivo, a supressão de uma minoria pela maioria, seria "uma coisa relativamente tão fácil, tão simples, tão natural" que o povo poderia "coagir os exploradores sem aparelho especial, pela simples organização armada das massas". Nas palavras de Lênin, "uma vez que é a *própria* maioria do povo que reprime os seus opressores, já não há necessidade de uma 'força especial' de repressão! É nesse sentido que o Estado *começa a definhar*"[4].

As ideias em *O Estado e a revolução* influenciaram o pensamento bolchevique até os anos de 1930. O famoso comentário de Engels, citado proeminentemente por Lênin, segundo o qual o maquinário do Estado seria posto em um "museu de antiguidades, ao lado da roca de fiar e do machado de bronze"[5], foi repetido quase que literalmente em 1929 pelo sociólogo soviético S. Ia. Vol'fson em referência à família. Juristas, teóricos sociais e ativistas forneceram análises teóricas e históricas desafiadoras para comprovar essas ideias. Em resumo, os bolcheviques acreditavam que o capitalismo havia criado uma nova contradição, sentida de forma mais dura pelas mulheres, entre as demandas do trabalho e as necessidades da família. À medida que cada vez mais mulheres se viam forçadas a trabalhar por salários com o advento da industrialização, o conflito entre as

---

[4] Vladimir Ilitch Lenin, "The State and Revolution", *Selected Works,* v. 2 (Moscou, Progress, 1970), p. 317, 352-3 [ed. bras.: *O Estado e a revolução*, São Paulo, Hucitec, 1983].

[5] Friedrich Engels, *The Origin of the Family, Private Property and the State* (Nova York, International, 1972), p. 232 [ed. bras.: *A origem da família, da propriedade privada e do Estado*, São Paulo, Lafonte, 2012].

MULHER, ESTADO E REVOLUÇÃO

demandas da produção e da reprodução resultou em alto índice de mortalidade infantil, lares desfeitos, crianças negligenciadas e problemas crônicos de saúde. Um rápido olhar pelas janelas imundas de qualquer dormitório de fábrica na Rússia do século XIX proporcionava amplo apoio para esse ponto de vista. As mulheres haviam ingressado na força de trabalho, mas ainda eram responsáveis por criar os filhos, cozinhar, limpar, costurar, remendar – o trabalho penoso e mecânico essencial para a família. As responsabilidades domésticas das mulheres impediam-nas de ingressar nos domínios públicos do trabalho, da política e de empreitadas criativas em pé de igualdade com os homens. O capitalismo, de acordo com os bolcheviques, jamais seria capaz de fornecer uma solução sistemática para a dupla carga que as mulheres carregavam.

Os bolcheviques argumentavam que somente o socialismo poderia resolver a contradição entre trabalho e família. Sob o socialismo, o trabalho doméstico seria transferido para a esfera pública: as tarefas realizadas individualmente por milhões de mulheres não pagas em suas casas seriam assumidas por trabalhadores assalariados em refeitórios, lavanderias e creches comunitários. Só assim as mulheres se veriam livres para ingressar na esfera pública em condições de igualdade com os homens, desvencilhadas das tarefas de casa. As mulheres seriam educadas e pagas igualitariamente, e seriam capazes de buscar seu próprio desenvolvimento e seus objetivos pessoais. Sob tais circunstâncias, o casamento se tornaria supérfluo. Homens e mulheres se uniriam e se separariam como quisessem, desassociados das pressões deformadoras da dependência econômica e da necessidade. A união livre substituiria gradualmente o casamento à medida que o Estado deixasse de interferir na união entre os sexos. Os pais, independentemente de seu estado civil, tomariam conta de seus filhos com a ajuda do Estado; o próprio conceito de ilegitimidade se tornaria obsoleto. A família, arrancada de suas funções sociais prévias, definharia gradualmente, deixando em seu lugar indivíduos completamente autônomos e iguais, livres para escolher seus parceiros com base no amor e no respeito mútuos.

Jogue fora as panelas

Nos inebriantes meses que se seguiram à Revolução, muitos teóricos bolcheviques e ativistas previram uma transição rápida para a nova ordem social. Em uma conferência de mulheres trabalhadoras de 1918, Inessa Armand, a principal dirigente do *Zhenotdel* (Departamento de Mulheres do Partido), declarou com fervor ingênuo: "A ordem burguesa está sendo abolida.[...] Lares separados são resquícios danosos que somente postergam as novas formas de distribuição. Eles deveriam ser abolidos"[6]. As políticas do Comunismo de Guerra (1918-1921) contribuíram para a ideia de que novas formas socialistas rapidamente substituiriam as velhas. Racionamento estatal, refeitórios públicos, comida gratuita para as crianças e salários em espécie, tudo isso apoiava a avaliação otimista de que o trabalho doméstico em breve desapareceria. P. I. Stuchka, o primeiro comissário do Povo para a Justiça, observou:

> O período do Comunismo de Guerra nos mostrou uma coisa: um plano para a família livre do futuro quando o papel da família como uma célula de produção e consumo, uma entidade jurídica, uma seguradora social, bastião da desigualdade e unidade para alimentar e criar crianças desapareceria.[7]

Alexandra Kollontai, uma das poucas dirigentes bolcheviques e autora de vários trabalhos sobre questões das mulheres, examinou de maneira otimista o estado da família no final da guerra civil e afirmou que ela *já* era obsoleta:

> Nos tempos presentes, quando a alimentação social substituiu o consumo individual e se tornou um ramo independente da economia do povo, nem sequer um dos laços econômicos que criaram estabilidade para a família proletária, por séculos, sobrevive.

O Estado já havia assumido as tarefas de criar e sustentar os filhos, Kollontai explicou, e uma vez que o trabalho doméstico fosse transferido para o domínio do trabalho assalariado, nada restaria da família a não ser um "laço psicológico". A instituição do casamento havia se tornado irrelevante porque "não acarretava obrigação econômica

---

6 Como lembrado e citado por Sophia Smidovich, "O Novom Kodekse Zakonov o Brake i Sem'e", *Kommunistka*, n. 1, 1926, p. 45.

7 Petr Ivanovich Stuchka, "Semeinoe Pravo", *Revoliutsiia Prava*, n. 1, 1925, p. 180.

MULHER, ESTADO E REVOLUÇÃO

ou social alguma" e não necessitava mais ser "sujeita ao julgamento, controle ou liderança do coletivo"[8].

O entusiasmo de Kollontai pode ter sido um tanto prematuro, mas ela não estava sozinha em sua avaliação. Juristas, membros do Partido, planificadores sociais e ativistas em prol das mulheres, entre outros, promulgaram amplamente durante os anos 1920 a ideia de que a família iria definhar em breve. Centenas de panfletos, livros e artigos foram publicados para os públicos acadêmico e popular sobre a criação de uma "nova vida" sob o socialismo[9]. Discussões acaloradas aconteciam entre os jovens. A divisão sexual do trabalho na família, bases legais, credibilidade moral e eficiência econômica estavam todas sendo questionadas. Embora os teóricos do Partido compartilhassem a crença de que a família iria eventualmente definhar, eles expressaram numerosas diferenças acerca da família e das relações sociais. O Partido não manteve uma ortodoxia rígida, e diferenças eram expressas de forma livre, especialmente a respeito de assuntos controversos como relações sexuais, criação dos filhos e a necessidade da família na transição para o socialismo.

Uma vez que havia expectativa generalizada de que a família fosse definhar, a questão de como organizar o trabalho doméstico provocou extensa discussão. Lênin falou e escreveu repetidas vezes sobre a necessidade de socializar o trabalho doméstico, descrevendo-o como "o mais improdutivo, o mais selvagem e o mais árduo trabalho que a mulher pode fazer". Sem poupar adjetivos duros, escreveu que "o trabalho doméstico banal esmaga" e "degrada" a mulher, "a amarra à cozinha e ao berçário" onde "ela desperdiça seu trabalho em uma azáfama barbaramente improdutiva, banal, torturante e atrofiante". Lênin obviamente desprezava o trabalho doméstico. Argumentava que "a verdadeira emancipação das mulheres" deve

---

[8] Alexandra Kollontai, "Sem'ia i Kommunizm", *Kommunistka*, n. 7, 1920, p. 17-8. Sobre Kollontai e sua contribuição, ver Barbara Clements, *Bolshevik Feminist: the Life of Aleksandra Kollontai* (Bloomington, Indiana University Press, 1979); "Emancipation Through Communism: The Ideology of Alexandra Michajlovna Kollontai", *Slavic Review*, n. 30, 1973, p. 323-38; Beatrice Farnsworth, *Alexandra Kollontai: Socialism, Feminism, and the Bolshevik Revolution* (Stanford, Stanford University Press, 1980).

[9] Ver, por exemplo, a compilação de artigos organizados por Emelian Iaroslavskii, "Voprosy zhizni i bor'by", em *Sbornik* (Leningrado, Molodaia Gvardiia, 1924).

incluir não somente igualdade legal mas também "a transformação integral" do trabalho doméstico em trabalho socializado[10].

Kollontai também argumentava que sob o socialismo todas as tarefas domésticas seriam eliminadas e o consumo deixaria de ser individual e restrito à família. A cozinha particular seria substituída pelo refeitório público. A costura, a limpeza e a lavagem, assim como a mineração, a metalurgia e a produção de maquinário, se transformariam em ramos da economia do povo. A família, segundo estimou Kollontai, constituía um uso ineficiente de trabalho, comida e combustível. "Da perspectiva da economia socializada", a família era "não somente inútil, mas nociva."[11] E inclusive Evgenii Preobrazhenskii, o conhecido economista soviético, observou que a divisão tradicional de trabalho na família impedia a mulher de conquistar igualdade real ao lhe impor "um fardo que antecede qualquer outra coisa". A única solução, segundo Preobrazhenskii, seria um "grande caldeirão público, que substituísse as panelas das casas"[12].

Ao contrário das feministas modernas, que defendem a redistribuição das tarefas domésticas *dentro da família*, aumentando a porção do homem nas responsabilidades domésticas, os teóricos bolcheviques buscavam transferir o trabalho doméstico para a esfera pública. Preobrazhenskii expressou essa diferença concisamente, "nossa tarefa não consiste em lutar por justiça na divisão do trabalho entre os sexos", escreveu, "nossa tarefa é libertar homens e mulheres do trabalho doméstico trivial"[13]. A abolição da família, em vez do conflito de gêneros dentro dela, era a chave da emancipação das mulheres. A socialização do trabalho doméstico eliminaria a dependência das mulheres para com os homens e promoveria uma nova liberdade nas relações entre os sexos. Trótski declarou que, assim que a "lavagem [fosse] feita por uma lavanderia pública, a alimentação por um restaurante público, a costura por uma loja pública", "o elo entre marido e mulher seria liberto de tudo que lhe é externo e acidental". Novos relacionamentos, "não obrigatórios", se desenvolveriam

---

[10] Vladimir Ilitch Lenin, *The Emancipation of Women* (Nova York, 1934), p. 63, 69 [ed. bras.: *Sobre a emancipação da mulher*, São Paulo, Alfa-Omega, 1980].

[11] Alexandra Kollontai, "Tezisy o Kommunisticheskoi Morali v Oblasti Brachnykh Otnoshenii", *Kommunistka*, n. 12-3, 1921, p. 29.

[12] Evgenii Alekseevich Preobrazhenskii, "Put'k Raskreposhcheniiu Zhenshchiny", *Kommunistka*, n. 7, 1920, p. 19.

[13] Ibidem, p. 20.

MULHER, ESTADO E REVOLUÇÃO

baseados em sentimentos mútuos[14]. A ideia soviética de matrimônio dos anos 1920 era a de uma relação entre iguais, uma união de camaradas fundada em afeto mútuo e soldada por interesses comuns[15].

Teóricos soviéticos reconheciam que a união de companheiros exigia que as mulheres se tornassem iguais em relação aos homens. O escritor M. Shishkevich, oferecendo conselho a uma ampla audiência de trabalhadores e camponeses, comentou:

> Tão frequentes são as disputas e brigas causadas pelo distanciamento dos cônjuges. Um marido lê um pouco, assiste a uma palestra, vê como os outros enxergam a vida. Mas a esposa está com as panelas no fogo o tempo todo, fofocando com os vizinhos.

Se as mulheres não participassem da vida política e cultural, suas relações com os homens não poderiam ser baseadas em respeito mútuo. Invocando o ideal da união de companheiros Shishkevich aconselhou seus leitores: "A participação de ambos os cônjuges na vida pública facilita o entendimento mútuo e desenvolve respeito à mulher como uma igual, uma amiga e uma camarada"[16]. Teóricos soviéticos prognosticaram relações baseadas na "união livre" ou no "amor livre". Lênin, deve-se recordar, possuía forte aversão a esses termos devido à sua associação com a promiscuidade burguesa. Mas ele, de todo modo, defendia que sem amor não havia base para um relacionamento. "Não é possível ser democrata ou socialista", escreveu, "sem defender plena liberdade de divórcio"[17].

Porém, quanto tempo se esperava que durassem as uniões baseadas em sentimentos mútuos? Um dia, um ano, uma vida? Teóricos soviéticos divergiam em suas respostas. Alguns prognosticaram uma sexualidade livre limitada somente pelo desejo natural. Kollontai defendia

---

[14] Leon Trotski, "From the Old Family to the New", *Pravda*, 13 jul. 1923 [ed. esp.: "De la vieja a la nueva familia", em *Problemas de la vida cotidiana*, Madri, Fundación Federico Engels, 2004], reimpresso em sua obra *Women and the Family* (Nova York, Pathfinder, 1970), p. 26.

[15] Para uma discussão sobre as mudanças no ideal matrimonial dos Sovietes, ver Vladimir Shlapentokh, *Love, Marriage, and Friendship in the Soviet Union: Ideals and Practices* (Nova York, Praeger, 1984).

[16] M. Shishkevich, "Sem'ia i Brak v Usloviiakh Novogo Byta", *Sem'ia i brak v proshlom i nastoiashchem* (Moscou, 1925), p. 101-2.

[17] Ver correspondência de Lênin com Inessa Armand em Vladimir Ilitch Lenin, *The Emancipation of Women*, cit., p. 36-40, 42.

que a moral, assim como a família, era historicamente construída e, portanto, sujeita à mudança. "Na natureza não há moralidade nem imoralidade", escreveu. "A satisfação dos instintos naturais e saudáveis somente deixa de ser normal quando transcende os limites estabelecidos pela higiene." Ela explica: "O ato sexual não deve ser reconhecido como vergonhoso nem pecaminoso, e sim como natural e legal, uma manifestação de um organismo saudável tanto quanto a satisfação da fome e da sede". Lênin adotou uma posição mais conservadora, demonstrando seus rígidos preconceitos vitorianos na própria metáfora de sua resposta: "Certamente", escreveu, "a sede deve ser saciada. Mas uma pessoa normal deitaria na sarjeta e beberia de uma poça?"[18].

Semen Iakovlevich Vol'fson, um sociólogo e professor de direito, economia e materialismo dialético, concordou com Kollontai, argumentando que a duração de um casamento seria "definida exclusivamente pela mútua inclinação dos cônjuges". Afeto e atração seriam os únicos determinantes da duração de um relacionamento. Contra a previsão de Kautsky, segundo a qual a família seria preservada sob o socialismo como uma "unidade ética", Vol'fson bramou: "A família como uma 'unidade ética', despojada de suas funções sociais e econômicas, é simplesmente um absurdo"[19].

Outros foram mais cautelosos em sua abordagem da sexualidade. Shishkevich concordava que "sob as condições da nova vida nós atingiremos completa liberdade de união sexual", mas enxergava a necessidade de limitar a liberdade sexual durante o período de transição. Enquanto o Estado não pudesse arcar com o cuidado das crianças e o sexo acarretasse possibilidade de gravidez, os homens não deveriam se ver livres de suas responsabilidades perante as mulheres. "Se a questão é resolvida a favor da irresponsabilidade sexual dos homens", escreveu, "então não resta dúvida que, em nossas condições econômicas, mulheres e mães vão sofrer"[20]. Para as mulheres, o medo da gravidez ainda era o grande obstáculo para a livre expressão da sexualidade.

Lênin também ressaltava as consequências sociais das relações sexuais, embora se sentisse profundamente desconfortável com es-

---

[18] Alexandra Kollontai, "Tesizy o Kommunisticheskoi Morali v Oblasti Brachnykh Otnoshenii", cit., p. 31; Vladimir Ilitch Lenin, *The Emancipation of Women*, cit., p. 106.

[19] Semen Iakovlevich Vol'fson, *Sotsiologiia braka i sem'i*, cit., p. 446.

[20] M. Shishkevich, "Sem'ia i Brak v Usloviiakh Novogo Byta", cit., p. 110.

MULHER, ESTADO E REVOLUÇÃO

peculações sobre sexualidade em geral, e considerava tais preocupações digressões improdutivas e inúteis. "Eu desconfio daqueles que sempre se ocupam dos problemas do sexo", disse a Clara Zetkin, "à maneira como um santo indiano é engolfado na contemplação de seu próprio umbigo". Preocupado com as consequências da livre sexualidade em uma sociedade prévia à contracepção, Lênin afirmou que o comportamento pessoal de um indivíduo assume uma nova importância para o coletivo quando crianças estão envolvidas. "Duas pessoas são necessárias para fazer amor", disse, "mas é provável que uma terceira pessoa, uma nova vida, surja. Esse feito possui uma natureza social e constitui uma obrigação para com a comunidade"[21].

Claramente, o destino e a criação dos filhos era central em qualquer discussão sobre sexualidade. E nisso também teóricos soviéticos divergiam. Todos concordavam vagamente que em algum momento todas as crianças seriam cuidadas pelo Estado em creches, centros de cuidado e escolas públicas. Zinaida Tettenborn, uma especialista em ilegitimidade e direitos da criança, declarou com confiança: "A criação será igual, a mesma para todas as crianças, e nenhuma criança se encontrará em posição inferior a outra"[22]. Porém, os teóricos soviéticos permaneciam incertos sobre como implementar essa receita de princípios. Os pais manteriam um papel decisivo na criação de seus filhos? Ou o Estado assumiria completamente o papel dos pais? Alguns teóricos argumentavam que pais não estavam aptos a criar filhos: ignorância paternal e egoísmo familiar atrofiavam o desenvolvimento das crianças e estreitavam seus horizontes. O Estado poderia fazer um trabalho muito melhor na criação de cidadãos saudáveis. Outros sustentavam que o Estado poderia simplesmente ajudar os pais a combinar o trabalho com a criação dos filhos por meio de um leque de serviços suplementares.

O educador V. Diushen organizou um projeto meticulosamente detalhado em 1921, no qual argumentou que o espírito egoísta da família era incompatível com a ética socialista. A família, escreveu, "opõe seus interesses aos da sociedade e considera que somente aqueles unidos pelo sangue merecem ajuda e cuidado". Mães prejudicavam seus filhos mais do que lhes faziam bem, pois até mesmo as "mães pedagogas" eram incapazes de se relacionar com "seus filhos com su-

---

[21] Vladimir Ilitch Lenin, *The Emancipation of Women*, cit., p. 101, 106.

[22] Zinaida Tettenborn, "Roditel'skie Prava v Pervom Kodekse Zakonov RSFSR", *Proletarskaia revoliutsiia i pravo*, n. 1, 1919, p. 26-7.

WENDY GOLDMAN

ficiente objetividade". Diushen desenvolveu um plano elaborado para assentamentos e bairros infantis, que seriam povoados por um número de oitocentas a mil crianças, dos três aos dezoito anos. As casas seriam separadas por idade e sexo, dirigidas por pedagogos especialmente qualificados e governadas por um Soviete composto de crianças, professores e pessoal técnico. Diushen planejou inclusive passeios nos quais as crianças dos assentamentos visitariam famílias para "ver o lado desagradável da vida"[23]. A visão austera de Diushen do papel dos pais era compartilhada por Goikhbarg, autor do Código da Família. Goikhbarg encorajava pais a rejeitarem "seu amor estreito e irracional pelos filhos". Em sua visão, a criação por parte do Estado "proveria resultados consideravelmente melhores do que a abordagem individual, não científica e irracional de pais individualmente 'amorosos', mas ignorantes"[24]. Diushen desejava criar organizações democráticas e comunitárias para contrapor as relações hierárquicas e autoritárias internas à família. E tanto ele como Goikhbarg buscavam substituir o amor por ciência, a "irracionalidade" dos pais pela "racionalidade" dos educadores.

Kollontai era menos crítica em relação aos pais, mas ela também previu o papel fortemente expandido do Estado. Em sua visão, a atenuação do laço pais-filhos era historicamente inevitável. Sob o capitalismo, a necessidade econômica impedia os pais de passarem tempo com as crianças. Forçados a trabalhar desde jovens, as crianças rapidamente ganhavam independência: "A autoridade dos pais se enfraquece e a obediência está por cessar". Referindo-se ao retrato, de Engels, da família em *A situação da classe trabalhadora na Inglaterra*, concluiu: "À medida que o trabalho doméstico definha, a obrigação dos pais para com os filhos também definha". O comunismo completaria esse processo. "A sociedade vai alimentar, criar e educar a criança", Kollontai prognosticou, embora os pais ainda fossem preservar laços emocionais para com seus filhos. Mulheres teriam a oportunidade de combinar maternidade e trabalho sem se preocupar com o bem-estar de seus filhos. De acordo com Kollontai, a mulher daria à luz e logo retornaria "ao trabalho que realiza para a grande família-sociedade". Crianças cresceriam em creches ou ber-

---

[23] V. Diushen, "Problemy Zhenskogo Kommunisticheskogo Dvizheniia: Problemy Sotsial'nogo Vospitaniia", *Kommunistka*, n. 12-3, 1921, p. 26-7.

[24] Alexander Grigor'Evich Goikhbarg, *Brachnoe, semeinoe, i opekunskoe pravo Sovetskoi Respubliki* (Moscou, 1920), p. 5.

MULHER, ESTADO E REVOLUÇÃO

çários, no jardim de infância, em colônias de crianças e escolas, sob o cuidado de enfermeiras e professores experientes. E, quando uma mãe desejasse ver seu filho, "ela somente teria de pedir"[25].

Tettenborn enfatizou mais o laço pais-filhos, embora ela também imaginasse um papel mais amplo do Estado. A criação pública, em sua visão, não "separaria pais de seus filhos", mas permitiria que passassem mais tempo juntos. A criação socializada dos filhos seria organizada democraticamente. Antecipando satisfeita o futuro, escreveu: "Nós então estaremos em uma sociedade completamente democrática. O comitê de criação consistirá de pais – homens e mulheres – e seus filhos"[26].

Teóricos soviéticos divergiam, portanto, sobre qual a preponderância do papel que os pais desempenhariam na criação de seus filhos, mas todos concordavam que o Estado forneceria ajuda substancial e que a maternidade não manteria mais a mulher fora da força de trabalho e da vida pública. Mais importante, à medida que o Estado assumisse muito da carga da criação dos filhos, a família perderia outra função que historicamente havia provido base para sua existência. Nas palavras do jurista Iakov Brandenburgskii: "Nós estamos sem dúvida nos movendo em direção a uma alimentação social dos filhos, para escolas obrigatoriamente gratuitas, para o mais amplo bem-estar social à custa do Estado". E à medida que "o governo se desenvolva e se fortaleça, e que sua ajuda se torne mais real, a célula familiar ampla irá gradualmente desaparecer"[27].

Resumidamente, teóricos soviéticos defendiam que a transição para o capitalismo havia transformado a família ao enfraquecer suas funções sociais e econômicas. Sob o socialismo, definharia, e sob o comunismo deixaria completamente de existir. Nas palavras de Kollontai, "a família – privada de todas as obrigações econômicas, sem carregar a responsabilidade pela nova geração, sem mais prover às mulheres sua fonte básica de existência – deixa de ser a família.

---

[25] Alexandra Kollontai, "Communism and the Family", *Selected Writings* (Nova York/Londres, W. W. Norton, 1977), p. 134, 257-8.

[26] Zinaida Tettenborn, "Roditel'skie Prava v Pervom Kodekse Zakonov RSFSR", cit., p. 26-7.

[27] Iakov Natanovich Brandenburgskii, *Kurs semeino-brachnogo prava* (Moscou, 1928), p. 20.

Estreita-se e é transformada em uma união marital baseada em contrato mútuo"[28].

Os bolcheviques, dessa maneira, ofereceram uma solução aparentemente direta para a opressão às mulheres. Entretanto, suas receitas, apesar de uma aparência externa de simplicidade, se alçavam sobre complexas suposições, sobre as fontes e o significado da libertação. Em primeiro lugar, eles assumiram que o trabalho doméstico deveria ser removido, quase que inteiramente, do lar. Não seria redistribuído entre os gêneros da família. Os bolcheviques não desafiaram os homens a compartilharem o "trabalho feminino", mas buscaram simplesmente transferir as tarefas para o domínio público. Apesar de frequentemente afirmarem que os homens deveriam "ajudar" as mulheres em casa, não estavam profundamente preocupados em redefinir os papéis de gênero dentro da família.

Em segundo lugar, supuseram que as mulheres somente seriam livres se ingressassem no mundo do trabalho assalariado. Ao invés de reconsiderar o valor que a sociedade imprimia às tarefas que as mulheres realizavam em casa, desprezaram o trabalho doméstico como o entediante progenitor do atraso político. Somente um salário separado poderia oferecer às mulheres independência econômica e acesso a um mundo público mais amplo. Para que as mulheres se libertassem, econômica e psicologicamente, precisariam assemelhar-se mais aos homens ou, especificamente, aos homens trabalhadores.

Em terceiro lugar, os bolcheviques atribuíram pouca importância para os poderosos laços emocionais entre pais e seus filhos. Eles supuseram que a maior parte do trabalho exigido para o cuidado com os filhos, até mesmo das crianças menores, poderia ser relegada a empregados públicos remunerados. Tendiam a menosprezar o papel do laço mãe-filho na sobrevivência e no desenvolvimento da criança nos primeiros anos da infância, embora mesmo um conhecimento rudimentar do trabalho de orfanatos pré-revolucionários pudesse ter revelado as taxas assustadoramente baixas de sobrevivência de crianças em ambientes institucionais e os obstáculos para um desenvolvimento saudável da criança[29]. Na visão de muitos teóricos,

---

[28] Alexandra Kollontai, "Tezisy o Kommunisticheskoi Morali v Oblasti Brachnykh Otnoshenii", cit., p. 29.

[29] Para uma análise excelente dos orfanatos pré-revolucionários, ver David Ransel, *Mothers of Misery: Child Abandonment in Russia* (Princeton, Princeton University Press, 1988).

MULHER, ESTADO E REVOLUÇÃO

os problemas apresentados pelas crianças pareciam quase idênticos aos do trabalho doméstico. Suas soluções eram, portanto, praticamente as mesmas.

Em quarto lugar, a visão socialista de libertação continha uma certa tensão entre o indivíduo e a coletividade ou o Estado. Embora os bolcheviques defendessem a liberdade pessoal para o indivíduo e a eliminação de autoridades religiosa ou estatal em questões de preferência sexual, supuseram que o Estado tomaria para si as responsabilidades da criação dos filhos e do trabalho doméstico. Portanto, ao mesmo tempo que a ideologia bolchevique promovia uma noção libertária do indivíduo, aumentava imensuravelmente o papel social do Estado ao eliminar corpos intermediários como a família. Idealmente, o indivíduo e o coletivo encontravam-se em equilíbrio dialético, a própria liberdade do primeiro garantida pelo aumento da diligência e responsabilidade do segundo. Nesse sentido, a visão de liberdade sexual não se diferenciava consideravelmente da promessa marxista geral de realização criativa individual no contexto de uma sociedade amplamente socializada. O ideal, porém, estava sujeito ao desequilíbrio, e a tensão entre a liberdade individual e o poderoso aumento das funções e do controle do Estado gerou uma luta cada vez mais violenta no início dos anos 1930.

Desprovida de embelezamento, a visão bolchevique era baseada, portanto, em quatro preceitos: união livre, emancipação das mulheres através do trabalho assalariado, socialização do trabalho doméstico e definhamento da família. Cada um tinha sua própria história, embora eles se juntassem em diferentes momentos ao longo do tempo. A ideia de união livre se desenvolveu primeiro, surgindo na Idade Média e novamente no século XVII, embora desgarrada de qualquer compromisso com a libertação das mulheres. Seguiram-na, no século XVIII, debates a respeito da igualdade das mulheres e um aumento na percepção da opressão a elas. No século XIX, a união livre e a emancipação das mulheres se entrelaçavam a demandas pela socialização do trabalho doméstico e pelo definhamento da família, todas amparadas em uma maior ênfase do Estado como fonte primária de bem-estar social. A maioria dessas ideias nasceu e foi defendida por movimentos a favor de uma ordem social mais justa e comunal. Ao traçar suas origens e trajetórias, será possível estabelecer os fundamentos intelectuais do pensamento bolchevique a respeito da família e apontar o que era novo e original na contribuição da geração de revolucionários que chegou ao poder em 1917.

A união livre

Ao longo da Idade Média, a Igreja acusou inúmeras seitas das heresias de libertinagem e união livre. No século XII, a Irmandade do Espírito Livre esperou ansiosamente o estágio final da história do mundo, quando homens seriam torturados diretamente por Deus. Cem anos mais tarde, fiéis franceses afirmaram que um homem verdadeiramente unido com Deus era incapaz de pecar[30]. No século XIV, *beguinos* e *begardos* da Alemanha, pequenos grupos que se dedicaram à pobreza e à simples vida comunal, foram acusados de promulgar a heresia do Espírito Livre, uma noção de que "onde o espírito do Senhor estiver há liberdade" e as pessoas poderiam praticar sexo sem pecado. Essa ideia foi ecoada novamente por Martin Huska, um rebelde boêmio do século XV que pregava "Pai nosso que estais em nós" e que foi queimado por sua oração herética em 1421. Seus seguidores mais radicais, os adamitas, foram acusados de imitar a falsa inocência hedonista ao andarem nus, terem relações sexuais e declararem sua própria ausência de pecado[31]. Muitas dessas seitas também praticavam uma forma primitiva de comunismo e pregavam contra a riqueza e o poder da Igreja[32]. Ainda que muitas delas praticassem o coletivismo, suas ideias sobre união livre eram baseadas em noções de impecabilidade e união com Deus, e não pretendiam transformar o casamento e a família ou emancipar as mulheres.

Ideias de união livre apareceram novamente no século XVII, estimuladas pela Revolução Inglesa e pelo que um historiador chamou de "a primeira revolução sexual da modernidade". Embora aqui também a ideia de união livre tenha encontrado seus promotores mais vigorosos em seitas religiosas milenaristas, foi acompanhada por uma forte crítica dos padrões matrimoniais tradicionais das classes baixas e médias. Já em 1600 um terço da população britânica

---

[30] Walter Nigg, *The Heretics* (Nova York, Knopf, 1962), p. 226-36.

[31] Malcolm Lambert, *Medieval Heresy: Popular Movements from Bogomil to Hus* (Nova York, Holmes and Meier, 1977), p. 173-8, 322-3.

[32] Karl Kautsky vê essas seitas como antepassados diretos dos socialistas modernos. Ver sua obra *Communism in Central Europe at the Time of the Reformation* (Nova York, Russell and Russell, 1959).

MULHER, ESTADO E REVOLUÇÃO

havia perdido acesso à terra ou ao ofício. Trabalhadores assalariados migrantes, camponeses expropriados e artesãos arruinados haviam sido libertos dos antigos costumes matrimoniais camponeses. Com pouca perspectiva de algum dia fundar um lar independente, seu comportamento matrimonial era mais frouxo, muitas vezes baseado em autocasamento e autodivórcio[33]. Atraídos pelas seitas milenaristas, assim como pelo antinomianismo radical, esses grupos atacaram formas antigas de costumes desde baixo.

Ao mesmo tempo, ascendentes homens de negócios e fazendeiros prósperos, que se beneficiaram dos cercamentos e das novas oportunidades no comércio e na produção, atacaram a cultura popular desde cima. Ridicularizando práticas camponesas como vulgares, rejeitaram o costume antigo em favor de uma nova ênfase no casal de companheiros. Nos anos 1640 e 1650, estes dois fios – antinomianismo e puritanismo – se reforçaram mutuamente e se uniram no ataque à ordem existente[34].

As críticas ao casamento abriram um leque de alternativas, desde a união de companheiros até o amor livre. A doutrina puritana enfatizava a ideia de casamento entre companheiros no qual a esposa, ainda subordinada à autoridade do marido, seria mais uma "ajudante" e uma igual. Críticos de festividades públicas defendiam casamentos pequenos e privados, e brevemente instituíram o casamento civil (1653-1660) na esperança de obter mais controle sobre as escolhas matrimoniais de seus filhos[35]. Outras seitas religiosas também rejeitaram a cerimônia de casamento em favor de uma declaração simples do casal perante a congregação reunida, e também praticavam uma forma análoga de divórcio. E, enquanto os puritanos buscavam controles mais estritos sobre o casamento, outros críticos almejavam enfraquecer as restrições. O poeta John Milton falava apaixonadamente em favor da liberalização do divórcio e outros buscavam limitar a autoridade patriarcal absoluta

---

[33] John Gillis, *For Better, for Worse: British Marriages, 1600 to the Present* (Oxford, Oxford University Press, 1985), p. 13, 99, 102.

[34] Lawrence Stone, *The Family, Sex, and Marriage in England 1500-1800* (Nova York, Harper, 1979), p. 107-9, oferece uma interpretação diferente, assinalando que a partir de 1640 houve uma redução do pertencimento a redes de parentesco amplas e uma volta em direção à família. Como John Gillis, *For Better, for Worse*, cit., p. 102.

[35] Ibidem, p. 55-6, 82, 85-6.

soldada por cônjuges e pais. Os *ranters*, uma das seitas religiosas mais radicais, foram além ao pregar amor livre, abolição da família e "relações sexuais casuais com vários parceiros"[36]. Celebravam a sexualidade e, como seus predecessores medievais, negavam que o sexo fosse pecaminoso. Alguns defendiam a noção secular de casamento por contrato, renovável pelo marido e esposa anualmente. Abiezer Coppe, um *ranter* e estudante de Oxford, encontrou entre os pobres um público entusiasta por suas ferozes condenações da monogamia e da família nuclear[37]. Várias seitas defendiam a expansão dos direitos da mulher baseada em suas convicções religiosas de "direitos naturais fundamentais". Algumas seitas permitiram às mulheres participar no governo eclesiástico e inclusive pregar. Os *quakers*, ao enfatizar cada relação individual privilegiada com Deus, omitiam da cerimônia de casamento os votos de obediência da esposa ao marido[38].

Porém, mesmo entre radicais e dissidentes a crítica à família e à opressão às mulheres permaneceu rudimentar. Gerard Winstanley e seus radicais *diggers* reafirmaram o lugar do homem como chefe de família e atacaram a doutrina de amor livre promulgada pelos *ranters*. Winstanley argumentava que o amor livre fazia pouco para melhorar a situação das mulheres. "A mãe e a criança concebida dessa maneira", escreveu, "ficariam com a pior parte, já que o homem partirá e os abandonará [...] depois de garantido seu prazer". Como Christopher Hill havia observado, na ausência de controle de natalidade efetivo, "liberdade sexual tendia a ser liberdade somente para os homens"[39]. Por outro lado, muitas das seitas radicais nunca aceitaram a igualdade das mulheres e até mesmo os *levellers*, que defendiam os "direitos naturais", não incluíam mulheres em seus planos para ampliar os direitos políticos[40].

---

[36] Christopher Durston, *The Family in the English Revolution* (Oxford, Basil Blackwell, 1989), p. 12.

[37] John Gillis, *For Better, for Worse*, cit., p. 102-3.

[38] Christopher Hill, *The World Turned Upside Down*, cit., p. 308, 310, 312, 315; Christopher Durston, *The Family in the English Revolution*, cit., p. 10, 12, 15-6, 18-9, 20.

[39] Winstanley, citado em Christopher Hill, *The World Turned Upside Down*, cit., p. 319.

[40] Christopher Durston, *The Family in the English Revolution*, cit., p. 25-6, 30; John Gillis, *For Better, for Worse*, cit., p. 103.

As críticas da família que emergiram em meados do século XVII eram portanto bastante limitadas. O reconhecimento estreito dos direitos das mulheres estava ancorado na nova ideia religiosa acerca da relação sem mediação de cada indivíduo com Deus. Essa ideia possuía fortes implicações libertárias e questionava seriamente as instituições eclesiásticas e estatais estabelecidas. Mas não rejeitava o domínio patriarcal dentro da família. Alguns religiosos sectários ampliaram o papel da mulher dentro da Igreja, mas não realizavam crítica à dependência econômica das mulheres ou à opressão a elas. A noção puritana de casamento entre companheiros mitigava a subordinação das mulheres, mas não surgia de um impulso para libertá-las. Justificada sob termos religiosos ("a alma não conhece diferença de sexo"), a ideia de união de companheiros correspondia à crescente importância dos lares de tamanho médio nos quais a esposa desempenhava o papel de "sócia menor" em um negócio de família[41].

Se a ideia puritana de união de companheiros estava ancorada nas necessidades e aspirações de fazendeiros e homens de negócio prósperos, as ideias dos *ranters*, os críticos mais ferozes do casamento e da família, se baseavam nos costumes dos pobres migrantes. Camponeses desprovidos de suas terras e artesãos empobrecidos, sem propriedade que os atassem e forçados a viajar para se sustentar, frequentemente se juntavam e se separavam por consentimento mútuo através do "autocasamento" e "autodivórcio"[42]. Mas os hábitos dos trabalhadores migrantes não constituíam a força social dominante no século XVII. Como as pregações dos *ranters*, eles eram mais precursores de ideias radicais posteriores do que de um programa realista para um movimento popular.

Após a Revolução Inglesa, os fios gêmeos do puritanismo e antinomianismo começaram a desatar. As elites puritanas começaram a limitar o casamento aos economicamente independentes e a excluir os pobres. Ao final do século XVIII, sua ênfase na unidade familiar estreita e de compaixão entre companheiros era amplamente aceita por todas as classes proprietárias, independentemente da religião. As seitas radicais religiosas, que se rebelaram contra os tributos de casamento, perderam espaço. Sua visão do mundo

---

[41] Christopher Hill, *The World Turned Upside Down*, cit., p. 306-7, 311.

[42] John Gillis, *For Better, for Worse*, cit., p. 99.

Questionando a natureza da mulher

Ao longo do século XVIII, o crescimento da indústria caseira ou doméstica teve um impacto significativo no papel das mulheres, uma vez que a economia doméstica se caracterizava cada vez mais pela combinação entre agricultura e manufatura[44]. O desenvolvimento da indústria doméstica enfraqueceu a autoridade patriarcal e a divisão do trabalho por gênero, diminuiu a idade do primeiro casamento e resultou em aumento da taxa de natalidade. À medida que os rendimentos substituíam a propriedade como base para a formação de um lar separado, jovens se casavam cada vez mais por atração pessoal "sem qualquer consideração por questões materiais"[45]. As mulheres ganharam uma "nova cidadania econômica" e maior participação na política da comunidade[46]. Nas aldeias inglesas onde a indústria caseira florescia, moradores das aldeias preferiam casamentos simples ao invés das

---

[43] Ibidem, p. 100-2, 135.

[44] Na França, por exemplo, entre 50% e 90% das explorações agrárias eram insuficientes para sustentar uma família no século XVIII. Ver Olwen Hufton, "Women, Work, and Marriage in Eighteenth Century France", em R. B. Outhwaite (org.), *Marriage and Society: Studies in the Social History of Marriage* (Nova York, St. Martin's, 1981), p. 186-203. E, sobre a Inglaterra, ver Bridget Hill, *Women, Work, and Sexual Politics in Eighteenth Century England* (Oxford, Basil Blackwell, 1989).

[45] Rudolf Braun, "The Impact of Cottage Industry on an Agricultural Population", em David Landes (org.), *The Rise of Capitalism* (Nova York, Macmillan, 1966), p. 58. Muita atenção foi dada a esse processo, conhecido como protoindustrialização. Ver, por exemplo, Hans Medick, "The Protoindustrial Family Economy: The Structural Function of Household and Family During the Transition from Peasant Society to Industrial Capitalism", *Social History*, n. 1, 1976, p. 291-315; David Levine, "Proto-Industrialization and Demographic Upheaval", em Leslie Moch (org.), *Essays on the Family and Historical Change* (College Station, Texas A&M University Press, 1983), p. 9-34; David Levine, "Industrialization and the Proletarian Family in England", *Past and Present*, n. 107, 1985, p. 168-203; Wolfram Fischer, "Rural Industrialization and Population Change", *Comparative Studies in Society and History*, v. 15, n. 2, 1973, p. 158-70.

[46] John Bohstedt, "The Myth of the Feminine Food Riot: Women as Proto--Citizens in English Community Politics, 1790-1810", em Harriet Applewhite e Darline Levy (orgs.), *Women and Politics in the Age of the Democratic Revolution* (Ann Arbor, University of Michigan Press, 1990), p. 34-5.

MULHER, ESTADO E REVOLUÇÃO

grandes celebrações camponesas. Ideias radicais sobre o casamento, baseadas em sentimento mútuo ao invés de em propriedade, exerciam forte apelo em grupos plebeus e urbanos, que já praticavam formas de casamento mais "flexíveis"[47].

O desafio plebeu à autoridade patriarcal desde baixo se combinava com o desafio filosófico desde cima, uma vez que debates sobre a mulher e a família atraíam pensadores livres do Iluminismo. Embora as filosofias não estivessem preocupadas diretamente com a libertação das mulheres, elas moldavam a discussão do papel das mulheres de uma maneira completamente nova ao abri-la para questões de diferença de gênero e para o potencial de igualdade das mulheres. Diferentemente dos religiosos radicais do século XVII, os filósofos não baseavam seu pensamento no relacionamento especial e individual com Deus, mas no papel da educação e do ambiente na formação do potencial inato de cada ser humano (masculino). A noção de que a educação pudesse desempenhar um papel crítico no desenvolvimento da personalidade humana logicamente levou muitos filósofos a questionar as diferenças sexuais e o "caráter feminino"[48].

Enquanto muito do pensamento dos filósofos era novo, suas conclusões permaneciam, em sua maior parte, conservadoras. Diderot, por exemplo, criticou muitas das instituições e costumes que limitavam as mulheres, mas ele também acreditava que as mulheres eram inatamente propensas à histeria, incapazes de manter concentração mental e, em última instância, de alcançar o gênio. D'Holbach defendia que as mulheres eram incapazes no campo da razão, justiça ou pensamento abstrato. A maioria dos filósofos enfatizava um papel exclusivamente doméstico para as mulheres e negava a possibilidade de igualdade[49].

---

[47] John Gillis, "Peasant, Plebeian, and Proletarian Marriage in Britain, 1600--1900", em David Levine (org.), *Proletarianization and Family History* (Nova York, Academic, 1984), 138-50.

[48] Katherine Clinton, "Femme et Philosophe: Enlightenment Origins of Feminism", *Eighteenth Century Studies*, n. 8, 1975.

[49] Elizabeth Gardner, "The Philosophes and Women: Sensationalism and Sentiment", e Peter D. Jimack, "The Paradox of Sophie and Julie: Contemporary Responses to Rousseau's Ideal Wife and Ideal Mother", em Eva Jacobs, William Henry Barber, Jean Bloch, F. Leakey, E. LeBreton (orgs.), *Women and Society in Eighteenth Century France: Essays in Honor of John Stephenson Spink* (Londres, Athlone, 1979), p. 21-4, 152-3.

Como os puritanos, os filósofos defendiam um ideal de casamento essencialmente de classe média baseado na monogamia, afeto mútuo e companheirismo. Ao contrário dos puritanos, entretanto, eles davam menos ênfase à subordinação da mulher ao homem, embora suas ideias de casamento ainda estivessem fortemente moldadas pelas necessidades masculinas[50]. A mulher ideal de Rousseau foi predicada em sua avaliação "racional" das necessidades do homem ideal, e as reformas de Helvetius à lei matrimonial e aos costumes sexuais foram empreendidas levando em consideração os interesses masculinos. Sua crítica ao casamento, entretanto, era secular. E assim como os novos costumes plebeus que surgiam entre os trabalhadores da indústria doméstica, eles também questionavam o "patriarcado por ordem divina"[51].

Em seus momentos mais radicais, os filósofos questionaram a superioridade "natural" do homem e defenderam mais oportunidades educacionais para as mulheres. Voltaire e Diderot questionaram a desigualdade legal e Montesquieu defendeu que o "caráter feminino" não era inato, mas sim o resultado de uma educação ruim e de oportunidades limitadas. Ao sugerir a ideia de potencial humano, esses pensadores abriram caminho para novas concepções de cidadania e direitos políticos. Uns poucos defenderam igualdade civil para todos, homens e mulheres, embora nenhum questionasse seriamente as instituições do casamento, da família ou da divisão do trabalho por gênero[52]. Os filósofos estavam fundamentalmente preocupados com a corrupção de "virtudes" femininas como simplicidade, frugalidade, domesticidade em uma atmosfera de frivolidade e decadência. Porém sua crítica, por sua natureza própria, estava restrita aos "defeitos" das mulheres aristocráticas, o único grupo que podia se dar ao luxo de tal corrupção[53].

---

[50] Katherine Clinton, "Femme et Philosophe: Enlightenment Origins of Feminism", cit., p. 291-95; Peter D. Jimack, "The paradox of Sophie and Julie", cit., p. 152.

[51] Jane Rendall, *The Origins of Modern Feminism: Women in Britain, France, and the United States, 1780-1860* (Nova York, Macmillan, 1985), p. 4.

[52] Para uma análise mais favorável da atitude dos filósofos em relação às mulheres, ver Katherine Clinton, "Femme et Philosophe: Enlightenment Origins of Feminism", cit., e Sylvana Tomaselli, "The Enlightenment Debate on Women", *History Workshop Journal*, n. 20, 1985.

[53] Ver Joan Landes, *Women and the Public Sphere in the Age of Revolution* (Ithaca, Cornell University Press, 1988) para a extensão desse argumento à ideologia republicana.

Embora muitos historiadores concordem que a "Idade das Luzes" deixou as mulheres às escuras, na realidade as ideias dos filósofos eram mais ou menos congruentes com a relação das mulheres com o modo de produção predominante[54]. Os filósofos eram incapazes de questionar profundamente os papéis das mulheres porque não houve rompimento econômico de grande escala na balança da produção e da reprodução. Apesar das mudanças impulsionadas pelo crescimento da indústria doméstica ao longo do século XVIII, o lar ainda era a unidade de produção primária, e a maioria das mulheres no interior e nas cidades estava solidamente integrada à economia familiar. As mulheres se dedicavam a uma variedade de ofícios como resultado da penetração do mercado no campo, mas essas tarefas ainda eram realizadas dentro da casa em meio ao trabalho tradicional do cultivo, educação das crianças, limpeza, costura e remendo. Às vésperas da Revolução Francesa, 85% da população era camponesa, e, mesmo nas cidades, poucas mulheres não trabalhavam com seus maridos ou famílias; o trabalho feminino continuava sendo uma extensão do trabalho dentro da família[55]. As ideias dos filósofos, portanto, refletiam um mundo no qual o capitalismo e o trabalho assalariado estavam ainda por destruir a divisão de trabalho dentro da família ao englobar uma grande quantidade de mulheres no trabalho remunerado fora de casa. A contradição entre produção e reprodução permanecia reservada ao futuro e, portanto, não era surpreendente que os filósofos não se interessassem por sua resolução.

As expressões limitadas de feminismo contidas na Revolução Francesa demonstraram que as demandas pela emancipação da mulher não poderiam ser realizadas enquanto o lar desempenhasse um papel central na produção. As mulheres simplesmente não possuíam opções econômicas fora da família, já que as mulheres solteiras não poderiam sobreviver somente com seus salários[56]. Embora Condorcet e outros panfletários reivindicassem direi-

---

[54] Abby R. Kleinbaum, "Women in the Age of Light", em Renate Bridenthal e Claudia Koonz (orgs.), *Becoming Visible: Women in European History* (Boston, Houghton Mifflin, 1977), p. 233.

[55] Elizabeth Fox-Genovese, "Women and Work", em Samia Spencer (org.), *French Women and the Age of Enlightenment* (Bloomington, Indiana University Press, 1984), e o capítulo de Jane Rendall, "Work and Organization", p. 150.

[56] Candice Proctor, *Women, Equality, and the French Revolution* (Westport, Connecticut, Greenwood, 1990), p. 70.

tos iguais às mulheres, estas nunca formaram um segmento civil durante a Revolução Francesa com o objetivo de avançar em um programa consequentemente feminista. Houve algumas vozes dissidentes – diversos jornais de mulheres exigiam mais direitos civis para as mulheres e participação limitada no processo político, e Olympe de Gouges registrou sua famosa *Declaração dos Direitos da Mulher e da Cidadã* – mas apesar de seu potencial como segmento civil, essas feministas representavam um "interesse minoritário". Os *cahiers* de 1789 continham alguns problemas especificamente femininos, mas estes eram raros e nunca debatidos nem sequer seriamente discutidos[57].

As mulheres na Revolução Francesa foram essencialmente ativas como representantes de sua classe, em vez de seu sexo. Elas marcharam, protestaram, formaram clubes de mulheres e alistaram-se no exército, mas não como feministas com um claro programa para os direitos das mulheres. A efervescência política abriu novas possiblidades para a participação das mulheres e, por um breve período na primavera de 1792, mulheres promulgaram ativamente o conceito de cidadania feminina baseada em seu direito de portar armas[58]. As mulheres das classes trabalhadoras apoiaram tremendamente a Revolução, mas seu ativismo, como seu trabalho, ainda era poderosamente condicionado por seu papel na família. Mulheres urbanas há tempos eram responsáveis por complementar o salário de seus maridos, e sua participação nos protestos por pão era consequência direta de seu papel na aquisição e provisão de alimentos para suas famílias. Nas palavras de Olwen Hufton: "O protesto pelo pão foi um terreno materno"[59].

---

[57] Jane Abray, "Feminism in the French Revolution", *American Historical Review*, n. 80, 1975, p. 47, 59; Ruth Graham, "Loaves and Liberty", em Renate Bridenthal e Claudia Koonz (orgs.), *Becoming Visible*, cit., p. 238-42; Harriet Applewhite e Darline Levy, "Women, Democracy, and Revolution in Paris", em Spencer (org.), *French Women and the Age of Enlightenment*, cit., p. 64-7.

[58] Harriet Applewhite e Darline Levy, "Women, Radicalization, and the Fall of the French Monarchy", em Harriet Applewhite e Darline Levy (orgs.), *Women and Politics in the Age of the Democratic Revolution*, cit., p. 90; ver também nesse mesmo livro Dominique Godineau, "Masculine and Feminine Political Practice During the French Revolution", para o argumento de que as mulheres tentaram ganhar aceitação como cidadãs através do direito de votar e portar armas.

[59] Olwyn Hufton, "Women in Revolution, 1789-1796", *Past and Present*, n. 53, 1971, p. 94. Para um argumento similar sobre o papel das mulheres nos protestos

MULHER, ESTADO E REVOLUÇÃO

A linguagem dos direitos naturais e do republicanismo levou à reavaliação dos limites políticos e institucionais impostos às mulheres, mas as vozes dominantes da era revolucionária – masculinas e femininas – ainda consideravam a maternidade republicana o maior serviço que uma mulher poderia prestar à revolução. Mary Wollstonecraft, em seu *Vindication of the Rights of Woman (Vindicação dos Direitos da Mulher)*, considerado por muitos os primórdios do pensamento feminista moderno, defendia a expansão de oportunidades às mulheres para que pudessem ser melhores esposas e mães. Wollstonecraft ainda aderia à forte demarcação de papéis por gênero e uma estrita divisão do trabalho. Em geral, até mesmo as escritoras feministas mais radicais foram incapazes de "imaginar um convincente caráter feminino liberto"[60]. A ideia de maternidade republicana abriu uma nova perspectiva de educação, mas fez pouco para libertar as mulheres das limitadas fronteiras domésticas. Tanto conservadores como republicanos enfatizavam a domesticidade para mulheres, e estas avançaram pouco em direção a um domínio político e público mais amplo[61].

Em última instância, a Revolução Francesa conquistou pouco para as mulheres em geral e menos ainda para as mulheres pobres. O governo fechou os clubes independentes de mulheres em 1793 e em seguida baniu a admissão de mulheres às assembleias populares. Diversas novas liberdades legais obtidas com a Revolução, incluindo a simplificação do divórcio, direitos para filhos ilegítimos e expansão do direito de propriedade para as mulheres, foram varridas pelo Código Civil de Napoleão, de 1804. Em nenhum momento a Revolução emancipou as mulheres politicamente ou lhes garantiu direitos civis[62]. Já em 1796, à medida que o país passava da fome à inanição

---

por comida na primeira metade do século XIX, ver Jane Rendall, *The Origins of Modern Feminism*, cit., p. 200-3.

[60] Katharine Rogers, *Feminism in Eighteenth Century England* (Urbana, University of Illinois Press, 1982), p. 183-9, 246.

[61] Jane Rendall, *The Origins of Modern Feminism*, cit., p. 68, 70.

[62] Roderick Phillips, "Women's Emancipation, the Family, and Social Change in Eighteenth Century France", *Journal of Social History*, n. 12, 1974; Adrienne Rogers, "Women and the Law", em *French Women and the Age of Enlightenment*, cit.; Mary Johnson, "Old Wine in New Bottles: Institutional Change for Women of the People During the French Revolution", em Carol Berkin e Clara Lovett (orgs.), *Women, War and Revolution* (Nova York/Londres, Holmes and Meier, 1980).

WENDY GOLDMAN

em massa, muitas mulheres que haviam participado ativamente da Revolução começaram a se virar contra ela[63].

A Revolução Francesa produziu poucos ganhos concretos para as mulheres, menos devido aos persistentes esforços dos homens em excluí-las do que por sua própria falta de organização. Elas eram ativas, mas nunca constituíram "uma força autônoma". Nas palavras de um historiador:

> A economia francesa de pequena escala, baseada na economia doméstica, exigia que as mulheres da classe média e as trabalhadoras contribuíssem [...] para suas famílias. As mulheres ainda não eram um grupo amplo e independente na classe trabalhadora.

Mulheres comuns não respondiam à linguagem do feminismo, já que suas "palavras ou ações" não "faziam sentido algum"[64]. Porém, à medida que o capitalismo começou a transformar as relações domésticas, e as mulheres começaram a ingressar na força de trabalho, movimentos da classe trabalhadora se viram forçados a lidar com os novos papéis das mulheres como assalariadas independentes. Lentamente uma nova visão da libertação das mulheres começou a se esboçar.

Socializar e comunalizar

No início do século XIX, trabalhadores da Inglaterra e da França recorriam cada vez mais à prática de autocasamento ou união livre. Muitos simplesmente não tinham recursos para casar, e grande parte deles adiava o casamento e vivia junta. Na França, muitos trabalhadores, principalmente na indústria metalúrgica, se opunham ao casamento por princípio. Licenças eram caras, e o anticlericalismo, desenfreado[65]. Na Inglaterra, a não conformidade sexual e religiosa também estava amplamente difundida. Os primeiros centros industriais eram viveiros de hostilidade contra o clero e suas taxas de casamento. Em muitas cidades, o anticlericalismo tomou contornos radicais, até mesmo socialistas. Pensadores livres painistas*, femi-

---

[63] Olwen Hufton, "Women in Revolution, 1789-1796", cit., p. 102-3.

[64] Ruth Graham, "Loaves and Liberty", cit., p. 252; Jane Abray, "Feminism in the French Revolution", cit., p. 59.

[65] Jane Rendall, *The Origins of Modern Feminism*, cit., p. 194.

* Em referência ao político liberal estadunidense Thomas Paine. (N. T.)

MULHER, ESTADO E REVOLUÇÃO

nistas e socialistas debatiam intensamente a instituição do casamento, expressando o que muitos trabalhadores já praticavam há várias décadas[66].

Planos utópicos para comunidades alternativas proliferaram por toda a Europa e Estados Unidos na primeira metade do século XIX. Movimentos baseados nas ideias de Saint-Simon, Charles Fourier e Robert Owen exerciam forte apelo nos trabalhadores e artesãos que já praticavam formas menos rígidas de casamento[67]. Muitos utópicos, como seus predecessores milenaristas, defendiam ideias a respeito da união livre, mas pela primeira vez essas ideias estavam ligadas a planos para a socialização do lar e emancipação das mulheres. Na França, Prosper Enfantin, uma figura carismática e quase religiosa, começou a popularizar a obra do teórico utópico Saint-Simon. Embora Saint-Simon não tivesse escrito quase nada sobre as mulheres, Enfantin fundou um grupo – rapidamente transformado em "uma religião" – que focava com muita atenção a igualdade das mulheres. O próprio Enfantin acreditava fortemente em papéis definidos por sexo: o homem representava a reflexão; a mulher, o sentimento. Mas ele valorizava a contribuição emocional das mulheres e, dessa forma, defendia sua participação plena na esfera pública. No fim das contas, Enfantin expulsou as mulheres da liderança ou "hierarquia" de seu grupo, saindo da França para o Egito em uma jornada mística em busca do messias feminino. Porém, de seu grupo surgiu uma fração dissidente de mulheres que publicaram, por um breve período, um jornal feminista que defendia o amor livre, a abolição da ilegitimidade e a socialização da criação dos filhos. Diferentemente dos utópicos masculinos, entretanto, cujas carreiras prosperaram nos anos 1830 e 1840, era quase impossível para as feministas sobreviverem financeiramente fora do casamento. A pobreza extrema levou muitas a reconsiderarem suas ideias anteriores sobre amor livre[68].

---

[66] John Gillis, *For Better, for Worse,* cit., p. 192.

[67] John Gillis, "Peasant, Plebeian, and Proletarian Marriage in Britain, 1600-1900", cit., p. 150, escreve: "quando os owenistas experimentaram os alojamentos coletivos e defenderam a liberdade de divórcio, não se baseavam em valores de elite, e sim em práticas plebeias bem estabelecidas".

[68] Claire Moses, *French Feminism in the Nineteenth Century* (Albany, State University of New York Press, 1984), p. 41-83. Sobre os saint-simonianos, ver também Robert Carlisle, *The Proffered Crown: Saint Simonianism and the Doctrine of Hope* (Baltimore, Johns Hopkins University Press, 1987).

WENDY GOLDMAN

Se o programa para as mulheres de Enfantin provou ser em grande medida imaturo, os planos detalhados de Charles Fourier para comunidades alternativas ou falanstérios tiveram um pouco mais de sucesso. As ideias de Fourier atraíram defensores por toda a Europa e Estados Unidos, e mais de quarenta comunidades baseadas nas ideias de Fourier surgiram nos Estados Unidos entre 1840 e 1860[69]. A literatura associacionista americana proclamou as mulheres iguais aos homens, embora, como os saint-simonianos, a maioria dos associacionistas ratificava os papéis tradicionais de gênero e divisão do trabalho. Mulheres eram "embelezantes, espiritualizantes e simpatizantes". Os associacionistas condenavam o lar individual, porém não questionavam as relações tradicionais entre os sexos. Nos falanstérios, os afazeres domésticos como cozinhar, lavar roupas e criar os filhos eram socializados, mas ainda eram realizados por mulheres, embora de forma comunitária. As mulheres eram "iguais", mas ainda não como os homens. Os fourieristas supunham que a personalidade das mulheres naturalmente as inclinaria em direção ao trabalho doméstico. Dessa forma, as desigualdades entre homens e mulheres no conjunto da sociedade eram reproduzidas nos falanstérios: às mulheres reservava-se o trabalho doméstico, conferia-se pouco poder político e pagava-se menos que aos homens. As constituições de alguns falanstérios chegaram a estipular que as mulheres recebessem somente uma porcentagem fixa do salário masculino; em um caso, o máximo das mulheres era o mínimo dos homens[70].

Na Grã-Bretanha, Robert Owen, teórico e organizador utópico, construiu um movimento de trabalhadores com o objetivo de criar negócios de propriedade dos trabalhadores, administrados por eles. Após uma série de duras greves em 1834, Owen desvencilhou-se do ativismo de classe e seguiu em direção à criação de comunidades utópicas, que seriam construídas de acordo com seu próprio projeto. As comunidades afinal arruinaram-se graças a disputas, dificuldades financeiras, e às próprias opiniões crescentemente antidemo-

---

[69] Robert Lauer e Jeanette Lauer, *The Spirit and the Flesh: Sex in Utopian Communities* (Nova Jersey, Scarecrow, 1983), p. 37.

[70] Carl Guarneri, *The Utopian Alternative. Fourierism in Nineteenth Century America* (Ithaca, Cornell University Press, 1991), p. 130-1, 205-6, 209. Guarneri fornece um relato esclarecedor e detalhado sobre o tratamento dado às mulheres.

MULHER, ESTADO E REVOLUÇÃO

cráticas e antioperárias de Owen[71]. Apesar do histórico sombrio das comunidades, as ideias do owenismo tiveram tremendo impacto nos homens e mulheres trabalhadores por todo o país e no exterior.

Entre 1825 e 1845, owenistas palestraram e escreveram extensivamente sobre a posição das mulheres. Os owenistas difundiam as ideias de casamento "moral", de votos simples e não religiosos, e do divórcio fácil e barato. Embora criticassem o poder patriarcal, como os associacionistas, eles rejeitavam a família não tanto por suas relações de gênero quanto por sua natureza antissocial. Na nova sociedade de Owen, novos arranjos de moradia seriam completamente coletivizados e o trabalho doméstico, realizado de forma comunal e rotativa. Seus planos incluíam quartos separados para todos os adultos, casados ou solteiros, dormitórios para crianças e espaços comunitários para refeições, socialização e atividades em grupo. Os bolcheviques adotariam crítica à família e projeto de vida comunal quase idênticos. Entretanto, os owenistas, assim como os associacionistas, pouco fizeram para derrubar ou reformar a tradicional divisão do trabalho baseada em gênero. O trabalho doméstico e a criação dos filhos deveriam ser atividades rotativas somente entre as mulheres, e não compartilhadas por todos. E, em sua ampla maioria, as mulheres owenistas tiveram um destino tão pobre quanto suas contrapartes associacionistas: transformar tarefas individuais em comunitárias geralmente acarretava mais trabalho, e não menos[72].

Depois de 1840, os owenistas começaram a perceber que era impossível mudar a instituição do casamento sem reconstruir o sistema de propriedade vigente. Em alguma medida, esse reconhecimento foi instigado por protestos de mulheres que estavam ficando cada vez mais reticentes com a ideia de união livre ou "casamento moral". A posição owenista sobre o casamento começou a se fragmentar, resultando em várias opiniões contrapostas. Um editor owenista advertiu que o "casamento moral" oferecia pouca proteção às mulheres. Sem restrições legais, os homens estariam sempre tentados a abandoná-las. Feministas owenistas, principalmente entre as pobres, adotaram uma posição menos otimista do que suas contrapartes masculinas acerca da sexualidade

---

[71] A próxima seção sobre o owenismo se baseia em grande parte na obra de Barbara Taylor, *Eve and the New Jerusalem: Socialism and Feminism in the Nineteenth Century* (Nova York, Pantheon, 1983). Ver também John Gillis, *For Better, for Worse*, cit., p. 224-8.

[72] Ibidem, p. 37-40, 48-9, 247-9.

irrestrita. Sempre conscientes do custo de uma gravidez indesejada, elas reconheciam a verdade de uma afirmação feita por um owenista segundo o qual "um casamento moral não é para a mulher uma emancipação igual à do homem". Essa observação havia sido feita antes por críticos das feministas *ranters* e saint-simonianas, e seria realizada novamente por mulheres russas radicais no século XIX e por mulheres soviéticas nos anos 1920 e 1930. Nos anos 1840, porém, o debate ainda era amplamente definido pelos homens à medida que a Igreja lutava contra os libertários sexuais owenistas. Os interesses das mulheres não eram bem representados por nenhuma das posições. A ausência de uma voz feminina independente dentro do owenismo acabou por ajudar a Igreja a reafirmar sua visão tradicional e conservadora sobre o casamento[73].

A ideia de independência das mulheres – econômica, social, sexual – ainda era relativamente subdesenvolvida nos horizontes do socialismo utópico, apesar de suas afirmações básicas sobre a igualdade. Porém, os utópicos se diferenciavam claramente de comunitaristas religiosos e filósofos em sua ênfase à coletividade e igualdade. Os anos 1830 e 1840 marcaram o início de uma grande mudança na força de trabalho industrial, uma vez que as mulheres começaram a entrar no mundo do trabalho assalariado fora do lar. As ideias do socialismo utópico tomaram forma dentro de um mundo onde a família estava em transformação e as mulheres ganhando uma nova independência econômica. As lutas operárias para aceitar o trabalho feminino deram um enorme impulso para movimentos em prol da igualdade feminina, assim como para uma visão socialista acerca da libertação das mulheres.

Desafiando a divisão sexual do trabalho

A reação inicial dos trabalhadores à entrada das mulheres no mercado de trabalho na Inglaterra, assim como em outros países, foi ativamente hostil. As mulheres começaram a ingressar no ofício de alfaiataria na Inglaterra durante a Guerra Napoleônica, desviando trabalho das oficinas mais antigas e diminuindo o controle que os trabalhadores haviam conquistado sobre a contratação, salários e organização do trabalho. Os homens começaram rapidamente a se organizar para manter as mulheres fora dos ofícios, argumentando que mulheres trabalhadoras rebaixavam os salários e tornavam

---

[73] Ibidem, p. 207-16.

impossível para um homem sustentar sua família. Organizaram greves importantes em 1827 e 1830 para, em certa medida, excluir as mulheres do trabalho. Empregadores usaram as mulheres como fura-greves, e no final dos anos 1830 elas finalmente haviam quebrado o controle masculino no âmbito dos trabalhos manuais da indústria de alfaiataria[74].

Na França, os alfaiates homens travaram batalhas parecidas para excluir as mulheres. À medida que o ramo da confecção começou a enfraquecer o poder dos ofícios organizados, tanto os mestres alfaiates quanto os empregados se organizaram contra o trabalho por peça e o trabalho feminino. Os homens enxergavam o trabalho feminino como forte "ameaça à estabilidade e segurança domésticas"[75]. Flora Tristan (1803-1844), feminista e socialista, lançou um apelo em nome das mulheres trabalhadoras, defendendo salário igual e direito a ingressar nos ofícios masculinos. Ela se deparou com hostilidade feroz de artesãos e trabalhadores qualificados que declaravam que as mulheres estariam melhor em suas casas[76].

O novo fenômeno do trabalho feminino fora de casa provocou tremendo desespero e confusão em todos os ofícios, já que virava o mundo dos trabalhadores do avesso. Homens e mulheres competiam ferozmente por trabalhos à medida que as mulheres substituíam os homens por salários mais baixos. As mulheres abandonavam suas tarefas familiares tradicionais pelo trabalho assalariado, deixando frequentemente um marido nervoso e desempregado em casa para cuidar do bebê e mexer a sopa. À medida que os salários caíam, até mesmo as mulheres com maridos empregados se viam forçadas a encontrar trabalho. Os homens começaram a se organizar contra as mulheres e a levantar a demanda por um "salário familiar". Suas reações, futuramente denominadas "torysmo sexual"* ou "antifeminismo proletário", consideravam o ingresso das mulheres na força de trabalho uma "inversão da ordem da natureza". E, embora muitas

---

[74] Ibidem, p. 102-17.

[75] Jane Rendall, *The Origins of Modern Feminism*, cit., p.163, 166, 168.

[76] Joan Moon, "Feminism and Socialism: The Utopian Synthesis of Flora Tristan", em Marilyn Jacoby Boxer e Jean Helen Quataert (orgs.), *Socialist Women: European Socialist feminism in the Nineteenth and Early Twentieth Century* (Nova York, Elsevier, 1978).

* Em referência ao Partido Tory, antiga organização britânica de tendência conservadora. (N. T.)

mulheres retorquissem que não haviam tido outra escolha a não ser trabalhar, outras defendiam a demanda por um salário familiar, desvencilhando-se da perspectiva de combinar trabalho assalariado em tempo integral com trabalho doméstico[77]. Os sindicatos de artesãos se lançaram a uma série de batalhas perdidas, na tentativa de voltar no tempo, e demandas por salário familiar podiam ser ouvidas através da Europa até quase a Primeira Guerra Mundial.

O primeiro desafio à divisão sexual do trabalho, porém, não veio das feministas liberais, que estavam em sua maioria despreocupadas com os problemas dos trabalhadores, mas dos socialistas, cujos constituintes estavam lidando com a vasta disjunção provocada pelo trabalho feminino. Feministas liberais, ocupadas com os direitos educacionais, civis e políticos, e pela religião e filantropia, fizeram pouco para questionar o papel doméstico das mulheres. Até mesmo John Stuart Mill, em seu famoso *A sujeição das mulheres* (1869)*, argumentou que dentro da "mais apropriada divisão do trabalho" os homens obteriam as receitas e as mulheres administrariam as despesas domésticas. Ele nunca levou em consideração que um grande número de mulheres da classe trabalhadora não tinha outra opção a não ser trabalhar[78]. Em geral, as feministas liberais do século XIX "se identificavam mais estritamente com as mulheres solteiras com educação formal". Elas buscavam estender "a divisão sexual do trabalho para a economia capitalista" ao enfatizar as inclinações

---

[77] Barbara Taylor, *Eve and the New Jerusalem*, cit., p. 101, 111-2, denomina essa resposta por parte dos trabalhadores de "torysmo sexual". Werner Thonessen denomina de "antifeminismo proletário" em seu *Emancipation of Women: The Rise and Decline of the Women's Movement in German Social Democracy, 1863-1933* (Londres, Pluto, 1973), p. 16. Trabalhadores desejavam aumentar seu salário e diminuir o desemprego através da exclusão das mulheres da força de trabalho e obringando-as a voltar para seu papel doméstico tradicional. Essas reivindicações dos trabalhadores foram ouvidas em todos os países industrializados do século XIX e surgiram como resposta aos empregadores que substituíam cada vez mais os homens por mulheres pagando a elas salários mais baixos. O fenômeno foi reconhecido por Engels em "The Condition of the Working Class in England", em Karl Marx e Friedrich Engels, *Collected Works*, v. 4 (Nova York, 1975) [ed. bras.: *A situação da classe trabalhadora na Inglaterra*, São Paulo, Boitempo, 2008]. Os trabalhadores acreditavam que ao excluírem as mulheres poderiam manter seus salários suficientemente altos para sustentarem suas famílias.

* São Paulo, Almedina, 2006. (N. E.)

[78] Jane Rendall, *The Origins of Modern Feminism*, cit., p. 287.

domésticas e expandir sua parte no setor de serviços dominado pelas mulheres[79].

Teóricos e organizadores socialistas, por outro lado, se viram forçados a confrontar os problemas criados pelo trabalho feminino no local de trabalho e em casa. No início, completamente desnorteados, fracassaram por anos na tentativa de alcançar uma solução. Até mesmo Marx e Engels, que ofereceram os *insights* mais penetrantes sobre o poder transformador do capitalismo, inicialmente se encontravam privados de análise ou estratégia. Seu período de confusão, no entanto, foi relativamente breve. Rapidamente perceberam que o extensivo emprego de força de trabalho feminina era inevitável e irreversível, e assim se debruçaram sobre o primeiro desafio teórico sério à divisão de trabalho por gênero. Argumentando contra estratégias baseadas no antifeminismo proletário, seu trabalho teve enorme impacto no movimento operário europeu e, afinal, ofereceu a estrutura essencial para o pensamento bolchevique sobre as mulheres e a família. Embora muitas de suas ideias fossem similares àquelas dos socialistas utópicos, suas análises das origens e desenvolvimento da opressão às mulheres eram completamente novas e sem precedentes.

O marxismo e a mulher

O primeiro trabalho marxista a abordar a questão da mulher diretamente foi *A situação da classe trabalhadora na Inglaterra*, de Engels, escrito em 1844. Apesar de o livro tratar de forma profunda os efeitos do capitalismo na família, faltava-lhe uma análise teórica genuína, e permaneceu essencialmente uma poderosa condenação das práticas industriais. Um dos principais temas de Engels foi a introdução de novo maquinário e a crescente substituição de homens trabalhadores por mulheres e crianças, por uma fração dos salários dos homens. Embora Engels entendesse tal processo como "inevitável", preocupou-se profundamente sobre seus efeitos nas mulheres e crianças. Os bebês adoeciam e passavam fome em casa enquanto os seios inchados de suas mães pingavam leite sobre as máquinas. Confinadas a posições antinaturais durante todo o dia de trabalho, as mulheres contraíam uma série de grotescas deformações

---

[79] Ibidem, p. 183-4, 186.

ocupacionais. Mulheres grávidas, multadas por sentar para descansar, desenvolviam varizes horríveis e muitas vezes trabalhavam "até quase o momento do parto" por medo de perder seu salário e ser substituídas. Engels observou que "não é incomum que a criança nasça na própria fábrica, entre as máquinas"[80].

Em sua rigorosa exposição da vida das mulheres trabalhadoras, Engels intuitivamente agarrou a contradição entre produção capitalista e estabilidade familiar. Ele foi ágil ao perceber o "abandono total dos filhos" quando ambos os pais trabalhavam de doze a treze horas por dia no moinho. "O emprego das mulheres", observou, "destrói imediatamente a família". Resumindo o efeito da indústria sobre a família, Engels cita as longas horas que as mulheres passavam no trabalho, a negligência com o trabalho doméstico e com os filhos, a desmoralização, a crescente indiferença em relação à vida familiar, a incapacidade dos homens para encontrar emprego, a precoce "emancipação dos filhos" e a inversão dos papéis de gênero. O capitalismo, em sua visão, estava destruindo a família[81].

Engels enxergava esse processo como parte inevitável do desenvolvimento econômico, mas foi incapaz de ir além de uma furiosa condenação da exploração do trabalho feminino. Tateando em busca de uma análise, ele investiu em duas perspectivas opostas acerca da dissolução da família. De um lado, descreveu a inversão dos papéis na família – marido como dependente, esposa como provedora – com grande indignação moral. Seu raciocínio ainda refletia "suposições convencionais do século XIX" e era bem similar ao antifeminismo proletário dos próprios trabalhadores[82]. Por outro lado, questionou sua própria condenação dessa inversão de papéis. Ele afirmou hesitante: "Se a supremacia da mulher sobre o homem, inevitavelmente provocada pelo sistema fabril, é inumana, a do homem sobre a mulher, tal como existia antes, também o

---

[80] Friedrich Engels, *A situação da classe trabalhadora na Inglaterra*, cit.

[81] Idem.

[82] Lise Vogel, *Marxism and the Oppression of Women* (Nova Jersey, 1983), p. 46. As suposições de Engels formuladas no século XIX sobre os papéis "naturais" de gênero estão em *A situação da classe trabalhadora na Inglaterra*. Discutindo a substituição do trabalho masculino pelo feminino, ele escreveu: "essa situação, que tolhe o caráter viril do homem e a feminilidade da mulher, sem oferecer ao homem uma verdadeira feminilidade e à mulher uma verdadeira virilidade, essa situação [...] degrada de modo infamante os dois sexos" (p. 184).

MULHER, ESTADO E REVOLUÇÃO

era"[83]. Desse modo, Engels aceitava uma divisão do trabalho "natural" baseada na mulher como dona de casa, mas começava a questionar tanto a natureza quanto o futuro dessa divisão.

No período de um ano, Marx e Engels deram um grande salto em suas concepções sobre as mulheres e a divisão do trabalho. Formulando uma teoria geral do desenvolvimento histórico em *A ideologia alemã* (1845-1846), começaram a questionar a própria ideia de uma divisão do trabalho "natural". Nessa obra, colocaram pela primeira vez a produção da vida material e a "relação entre homens e mulheres, pais e filhos, a família" como premissas básicas da existência humana. Ao delinear sua concepção materialista da história, discutiram a relação entre os estágios básicos da produção, a propriedade e a divisão sexual do trabalho, ou a chamada divisão "natural". Eles sugeriram que a família era mais do que um conjunto de relações naturais ou biológicas que ganhava contornos sociais correspondentes ao modo de produção. Insistiram que a família deveria ser tratada de forma empírica em todos os estágios da história, e não como um conceito abstrato. Escreveram:

> A produção da vida, tanto da própria, no trabalho, quanto da alheia, na procriação, aparece desde já como uma relação dupla – de um lado, como relação natural, de outro, como relação social.[84]

Suas ideias sobre a família como uma organização social mutável correspondente a um dado modo de produção foram um enorme avanço sobre noções vigentes da família como uma entidade natural. Porém, sua dupla concepção da família – como um arranjo de relações sociais e naturais – criou uma contradição em *A ideologia alemã* que Marx e Engels ainda eram incapazes de resolver. A contradição se expressava mais claramente em seu esforço para formular uma explicação teórica e histórica para a opressão às mulheres. Segundo Marx e Engels, a divisão social do trabalho na tribo era essencialmente "uma extensão da divisão natural do trabalho existente na família". Nesse período tribal inicial, prevalecia uma divisão natural ou biológica do trabalho, baseada nas diferenças biológicas entre

---

[83] Friedrich Engels, *A situação da classe trabalhadora na Inglaterra*, cit., p. 184.

[84] Karl Marx e Friedrich Engels, "The German Ideology", em *Collected Works*, cit., v. 5, p. 41-3 [ed. bras.: *A ideologia alemã*, São Paulo, Boitempo, 2007, p. 34].

WENDY GOLDMAN

homens e mulheres ou, mais especificamente, na função maternal das mulheres.

Segundo essa formulação inicial, a opressão às mulheres surgiu da "escravidão latente na família" que gradualmente se desenvolveu com "o aumento da população, o aumento das necessidades e a extensão das relações sexuais". A primeira forma de propriedade privada tinha sua origem na família: mulheres e crianças eram escravos dos homens. Explicavam: "A escravidão na família, ainda latente e rústica, é a primeira propriedade, que aqui, diga-se de passagem, corresponde já à definição dos economistas modernos, segundo a qual a propriedade é o poder de dispor da força de trabalho alheia". A divisão "natural" do trabalho na família, combinada com a separação da sociedade em unidades familiares distintas e opostas, necessariamente implicava distribuição desigual do trabalho e de seus produtos[85]. Dessa forma, Marx e Engels argumentavam que a opressão às mulheres teria sua origem na divisão natural ou sexual do trabalho dentro da família. As mulheres foram a primeira forma de propriedade privada: elas pertenciam aos homens. A opressão às mulheres estava ancorada na maternidade[86].

Porém, Marx e Engels não estavam completamente satisfeitos com essa explicação biológica da opressão às mulheres, uma vez que entrava em contradição com sua ideia de que as relações da família possuíam conteúdo social assim como natural e eram determinadas, em última instância, pelas forças produtivas existentes[87]. Se a opressão às mulheres precedia qualquer forma de produção, tendo como origem diferenças biológicas imutáveis, um determinante crucial das relações e dos papéis de gênero transcendia as forças produtivas.

A confusão teórica de Marx e Engels nessa questão resultava, em grande medida, de sua ignorância acerca da família na sociedade tribal. Ao mesmo tempo que reconheciam a existência de história humana anterior ao desenvolvimento da propriedade privada, foram incapazes de conceitualizar uma forma de família que se

---

[85] Friedrich Engels e Karl Marx, *A ideologia alemã*, cit., p. 90, 36-7.

[86] Claude Meillasoux oferece um argumento mais sofisticado com uma perspectiva similar em *Maidens, Meal, and Money: Capitalism and the Domestic Community* (Cambridge, Cambridge University Press, 1981), p. 3-88. Meillasoux argumenta que as raízes da opressão às mulheres estão nas necessidades demográficas dos bandos de caça e coleta.

[87] Friedrich Engels e Karl Marx, *A ideologia alemã*, cit.

MULHER, ESTADO E REVOLUÇÃO

diferenciasse da unidade de casal dominada pelo homem. Argumentavam que a opressão às mulheres e a família patriarcal acompanharam as primeiras formas de propriedade comunal[88]. Dessa forma, a opressão às mulheres pelos homens existiu em todos os estágios, inclusive na sociedade tribal, antedatando até mesmo o desenvolvimento da propriedade privada. A biologia era a única explicação concebível. Essa contradição de Marx e Engels entre uma perspectiva social avançada sobre a família e sua explicação estritamente biológica para a opressão às mulheres não foi resolvida por Engels até quarenta anos mais tarde, quando novas descobertas antropológicas lhe permitiram afirmar que casamento em grupo e matrilinearidade caracterizavam muitas sociedades baseadas na propriedade comunal[89].

Embora Marx e Engels ainda estivessem bloqueados pelo "natural" *versus* a "explicação social para a divisão do trabalho no passado", perceberam rapidamente as ramificações da nova divisão capitalista do trabalho para o futuro. Em *A ideologia alemã*, abordaram a questão do trabalho doméstico, argumentando que uma economia doméstica comunal era um pré-requisito à libertação das mulheres. Embora nunca o definissem nesses termos, pareciam indicar a transfe-

---

[88] Idem.

[89] O trabalho de Engels sobre as origens do patriarcado foi objeto de grande debate entre feministas, antropólogos e historiadores contemporâneos. Ver, por exemplo, Eleanor Leacock, "Introduction", em Friedrich Engels, *The Origin of the family, Private Property, and the State*, cit., p. 7-67; Janet Sayers, Mary Evans e Nanneke Redclift (orgs.), *Engels Revisited: New Feminist Essays* (Londres, Tavistock, 1987). Para críticas do marxismo a partir de uma perspectiva feminista, ver Zillah Eisenstein (org.), *Capitalist Patriarchy and the Case for Socialist Feminism* (Nova York, Monthly Review, 1979); Heidi Hartmann, "The Unhappy Marriage of Marxism and Feminism: Toward a More Progressive Union" , e Carol Ehrlich, "The Unhappy Marriage of Marxism and Feminism: Can It Be Saved?", em Lydia Sargent (org.), *Women and Revolution* (Boston, South End, 1981); Alison Jaggar, *Feminist Politics and Human Nature* (Sussex, Harvester, 1983); Batya Weinbaum, *The Curious Courtship of Women: Liberation and Socialism* (Boston, South End, 1978); Anja Meulenbelt, Joyce Outshoorn, Selma Sevenhuijsen e Petra DeVries (orgs.), *A Creative Tension: Key Issues of Socialist Feminism* (Boston, South End, 1984); Annette Kuhn e Ann Marie Wolpe, *Feminism and Materialism: Women and Modes of Production* (Londres, Routledge & Kegan Paul, 1978); Sonia Kruks, Rayna Rapp e Marilyn Young (orgs.), *Promissory Notes: Women in the Transition to Socialism* (Nova York, Monthly Review, 1989); Alena Heitlinger, "Marxism, Feminism, and Sexual Equality", em Tova Yedlin (org.), *Women in Eastern Europe and the Soviet Union* (Nova York, Praeger, 1980).

rência de todo trabalho doméstico do lar individual para a esfera pública. Descartando a condenação geral de Engels acerca do trabalho feminino, defenderam que o capitalismo era o primeiro sistema a criar a possibilidade de transferir o trabalho doméstico da esfera privada para a pública[90].

Além do mais, eles afirmavam que a substituição da família individual pela economia comunal seria acompanhada pela abolição ou "superação" da própria família. Essa abordagem positiva da abolição da família contrastava fortemente com as afirmações reprobatórias de Engels sobre a desintegração da família em *A situação da classe trabalhadora na Inglaterra*. Em *A ideologia alemã*, Marx e Engels argumentaram que a nova família proletária era um protótipo de futuras relações sociais. Ao contrário da família burguesa, baseada na propriedade, a família da classe trabalhadora se unia por laços de genuína afeição[91]. Essa noção idealizada da família proletária contrastava fortemente com as descrições anteriores de Engels. Em *A ideologia alemã*, Marx e Engels abandonaram os estereótipos convencionais de uma vida familiar apropriada em favor de uma visão romântica da união de indivíduos não motivada por considerações de propriedade. Essa ideia permaneceu essencialmente inalterada ao longo dos trabalhos posteriores de Marx e Engels. Apareceu em *Princípios básicos do comunismo* (1847), *Esboço de uma confissão de fé comunista* (1847), *Manifesto Comunista* (1848) e *A origem da família, da propriedade privada e do Estado* (1884). Marx e Engels contrastaram repetidamente os casamentos sem amor da burguesia proprietária com as uniões afetivas do proletariado despossuído. Em sua opinião, a propriedade era o principal obstáculo para relações baseadas no amor, igualdade e respeito mútuo. Eles nunca abordaram as formas específicas de opressão às mulheres na família da classe trabalhadora, tampouco avançaram além de uma distinção rudimentar entre relações na família com propriedade e na família sem propriedade, embora outras obras teóricas marxistas voltariam a esta questão no futuro[92].

---

[90] Friedrich Engels e Karl Marx, *A ideologia alemã*, cit.

[91] Ibidem, p. 181-2.

[92] As feministas modernas e os historiadores da mulher são bastante críticos com relação à noção idealizada de Marx e Engels da família proletária. Vogel, por exemplo, escreve que a visão de Marx e Engels sobre o lar da classe trabalhadora omite sua importância como unidade social para a reprodução, ignora a base não proprietária ainda que material da supremacia masculina e "subestima em

MULHER, ESTADO E REVOLUÇÃO

Apoiando-se nas formulações teóricas de *A ideologia alemã*, Marx e Engels resumiram o aspecto programático de seu pensamento em *Princípios básicos do comunismo* e no *Manifesto Comunista*. A emancipação das mulheres dependia da abolição da propriedade privada e da criação de uma economia doméstica comunal. Sob o socialismo, as relações entre os sexos seriam baseadas em afeto genuíno, e não em propriedade. As relações seriam "um assunto puramente privado", interessando "somente às pessoas nelas envolvidas"[93]. Autoridades seculares e religiosas não teriam "espaço para interferir". Esse compromisso com as liberdades pessoal e sexual do indivíduo constituiu um tema libertário poderoso na ideologia socialista do século XIX. Fortemente presente no trabalho de August Bebel, também se tornaria um princípio fundamental das primeiras ideias bolcheviques.

Assim, já em 1850 Marx e Engels haviam formulado muitas das ideias que moldariam a visão bolchevique. Ao contrário dos primeiros teóricos utópicos, eles assentavam sua visão do futuro em um estudo dos modos de produção e reprodução no passado. Ao reconhecerem a família como um constructo social, e não simplesmente natural, começaram a questionar a divisão do trabalho baseada no gênero. Reconheceram não somente a inevitabilidade do trabalho feminino, como seu papel futuro na criação de uma nova, e menos opressiva, organização familiar.

Porém, apesar desses profundos *insights*, o movimento operário europeu tardou em aceitar o trabalho feminino. Na Alemanha, a Associação Geral dos Trabalhadores, fundada por Lassalle em 1863, tratou de excluir as mulheres da força de trabalho com o argumento de que sua presença piorava a condição material da classe operária. E até mesmo muitos marxistas alemães se recusaram a aceitar

---

grande medida a variedade de fatores ideológicos e psicológicos que provêm uma base persistente para a supremacia masculina na família da classe trabalhadora", p. 84-5. Os teóricos marxistas subsequentes, como Clara Zetkin, Alexandra Kollontai e Elena Osipovna Kabo, entre outros, foram muito além dessas primeiras formulações de Marx e Engels. Ver também Alfred Meyers, *The Feminism and Socialism of Lily Braun* (Bloomington, Indiana University Press, 1985), e Claire LaVigna sobre as ideias de Anna Kuliscoff em "The Marxist Ambivalence Toward Women", em Marilyn Jacoby Boxer e Jean Helen Quataert (orgs.), *Socialist Women* (Nova York, Elsevier, 1978).

[93] Friedrich Engels, "Principles of Communism", e Karl Marx e Friedrich Engels, "Manifesto of the Communist Party" [ed. bras.: *Manifesto Comunista*, São Paulo, Boitempo, 1998], em *Collected Works*, cit., v. 6, p. 354, 501-2.

as ideias de Marx e Engels. Na Inglaterra, o Secretariado do Congresso de Sindicatos do Comércio foi ovacionado ao defender um salário familiar que permitisse o retorno das mulheres a suas casas, às quais pertenciam. Na França, o movimento dos trabalhadores foi particularmente hostil às causas das mulheres; socialistas franceses apoiaram leis que limitavam o direito das mulheres ao trabalho. O Partido Operário Francês (POF), fundado em 1879, foi o primeiro a romper com a tradição do antifeminismo proletário e exigir completa igualdade dos sexos nas vidas pública e privada. Porém, o próprio POF estava profundamente dividido e fez poucos esforços para organizar as mulheres apesar de sua crescente presença na força de trabalho industrial. Na Itália, o Partido Socialista, fundado em 1892, esquivou-se das questões das mulheres por medo de afastar um movimento sindical conservador. E mesmo o I Congresso da Internacional rejeitou a inevitabilidade do trabalho feminino, apesar da posição de Marx e Engels no *Manifesto Comunista* e outros trabalhos[94]. A batalha sobre o trabalho feminino foi longa e dura: foi necessário quase outro meio século de lutas antes que o movimento dos trabalhadores aceitasse as implicações estratégicas do papel das mulheres na força de trabalho assalariada.

O famoso trabalho de August Bebel, *Women and Socialism* [Mulheres e socialismo], publicado primeiramente em 1879, foi um marco importante no distanciamento do antifeminismo proletário em direção a uma estratégia mais unificadora dentro do movimento operário. O livro rapidamente se tornou a obra mais popular nas bibliotecas dos trabalhadores alemães. Foi traduzido para várias línguas e relançado em mais de cinquenta edições somente na Alemanha. Tornou-se a base para posteriores esforços organizativos social-democratas entre mulheres e teve um enorme impacto em muitas das futuras dirigentes do movimento socialista internacional. Clara Zetkin, uma dirigente do Partido Social-Democrata da Alemanha (SPD), comentou: "Era mais do que um livro, era um acontecimento – um grande feito"[95].

---

[94] Sobre as respostas do movimento operário europeu ao trabalho feminino, ver Marilyn Jacoby Boxer, "Socialism Faces Feminism: The Failure of Synthesis in France, 1987-1914", e Claire LaVigna, "The Marxist Ambivalence Toward Women", em Marilyn Jacoby Boxer e Jean Helen Quataert (orgs.), *Socialist Women*, cit.; Barbara Taylor, *Eve and the New Jerusalem*, cit., p. 274; Werner Thonessen, *The Emancipation of Women*, cit., p. 15, 20-2.

[95] Philip Foner (org.), *Clara Zetkin: Selected Writings* (Nova York, International, 1984), p. 79, daqui em diante citado como *Zetkin*. Jane Slaughter e Robert Kerr

MULHER, ESTADO E REVOLUÇÃO

O livro abordava toda a história das mulheres, desde a sociedade primitiva até o presente, incluindo material sobre o drama grego, esposas atenienses e cortesãs, cristianismo, Idade Média, Reforma, século XVIII e sociedade industrial. Ao contrário do trabalho posterior de Engels, *A origem da família, da propriedade privada e do Estado*, Bebel oferecia pouca análise teórica. Sua crítica era essencialmente moral, centrada nos males e na hipocrisia da sociedade burguesa. Bebel também se distanciou de Marx e Engels em seu interesse pela história da sexualidade. Suas discussões sobre a natureza antissexual do cristianismo, as concepções da Igreja sobre as mulheres e o culto à Virgem Maria eram extraordinariamente novas e antecipavam discussões feministas de um século adiante[96].

Bebel exaltava a sexualidade e escreveu francamente sobre "os desejos naturais existentes em todo adulto sadio". "Impulso sexual", explicava, "não é moral ou imoral; é simplesmente natural, como a fome ou a sede". Escreveu de forma comovente sobre a infelicidade sexual em muitos casamentos modernos e o efeito pernicioso da dupla moral que forçava as mulheres a reprimir seus instintos mais poderosos. Enxergava mais claramente a subjugação das mulheres através das lentes da sexualidade. "Nada pode provar a posição dependente da mulher de uma forma mais enfática e revoltante", escreveu, "do que essas concepções imensamente distintas em relação à satisfação do mesmo impulso natural". Como Marx e Engels, ele postulava uma união livre fundada no amor em lugar das "relações forçadas" criadas pelo capitalismo[97].

Surpreendentemente, o livro dedicou míseras dez páginas ao tema de seu título: as mulheres e o socialismo. Aqui, como Marx e Engels, Bebel prognosticou uma nova liberdade de união para as mulheres. O socialismo, afirmava, "irá somente reestabelecer em um nível superior de civilização [...] o que geralmente prevaleceu antes da propriedade

---

(orgs.) assinalam em sua introdução ao *European Women on the Left* (Connecticut, Greenwood, 1981), p. 5, que o livro de Bebel mudou a atitude do SPD em relação às mulheres, e Richard Stites, *The Women's Liberation Movement in Russia: Feminism, Nihilism, and Bolshevism, 1860-1930* (Princeton, Princeton University Press, 1978), p. 234, chamou o livro de Bebel de "Bíblia extraoficial do movimento marxista europeu".

[96] August Bebel, *Women and Socialism* (Nova York, 1910), p. 76, 83 [ed. esp.: *La mujer y el socialismo*, La Habana, Ciencias Sociales, 1986].

[97] Ibidem, p. 76, 100, 104, 174.

privada". Ao manter sua ênfase na sexualidade, os prognósticos de Bebel possuíam forte aspecto libertário. "Ninguém deve prestar contas a outros, e nenhum terceiro tem o direito de interferir", escreveu; "o que eu como e bebo, como durmo e me visto é meu assunto particular, e também é meu assunto privado minha relação sexual com uma pessoa do sexo oposto"[98].

Em 1884, logo após a morte de Marx, Engels publicou *A origem da família, da propriedade privada e do Estado*, um estudo abrangente acerca das origens da opressão às mulheres e do desenvolvimento da família. O livro exerceu grande impacto nos intelectuais socialistas, inclusive em Bebel, que rapidamente incorporou os avanços teóricos de Engels em edições posteriores de *Mulheres e o socialismo*. Engels baseou *A origem* nos *Cadernos Etnológicos*, de Marx, compilados entre 1880-1881. As anotações de Marx abrangiam um estudo pioneiro sobre a organização familiar entre índios americanos, escrito por Lewis Henry Morgan em 1877. Nas palavras de Engels, os novos dados possibilitaram ir além "dos cinco livros de Moisés" para desenvolver a teoria da evolução da família[99].

Em *A origem...*, Engels reconheceu diretamente a centralidade da reprodução para o processo histórico. A organização social de cada período específico, afirmava, foi determinada não somente pela divisão do trabalho, mas também pela forma da família. Começou sua análise da família com uma discussão sobre relações tribais, afirmando que houve um estágio no qual a "liberdade sexual irrestrita prevaleceu dentro da tribo". Com o tempo, o casamento de grupos foi gradualmente formado por novas linhas geracionais, e não havia mais casais de pais e filhos. O casamento de grupo foi substituído lentamente pela nova organização familiar à medida que a relação sexual entre irmãos e irmãs (filhos da mesma mãe) se tornou tabu. Engels argumentou que esse sistema, conhecido como *gens*, existiu no coração dos arranjos sociais da maioria dos povos bárbaros até o advento das civilizações grega e romana. A história recente da família consistia em um estreitamento progressivo do círculo que originalmente abraçava toda a tribo. Por fim, somente o casal simples permaneceu[100].

---

[98] Ibidem, p. 466-7.

[99] Friedrich Engels, *The Origin of the Family, Private Property, and the State*, cit., p. 74.

[100] Ibidem, p. 71-2, 94-112.

MULHER, ESTADO E REVOLUÇÃO

Porém, mesmo o sistema de casais ainda era baseado em um lar comunal e na descendência através da linhagem feminina. Engels argumentava que o cuidado comunal do lar garantia a supremacia da mulher na casa, ao passo que o exclusivo reconhecimento da mãe (dada a dificuldade de identificar o pai) garantia que a mulher fosse muito respeitada. As mulheres viviam com seus *gens*, convidando homens de outros *gens* a viverem com elas permanente ou temporariamente. As mulheres cuidavam das crianças e dividiam os afazeres domésticos com suas irmãs. Se um homem desagradasse uma mulher, ela o jogava para fora dos domínios comunais. De acordo com Engels, o lar comunal formava "o material fundante da supremacia da mulher que predominava em tempos primitivos"[101].

Engels nunca especificou claramente as razões para a transição do casamento de grupo para o casal unido de forma mais flexível. Ele sugeriu que a mudança pode ter sido causada pelo aumento da densidade populacional e a erosão de antigas formas comunitárias de vida social. As próprias mulheres poderiam ter desencadeado a mudança. O matriarcalismo e o lar comunal ainda prevaleciam apesar da crescente aplicação do tabu do incesto e do estreitamento do círculo de casamento[102].

De acordo com Engels, a mudança crítica na posição das mulheres ocorreu como resultado da domesticação dos animais e do desenvolvimento da agricultura. Uma vez que o trabalho humano começou a produzir excedente sobre os custos de sua manutenção, a escravidão surgiu. Os homens, que sempre dominaram os instrumentos de produção, substituíram seus arcos e flechas por gado e escravos. Porém, um homem ainda era incapaz de transferir propriedade para seus filhos. Ao morrer, sua propriedade voltava para seus irmãos e irmãs ou para os filhos de suas irmãs. O desenvolvimento da propriedade privada exigia que o "direito materno" fosse abolido. A prole masculina permanecia com seus próprios *gens*, e a prole feminina se deslocava para os *gens* do pai. A paternidade era garantida pela imposição da fidelidade das mulheres. A monogamia para as mulheres substituiu a família de casais flexíveis. O homem assumiu o controle da casa e "a mulher foi degradada e reduzida à servidão". A família patriarcal substituiu o lar comunal de irmãs.

---

[101] Ibidem, p. 112-3.

[102] Ibidem, p. 117.

"A abolição dos direitos maternos", Engels declarou, "foi a *derrota histórica mundial do sexo feminino*"[103].

Arremetendo-se contra a hipocrisia burguesa que permeava a monogamia patriarcal, Engels negou com desdém que se tratava "do fruto individual do amor entre os sexos", ao contrário, insistiu em suas origens históricas como "a subjugação de um sexo por outro". A opressão às mulheres estava fincada na destruição do lar comunal. Uma vez que a administração do lar perdeu seu caráter público e se tornou um "serviço privado", "a esposa se tornou a servente principal, excluída de qualquer participação na produção social"[104].

Ainda segundo Engels, o capitalismo criou a primeira possibilidade real de libertação das mulheres, desde a ruína do direito materno, ao envolver novamente as mulheres na produção social. Porém, simultaneamente, gerava novas contradições entre o papel social da mulher e a antiga organização familiar. Se uma mulher levasse a cabo "suas tarefas na esfera privada de sua família", sua aptidão para ganhar um salário seria limitada. E se ela ingressasse na força de trabalho mal poderia "dar conta de suas responsabilidades familiares"[105]. Engels acreditava que essa contradição entre a antiga organização familiar, baseada nos serviços domésticos privados da esposa, e o aumento do envolvimento das mulheres na produção não poderia ser resolvida sob o capitalismo. O capitalismo criava as condições prévias para a libertação das mulheres ao lhes dar independência econômica, mas somente o socialismo poderia criar uma nova organização familiar que correspondesse apropriadamente aos novos papéis das mulheres.

Sob o socialismo, o cuidado particular da casa seria transformado em indústria social. O cuidado e a educação das crianças seriam assuntos públicos. E "os fundamentos econômicos da monogamia, como existiram até então, desapareceriam". A monogamia seria substituída pelo "amor individual entre os sexos". O único casamento moral seria aquele no qual "o amor perdurasse". E se "a intensa emoção do amor entre os sexos", de duração distinta a depender da pessoa, acabasse, a separação seria "um benefício para ambos os parceiros assim como para a sociedade"[106].

---

[103] Ibidem, p. 118-21.

[104] Ibidem, p. 122, 128, 137.

[105] Ibidem, p. 137-8.

[106] Ibidem, p. 138-9, 145.

MULHER, ESTADO E REVOLUÇÃO

Em *A origem...*, Engels forneceu a expressão mais completa do pensamento marxista sobre as mulheres e a família, apresentando uma análise da opressão às mulheres baseada nas relações de produção mutáveis. Ele iniciou a discussão teórica sobre a contradição entre as esferas reprodutivas e produtivas sob o capitalismo, adiantando um novo imperativo para a abolição da família sob o socialismo. Previu confiante um novo amanhecer para a libertação das mulheres sob o capitalismo, baseado na crescente participação das mulheres na força de trabalho assalariada.

O trabalho de Engels e Bebel foi crucial no combate ao antifeminismo proletário dentro do movimento operário, mas também o foram os esforços práticos para implementar suas ideias. Uma das principais figuras na popularização e desenvolvimento de novas estratégias foi Clara Zetkin (1857-1933), uma dirigente de imenso talento do movimento social-democrata alemão e incansável defensora dos direitos das mulheres trabalhadoras. Zetkin leu o livro de Bebel pela primeira vez aos vinte e poucos anos e imediatamente mudou suas ideias sobre as mulheres. Embora seus esforços teóricos nunca tenham rivalizado com os de Engels ou Bebel, seu trabalho organizativo, discursos, escritos e a dedicação de toda sua vida às mulheres trabalhadoras ajudaram a traçar uma nova direção dentro do movimento socialista europeu e do partido social-democrata alemão em particular[107].

O trabalho teórico de Zetkin estava profundamente entrelaçado com suas atividades organizativas em prol das mulheres. Como Marx, Engels e Bebel, ela reconhecia que a participação crescente das mulheres no trabalho assalariado era historicamente inevitável, e lutou para garantir que essa análise se refletisse nas estratégias práticas dos partidos socialistas. Ela se chocou repetidas vezes com membros mais conservadores dos partidos socialistas que buscavam eliminar as mulheres da força de trabalho ao exigir um salário familiar. Zetkin achava essa demanda fútil. Se os empregadores

---

[107] Para dois bons ensaios sobre Clara Zetkin e o SPD, ver Jean Helen Quataert, "Unequal Partners in an Uneasy Alliance: Women and the Working Class in Imperial Germany", em Marilyn Jacoby Boxer e Jean Helen Quataert (orgs.), *Socialist Women*, cit.; e Karen Honeycut, "Clara Zetkin: A Socialist Approach to the Problem of Women's Oppression", em Jane Slaughter e Robert Kerr (orgs.), *European Women on the Left*, cit., Alfred Meyer apresenta uma visão mais negativa a respeito de Zetkin como antifeminista em *The Feminism and Socialism of Lily Braun*, cit.

insistiam no trabalho feminino porque era mais barato, homens e mulheres deveriam lutar por "salário igual para trabalho igual". Os sindicatos deveriam começar a organizar as mulheres. Em seu discurso no Congresso de Fundação da Segunda Internacional em 1889, Zetkin falou fortemente a favor das mulheres trabalhadoras. Explicou: "Não é o trabalho feminino em si que rebaixa os salários ao entrar em competição com o trabalho masculino, mas a exploração do trabalho feminino pelos capitalistas que dele se apropriam". Mais tarde, resumiu esse discurso em um panfleto que se tornou um guia para futuras políticas do SPD. Zetkin não somente defendia o direito das mulheres ao trabalho, mas acreditava que o trabalho assalariado era "um pré-requisito essencial" para a independência das mulheres. Ainda que, nas palavras de Zetkin, "a escrava do marido se tornou a escrava do empregador", ela insistia que as mulheres "se beneficiaram com essa transformação"[108].

No âmbito teórico, Zetkin ampliou as análises iniciais de Engels e Bebel. Focando a transição da economia agrária para a industrial, Zetkin explorou as mudanças nos papéis das mulheres com a expansão da produção de mercadorias. Argumentava que, em uma sociedade pré-capitalista, as mulheres eram "uma força produtiva extraordinária", que produzia todos ou quase todos os bens necessários para a família. A transição para a produção mecânica e a indústria em grande escala tornou a atividade econômica da mulher dentro da família supérflua, uma vez que a indústria moderna produz bens de maneira mais rápida e barata. À medida que a produção de bens dentro do lar se tornou crescentemente desnecessária, a atividade doméstica das mulheres perdeu sua função e significado. Isso criou uma nova contradição entre a necessidade das mulheres em participar da vida pública e sua impossibilidade legal de fazê-lo. A própria existência de uma "questão da mulher" encontrava sua premissa nessa contradição[109].

Para Zetkin, o movimento das mulheres seria inconcebível em uma sociedade camponesa. Somente poderia surgir "dentro dos tipos de sociedade que são os frutos do modo de produção moderno"[110]. Concordando com Engels, argumentava que a opressão às mulheres era resultado do desenvolvimento da propriedade privada,

---

[108] *Zetkin*, p. 45-7, 56.

[109] Ibidem, p. 46.

[110] Ibidem, p. 74.

MULHER, ESTADO E REVOLUÇÃO

mas agregou que o movimento das mulheres contra essa opressão somente poderia emergir das condições capitalistas de produção, que empurravam as mulheres para a esfera pública ao mesmo tempo que impunham diversas restrições sobre sua capacidade de agir dentro dela. Zetkin, assim, usou o quadro marxista para explicar a própria gênese da "questão da mulher" no século XIX.

Marx e Engels não distinguiam as várias formas de opressão sofridas pelas mulheres de classes diferentes. Zetkin foi a primeira a situar a opressão às mulheres dentro de uma compreensão mais sutil de classe. Essencialmente, postulou uma "questão da mulher" diferente para cada classe na sociedade capitalista. Mulheres de classe alta se preocupavam principalmente com a liberdade de administrar sua própria propriedade. Mulheres de classe média, com educação formal, buscavam treinamento e oportunidades de emprego ou, nas palavras de Zetkin, "competição sem obstáculos entre homens e mulheres". Mulheres proletárias, forçadas a trabalhar para complementar a renda de suas famílias, defendiam seus interesses unindo-se aos homens para lutar por melhores condições de trabalho para ambos os sexos[111].

O esforço de anos de Zetkin em prol das mulheres trabalhadoras recebeu reconhecimento internacional em 1907 no Congresso da Segunda Internacional. A primeira Conferência Internacional das Mulheres Socialistas teve lugar no mesmo momento, e a Internacional ratificou o princípio do direito da mulher ao trabalho, a criação de organizações especiais de mulheres dentro de todos os partidos socialistas e uma posição a favor da organização ativa em prol do sufrágio feminino[112]. Finalmente se formava uma estratégia oficial para a libertação plena da mulher, nos sentidos político, econômico e social.

Os teóricos soviéticos

Já em 1900 as ideias de August Bebel e Clara Zetkin eram amplamente conhecidas nos círculos social-democratas da Rússia, pois

---

[111] Ibidem, p. 74-6. Apesar da experiência pessoal de Zetkin com a hostilidade masculina em relação ao trabalho feminino, ela reservou seu termo mais depreciativo, "competição desenfreada", para descrever apenas as demandas das mulheres da classe média.

[112] Richard Stites, *The Women's Liberation Movement in Russia*, cit., p. 237-9; Thonessen, *Emancipation of women*, cit., p. 44-5, 65.

WENDY GOLDMAN

muitos dos dirigentes social-democratas haviam lido extensivamente obras marxistas do exterior. A primeira edição russa do famoso trabalho de Bebel foi publicada em 1895 e rapidamente lhe seguiram outras. Kollontai tinha sido fortemente influenciada por Marx, Engels e Bebel, assim como pela literatura sobre a Revolução Francesa e os socialistas utópicos. Uma reunião com Zetkin, em 1906, convenceu-a da necessidade de começar a organizar mulheres da classe trabalhadora em seu país[113].

Os avanços dos sociais-democratas europeus na questão da mulher certamente influenciaram suas contrapartes russas, mas os círculos progressistas na Rússia há tempos defendiam as ideias de união livre e de igualdade das mulheres. A ênfase de George Sand no amor e nos imperativos emocionais do coração encontrou um público entusiasta entre a aristocracia russa na década de 1830, e as defensoras da educação feminina nos anos 1850 reiteraram muitos debates europeus sobre o potencial das mulheres. Além do mais, os russos rapidamente se apropriaram dessas ideias. O famoso romance de Nikolai Chernyshevskii, *What is to Be Done?* [Que fazer?], converteu várias gerações de jovens rebeldes para as causas da união livre e emancipação das mulheres. Os niilistas tentaram colocar em prática suas ideias de casas e trabalho comunais nos anos 1860. Tais experiências não foram totalmente bem-sucedidas, mas mesmo assim influenciaram gerações posteriores de radicais que continuaram a rejeitar a família tradicional e a exigir a independência das mulheres. Os populistas e terroristas das décadas de 1870 e 1880 subordinaram a questão da mulher a uma política de classe mais ampla, mas não hesitaram em adotar os ideais de camaradagem, união de companheiros, respeito mútuo e igualdade das mulheres, propug-

---

[113] Richard Stites, *The Women's Liberation Movement in Russia*, cit., p. 247, 250-1. Stites oferece o melhor e mais completa análise do desenvolvimento das ideias sobre a libertação feminina. Ver também Linda Edmondson, *Feminism in Russia, 1900–1917* (Londres, Heinemann Educational Books, 1984) e sua "Russian Feminists and the First All-Russian Congress of Women", em *Russian History*, v. 3, parte 2, 1976, p. 123-49; Dorothy Atkinson, Alexander Dallin e Gail Lapidus (orgs.), *Women in Russia* (Sussex, Harvester, 1978); Grigorii' Alekseevich Tishkin, *Zhenskii vopros v Rossii v 50-60 gg. xix v.* (Leningrado, 1984); Anne Bobroff, "The Bolsheviks and Working Women, 1905-1920", *Soviet Studies*, v. 26, n. 4, 1974; Barbara Clements "Bolshevik Women: The First Generation", em Tova Yedlin (org.), *Women in Eastern Europe and the Soviet Union*, cit.; M. Donald, "Bolshevik Activity Amongst the Working Women of Petrograd in 1917", *International Review of Social History*, n. 27, parte 2, 1982.

MULHER, ESTADO E REVOLUÇÃO

nados pelos niilistas. A influência incomum de mulheres sobre esses grupos, especialmente o grupo terrorista Vontade do Povo, era "um fenômeno único na história europeia do século XIX"[114]. Ideias bolcheviques sobre casamento e família se inspiraram nos trabalhos de Marx, Engels e Bebel, mas também em uma cultura nativa revolucionária compartilhada por marxistas e não marxistas.

Porém, as ideias bolcheviques sobre a família iam muito além das experiências comunais dos movimentos radicais russos. Em termos de categorias analíticas, métodos históricos e receitas para mudanças estruturais, o pensamento bolchevique se apoiou fortemente nos preceitos do socialismo "científico" – não nos do "utópico". A preocupação do Partido com as funções familiares de produção e consumo, sua insistência no definhamento da família como algo historicamente inevitável e sua ênfase no elo entre trabalho assalariado e libertação das mulheres foram todos elementos derivados diretamente da teoria marxista.

Não é surpreendente que, dado o caráter esmagadoramente camponês do país e sua experiência relativamente recente com a industrialização, os teóricos soviéticos se interessassem principalmente na transformação da família de uma sociedade camponesa para uma sociedade industrial. Marx, Engels e Bebel haviam observado que o capitalismo arrancava a família de suas funções mais elementares, mas eles nunca haviam lidado empírica ou teoricamente com essa transformação. Zetkin foi a primeira a realizar uma análise marxista da perda da função produtiva da família na conversão de uma sociedade camponesa em uma proletária. Ao examinar essa transição, teóricos soviéticos postulavam a ideia da família assalariada e urbana como uma unidade de consumo, um conceito novo que era consideravelmente mais sofisticado que a família proletária idealizada de Marx e Engels. Seu pensamento inovador permitiu a descoberta e exploração de padrões mais profundos de dependência e dominação dentro da família da classe trabalhadora.

Vários teóricos soviéticos estavam interessados na importância econômica decrescente e a gradual atrofia de suas várias funções sociais. Nikolai Bukharin, membro do Politburo e teórico altamen-

---

[114] Richard Stites, *The Women's Liberation Movement in Russia*, cit., p. 153. Ver também o estudo pioneiro de Barbara Engel, *Mothers and Daughters: Women of the Intelligentsia in Nineteenth Century Russia* (Cambridge, Cambridge University Press, 1983).

te respeitado, ofereceu um panorama histórico da família em sua conhecida obra *Historical Materialism: A System of Sociology* [Materialismo histórico: um sistema da sociologia]. Nessa obra, Bukharin diferenciava a família camponesa, uma "unidade sólida" diretamente baseada na produção, da família da classe trabalhadora, uma unidade mais débil, baseada centralmente no consumo. Descreveu a atrofia da função produtiva da família na transição para a vida urbana e trabalho assalariado ao observar que os serviços na cidade, o ingresso das mulheres na força de trabalho e a crescente mobilidade do trabalho eram todos elementos que resultavam na "desintegração da família"[115].

Kollontai aprofundou a dicotomia de Bukharin entre produção e consumo em seu estudo de seus efeitos em tradições sociais e moralidade sexual. Ela argumentava que as relações familiares e matrimoniais foram mais fortes em economias pré-capitalistas, nas quais a família servia tanto como unidade de produção quanto de consumo. O "definhamento" da família era o resultado de um longo processo histórico que se iniciou com a eliminação da família como unidade primária de produção. O sociólogo Vol'fson explicou esse processo:

> Já no final do capitalismo, a família quase não possui função produtiva de trabalho, sua função de criar os filhos se encontra fortemente limitada, sua função política está definhando, e até mesmo suas funções domésticas são restritas. Sob a sociedade socialista, alcança-se a completa desintegração da família.

Tanto Kollontai quanto Vol'fson acreditavam que a perda da função produtiva da família era mais um indicador de seu fim histórico inevitável[116].

---

[115] Nikolai Bukharin, *Historical Materialism: A System of Sociology* (Nova York, International, 1925), p. 156. Petr Ivanovich Stuchka, o primeiro comissário da Justiça, também identificou a função produtiva da família com o campesinato. Assim como Bukharin, ele argumentou que, com o desenvolvimento do capitalismo, a família foi substituída pela fábrica como unidade primária de produção. Ver seu "Semeinoe Pravo", *Revoliutsiia Prava,* n. 1, 1925, p. 175.

[116] Kollontai, "Tezisy o Kommunisticheskoi Morali v Oblast Brachnykh Otnoshenii", cit., p. 28, e sua "Sem'ia i Kommunizm", *Kommunistka,* n. 7, 1920, p. 17; Semen Iakovlevich Vol'fson, *Sotsiologiia braka i sem'i,* cit. p. 375.

MULHER, ESTADO E REVOLUÇÃO

Ao contrário de Vol'fson, entretanto, alguns teóricos eram menos otimistas em suas previsões sobre o fim da família, ao examinar mais profundamente seu papel sob o capitalismo. Marx e Engels haviam argumentado que quase nada unia a família proletária despossuída como o afeto genuíno e, além disso, dada sua falta de propriedade, não havia "base para qualquer tipo de supremacia masculina" no lar proletário. E. O. Kabo, uma importante economista e socióloga da vida familiar da classe trabalhadora, em 1920, questionou arduamente essa ideia em seu sofisticado trabalho teórico e empírico sobre a família proletária soviética da mesma década.

Kabo ressaltou importantes estruturas de dependência de gênero na família trabalhadora que não foram percebidas por Marx, Engels, Bebel e Zetkin. Ela afirmou que, embora a família trabalhadora não fosse mais uma unidade de produção, seguia sendo a unidade primária de organização da reprodução e do consumo, provendo cuidado para os idosos, os doentes e os muito jovens. Na ausência de outras formas sociais, mães com filhos pequenos, velhos e desvalidos não conseguiriam sobreviver sem o sistema de apoio da família. Sem a família, a classe trabalhadora seria incapaz de se reproduzir. A família representava "a forma mais lucrativa da organização do consumo e criação de uma nova geração de trabalhadores"[117].

Na visão de Kabo, a família funcionava como uma unidade de consumo ao organizar o cuidado dos não assalariados *à custa dos trabalhadores assalariados*. Uma das funções básicas da família era, assim, redistribuir as receitas ao combinar a contribuição de todos os seus integrantes para garantir um nível de vida básico tanto para seus membros remunerados quanto para os não remunerados. Escreveu:

> A construção da família trabalhadora é tal que o nível de vida de todos os seus membros é aproximadamente o mesmo. Nesse sentido, a igualdade no consumo é alcançada a despeito da extrema desigualdade de pagamentos salariais.

A família servia como um mecanismo no qual a carga da reprodução do trabalho recaía sobre o homem assalariado. A própria existência de uma família trabalhadora se baseava na "exploração voluntária de um trabalhador pelos outros"[118]. Dessa forma, Kabo virou a análise

---

[117] Elena Osipovna Kabo, *Ocherki rabochego byta* (Moscou, 1928), p. 25-6.

[118] Idem.

de Marx e Engels do avesso: o elemento central da vida familiar não era a exploração da mulher pelo homem, mas sim que a mulher e todos os membros não remunerados da família "exploravam" o marido assalariado. Kabo empregou essa palavra em seu sentido mais restrito, naturalmente, para significar que aqueles que não eram assalariados viviam à custa ou através da força de trabalho dos assalariados.

Em contraste com Marx, Engels, Bebel e Zetkin, que exploraram as várias formas nas quais o capitalismo enfraquecia os papéis tradicionais da família e, em última instância, a própria família, Kabo se concentrava nas forças capitalistas que mantinham a família unida. Argumentou que os níveis mais baixos de salário e capacitação das mulheres e suas responsabilidades maternais reforçavam e perpetuavam sua dependência econômica dos homens. A diferenciação salarial de acordo com a capacidade apoiava "a dependência de um trabalhador sobre outro, impedindo os trabalhadores não qualificados de deixarem a família". Diferentemente de Marx e Engels, para quem o capitalismo enfraquecia a família ao incluir as mulheres no trabalho remunerado, Kabo enxergou formas mais sutis nas quais a segmentação do mercado de trabalho, diferenças salariais e o papel reprodutivo das mulheres criavam fortes amarras dentro da família.

Talvez o mais importante tenha sido que as observações de Kabo se aplicam com a mesma força para a classe trabalhadora tanto no capitalismo quanto no socialismo. Postulando uma relação inversa entre diferenciação salarial e a força da família, escreveu, "salários baixos, ampla disparidade de salários entre trabalhadores, poucas normas de seguro social e grandes ondas de desemprego garantem uma raiz axial forte na vida familiar". Kabo sabia que eram justamente esses fatores que caracterizavam as relações soviéticas de trabalho nos anos 1920. Somente uma inversão dessas condições – através de uma política salarial igualitária, programas de bem-estar abrangentes e pleno emprego – poderia levar à libertação das mulheres, crianças, velhos e desvalidos, "os elementos econômicos mais fracos da família trabalhadora". Somente aí a família deixaria de ser uma forma necessária de organização social[119].

Assim como Kabo, Kollontai era sensível às forças que uniam a família trabalhadora despossuída. Mas, onde Kabo destacava a dependência das mulheres em relação aos homens, Kollontai enfatizava

---

[119] Idem.

MULHER, ESTADO E REVOLUÇÃO

a dependência mútua dos sexos perante a ausência da socialização do trabalho doméstico. Os trabalhadores dependiam das mulheres para preparar comida, vestuário e uma série de outras tarefas não remuneradas, porém essenciais. Apesar da perda de sua função produtiva, a família proletária "garantia a si mesma certa estabilidade". Ao se concentrar na contribuição do trabalho doméstico, Kollontai explicou: "Quanto menos acessível era o aparato social de consumo para as massas, mais necessária era a família"[120]. Para Kollontai, a família continuaria a desempenhar uma função indispensável enquanto o trabalho doméstico permanecesse privatizado.

Essas teóricas soviéticas foram consideravelmente além das anotações apressadas de Marx, Engels e Bebel sobre a família no socialismo. Ao enfatizar a transição do campesinato para o proletariado, elas exploraram a perda da função produtiva dentro da família e a persistente relevância do consumo. Ambas, Kabo e Kollontai, ofereceram novas análises teóricas sobre os laços que unem a família trabalhadora sob o capitalismo e sob o socialismo. Além disso, suas obras tiveram consideráveis implicações estratégicas. Se o Estado levasse a sério a libertação das mulheres, teria de implementar políticas para abolir a diferenciação salarial, aumentar os salários, estabelecer uma ampla gama de serviços sociais e socializar o trabalho doméstico.

O primeiro código do casamento, da família e da tutela

Os bolcheviques reconheciam que a lei por si própria não poderia libertar as mulheres, mas os primeiros passos que deram, naturalmente, foram para eliminar leis familiares antiquadas e garantir um novo marco legal para suas próprias ideias sobre relações sociais. Juristas a favor de reformas haviam tentado atualizar as leis russas por mais de meio século antes da Revolução de Outubro, mas obtiveram pouco sucesso. Em dois decretos breves, publicados em dezembro de 1917, os bolcheviques conquistaram mais do que o ministro da Justiça, os jornalistas progressistas, as feministas, a Duma e o Conselho de Estado jamais haviam tentado: substituíram o casamento religioso pelo civil e estabeleceram o divórcio a pedido de qualquer um dos cônjuges. Um Código completo do Casamento, da Família e da Tutela foi ratificado pelo Comitê Executivo Central do Soviete (VTsIK) um

---

[120] Alexandra Kollontai, "Tezisy o Kommunisticheskoi Morali", cit., p. 28-9.

WENDY GOLDMAN

ano depois, em outubro de 1918[121]. O novo Código varreu séculos de domínio patriarcal e eclesiástico e firmou uma nova doutrina baseada em direitos individuais e igualdade de gênero.

Antes da Revolução, a lei russa reconhecia o direito de cada religião controlar o casamento e o divórcio de acordo com suas próprias leis, e incorporava esse direito à lei estatal. Às mulheres eram concedidos poucos direitos, tanto pela Igreja quanto pelo Estado. De acordo com a lei, a esposa devia obediência completa a seu marido. Era obrigada a viver com ele, adotar seu nome e assumir sua posição social. Até 1914, quando reformas limitadas permitiram à mulher separar-se de seu marido e obter seu próprio passaporte, a mulher não podia trabalhar, obter educação, receber passaporte para trabalho ou residência, ou assinar uma letra de câmbio sem o consentimento de seu marido[122]. A mulher era "responsável por obedecer a seu marido como chefe do lar" com "obediência ilimitada". Em troca, o marido deveria "viver com ela em harmonia, respeitá-la e protegê-la, perdoar suas insuficiências e aliviar suas debilidades". Era responsável por sustentá-la de acordo com seu *status* e habilidades. O único fator limitante para o poder patriarcal nessa receita sombria era que a lei russa, diferentemente da lei europeia, não permitia propriedade compartilhada entre cônjuges. Nesse marco legal, era permitido a cada cônjuge possuir e adquirir propriedades. Dote, herança, aquisições especiais e presentes de uma mulher eram reconhecidos como seus[123].

As relações de poder entre marido e esposa eram reproduzidas entre pai e filhos. O pai exercia poder quase incondicional sobre seus filhos não somente até a maioridade, mas por toda a vida. Somente filhos de um casamento reconhecido eram considerados legítimos; filhos ilegítimos não tinham direitos ou recursos legais. Até 1902, quando o Estado aprovou reformas limitadas, um filho ilegítimo somente poderia ser adotado, reconhecido ou posteriormen-

---

[121] *1-i kodeks zakonov ob aktakh grazhdanskogo sostoianiia, brachnom, semeinom i opekunskom prave* (Moscou, 1918). Nikolai A. Semiderkin oferece o melhor tratamento sobre o Código da Família de 1918, *Sozdanie Pervogo Brachno-Semeinogo Kodeksa* (Moscou, Izdatel'stvo Moskovskogo Universiteta, 1989). Ver também Anna M. Beliakova, Evgenii' Minaevich Vorozheikin, *Sovetskoe semeinoe pravo* (Moscou, 1974), p. 63-5.

[122] William Wagner, *In Pursuit of Orderly Change: Judicial Power and the Conflict over Civil Law in Late Imperial Russia* (Oxford, Oxford University, 1981), p. 2-7, tese de doutoramento.

[123] *Svod zakonov Rossiiskoi Imperii*, n. 10, parte 1, 1914, p. 11-3.

MULHER, ESTADO E REVOLUÇÃO

te legitimado através de consentimento imperial especial, mesmo se o pai estivesse disposto a isso[124].

Era quase impossível divorciar-se na Rússia pré-revolucionária. A Igreja Ortodoxa considerava o casamento um sacramento sagrado que poucas circunstâncias podiam dissolver. Era permitido o divórcio somente em casos de adultério (testemunhado por pelo menos duas pessoas), impotência, exílio ou prolongada/inexplicada ausência de um cônjuge. Em casos de adultério ou impotência, a parte responsável era permanentemente proibida de se casar novamente. O Santo Sínodo outorgava o divórcio com rancor, e raramente[125].

Juristas progressistas tentaram reformar a lei familiar depois de 1869, mas autoridades estatais poderosas e conservadoras impediram até mesmo as tentativas mais tímidas. Uma comissão especial no Ministério da Justiça publicou um novo Código Civil depois de 1900, mas este nunca foi promulgado, apesar das elaboradas precauções da comissão para evitar infringir prerrogativas da Igreja. O próprio horizonte de possibilidades estava acinzentado pela intransigência do Santo Sínodo. Mesmo os críticos mais radicais da lei familiar não defendiam igualdade entre homens e mulheres, e inclusive propunham quase nada além da inclusão do consentimento mútuo como fundamento para divórcio e adoção de filhos ilegítimos a pedido do pai[126].

O primeiro Código do Matrimônio, da Família e da Tutela do Estado soviético salientava a timidez das tentativas pré-revolucionárias de reforma. Goikhbarg, um antigo menchevique que se uniu aos bolcheviques depois da Revolução e se tornou comissário da Justiça do *oblast* da Sibéria, dirigiu um comitê para redigir o Código em agosto de 1918. Com somente 34 anos de idade no momento da Revolução, Goikhbarg já havia escrito diversos comentários sobre a lei civil pré-revolucionária. Membro do *kollegiia* do Comissariado da Justiça, também ajudou a escrever o novo Código Civil e outras leis. Ele escreveu extensivamente sobre lei familiar, lei econômica e procedimento civil na década de 1920[127]. Por sua insistência sobre os

---

[124] William Wagner, *In Pursuit of Orderly Change*, cit., p. 5-6.

[125] Nikolai A. Semiderkin, "Tserkovnyi Brak i Oktiabr'skaia Revoliutsiia v Rossii", *Vestnik Moskovskogo Universiteta*, n. 2, 1980, p. 30-1.

[126] William Wagner, *In Pursuit of Orderly Change*, cit., capítulos 3 e 4.

[127] Um subdepartamento do Departamento de Codificação e Sugestões Legais (OZPK) era responsável pela edição de planos legais depois de seu desenvolvimento por parte do comissariado apropriado e antes de sua

WENDY GOLDMAN

direitos individuais e igualdade de gênero, o Código constituiu nada menos do que a legislação familiar mais progressista que o mundo havia conhecido[128]. Aboliu o *status* legal inferior das mulheres e estabeleceu igualdade perante a lei. Ao eliminar a validade do casamento religioso, garantiu *status* legal somente ao casamento civil e organizou escritórios de estatísticas (conhecidos como Zags) para o registro de casamento, divórcio, nascimento e morte. O Código garantia o divórcio a pedido de qualquer um dos cônjuges: não era necessária uma justificativa. E ampliava as mesmas garantias de pensão alimentícia para o homem e para a mulher.

O Código varreu séculos de leis de propriedade e privilégio masculino ao abolir a ilegitimidade e garantir a todos os filhos o direito de serem sustentados por seus pais. Todos os filhos, nascidos dentro ou fora de um casamento registrado, tinham direitos iguais. Dessa forma, o Código separou o conceito de casamento do de família, ao criar obrigações familiares independentes do contrato matrimonial. Zinaida Tettenborn, ao observar "a aguda delimitação dos direitos do casamento e dos direitos da família", escreveu:

> Nesse terreno, o Código rompe com a tradição da legislação e jurisprudência europeias, que compreendem as relações familiares em conexão com a instituição do casamento.[129]

O Código proibia a adoção com a convicção de que o Estado deveria ser um melhor tutor para um órfão do que uma família individual. Em uma sociedade essencialmente agrária, juristas temiam que a adoção permitisse aos camponeses explorar crianças como trabalho não pago. Antecipando o momento no qual todas

---

apresentação para o *Sovnarkom*. O OZPK foi abolido durante a guerra civil, reestabelecido em 1920 e reorganizado em 1921 para servir como organismo de consulta ao VTsIK e *Sovnarkom* (Conselho dos Comissários do Povo). Sobre a história recente do Comissariado da Justiça, ver L. I. Antonova, *Pravotvorcheskaia Deiatel'nost' Vyshikh Organov Gosudarstvennoi Vlasti Rossiiskoi Federatsii v 1917–1922* (Leningrado, Leningrad State University, 1964), p. 141-61, tese de doutoramento; e Anatolii' Alekseevich Nelidov, *Istoriia gosudarstvennykh uchrezhdenii SSSR, 1917-1936* (Moscou, 1962).

[128] *The Marriage Laws of Soviet Russia: The Complete Text of the First Code of the RSFSR* (Nova York, 1921).

[129] Zinaida Tettenborn, "Vvedenie", em *Pervyi kodeks zakonov ob aktakh grazhdanskogo sostoianiia, brachnom, semeinom i opekunskom prave* (Moscou, 1918), p. 14.

MULHER, ESTADO E REVOLUÇÃO

as crianças gozariam dos benefícios da criação coletiva, juristas e educadores consideraram a abolição da adoção o primeiro passo na transferência do cuidado das crianças da família para o Estado.

De acordo com a ideia predominante de casamento como união entre iguais, o Código restringiu claramente os deveres e obrigações da união matrimonial. Casamento não dava origem à propriedade compartilhada entre cônjuges: a mulher preservava absoluto controle de sua renda depois do casamento e nenhum cônjuge poderia reclamar propriedade do outro. Embora o Código previsse um prazo ilimitado de pensão alimentícia para ambos os gêneros, o auxílio se limitava aos pobres desvalidos. O Código pressupunha que ambas as partes, casadas ou divorciadas, deveriam sustentar a si mesmas.

De um ponto de vista comparativo, o Código de 1918 estava notavelmente à frente de seu tempo. Uma legislação parecida em relação à igualdade de gêneros, divórcio, legitimidade e propriedade ainda está por ser promulgada nos Estados Unidos e em muitos países europeus[130]. Porém, apesar das inovações radicais do Código, juristas ressaltaram rapidamente que "essa legislação não é socialista, é legislação do período de transição"[131]. Como tal, o Código preservava o registro de casamento, pensão alimentícia, subsídio de menores e outros mecanismos relacionados com a necessidade persistente, ainda que transitória, da unidade familiar.

Como marxistas, os juristas se encontravam em uma posição incomum ao elaborar legislação que acreditavam que em breve seria irrelevante. Na discussão sobre o papel dos cartórios de registro civil (Zags), Goikhbarg afirmou:

> Será possível, talvez em muito pouco tempo, eliminar a necessidade de certos registros, como o registro de casamento, já que a família será substituída em breve por uma diferenciação mais razoável, mais racional baseada em indivíduos separados.

---

[130] Sobre a história do direito familiar europeu, ver Mary Ann Glendon, *State, Law, and Family: Family Law in Transition in the United States and Western Europe* (Amsterdam, North Holland, 1977).

[131] *Piatyi sozyv Vserossiiskogo Tsentral'nogo Ispolnitl'nogo Komiteta: Stenograficheskii otchet* (Moscou, 1919), p. 146, daqui em diante citado como 1918 VTsIK.

Ao analisar o campo legal das elevadas alturas da vitória revolucionária, Goikhbarg estimava que o novo Código da Família, assim como outras leis, não duraria muito tempo. Ele declarou firmemente:

> Naturalmente, ao publicar esses códigos legais, o poder proletário, na construção do socialismo, não deseja apoiar-se por muito tempo sobre eles. Não deseja criar códigos "eternos" ou códigos que durarão por séculos.

O objetivo da lei *não* era fortalecer a família nem o Estado. "A nova ditadura do proletariado", Goikhbarg observou, "não deseja imitar a burguesia com o objetivo de fortalecer seu poder com o auxílio de códigos eternos que existiriam por séculos". A lei, como a família e o próprio Estado, se definharia em breve. Em sua ausência, a sociedade preservaria "normas organizativas" somente para fins demográficos, como estatísticas sobre nascimento e morte[132].

Outros comentadores também ressaltaram a natureza transicional do Código. Tettenborn reconheceu que disposições como pensão alimentícia se faziam necessárias enquanto o Estado não pudesse sustentar seus cidadãos necessitados, mas que futuramente a responsabilidade recairia "sobre o Estado ou a sociedade". A pensão alimentícia, "uma condição necessária do momento de transição", se justificava "somente pela incapacidade atual de se organizar um programa integral de bem-estar social". Tettenborn apresentou um argumento parecido a respeito do subsídio de menores e das relações entre pais e filhos. Apesar de o Código realizar mudanças dramáticas e significativas na relação entre pais e filhos ao substituir o "poder" dos pais pelos "direitos" paternais, exercidos "unicamente segundo os interesses da criança", ainda conservava a família como a "unidade primária na criação dos filhos". Tettenborn explicou: "Os novos direitos da família se encontram na fronteira entre o velho mundo e o novo mundo reluzente onde toda a sociedade será uma única família"[133].

---

[132] Alexander Grigor'Evich Goikhbarg, "Pervyi Kodeks Zakonov RSFSR", *Proletarskaia revoliutsiia i pravo*, n. 7, 1918, p. 3-5.

[133] Zinaida Tettenborn, "Vvedenie", cit., p. 16, e sua "Roditel'skie Prava v Pervom Kodekse Zakonov RSFSR", cit., p. 27-8. Ver os comentários de Kurskii em 1918 VTsIK para visões semelhantes, p. 146-7.

MULHER, ESTADO E REVOLUÇÃO

Na opinião de Goikhbarg, o novo Código da Família foi até o limite do possível, dadas as restrições do período de transição. Libertava as mulheres "tanto quanto é possível libertá-las nesse período de transição". Ansioso pelas uniões livres do futuro, Goikhbarg afirmou otimista que "cada dia de existência dessas leis sobre o casamento enfraquece (tanto quanto possível) a ideia de casamento individual, os grilhões legais entre marido e mulher"[134].

O comitê redigiu o novo Código da Família sem grandes dificuldades, com apenas alguns desacordos menores[135]. Membros do comitê debateram se deveria exigir-se que os cônjuges adotassem um sobrenome comum. M. A. Reisner, representante da Comissão Extraordinária para a Supressão da Contrarrevolução, da Sabotagem e da Epeculação (Tcheka) e do Comissariado para Assuntos Internos (NKVD), que sustentava uma teoria controversa de sistemas paralelos de leis para as classes, defendia que as pessoas deveriam ter o direito de escolherem seus nomes. Porém, prevaleceu o argumento de Goikhbarg de que o "sobrenome era uma arma poderosa na luta contra a Igreja". Reisner sugeriu que as crianças, assim como os adultos, deveriam ter o direito de administrar propriedade, mas essa proposta também foi rejeitada. Os juristas eram extraordinariamente sensíveis com respeito à linguagem do Código que descrevia os filhos nascidos fora do casamento e retiraram do texto o termo *vnebrachnye*, que significa literalmente "por fora do casamento", substituindo-o pela formulação mais longa e desajeitada "filhos de

---

[134] Alexander Grigor'Evich Goikhbarg, "Pervyi Kodeks Zakonov RSFSR", cit., p. 8-9.

[135] O Código foi esboçado depois de uma extensa reorganização do recentemente formado Comissariado da Justiça (NKIu). Inicialmente, o NKIu foi encabeçado por uma *kollegiia* composta por três sociais-revolucionários (SRs) e três bolcheviques, e presidida pelo comissário do Povo para a Justiça, o bolchevique Petr Ivanovich Stuchka. O departamento de codificação era dirigido pelo vice-comissário do Povo, o SR de esquerda A. Shreider. Em março de 1918, depois do Tratado de Brest-Litovsk, os sociais-revolucionários se retiraram oficialmente do governo soviético em protesto e Shreider renunciou ao seu posto. Depois de momentos de confusão, a liderança dos SRs ordenou aos seus membros no NKIu que mantivessem seus postos. Shreider anunciou sua decisão de voltar ao cargo, mas logo declarou sua oposição a ele. Os membros bolcheviques da *kollegiia*, Stuchka, P. Krasikov, D. Kurskii e M. Kozlovskii, votaram rapidamente pela expulsão de Shreider e dos outros membros SRs de seus postos de direção e, em um golpe em miniatura, realocaram os bolcheviques nos departamentos remanescentes. Ver o esboço do Código de 1918 em TsGAOR, fond 1235, op. 93, delo 199, p. 1-2, e p. 161-88.

75

pais que não estão em um casamento registrado". Porém o comitê resolveu essas disputas menores de maneira amistosa e rapidamente aprovou o esboço final[136].

Críticos fora do Comissariado da Justiça, entretanto, estavam menos satisfeitos com o esboço final. Goikhbarg observou que havia "críticas particularmente agudas" na discussão do Código, especialmente em relação à cláusula do registro de casamento. Vários críticos queriam abolir de vez o casamento. Ao citar seus oponentes, Goikhbarg relatou: "Eles gritam contra nós: 'registro de casamento, casamento formal, que tipo de socialismo é esse?'"[137]. N. A. Roslavets, uma delegada ucraniana do Comitê Executivo Central do Soviete (VTsIK), de 1918, se opôs fortemente à seção sobre o casamento, afirmando que não poderia conciliá-la com sua "consciência socialista"[138]. Ela argumentou que o registro de casamento era um passo atrás, em direção contrária ao socialismo. "Em última análise", declarou, "estamos distanciando a população de um entendimento básico sobre o socialismo, da liberdade do indivíduo e da libertação das relações de casamento como uma das condições para a liberdade individual". Roslavets defendia que o casamento era assunto pessoal e privado de cada cidadão, e que "a escolha de cada pessoa que faça parte de um casamento deve ser absolutamente livre". Ela qualificou o Código como "uma espécie de resquício burguês" de um período em que o Estado depositava interesse no casal matrimonial. O casamento "tem muita importância no Estado capitalista", denunciou, "mas a interferência do Estado nos assuntos do casamento, mesmo na forma de registro que o Código propõe, é completamente incompreensível não somente em um sistema socialista, como na própria transição". Roslavets, ao assumir uma forte posição libertária, postulou que "a invasão do Estado", sancionada pelo Código, violava "a liberdade do indivíduo em seu terreno mais íntimo", assim como "os direitos mais elementares". Furiosa, exclamava: "Não consigo entender por que esse Código estabelece a monogamia compulsória". Para Ros-

---

[136] TsGAOR, fond 1235, opi' 93, delo 199, p. 154-60. Ver também Nikolai A. Semiderkin, *Sozdanie pervogo brachno-semeinogo kodeksa*, cit., p. 35, para informação sobre Reisner e o comitê que redigia o Código.

[137] Alexander Grigor'Evich Goikhbarg, "Pervyi Kodeks Zakonov RSFSR", cit., p. 7.

[138] Idem. Semiderkin assinala que Roslavets entrou no VTsIK como representante de um grupo não partidário, que incluía comunistas e não comunistas.

lavets, o único dado estatístico que o Estado deveria registrar era o nascimento.

Roslavets também se opunha à disposição do Código sobre pensão alimentícia, afirmando que não era "nada mais do que pagamento por amor". O casamento, segundo ela, não deveria implicar consequências econômicas. A sociedade burguesa transformava o casal em uma unidade econômica individual e encorajava os cônjuges a acumularem propriedade privada. A tarefa da sociedade socialista era destruir essa forma pequeno-burguesa de família. "Devemos ajudar a criar a possibilidade de mais liberdade", insistiu Roslavets, "não encorajar alguém a tal forma de casamento". A pensão alimentícia simplesmente promovia "a visão de que as jovens devem procurar um homem apto para o casamento e se vincular a ele, e não se desenvolverem como pessoas". Roslavets propôs ao VTsIK que rejeitasse a seção sobre o casamento do Código. "Somente assim", concluiu, "o Estado libertará o indivíduo"[139].

Goikhbarg, representante oficial do Código no VTsIK, tentou refutar as objeções de Roslavets. Explicou pacientemente que o Código restringia a pensão alimentícia aos pobres desvalidos, e que era impossível abolir tudo de uma só vez. Sem o direito à pensão alimentícia, a mulher estaria desprotegida; "essa seria uma frase hipócrita", Goikhbarg afirmou, "não igualdade perante a lei". O principal argumento de Goikhbarg, entretanto, era que o registro de casamento era absolutamente crucial na luta contra a Igreja e seu controle sobre o casamento. Sem o casamento civil, a população recorreria a cerimônias religiosas e a Igreja prosperaria. Em sua opinião, as propostas de Roslavets eram "radicais nas palavras", mas "reacionárias nos fatos"[140].

Os argumentos de Goikhbarg evidentemente convenceram a maioria dos delegados, pois em outubro de 1918, um ano após a Revolução, o VTsIK sancionou o novo Código do Casamento, da Família e da Tutela. O Código continha uma mistura de legislação reformista e revolucionária; sua cláusula sobre casamento civil atualizou a Rússia em relação às mudanças em outros países europeus, mas suas cláusulas sobre ilegitimidade, igualdade de gênero, obrigações dos cônjuges e divórcio ultrapassavam a legislação de qualquer outro

---

[139] 1918 VTsIK, cit., p. 150-2.

[140] Ibidem, p. 152-3; Alexander Grigor'Evich Goikhbarg, "Pervyi Kodeks Zakonov RSFSR", cit., p. 8.

WENDY GOLDMAN

país. O Código se inspirou livremente na visão marxista das relações familiares e sua ênfase na liberdade, independência e igualdade de ambos os cônjuges. Mais importante, os juristas que redigiram o Código enxergavam suas características progressistas e libertárias somente como um passo em direção ao definhamento final da família e da lei. Segundo a previsão confiante de Goikhbarg, "nós devemos aprová-lo [o Código] sabendo que não é uma medida socialista, pois legislação socialista nem sequer existirá. Somente permanecerão normas limitadas"[141].

Conclusão

Foram necessários sete séculos para que a demanda de união livre evoluísse da Irmandade do Espírito Livre, que declarava uma inocência hedonista, mas não demonstrava intenção alguma de libertar Eva, para a visão bolchevique de independência e emancipação das mulheres. Os quatro elementos dessa visão marxista – união livre, libertação das mulheres pelo trabalho assalariado, socialização do trabalho doméstico e definhamento da família – não se articularam até que as mulheres ingressassem em grande quantidade na força de trabalho assalariada, momento no qual uma divisão antiga de trabalho baseado no gênero começou a ruir. A essa altura, desenvolveu-se uma grande disputa entre os defensores das prerrogativas da força de trabalho masculina e as crescentes fileiras de mulheres trabalhadoras. As ideias de Marx, Engels, Bebel e Zetkin foram disputadas nesse campo de batalha.

Historicamente, nenhum indivíduo ou grupo – religioso, filosófico, ou socialista utópico – foi capaz de montar um desafio efetivo à divisão do trabalho por gênero antes que o capitalismo começasse a minar a família como unidade básica de produção. Os religiosos sectários e os filósofos nem sequer podiam conceber tal desafio, as vozes femininas da Revolução Francesa foram fracas e isoladas, os revolucionários jacobinos desprezavam as causas femininas e os primeiros socialistas utópicos comunalizavam, mas não igualavam. Foi somente quando as rápidas mudanças do capitalismo impulsionaram números massivos de mulheres para os locais de trabalho e minaram rapidamente os papéis sociais das mulheres na família que surgiu uma nova visão sobre a libertação das mulheres para responder às neces-

---

[141] 1918 VTslK, cit., p. 153.

MULHER, ESTADO E REVOLUÇÃO

sidades de uma audiência de massas. Porque, apesar das dificuldades criadas pela força de trabalho feminina, foi esse fato, acima de qualquer outro, que criou as condições prévias para a independência das mulheres, para o questionamento dos papéis de gênero e para uma nova concepção de família, em suma, para uma nova base material à libertação das mulheres.

Os bolcheviques enfatizavam fortemente o trabalho assalariado como pré-requisito para a libertação das mulheres justamente porque a luta para incorporar o trabalho feminino no movimento da classe trabalhadora era central para a igualdade da mulher trabalhadora no século XIX. Seu comprometimento com a socialização do trabalho doméstico e o definhamento da família eram respostas diretas aos ataques do capitalismo sobre a família e os papéis de gênero tradicionais. O trabalho assalariado feminino e as consequências que lhe seguiram forneceram o elo entre os vários componentes da visão bolchevique.

Se certos componentes da visão bolchevique eram respostas às transformações recentes, outros vinham de longa data. Os revolucionários haviam imaginado há muito tempo várias formas de união livre e debatido suas implicações para as mulheres. A prática da união livre havia suscitado repetidas críticas no sentido de que a falta de proteção legal exacerbava a vulnerabilidade das mulheres e das crianças. As seitas religiosas radicais da Revolução Inglesa, o movimento do socialismo utópico e os círculos radicais da Rússia pré-revolucionária tinham enfrentado esse problema nas tentativas de colocar suas ideias em prática. Os mesmos argumentos foram replicados, com similaridade assombrosa, entre Bebel e Engels, Kollontai e Lênin, e os libertários soviéticos e suas contrapartes mais conservadoras. Assim como seus antepassados históricos, os proponentes soviéticos de uma sexualidade sem entraves encontraram seus críticos nos defensores das mulheres e das crianças. As questões relativas à livre sexualidade e vulnerabilidade das mulheres se tornariam determinantes no rumo da política familiar soviética.

Em 1918, os bolcheviques herdavam uma visão multifacetada sobre a libertação das mulheres, ancorada em uma longa tradição revolucionária. Eles haviam dado os primeiros passos em direção a seus ideais com o novo Código da Família, que rompeu radicalmente com as leis e os costumes do passado de seu país. Restava ver o que aconteceria com a visão revolucionária, agora que os revolucionários detinham o poder.

Rua de Petrogrado durante a revolução de fevereiro de 1917.

de farinha são distribuídos aos pobres em frente ao Palácio Tauride, em Petrogrado (março de 1917).

Soldados delegados do front saúdam os delegados camponeses, reunidos em congresso na Casa do Po...

Manifestação de mulheres nas ruas de Petrogrado em abril de 1917.

Cartaz datado de um ou dois meses pós-Revolução de 1917: "Mulheres, ingressem na cooperação". Ilustração de I. Nivinskii.

Cartaz antissoviético: cena de soldados da URSS pilhando fazendas cossacas, 1918-1920.

Celebração do 1º de Maio, Praça Dvortsovyi, Petrogrado, 1917.

Manifestação de operários de fábrica de armamentos em Petrogrado, julho de 1917.

Fotografia dos dias da Revolução de 1917: automóvel equipado com esquis e esteiras utilizado pelo antigo czar Nicolau II para dirigir sobre a neve.

Multidão de homens, mulheres e soldados em frente ao prédio da Duma, em São Petersburgo.

Montanhas de documentos retirados dos arquivos policiais e destruídos na rua.

"Viva o Conselho de Deputados Operários Soldados!" A fotogra[fia] mostra uma multidão majoritariamente de mulheres e crianças, com bandeiras nas ru[as] de Petrogrado, em 19[17].

Multidão com bandeiras em dia fúnebre.

Em 1917, pessoas observam fogueira em que ardem brasões do antigo regime.

"1º de Maio de 1920. Através dos escombros do capitalismo à irmandade mundial dos trabalhadores!" Reprodução de pôster soviético.

Últimos dias dos Romanov: os filhos do czar Nicolau II descansando após o trabalho no jardim em Tsarskoe Selo, durante seu confinamento. Da esquerda para a direita, a grã-duquesa Olga Nicolaevna, herdeiro do trono russo Alexis Nicolaevitch e as grã-duquesas Anastásia e Tatiana Nicolaevna.

Vladímir Ilitch Lênin e Nadezhda Konstantinovna Krupskaia, no jardim em Gorki.

Alexandra Kollontai (1872-1952), dirigente bolchevique, participou ativamente da Revolução de 1917.

Irene Knigevitch, filha do chefe da Cruz Vermelha Russa, com uniforme do trabalho como intérprete na Crimeia, 1920.

essa Armand (1874-1920), feminista francesa, a maior parte da vida na Rússia, destacando-se como dirigente do Partido Bolchevique.

Nadezhda Konstantinovna Krupskaia (1869-1939), membro do Partido Bolchevique.

Criança sendo imunizada contra a difteria em um hospital de Moscou. Foto de Edward Van Altena, entre 1910-1930.

Fevereiro de 1918: mulheres e crianças, ao fundo, aguardando em uma longa fila para comprar leite

Vida rural: mulheres e crianças trabalhando, 1918.

Crianças camponesas, 1918.

Crianças brincando no Rio Volga, em 1919.

Almoçando com "papai": mulheres e crianças ceiam em mesa ao lado de lápide, em um cemitério em Petrogrado, 1919.

Dezenove crianças, perdidas ou abandonadas pelos pais, em Samara, entre 1919-1921.

Cartaz de 1920: "O que a Revolução Russa deu às mulheres". Ao fundo, lugares como uma biblioteca, uma escola para adultos e um centro de empregos.

Cartaz de 1931, destinado a mulheres camponesas, visando à construção de congresso que discutiria a coletivização das terras: "Delegada mulher, um passo a frente!".

Litografia de divulgação de campanha: "Vamos transformar a República Soviética do Azerbaijão em uma república de alfabetização abundante". Ao fundo, os dois recursos naturais da região: petróleo e algodão. Ilustração de Dors, 1936.

Grupo de crianças abandonadas no distrito do Volga, região golpeada pela fome na Rússia, em 1921.

Na província de Samara, uma carroça transporta crianças mortas por inanição.

Quatro crianças em campo de feno, entre 1920 e 1924.

Crianças abandonadas e famintas aguardando comida na Estação de Samara, no distrito do Volga, 1921.

Litografia: "Fazemos como Stakhanov!". referência a Alexei Stakhanov, mineiro qu[e] alcançava alta produtividade e tornou-se exemplo a ser seguido em outros ramos d[a] produção. No cartaz, trabalhadores algo[doeiros] do Azerbaijão. Lebeshev, 1936.

Cartaz de V. Smirnov em comemoração ao 50º aniversário da Revolução de 1917: "Não seremos esquecidos, pois, tendo um efeito decisivo sobre o mundo inteiro, demos nova vida ao termo humanidade".

2
O PRIMEIRO RETROCESSO: *BESPRIZORNOST'* E A CRIAÇÃO SOCIALIZADA DA CRIANÇA

Em março de 1921, um organizador da *Detkomisiia* (Comissão para o Melhoramento da Vida das Crianças) viajou para o sul de Moscou, a uma zona afetada pela fome. Profundamente comovido com o que viu, escreveu em seu relatório:

> Nosso trem chegou de noite e parou não muito longe de Samara. Por algum motivo nós não podíamos seguir adiante. Era uma ou duas da manhã. O ambiente estava silencioso e havia geado nas beterrabas. Nosso trem dormia, o silêncio dominava, porém de repente pude distinguir um gemido remoto, débil e fino. Eu escutei – o gemido aumentou e enfraqueceu em seguida. Saí para a plataforma. Sob o luar, bem distante, jaziam uma espécie de trapos cinzentos. Enquanto olhava, via-os girar, e do fundo desses trapos saía um gemido, fraco e persistente: "*kh-le-b-tsa, kh-le-b-tsa*" [pão, pão]. Era possível distinguir algumas vozes, mas dada sua debilidade todas se uniam em um lamento fraco e prolongado. Eram crianças, talvez 3, 4 mil, e eu tinha 10 mil libras de pão a minha disposição.[1]

No começo de 1922, havia cerca de 7,5 milhões de crianças "famintas e moribundas" na Rússia[2]. Muitas, ao perderem um ou os dois pais, fugiam de suas famílias desfeitas e iam para as cidades em busca de comida. Conhecidos como os *besprizorniki* (crianças sem lar), viajavam ilegalmente em trens, sozinhos ou em bandos, de uma ponta a outra do país. Concentravam-se em grupos nas estações de trem e mercados, roubando, pedindo, arrebatando carteiras e prostituindo-se para sobreviver. Dormiam nas ruas, perto

---

[1] TsGAOR, fond 5207, op. 1, delo 14, p. 7.

[2] "O Bor'be s Detskoi Besprizornost'iu. Utverzhdennoe Kollegiei NKP Postanovlenie Vserossiiskogo S"ezda Zav. ONO", em Semen Sergeevich Tizanov, Moiisei Solomonovich Epshtein (orgs.), *Gosudarstvo i obshchestvennost' v bor'be s detskoi besprizornost'iu* (Moscou, Leningrado, 1927), p. 35.

WENDY GOLDMAN

dos trilhos, embaixo de pontes e em prédios abandonados. Viviam como criaturas selvagens, fora do alcance das instituições socializadoras da família, escola ou comunidade. Viam a autoridade dos adultos com uma mistura de medo, hostilidade e suspeita, e desafiavam constantemente os esforços dos educadores para alojá-los em lares ou colônias de crianças. Embora o número daquelas tenha diminuído consideravelmente na década posterior à fome de 1921, continuaram sendo uma preocupação importante até o começo dos anos 1930. Seus números simbolizavam um índice direto da disjunção da vida social; seu tratamento, um barômetro direto da atitude do Estado perante a família.

A libertação das crianças: primeiras ideias e políticas, 1917-1921

Crianças sem lar vagavam pelas ruas das cidades russas bem antes de 1917, mas as perdas humanas e as disjunções sociais da Primeira Guerra Mundial, a guerra civil, a fome de 1921 elevaram seus números a uma magnitude impressionante. Um historiador descreveu o período de 1914 a 1921 como um "terremoto demográfico". Dezesseis milhões morreram na guerra, na guerra civil, pela fome e por epidemias[3]. Dois milhões e meio de homens nunca voltaram dos campos de batalha da Primeira Guerra Mundial, outro milhão morreu na guerra civil. Homens e mulheres que nunca foram aos campos de batalha pereceram de fome, frio e doenças. Epidemias de tifo, cólera e febre escarlatina mataram milhões. Somente o tifo deixou 1,5 milhão de mortos em 1918-1919. A taxa de mortalidade nas cidades triplicou[4].

Famílias desmoronaram sob a pressão da sobrevivência e centenas de milhares de crianças acabaram órfãs ou abandonadas. No inverno de 1916-1917, os preços subiram pela metade, mas a renda das famílias caiu vertiginosamente à medida que mulheres e crian-

---

[3] Moshe Lewin, "Society, State and Ideology During the First Five Year Plan", em *The Making of the Soviet System* (Nova York, Pantheon, 1985), p. 210.

[4] Pierre Sorlin, *The Soviet People and Their Society* (Nova York, Praeger, 1969), p. 41, 46, 49, 68, 71, 78; Daniel Brower, "The City in Danger: The Civil War and the Russian Urban Population", em Diane Koenker, William Rosenberg e Ronald Suny (orgs.), *Party, State and Society in the Russian Civil War: Explorations in Social History* (Bloomington, Indiana University Press, 1989).

MULHER, ESTADO E REVOLUÇÃO

ças substituíam os homens nas fábricas por uma fração dos salários. Às vésperas da Revolução de Fevereiro, *besprizorniki* eram uma visão comum nas maiores cidades, e a criminalidade juvenil havia mais do que dobrado. Embora a falta de comida tivesse piorado consideravelmente, o governo provisório fez pouco para garantir uma assistência real para as crianças[5].

A tomada do poder pelos bolcheviques não surtiu efeito imediato sobre a deterioração do abastecimento de comida, e em 1918 as pessoas nas cidades estavam morrendo de fome. O escritor Viktor Shklovsky descreveu seu retorno a São Petersburgo no inverno de 1918: "A cidade ficou silenciosa. Como depois de uma explosão [...] tudo estava jogado. Não havia qualquer tipo de vida normal, somente destroços". A colheita de 1920 mal cobriu as necessidades básicas da população. As pessoas viviam à base de "folhas de tília e legumes"[6]. À medida que a fome ameaçava no inverno de 1921, milhares de novas crianças foram abandonadas. Um dos delegados do Congresso sobre *Besprizornost'*, Abandono e Crime contra a Criança, reunido em 1920, afirmou que a fome estava causando danos irreparáveis entre a população infantil e que prostitutas infantis perambulavam pelas ruas desesperadamente[7].

À medida que o sistema de transporte entrava em colapso, carregamentos de óleo e carvão não chegavam mais às cidades. As pessoas alimentavam fogões antigos com móveis, mas finalmente toda reserva de combustível se esgotou. Shklovsky escreveu: "Pessoas que vivem em casas com calefação central morrem aos rebanhos – apartamentos inteiros morreram de frio"[8]. Fábricas fecharam e a comida desapareceu; habitantes das cidades voltaram para suas antigas aldeias. Uma delegada do Congresso para a Proteção da Infância, em 1919, observou: "Nossas cidades estão literalmente se extinguindo". Ela reportou que Moscou havia perdido 1,2 milhão de habitantes entre maio e outubro de 1918, e que as crianças remanescentes estavam sofrendo terrivelmente. Em 1921, Moscou havia perdido metade de sua população; Petrogrado, dois terços. O

---

[5] P. I. Liublinskii, "Okhrana Detstva i Bor'ba s Besprizornost'iu za 10 Let", *Pravo i zhizn'*, n. 8-9, 1927, p. 28.

[6] Viktor Shklovsky, *A Sentimental Journey: Memoirs 1917-1922* (Ithaca, Cornell University Press, 1969), p. 133-44.

[7] TsGAOR, fond 2306, op. 13, delo 11, p. 39.

[8] Viktor Shklovsky, *A Sentimental Journey*, cit., p. 175.

WENDY GOLDMAN

fim da guerra civil trouxe a vitória para o poder soviético, mas o país estava em ruínas[9].

A primeira grande reunião de pedagogos e ativistas sociais aconteceu em 1919, no Congresso Pan-Russo do Departamento para a Proteção da Infância. Trezentos delegados se encontraram em Moscou para discutir problemas urgentes de alimentação e alojamento e para formular uma política geral sobre o *besprizornost'*. Seus discursos e discussões refletiam a mistura comovente de idealismo e dura realidade, tão presente nos primeiros anos do poder soviético. Elizarova, membro do *Presidium* do Congresso, falou sobre abastecimento, argumentando que, antes de mais nada, as crianças deveriam ser protegidas da pobreza e da prostituição, e deveriam ter prioridade na distribuição de comida e combustível. Estendendo a ideia da sociedade como uma grande família para envolver os *besprizorniki*, ela afirmou: "Não deve haver nenhuma criança miserável que não pertença a ninguém. Todas as crianças devem ser filhas do Estado". Em sua discussão sobre crimes entre jovens e *besprizornost'*, Elizarova adotou uma postura antiautoritária. "Crianças não podem ser criminosas", ela declarou, "elas não podem ser julgadas como adultos. [...] Crianças não devem ir para a prisão, elas precisam ser reabilitadas, não punidas." A posição de Elizarova, apoiada em uma tradição progressista e humanista da pedagogia, tipificou a abordagem favorecida pelos educadores soviéticos nos anos 1920. Ela sugeriu que o Estado criasse instituições de "tipo familiar" para crianças necessitadas, com um mínimo de pessoal contratado. Aplicando o princípio da autogestão, as próprias crianças "estabeleceriam e manteriam" a ordem. As instituições manteriam uma política de "portas abertas", permitindo que as crianças se juntassem ou deixassem a comunidade quando quisessem. As propriedades da antiga nobreza, em sua opinião, finalmente poderiam cumprir uma função socialmente útil como locais para colônias de crianças[10].

Lilina, outra delegada, ecoou a visão de Marx no *Manifesto Comunista* ao falar sobre o desenvolvimento da criança nos termos de "desenvolvimento multifacetário da personalidade, pelo qual cada

---

[9] TsGAOR, fond 2306, op. 13, delo 11, p. 47; Moshe Lewin, "Society, State and Ideology During the First Five Year Plan", cit., p. 211.

[10] TsGAOR, fond 2306, op. 13, delo 11, p. 6. Infelizmente, não está disponível um informe estenográfico desse Congresso, e as minutas só contêm seleções dos discursos dos delegados.

MULHER, ESTADO E REVOLUÇÃO

pessoa poderia ser artista e compositora no trabalho". Muitos delegados expressaram grande confiança na habilidade do Estado para substituir a família. Delegadas observaram com entusiasmo que a socialização da criação contribuiria para a libertação das mulheres. E uma delegada ressaltou alegremente: "Que dizer da libertação das crianças!"[11]. As delegadas imaginaram, otimistas, um futuro no qual todas as crianças, livres da fome e da necessidade, poderiam ter a oportunidade de realizar suas capacidades individuais. As crianças seriam libertas da família e se fortaleceriam através de suas instituições democráticas e autogestionadas. O Estado exerceria uma suave, porém efetiva, influência sobre delinquentes juvenis, ao enfatizar reabilitação sobre castigo, persuasão moral sobre disciplina.

Entretanto, apesar de seus planos esperançosos e intenções honoráveis, os delegados ainda tinham de enfrentar os problemas ameaçadores do presente. Do outro lado das portas do Congresso, milhares de crianças morriam de fome em instituições que não possuíam nem mesmo as provisões mais básicas. O governo havia começado a evacuar crianças das cidades e levá-las para lares infantis no sudeste, em 1918, na esperança de que seria mais fácil alimentá-las em zonas rurais produtoras de grãos. Organizadores colocaram 4.500 crianças em trens e as enviaram para lares de crianças nas províncias de Ufa, Perm, Viatka e Saratov. Cerca de duzentos filhos de trabalhadores da fábrica Putilov foram enviados para fora da cidade, e mais centenas foram enviadas a *datchas* e propriedades de nobres abandonadas[12]. Embora fizesse sentido retirar crianças de cidades famintas para o interior, a prática frequentemente se provou ineficiente e até perigosa.

Il'ina, uma delegada da província de Voronezh, atacou furiosamente a política: "A experiência do ano passado de colocar crianças em trens e enviá-las para Voronezh e Saratov não funcionou", anunciou. "Na prática, verificou-se que essas crianças vivem em condições muito piores do que aquelas do distrito de Moscou." Ela acusou os organizadores do transporte de "frivolidade imperdoável". "Moscou foi evacuada com muita pressa", declarou. "Simplesmente os enviaram, sem perguntar para onde." Além do mais, os serviços para o cuidado dos *besprizorniki* eram caóticos e desorganizados. Soldados do Exército Vermelho jogavam grande quantidade de crianças no

---

[11] Ibidem, p. 9-14.

[12] TsGAOR, fond 2306, op. 1, delo 139, p. 30-1.

WENDY GOLDMAN

Comissariado da Segurança Social. A equipe insuficientemente treinada dos lares de crianças mal podia dar conta das demandas para admissão. "É possível que muitos pedagogos estejam enganados em relação a sua vocação", Il'ina comentou amargamente; "talvez fosse mais útil se alguns se dedicassem a instalar telefones"[13].

Il'ina argumentou que essas crianças estavam sendo postas sob "condições intoleráveis". Embora a ideia original de utilizar mansões abandonadas para lares de crianças parecesse razoável, após muitos anos de guerra civil, saques e destruição, muitas propriedades não estavam aptas à habitação humana. Ao repreender seus companheiros delegados, disse:

> Vocês sabem que as propriedades da aristocracia estão completamente diferentes agora. É de conhecimento comum que muitas vezes as chaminés se encontram esmagadas e as vigas quebradas. Não há latrinas, camas, e os telhados vazam. Colocar crianças em trens e enviá-las para tais lugares é um crime, e este crime tem sido cometido por um ano inteiro.[14]

Il'ina injetou uma dose de sensato realismo no Congresso ao levantar a questão que assombraria educadores e assistentes sociais ao longo dos anos vinte: como os *besprizorniki* seriam mantidos? O governo havia simplesmente decidido enviar as crianças para áreas ricas em pão. Porém, "toda zona fecunda de pão pode se tornar uma zona sem pão", observou, "despachem um grande destacamento do comitê de requisições e as províncias ricas em pão serão devastadas". Em uma advertência aos delegados mais apressados, argumentou que toda discussão sobre a abolição da família era irrelevante enquanto o Estado não assumisse a criação dos filhos. "Nós nos esquecemos de que a família não é somente uma unidade de consumo", advertiu, "mas uma célula de produtores [...] Os filhos não somente

---

[13] TsGAOR, fond 2306, op. 13, delo 11, p. 47-8. O Comissariado do Bem-Estar Social (*Narodnyi Komissariat Obshchestvennogo Prizreniia*) se transformou no Comissariado da Segurança Social (*Narodnyi Komissariat Sotsial'nogo Obespecheniia*) em abril de 1918. Foi responsável por administrar os lares de crianças, sob a direção de Alexandra Kollontai. Em 1919, o Comissariado para o Esclarecimento se responsabilizou pela administração dessas instituições, ainda que o Comissariado da Saúde tivesse o controle dos centros para crianças doentes ou com deficiência, e a Tcheka supervisionasse as colônias disciplinares especiais para jovens delinquentes.

[14] Ibidem, p. 47.

MULHER, ESTADO E REVOLUÇÃO

nascem e são criados pela família, mas são mantidos por suas mães e pais". Em um presságio obscuro de debates vindouros, Il'ina observou que a casa de uma criança "é uma sociedade de consumidores que exigem bens preparados". Economicamente, as casas eram "parasitárias" porque "somente consumiam". Il'ina estimava a família com discernimento que inexistia entre os pensadores mais utópicos. Em sua visão, não havia sentido em substituir a família por lares de crianças "enquanto os lares de crianças não adquirissem outras características básicas da família – sua independência econômica e sua produtividade"[15]. Naquele momento, as condições nos lares justificavam amplamente sua advertência.

Após o Congresso, o governo realizou um grande esforço para coordenar atividades de assistência para crianças. Em janeiro de 1919, o *Sovnarkom* organizou o Soviete para a Proteção das Crianças, com representantes dos Comissariados para o Esclarecimento, da Segurança Social, da Saúde e da Distribuição Alimentícia. O Soviete foi encarregado de distribuir comida e provisões para as crianças. Em maio e junho, o governo autorizou alimentação gratuita para todas as crianças até os dezesseis anos de idade[16]. Por todo o ano, o Soviete continuou a evacuar crianças que padeciam de fome de Petrogrado para os Urais.

À medida que as condições pioraram, o número de crianças nos lares aumentou regularmente de 30 mil em 1917 para 75 mil em 1918; 125 mil em 1919; 400 mil em 1920; e 540 mil em 1921[17]. A.

---

[15] Ibidem, p. 49.

[16] "Dekret o Besplatnom Detskom Pitanii", "Postanovlenie Soveta Narodnykh Komissarov", em Nadezhda Konstantinovna Krupskaia, *O bytovykh voprosakh* (Moscou, 1930), p. 70-1. Comida de graça foi distribuída para os menores até 1921, quando o sistema de racionamento foi abolido.

[17] Z. Sh. Karamysheva, "Pedagogicheskie Problemy Sotsial'no-Pravovoi Okhrany Nesovershennoletnikh v RSFSR, 1917-1932", *Tese de candidato*, Nauchno--Issledovatel'skii Institut Obshei Pedagogiki Akademii Pedagogicheskikh Nauk SSSR (Moscou, 1976), p. 17, 64. N. I. Ozeretskii cita uma cifra mais baixa para 1922, assinalando em "Nishchenstvo i Besprizornost' Nesovershennoletnikh", em Evgenii' Konstantinovich Krasnushkin, German Mikhai'lovich Segal, Tsetsiliia Mironovna Feinberg (orgs.), *Nishchenstvo i Besprizornost'* (Moscou, 1929), p. 140, que segundo as cifras "extremamente incompletas e imprecisas" do Departamento para a Proteção Legal e Social de Menores (SPON) 444.412 crianças estavam nas estações receptoras e lares de crianças. Embora as agências de bem-estar social, tais como as Comissões para Assuntos de Menores, as estações receptoras, lares e colônias infantis reunissem estatísticas sobre crianças de rua, esses números eram

Kalinina, esposa do presidente do Comitê Executivo Central do Soviete (VTsIK), descreveu o estado dos lares de crianças em 1920. As crianças andavam em trapos porque o Estado somente pôde distribuir dez polegadas de tecido por cada uma. Havia um único carretel de fio para 29 pessoas, um par de meias para cada 264 e somente um cobertor para 3.124. No inverno, os quartos eram escuros e congelantes, pois não havia eletricidade ou óleo. As crianças usavam os mesmos trapos sujos por meses a fio. Seus corpos estavam cobertos de chagas. "Era inútil pensar em qualquer esquema educativo nesse pesadelo", escreveu. "As crianças não faziam absolutamente nada. Os mais velhos jogavam cartas, fumavam e bebiam, e as meninas de dezesseis e dezessete anos se entregavam à prostituição"[18].

Apesar dos esforços do Soviete para a Proteção das Crianças, a maioria dos *besprizorniki* permaneceu sem qualquer alojamento organizado. Surgiram enormes campos desorganizados de crianças nos arredores das estações de trem. No outono de 1920, trezentas crianças acampavam na estação Tikhoretskaia, quinhentas na Piatagorsk. Milhares de crianças vagavam pela estação Rostov do Don, um cruzamento importante que ligava o norte com o Cáucaso, a região do Volga ao sudeste[19].

O Soviete teve problemas em coordenar seu trabalho assistencialista em grande medida por lhe faltar poder para emitir ordens diretamente e dirigir recursos. Feliks Dzerzhinsky, chefe da Tcheka, preocupou-se cada vez mais com o *besprizornost'* em seus repetidos encontros com a mendicância, o crime juvenil e a prostituição. Em 1920, Dzerzhinsky convocou Anatoly Lunacharsky, chefe do Comis-

---

muitas vezes inexatos. As agências de serviços sociais estavam tão sobrecarregadas pela quantidade de crianças durante a fome que era quase impossível manter registros precisos. Além disso, muitos *besprizorniki* passavam pelas agências repetidamente, enquanto outros não tinham contato algum com elas. Sobre os problemas para determinar as dimensões estatísticas de *besprizornost'*, ver Jennie Stevens, "Children of the Revolution: Soviet Russia's *Besprizorniki*, in the 1920s" (Washington, D.C., Georgetown University, 1985), p. 29-35, dissertação de mestrado.

[18] O informe de Antonina Kalinina é citado por Vladimir Zenzinov, *Deserted: the Story of the Children Abandoned in Soviet Russia* (Londres, 1931), p. 23-5.

[19] N. V. Shishova, "Bor'ba Sovetskogo gosudarstva za preodolenie detskoi besprizornosti v 1920-1936" (Krasnodar, Kubanskii Gosudarstvennyi Universitet, 1982), p. 37, artigo acadêmico.

MULHER, ESTADO E REVOLUÇÃO

sariado para o Esclarecimento, para urgir a criação de uma poderosa agência interdepartamental com poder direto para lidar com os *besprizorniki*. Ele disse a Lunacharsky:

> Quero dedicar parte de minha atenção pessoal e a atenção principal da Tcheka à luta contra o *besprizornost'*. Precisamos criar uma comissão ampla, englobar todos os departamentos e organizações que possam ser úteis nessa empreitada. Estamos todos indo em direção à reconstrução pacífica, e pensei: por que não utilizar nosso aparato militar para lutar contra um desastre como o *besprizornost'*?[20]

Em janeiro de 1921, o *Presidium* do VTsIK substituiu o Soviete para a Proteção das Crianças pela Comissão para o Melhoramento da Vida das Crianças, que rapidamente ficou conhecida como *Detkomissiia*. Chefiada por Dzerzhinsky, com representantes da Tcheka, dos Comissariados da Distribuição, para o Esclarecimento, da Saúde e outras organizações, suas tarefas eram garantir suprimento para as instituições de crianças e cuidar dos *besprizorniki*.

A fome

Na primavera de 1921, uma seca severa atingiu a região do Volga, o sul da Ucrânia, a Crimeia e o norte do Cáucaso. A fome resultante afetou 25 milhões de pessoas em 34 províncias[21]. Fome e doenças aniquilaram de 90% a 95% das crianças com menos de três anos de idade e quase um terço das com mais de três. Milhares de crianças sobreviventes – sem lar, abandonadas, famintas – inundaram as estações centrais de trem e encheram os mercados e ruas das cidades[22]. Um telegrama desesperado de um assistente social observou que a cidade de Bazuluk estava literalmente "inundada de crianças", com "cadáveres congela-

---

[20] L. A. Zhukova, "Deiatel'nost' Detkomissii VTsIK po Okhrane Zdorov'ia Detei, 1921-1938", *Sovetskoe zdravookhranenie*, n. 2, 1978, p. 64-5.

[21] TsGAOR, fond 1064, op. 5, delo 4, p. 140; Shishova, "Bor'ba Sovetskogo gosudarstva za preodolenie detskoi besprizornosti v 1920-1936", cit., p. 33. A fome foi mais forte nas províncias de Astrakhan, Viatka, Samara, Saratov, Simbirsk, Ufa e Tsaritsyn. Outras províncias também foram afetadas, ainda que menos severamente. Estas incluíam Stravropol, que perdeu 64% de sua colheita; o Don, 24%; e Kubano-Chernomorsk, 17%.

[22] L. A. Zhukova, "Deiatel'nost' Detkomissii VTsIK po Okhrane Zdorov'ia Detei, 1921-1938", cit., p. 65.

dos nas ruas, jogados por todos os lados". Mais de 3 mil bebês haviam se tornado em órfãos ou sido abandonados. O assistente social declarou: "Devemos ajudar rapidamente 38 mil crianças ou a cidade será sufocada por elas". Em Ufa, havia mais de 65 mil crianças sem teto; em Orenburg, 55 mil; Simbirsk, 36 mil; e Cheliabinsk, 48 mil. Por todas as cidades, "jaziam cadáveres aqui e acolá, sem serem recolhidos". O telegrama angustiado continuava: "As crianças em idade pré-escolar estão morrendo em suas aldeias nativas, nos peitos secos de suas mães e nos braços exaustos de seus pais"[23].

O Comissariado do Esclarecimento (NKPros) recebeu informes grotescos de crianças enlouquecidas de fome que se mordiam entre si. Mães amarravam seus filhos em cantos separados de suas cabanas com medo de que comessem uns aos outros[24]. No outono de 1921, 60 mil crianças inundaram o distrito de Kubano-Chernomorsk. Havia 43 mil *besprizorniki* nas cidades de Krasnodar e Armavir. Somente a província de Stavropol possuía 108 mil crianças famintas[25]. Entre duzentas e quinhentas crianças chegavam todo dia, implorando admissão em lares de crianças que eram mal equipados para alimentá-las, alojá-las ou vesti-las[26]. Os lares de crianças na região do Volga transbordavam de crianças doentes e moribundas, superlotados entre 300% e 500%[27].

Um jornalista descreveu uma estação de recepção superlotada com quinhentas crianças, muitas doentes de tifo, cólera e tuberculose. "Amontoadas em macas, jaziam gemendo em fileiras dentro de um quarto longo e fétido, sem aquecimento, sem lençóis ou cobertores, sem remédios de qualquer espécie, sem nada." Aquelas que não estavam tão doentes se sentavam no jardim, "imóveis, sem sorrir, mudas". O jornalista falou com o médico da estação, que disse: "Nós não temos nada e por isso elas morrem"[28]. Um telegrama para a *Detkomissia* sinalizou que havia vários milhares de crianças nos la-

---

[23] TsGAOR, fond 5207, op. 1, delo 14, p. 5-6.

[24] Vasilii Isidorovich Kufaev, "Pravo Narusheniia i Besprizornost' Nesovershennoletnikh v Rossii", *Pravo i zhizn*, n. 1, 1922, p. 37.

[25] N. V. Shishova, "Bor"ba Sovetskogo gosudarstva za preodolenie detskoi besprizornosti v 1920-1936", cit., p. 37.

[26] TsGAOR, fond 5207, op. 1, delo 14, p. 6.

[27] L. A. Zhukova, "Deiatel"nost' Detkomissii VTsIK po Okhrane Zdorov'ia Detei, 1921-1938", cit., p. 65.

[28] Walter Duranty, *Duranty Reports Russia* (Nova York, 1934), p. 26.

MULHER, ESTADO E REVOLUÇÃO

res "sem roupas, nuas, descalças, doentes, cobertas por eczemas e marcas de tifo". Epidemias varriam a região; crime, mendicância e prostituição proliferavam[29].

Segundo estatísticas incompletas de 1921-1922, havia 6.603 lares de crianças abrigando 540 mil crianças nas condições mais precárias[30]. Nas províncias abatidas pela fome, havia 611 instituições abrigando 36.549 crianças[31]. Um organizador observou, impotente, que as condições nos lares eram terríveis, e que as crianças estavam morrendo por todos os lados. "Elas estão morrendo nos lares, nas ruas; onde quer que o destino lhes jogue encontram a morte". As condições em alguns desses lares eram tão horrorosas que as equipes os abandonavam: não era possível convencer as pessoas a trabalhar neles. Outros lares simplesmente fechavam por falta de comida. As crianças desapareciam nas ruas[32].

Milhares de camponeses tentaram sair da região de trem. Alexander Neveroff, um escritor que quando garoto havia viajado através da zona da fome à procura de pão descreveu uma estação de trem típica:

> Os campos além da estação, os buracos, as fossas estavam sujos e contaminados. E nessa sujeira jaziam as pessoas, estupefatas pela miséria, torturadas por insetos, entregues ao desespero. Os trens iam e vinham. Os mais afortunados conseguiam fugir nos para-choques, nos telhados. Os desafortunados vagavam pela estação por semanas inteiras, dias desesperadamente longos, noites contorcidas pela febre. Mães choravam sobre seus bebês famintos; bebês famintos mordiam os peitos secos e murchos de suas mães.[33]

A *Detkomissiia* organizou evacuações em massa: crianças haviam sido enviadas das cidades para áreas produtoras de grãos dois anos antes, mas agora crianças famintas eram postas nos trens e levadas das mesmas áreas. Entre 120 mil e 150 mil crianças foram removi-

---

[29] L. A. Zhukova, "Deiatel'nost' Detkomissii VTsIK po Okhrane Zdorov'ia Detei, 1921-1938", cit., p. 65.

[30] P. I. Liublinskii, "Okhrana Detstva i Bor'ba s Besprizornost'iu za 10 Let", cit., p. 30.

[31] TsGAOR, fond 1064, op. 5, delo 4, p. 180.

[32] TsGAOR, fond 5207, op. 1, delo 14, p. 6.

[33] Alexander Neveroff, *City of Bread* (Nova York, 1927), p. 74.

WENDY GOLDMAN

das de províncias assoladas pela fome para instituições infantis já sobrecarregadas e abrigos organizados às pressas[34]. Por fim, um quarto de milhão de crianças foi evacuado[35]. Devido à coordenação e ao planejamento precários, alguns trens não recebiam comida, o que significava que muitas crianças morriam nos vagões. Um oficial do Departamento para Evacuação do Comissariado da Saúde exigiu furiosamente que um comitê de evacuação local explicasse os altos números de mortes em um dado trem. O oficial acusou o comitê local de evacuar as crianças de forma temerária, sem contatar o Comissariado da Distribuição Alimentícia sobre as provisões[36]. Outro relatório mencionou que a política de evacuação "desempenhou um triste papel nas desventuras das crianças"[37].

A *Detkomissiia* enviou longos trens com comida e suprimentos médicos para Kazan, Samara, Ufa, Simbirsk e Bugul'ma, cidades com vasta população de refugiados. Cada trem servia mais de 6 mil refeições por dia[38]. O Comissariado para a Alimentação assumiu a responsabilidade por alimentar 1,5 milhão de crianças e 500 mil adultos[39]. Ao chegar a primavera de 1922, havia mais de 10.588 refeitórios públicos na zona da fome, servindo mais de 1,5 milhão de pessoas. Escolas fecharam e reabriram como refeitórios para crianças órfãs e abandonadas. Apesar desses esforços, um relatório constatou que "somente 10% da população infantil [estava] comendo nos estabelecimentos dos refeitórios públicos". "E os outros?". Perguntava-se sombriamente. "O campo se cala a esse respeito. Mas as cidades, que transbordam com [...] crianças exaustas e moribundas, nos dão a resposta"[40].

Apesar dos esforços massivos da *Detkomissiia*, as crianças sofreram terrivelmente. O Comissariado para o Esclarecimento recebeu somente metade das rações de que necessitava para alimentar as crian-

---

[34] TsGAOR, fond 1064, op. 5, delo 4, p. 186. L. A. Zhukova cita a cifra mais alta, p. 65.

[35] TsGAOR, fond 5207, op. 6, delo 10, p. 3.

[36] TsGAOR, fond 5027, op. 1, delo 104, p. 12.

[37] TsGAOR, fond 5207, op. 1, delo 14, p. 6.

[38] L. A. Zhukova, "Deiatel'nost' Detkomissii VTsIK po Okhrane Zdorov'ia Detei, 1921-1938", cit., p. 65.

[39] TsGAOR, fond 5207, op. 1, delo 104, p. 11, 24; TsGAOR, fond 5207, op. 1, delo 163, p. 33.

[40] TsGAOR, fond 5207, op. 1, delo 14, p. 15.

MULHER, ESTADO E REVOLUÇÃO

ças abrigadas em suas várias instituições. Em média, cada província recebia 2 mil a 4 mil rações para cada grupo de 10 mil a 20 mil crianças. As províncias que aceitaram crianças da zona da fome não recebiam rações a mais[41]. Os lares de crianças não suportavam o afluxo de novas crianças. Simplesmente não havia comida suficiente. Em um retrocesso forçado da cláusula do Código da Família de 1918 que proibia a adoção, o governo começou a acomodar crianças com famílias camponesas em melhores condições, em outras áreas. Embora os oficiais soubessem que os camponeses consideravam tais crianças como pouco mais do que trabalho não pago, havia poucas alternativas sob a terrível pressão da fome de massas.

Em 1921, os refugiados famintos de Ivanovo-Vosnesensk cantavam melancolicamente:

Nós estamos morrendo
As pessoas estão desabando
As casas estão fechadas
As plantações, todas queimadas
Nós seguimos sem pão
Quem escuta nossa dor?
Quem ouve nossa tristeza?
Quem compreende nossa dor?
Você está ouvindo?[42]*

A canção, um apelo direto por ajuda, capturou as súplicas de milhões. Sob as condições de quase completo colapso econômico, centenas de milhares de crianças requeriam abrigo, comida, atenção médica e cuidados imediatos. A família não havia definhado gradualmente, havia sido esmagada. Os golpes brutais da guerra e da fome rapidamente alcançaram o que os teóricos soviéticos haviam imaginado para um futuro mais distante. E o novo Estado se

---

[41] M. Frumkina, "Detskie Uchrezhdeniia v Novykh Usloviiakh", *Kommunistka*, n. 1, 1922, p. 8.

[42] R. Barkina, "Pomoshch' Golodaiushchim Detiam i Moskovskaia Robotnitsa", *Kommunistka*, n. 1, 1922, p. 13. A canção foi citada por uma mulher da classe trabalhadora de Moscou, que viajou pela área da fome.

* Versos como no original: "*We are dying out / The people are dropping / The houses are closed up / The fields are all burnt / We remain without bread / Who listens to our grief? / Who hears our sadness? / Who understands our grief? / Are you listening?*". (N. T.)

WENDY GOLDMAN

encontrava completamente despreparado para abrigar os escombros humanos. Como o educador P. I. Liublinskii explicou mais tarde: "O apoio às crianças pelo governo figurava no plano socialista como um estágio remoto do desenvolvimento socialista, quando a força econômica do país estivesse significativamente desenvolvida". Entretanto, o poder soviético havia assumido essa tarefa "sob condições de desgaste econômico sem precedentes"[43].

A NEP, as mulheres e os lares de crianças

A fome agudizou uma grave escassez de comida que já havia sido percebida no final da guerra civil. Já em 1920, camponeses furiosos no sul se rebelaram contra a política de confisco de grãos para alimentar o exército e as cidades. Suas atitudes logo afetaram cada setor da economia. À medida que diminuía a aquisição de grãos por parte do Estado, os mineiros e trabalhadores do petróleo voltavam para suas aldeias para buscar comida, precipitando uma escassez de combustível que paralisou trens e fábricas. De frente com a perspectiva de revolta rural e fome urbana, os bolcheviques perceberam agudamente a necessidade de restaurar as relações com o campesinato, aumentar a produção agrícola e restaurar a indústria. Em fevereiro de 1921, Lênin propôs um medida aparentemente pequena e reparadora para o Politburo. O governo substituiria a prática de confisco por um imposto fixo em espécie e permitiria aos camponeses comercializar o excedente. A medida, adotada no X Congresso do Partido, em 1921, logo ficou conhecida como Nova Política Econômica, ou NEP. Os delegados aceitaram a proposta prontamente, embora, como E. H. Carr observou, "seu completo significado mal se compreendia naquele momento"[44].

A NEP começou como uma medida simples para aumentar a produção de grãos e inicialmente não se propunha como uma política econômica abrangente. Porém, o renascimento do mercado logo impactou a indústria e os serviços sociais. Medidas que afetavam a produção, os salários, os empregos, os bancos e o orçamento, inevitavelmente, acompanharam a decisão inicial do Estado de per-

---

[43] P. I. Liublinskii, "Okhrana Detstva i Bor'ba s Besprizornost'iu za 10 Let", cit., p. 29.

[44] Edward Hallett Carr, *The Bolshevik Revolution* (Londres, Macmillan, 1952), v. 2, p. 281.

MULHER, ESTADO E REVOLUÇÃO

mitir a livre comercialização de grãos. Em julho de 1921, o governo sancionou um decreto que permitia às cooperativas e indivíduos arrendarem indústrias nacionalizadas. Um mês depois, a contabilidade de custos e a descentralização foram introduzidas em empresas estatais. As rações de comida – uma forma comum de pagamento durante a guerra civil – foram gradualmente eliminadas. Gerentes se tornaram responsáveis pelo pagamento de salários, aquisição de sua própria matéria-prima e venda de seus produtos finais. O número de trabalhadores que recebiam rações de comida diminuiu drasticamente de 1,4 milhão em outubro de 1921 para 500 mil no verão de 1922[45]. Em agosto, o governo reintroduziu o orçamento estatal, uma prática que havia sido desdenhosamente abandonada durante os anos de guerra civil. Em setembro, tornou-se obrigatório o pagamento de todos os serviços e estabelecimentos públicos, inclusive refeitórios, creches e outros serviços sociais[46]. No final de 1922, a transição para "princípios comerciais" estava completa.

A NEP foi, dessa forma, adotada paulatinamente ao longo de dois anos. Embora o Partido incialmente não a considerasse um "virada completa", sua decisão inicial de permitir o acesso de camponeses ao mercado livre para seus produtos agrícolas teve consequências de longo alcance[47]. Embora ninguém se opusesse à NEP no X Congresso do Partido, um crescente número de críticos da medida começou a surgir, conforme as consequências plenas da política começaram a aparecer. Shliapnikov, membro do partido e ex-integrante da Oposição Operária, queixou-se no XI Congresso do Partido, em 1922, que a NEP estava beneficiando os camponeses em detrimento dos trabalhadores. Defensores descontentes do bem-estar social reclamavam em alto e bom tom o impacto negativo da NEP às mulheres e crianças. Porém a política foi claramente bem-sucedida no aumento

---

[45] Maurice Dobb, *Soviet Economic Development since 1917* (Nova York, 1948), p. 152.

[46] Edward Hallett Carr, *The Bolshevik Revolution*, cit., p. 345-8, 354-5.

[47] Moshe Lewin, *Political Undercurrents in Soviet Economic Debates: From Bukharin to the Modern Reformers* (Princeton, Princeton University Press, 1974), p. 84; Silvana Malle, *The Economic Organization of War Communism, 1918-1921* (Cambridge, Cambridge University Press, 1985), p. 453. Segundo Edward Hallett Carr: "Era impossível combinar agricultura capitalista privada com a indústria do Estado na mesma economia, a menos que o setor estatal aceitasse os princípios do mercado", Edward Hallett Carr, *The Bolshevik Revolution*, cit., p. 304. Para a análise de Carr sobre a adoção da NEP, ver ibidem, p. 271-332.

WENDY GOLDMAN

da produção de grãos e na restauração da indústria; suas rápidas conquistas contrabalanceavam muitas das críticas iniciais[48].

Entre os efeitos negativos da NEP estava a redução de serviços disponíveis para mulheres e crianças necessitadas. Com o deslocamento para a contabilidade de custos, diversas empresas fecharam, e o desemprego, especialmente entre as mulheres, aumentou rapidamente. À medida que o governo reduzia o gasto estatal, diminuía o apoio para instituições infantis, ao transferir seus custos operacionais para os municípios. Na prática, entretanto, havia poucos recursos locais para sustentar as instituições. Além do mais, muitos comitês executivos locais preferiam alocar os escassos recursos para empresas lucrativas, fechando assim milhares de instituições infantis[49].

A combinação dos fechamentos com a alta demanda persistente levou à superlotação ainda mais severa dos lares remanescentes. Durante 1921-1922, o Partido e o Estado emitiram uma série de decretos com o objetivo de reduzir o número de crianças nos lares. Novas regras de admissão foram estabelecidas e grande número de crianças foi expulso. Somente órfãos e crianças que haviam perdido um pai no Exército Vermelho seriam aceitos. Os filhos de trabalhadores técnicos ou pedagogos, aqueles com pais ou familiares e adolescentes com mais de dezesseis anos não eram mais elegíveis para receber assistência. Os órfãos do Exército Vermelho cujos pais haviam morrido no *front* tiveram prioridade, seguidos de crianças de viúvas do Exército Vermelho e depois por outros órfãos[50].

De acordo com as novas regras, oficiais enviaram uma grande quantidade de crianças para familiares, tutores particulares, *artels* (cooperativas) de produção, oficinas e famílias camponesas. O Esta-

---

[48] Edward Hallett Carr, *The Bolshevik Revolution*, cit., p. 294.

[49] As escolas primárias e secundárias também foram duramente afetadas pela transição para a NEP. Um informe da *Detkomissiia* na primavera de 1922 observou que a situação das escolas nas *guberniias* atingidas pela fome eram terríveis, ver TsGAOR, fond 5207, op. 1, delo 14, p. 10. Entre abril e outubro de 1921, apenas 307 de 2.256 escolas primárias ainda estavam funcionando; o número de escolas secundárias caiu de 150 para 18. Havia cerca de 40 mil alunos a menos. O número de centros pré-escolares caiu de 215 para 52, embora o número de crianças em si tenha aumentado de 9.344 para 11.842. Ver TsGAOR, fond 5207, op. 1, delo 104, p. 42. Essas cifras abarcam as províncias e os distritos de Simbirsk, Saratov, Serdobsk, Viatka, Malmyzh e Iaransk.

[50] Z. Sh. Karamysheva, "Pedagogicheskie Problemy Sotsial'no-Pravovoi Okhrany Nesovershennoletnikh v RSFSR, 1917-1932", cit., p. 63, 66.

MULHER, ESTADO E REVOLUÇÃO

do elaborou planos para transformar os lares em colônias autossuficientes e destinou lotes de terras para que pudessem se alimentar[51]. Escolas profissionalizantes foram organizadas para ensinar habilidades agrícolas e industriais. Oficinas de carpintaria, metalurgia e costura foram organizadas. Trabalhadores individuais, assim como empresas e instituições, foram encorajados a assumir responsabilidade de alojar e capacitar crianças. Frente à escassez de recursos, a política estatal enfatizou a importância de aprender um ofício e se tornar um integrante autossuficiente da sociedade. As crianças deveriam arcar com seus custos, na medida do possível, através de seu trabalho em uma família camponesa, estagiando numa oficina ou em uma colônia autossuficiente. Estava claro que a manutenção integral do Estado não estava disponível.

Os orfanatos receberam golpes duros, mas as creches sofreram um corte de fundos estatais ainda mais drástico. Muitas creches não recebiam apoio algum e se viram forçadas a fechar, o que criou novas dificuldades para mães solteiras trabalhadoras. Uma circular para os Departamentos para Educação Social provinciais e distritais admitiu francamente: "A atual grade de instituições pré-escolares não satisfaz nem o setor mais necessitado da população trabalhadora". De acordo com a circular, as instituições pré-escolares atendiam somente 1,8% da população russa[52]. À medida que creches fechavam por todo o país, o Comissariado para o Esclarecimento tentou obrigar os órgãos municipais a manterem seus compromissos. Em janeiro de 1923, o Comissariado sancionou um decreto que "categoricamente exigiu um fim ao fechamento na grade de instituições pré-escolares". Este ordenava aos oficiais locais que preservassem um número mínimo de creches em cada província e distrito, e as financiassem com recursos locais[53]. Outra circular, endereçada aos Departamentos Provisórios para a Educação do Povo, observou que, na transição para o financiamento local, a redução de creches

---

[51] Ibidem, p. 72. Segundo Karamysheva, as cidades de crianças começaram a se desintegrar no final dos anos vinte. Em 1927-1928, havia 77 cidades de crianças na Rússia, com 20.038 crianças. Um ano depois, o número daquelas caiu para 68, com 16 mil crianças.

[52] TsGAOR, fond 2306, op. 1, delo 2744, p. 12.

[53] TsGAOR, fond 2306, op. 1, delo 1795, p. 4-5. A circular estabelecia que deveria haver nada menos do que dois tipos de instituições pré-escolares em centros provinciais e um tipo nos distritos.

WENDY GOLDMAN

havia sido "bastante aguda, de caráter essencialmente espontâneo". Os oficiais locais haviam decidido, completamente por iniciativa própria, fechar as creches. A circular resumiu tristemente os resultados da NEP: "Todo o trabalho realizado nos últimos cinco anos na área da educação pré-escolar reduziu-se a quase nada"[54]. O chefe do departamento pré-escolar sob o Comissariado para o Esclarecimento também fez menção especial ao desastre ocasionado pela NEP. Ela declarou inequivocamente em um relatório: "O fechamento espontâneo das instituições naquele momento arruinou o trabalho pré-escolar"[55].

O governo tentou contrabalancear os efeitos econômicos da NEP através de campanhas de arrecadação voluntárias. Em fevereiro de 1923, a *Detkomissiia*, o Comissariado para o Esclarecimento e o Comissariado da Saúde lançaram uma campanha em nome das crianças doentes e sem lar: as organizações arrecadariam dinheiro nas cidades e pães no campo. O VTsIK e a *Detkomissiia* reconheceram que "são necessários grandes meios materiais, que não estão à disposição do Estado em quantidade suficiente". A *Detkomissiia* agregou: "A situação das instituições de nossas crianças é muito dolorosa"[56]. Um ano depois, o II Congresso dos Sovietes da URSS criou um fundo com o nome de Lênin para erradicar o *besprizornost'*. O *Presidium* do TsIK reservou 20 milhões de rublos: 10 milhões do orçamento da RSFSR e 10 milhões adicionais a serem obtidos de organizações locais e contribuições voluntárias. Infelizmente, os arrecadadores mal conseguiram recolher 1 milhão de rublos de fontes voluntárias, e a soma total acabou sendo consideravelmente menor do que a expectativa original[57]. A *Detkomissiia* continuou a reclamar da escassez, das condições precárias e da superlotação dos lares de crianças.

Apesar da luta heroica da *Detkomissiia* para organizar o apoio, as contribuições voluntárias de uma população empobrecida não poderiam manter uma rede de estabelecimentos de cuidado infantil, e, apesar dos decretos, esforços organizacionais e tentativas de arrecadar fundos, as instituições infantis continuavam fechando. O número de instituições infantis nas províncias da Rússia diminuiu de

---

[54] Ibidem, p. 7.

[55] Ibidem, p. 5.

[56] TsGAOR, fond 5207, op. 1, delo 14, p. 5.

[57] TsGAOR, fond 5205, op. 1, delo 336, p. 14-5.

114

MULHER, ESTADO E REVOLUÇÃO

3.971 em outubro de 1923 para 3.377 em abril de 1924, e para 2.836 em janeiro de 1925. Um relatório da *Detkomissiia* de 1926 indicou que as instituições remanescentes careciam de sapatos, lençóis, vestuário, outros suprimentos, e necessitavam de reparos urgentes[58].

A redução de lares de crianças e creches aumentou inadvertidamente o número de *besprizorniki*, à medida que as necessidades das mulheres e as necessidades das crianças formavam os elos apertados e alternados de um círculo vicioso. Sem creches, muitas mulheres solteiras eram incapazes de procurar trabalho, e sem trabalho eram incapazes de sustentar seus filhos, que por sua vez fugiam de lares empobrecidos para se juntar aos *besprizorniki* nas ruas. O alto número de *besprizorniki*, então, obrigou o Estado a desviar os já escassos recursos das creches para os lares de crianças, aumentando as dificuldades tanto de mães empregadas quanto das desempregadas, e em última instância aumentando a quantidade dos *besprizorniki*.

De importância equivalente, a falta de creches minou qualquer esforço de libertar as mulheres. Mães não tinham oportunidade de obter habilidades de trabalho e educação formal ou de participar da vida pública e política. Mães casadas, dependentes do salário de seus maridos, permaneceram amarradas à família. Mães solteiras enfrentavam uma situação ainda pior: eram incapazes de supervisionar seus filhos se encontrassem trabalho e incapazes de sustentá-los se não o fizessem. Um crítico resumiu o flagelo das mulheres:

> Se, nos dias de hoje, uma mãe recorre a uma creche ou a um lar de crianças, lhe dizem: "Seu filho tem uma mãe. Nós aceitamos somente órfãos". Eles têm certa razão: obviamente, devemos cuidar primeiro dos órfãos. Mas a mãe também tem razão quando pensa que privação, necessidade e parto a exauriram, que seu salário mal cobre sua existência famélica, e que é impossível trabalhar e cuidar de uma criança ao mesmo tempo.[59]

O *besprizornost'* e o crime

Com o fechamento de inúmeros lares de crianças, muitas destas se perdiam novamente nas ruas. Esforços para alojá-las em famílias

---

[58] TsGAOR, fond 5207, op. 6, delo 10, p. 5-6.

[59] I. Stepanov, "Problemy Pola", em E. Iaroslavskii (org.), *Voprosy zhizni i bor'by. Sbornik* (Moscou, Leningrado, 1924), p. 207.

camponesas, oficinas e colônias infantis não levavam a nada. O Departamento para Proteção Legal e Social de Menores (SPON), em Ufa, revelou que 40% das pessoas que assumiram responsabilidade sobre uma criança eram maus tutores[60]. Crianças muitas vezes eram alojadas em casas onde eram negligenciadas, exploradas ou abusadas. Muitas crianças que não se qualificavam para receber ajuda, ou eram exploradas por famílias camponesas, fugiam para as ruas.

As crianças se transformaram no flagelo dos mercados e das estações de trem. Mendigavam e roubavam para sobreviver; os *besprizorniki* eram responsáveis por pelo menos metade de todos os crimes juvenis. Eles rapidamente se envolveram no submundo do crime, aprenderam truques de sobrevivência dos ladrões adultos e vigaristas. Se uniam a gangues, especializando-se em roubar apartamentos, bazares e sótãos, estações de trem, malas de passageiros, em fraudar e enganar. Aperfeiçoavam artimanhas de mendicância e esquemas de roubo, fingindo terem deficiências, cantando canções obscenas e utilizando crianças pequenas e bonecos para conquistar a simpatia dos transeuntes[61]. Eles golpeavam ou assaltavam as pessoas, trabalhando em duplas para roubar vítimas desprevenidas e levar suas malas, e se moviam pelos mercados em grupos, derrubando carrinhos e barris para em seguida lançarem-se sobre os produtos que caíam rolando[62].

Os estragos de suas pilhagens diminuíam a simpatia geral, erodiam a compaixão por sua desgraça. Uma testemunha escreveu: "Essas crianças correm soltas em gangues como matilhas de lobos e são vistas pela população como piolhos humanos". Ela descreveu seu comportamento duro e ofensivo e seus "rostos inchados e astutos, que lembram os libertinos de meia-idade"[63]. Outros falavam

---

[60] Z. Sh. Karamysheva, "Pedagogicheskie Problemy Sotsial'no-Pravovoi Okhrany Nesovershennoletnikh v RSFSR, 1917-1932", cit., p. 83.

[61] Vyacheslav Yakovlevich Shishkov, *Children of the street* (Royal Oak, Strathcona, 1979), p. 28-9, 113. O livro de Shishkov, publicado pela primeira vez como um pequeno romance na União Soviética, em 1930, tratava da vida de dois *besprizorniki* e de sua gangue. Situada no início de 1920, a história ficcional foi baseada em anos de pesquisas com fontes primárias e secundárias.

[62] Rene Bosewitz, *Waifdom in the Soviet Union: Features of the Sub-culture and Re-education* (Frankfurt, Peter Lang, 1988), p. 18.

[63] Lancelot Lawton, *The Russian Revolution 1917-1926* (Londres, 1927), p. 231.

MULHER, ESTADO E REVOLUÇÃO

com menosprezo e ressentimento ainda maiores. Um cidadão atento às leis pontificou:

> Eu colocaria a tribo inteira desses filhos da puta em um saco e afogaria até o último deles em um rio. Que peso são para o governo! É um horror! Há mais deles do que é possível contar. Há tantos em uma cidade quanto pulgas em um albergue. Recolhem-nos e os enviam a orfanatos, e aí o que acontece? Estes ratos piolhentos escapam.[64]

Embora muitos habitantes das cidades considerassem os *besprizorniki* como piolhos e pulgas humanos, a política oficial para o crime juvenil ao longo da década de 1920 permaneceu compassiva e leniente. Anton Makarenko era um educador dissidente que chefiava uma colônia de trabalho para *besprizorniki* e delinquentes juvenis nos anos 1920 e 1930. Opondo-se à orientação pedagógica permissiva da década de 1920, Makarenko comentou ironicamente que "a teoria comumente aceita nos dias de hoje" era "que o castigo de qualquer tipo é degradante, que é essencial dar o mais amplo espaço para os impulsos criativos da criança, e que a melhor coisa é depender somente da auto-organização e da autodisciplina"[65]. Embora Makarenko acreditasse que essas ideias não funcionavam sem uma forte autoridade adulta, uma filosofia progressista centrada na criança guiou a política bolchevique em relação ao crime juvenil.

O *Sovnarkom* avançou rapidamente em janeiro de 1918 para abolir os julgamentos e sentenças de prisão para delinquentes juvenis com menos de dezessete anos e para substituir essas práticas com as Comissões locais para Assuntos de Menores. Estas empregavam pedagogos, juízes e médicos para atender os casos, enviar crianças necessitadas para instituições apropriadas e conduzir investigações criminológicas. Em 1920, as comissões foram transferidas do Comissariado da Segurança Social para o Comissariado para o Esclarecimento, sob o departamento do SPON. A quantidade de comissões locais aumentou rapidamente, de 190 em 1921 para 275 em 1924. Uma comissão central foi criada em 1923[66].

---

[64] Vyacheslav Yakovlevich Shishkov, *Children of the street*, cit., p. 100.

[65] Anton Semenovich Makarenko, *The road to life: an epic in education* (Nova York, Oriole, 1973), p. 217.

[66] As comissões foram dissolvidas em 1935 e substituídas pela *Detskie Komnati Militsii*, ver Z. Sh. Karamysheva, "Pedagogicheskie Problemy Sotsial'no-Pravovoi

WENDY GOLDMAN

A princípio, os criminologistas enxergavam o crime juvenil como consequência direta do desamparo e da fome. Na primeira metade de 1920, as Comissões para Assuntos de Menores atenderam 125 mil menores (fora de Moscou e Leningrado) acusados de atividades "socialmente perigosas". Nos primeiros seis meses de 1921, atenderam 32.585 crianças, o que representava um aumento de 160%. O criminologista V. I. Kufaev resumiu o problema de forma sucinta: "O caminho que leva à violação de leis é muito curto. Basta sentir fome"[67]. Kufaev argumentou que o aumento poderia ser diretamente atribuído à fome. Um relatório da província de Ufa durante a fome assinalou "ondas terríveis de crimes infantis e *besprizornost'*"[68]. Em Krasnodar, onde se reunia grande quantidade de *besprizorniki* da região do Volga, a Comissão atendeu a 2.596 menores, um aumento de 27% sobre os casos tratados em 1920. Em Moscou, mais de 9 mil crianças passaram por comissões em 1920 e 11.460 em 1921[69].

Um estudo de 1922 mostrou uma conexão próxima entre *besprizornost'* e o crime. A maioria dos delinquentes juvenis de Moscou (62,5%) havia perdido um ou ambos os pais, e muitos estavam vivendo nas ruas. Mais de 90% das crianças haviam cometido roubo, o crime mais frequente cometido pelos *besprizorniki*[70]. Kufaev escreveu:

> Os menores que chegam de uma das zonas de fome se juntam na frente de lojas, oficinas, bandejas e carrinhos, perto de provisões cheias de gente. E aí, exaustos pela fome, se encontram forçados pela tentação de roubar. Comprar? Não há dinheiro. Mendigar? As pessoas

---

Okhrany Nesovershennoletnikh v RSFSR, 1917-1932", cit., p. 43-53. I. I. Sheiman, "Komissii po Delam Nesovershennoletnikh", em *Detskaia besprizornost' i detskii dom. Sbornik statei i materialov II Vserossiiskogo s"ezda SPON* (Moscou, 1926), p. 37, citado daqui em diante como SPON Sbornik.

[67] Vasilii Isidorovich Kufaev, "Pravo Narusheniia i Besprizornost' Nesovershennoletnikh v Rossii", cit., p. 38.

[68] Ibidem, p. 37.

[69] Ibidem, p. 38.

[70] O. L. Bern, "Ekonomicheskoe Polozhenie i Perspektivy Bor'by s Detskoi Besprizornost'iu", em SPON Sbornik, p. 13. Segundo Bern, 22% das pessoas envolvidas na criminalidade juvenil eram órfãs, 32% tinham apenas mãe e 8% apenas pai. Entre os reincidentes, 25% eram órfãos.

MULHER, ESTADO E REVOLUÇÃO

raramente dão. Nessa situação a criança decide roubar, tornando-se assim uma infratora da lei.[71]

De acordo com o raciocínio de Kufaev, as crianças roubavam devido à fome e à necessidade. Os imperativos da sobrevivência não lhes deixavam outra opção. A eliminação da fome e da pobreza gradualmente resultaria no desaparecimento dos crimes juvenis e do *besprizornost'*. O governo deveria lançar um ataque a essas condições subjacentes, e não às próprias crianças.

Porém, mesmo quando os efeitos da fome começaram a diminuir, o crime juvenil continuou a aumentar. Entre 1922 e 1924, as comissões russas lidaram com 145.052 casos de crime juvenil[72]. Em junho de 1922, um novo código criminal foi introduzido e todos os adolescentes com mais de dezesseis anos foram transferidos da jurisdição das comissões para as cortes dos adultos. Como resultado, o número de novos casos tratados nas comissões baixou 16% entre 1922 e 1923. No entanto, em 1924, o número de novos casos havia aumentado bruscamente em 25% em relação ao ano anterior, e ultrapassou o número de casos de 1922. I. I. Sheiman, delegado do II Congresso Pan-Russo do Departamento para a Proteção Legal e Social de Menores (SPON), em 1924, estipulou que o crescente número de casos se devia ao fechamento dos lares de crianças sob a NEP. A proliferação das comissões e sua crescente efetividade foram somente explicações secundárias para o número cada vez maior de casos[73].

Estatísticas das comissões mostraram fortes elos entre crime, desintegração da família e *besprizornost'*. Aproximadamente metade das crianças que passavam pelas comissões pela primeira vez em 1921-1922 careciam de um ou ambos os pais. Entre os reincidentes, o número era de 70%. Um quarto dos que cometiam delitos pela primeira vez, e um terço dos reincidentes, eram filhos de mães solteiras empobrecidas. Uma criança que cometia delitos pela primeira vez tinha três vezes mais chances de ter perdido o pai em vez da mãe, e entre

---

[71] Vasilii Isidorovich Kufaev, "Pravo Narusheniia i Besprizornost' Nesovershennoletnikh v Rossii", cit., p. 38-9, argumentava que o aumento da criminalidade juvenil podia ser diretamente ligado ao aumento do preço do pão. Ele observou que em Ufa, por exemplo, o pão chegou a 18 mil rublos por libra em 1921.

[72] SPON Sbornik, p. 139.

[73] Ibidem, p. 139.

119

WENDY GOLDMAN

os reincidentes essa probabilidade era quatro vezes maior[74]. Em Moscou, a relação entre *besprizornost'* e o crime era ainda mais forte. Em 1924, 40% das crianças que passavam pela Comissão eram órfãs; 28% tinham somente a mãe; 7% somente o pai. Somente 24% vinham de famílias com ambos os pais[75]. As estatísticas mostram não somente uma clara relação entre *besprizornost'* e crime juvenil, mas refletem o terrível flagelo de mães solteiras e sua incapacidade de cuidar de seus filhos em um período de alto índice de desemprego, salários baixos para as mulheres e creches insuficientes.

Mais de 75% dos crimes cometidos por crianças eram violações de propriedade, como bater carteiras e roubo[76]. As crianças roubavam lojas, apartamentos e pessoas nas ruas, revendendo os bens nos mercados de rua em que os camponeses, antigos nobres e veteranos descapacitados vendiam tudo, desde botas usadas até candelabros. As crianças que eram pegas roubando ou cometendo outros crimes eram geralmente presas pela milícia e enviadas para as comissões. A esmagadora maioria (90%) das crianças que passavam pelas comissões eram garotos[77]. As comissões não eram nem tribunais nem órgãos punitivos, senão, como se autodefiniam, "instituições médico-pedagógicas". No Congresso do SPON, Sheiman explicou que as comissões "deveriam empregar medidas de assistência social". Embora em algumas instâncias as comissões atuassem incorretamente como "um tribunal para jovens delinquentes" e sentenciavam as crianças a trabalho forçado, encarceramento e multas, os abusos ocorriam principalmente nas comissões distritais que tinham maior probabilidade de desconhecerem a lei[78].

Infelizmente as comissões eram muitas vezes barradas em seus esforços de "empregar medidas de assistência social". Os lares e instituições infantis estavam superlotados e havia poucos serviços alternativos. Entre 1922 e 1924, as comissões atuaram sobre 145.952 casos

---

[74] Ibidem, p. 141. Estas cifras não incluem Moscou e Leningrado.

[75] Ibidem, p. 142.

[76] Idem.

[77] Ibidem, p. 141. Não está claro por que muitas das crianças tratadas pelas comissões eram do sexo masculino, e é difícil determinar se isso se refletia na composição geral da população de *besprizorniki*. Enquanto os meninos recorriam ao roubo, é possível que as meninas tenham se envolvido em prostituição e sido tratadas por agências diferentes.

[78] Ibidem, p. 143.

MULHER, ESTADO E REVOLUÇÃO

de crimes juvenis[79]. A medida mais comum (em cerca de um quarto dos casos) era uma repreensão oral. Embora esse método possa ter sido útil ao lidar com travessuras e emboscadas infantis, era obviamente ineficaz para crianças que roubavam para sobreviver. As leves admoestações de um assistente social ou pedagogo eram inúteis nas condições sociais que criaram *besprizornost'* (ver Tabela 1).

Tabela 1. Distribuição dos casos pelas Comissões das
Questões das Minorias na RSFSR, 1922-1924

Ações tomadas pela comissão	1922		1923		1924	
	nº	%	nº	%	nº	%
Repreensão verbal/ conversa	13.270	23,8	10.418	25,5	14.640	30,1
Nenhuma medida tomada	14.657	26,3	7.530	18,4	8.086	16,6
Reenviado ao cuidado dos pais	6.336	11,4	5.617	13,7	7.775	16,0
Reenviado ao Tribunal Popular	10.436	18,7	4.889	12,0	4.936	10,2
Colônia de trabalho	4.044	7,3	5.114	12,5	4.793	10,0
Enviado a um lar de crianças	2.386	4,3	2.937	7,2	3.112	6,4
Reenviado ao cuidado de assistente social	1.829	3,3	1.839	4,5	2.349	4,8
Enviado para casa	910	1,6	980	2,4	1.063	2,2
Enviado ao trabalho	931	1,7	636	1,5	551	1,1
Colocado sob custódia de guardião	291	0,5	400	1,0	434	0,9
Colocado em escola	389	0,7	397	1,0	604	1,2
Reenviado à clínica psiquiátrica	201	0,4	138	0,3	234	0,5
Total de casos	55.680	100,0	40.895	100,0	48.577	100,0

Fonte: SPON Sbornik, cit., p. 145.

Aproximadamente 15% das crianças eram enviadas de volta a seus pais, geralmente suas mães, que não podiam prover o cuidado necessário. Mães desempregadas frequentemente enviavam seus filhos para mendigar ou roubar. Outras, derrotadas pela pobreza e dificul-

---

[79] Ibidem, p. 145.

dades da vida, se tornaram alcoólatras e abandonaram suas famílias. Crianças de mães solteiras passavam pelas comissões repetidamente e eram enviadas para suas casas empobrecidas repetidas vezes. Elas eventualmente voltavam para as ruas, onde eram presas novamente pela milícia e enviadas para as comissões, dando início ao ciclo novamente. Em cerca de 20% dos casos, as comissões não tomavam medida alguma.

As comissões, que buscavam desesperadamente soluções para o problema dos reincidentes, enviavam um número considerável de jovens para os tribunais de adultos. Os números variavam amplamente de região para região, dependendo em alguma medida das alternativas disponíveis. Não é de surpreender que as comissões localizadas fora do centro das cidades sentenciavam mais crianças a comparecerem aos tribunais. As comissões distritais enviavam quase 50% de seus casos para os tribunais populares, ao passo que as comissões das províncias transferiam menos de 6% de seus casos. Porém, o número de crianças enviadas para os tribunais caiu de cerca de 19% em 1922 para 10% em 1924, à medida que as comissões locais se informaram melhor sobre os procedimentos apropriados[80].

As comissões enviaram cerca de 18% das crianças para colônias de trabalho ou lares de crianças, dependendo da idade da criança e da severidade de seu crime. Porém quase um quarto das crianças que passaram pelas comissões eram órfãs, e um quarto tinha somente um dos pais. Portanto, pelo menos 25% das crianças, se não mais, necessitavam de cuidados permanentes, embora somente 18% foram alojadas em um lar ou colônia.

Aproximadamente 14% das crianças eram alojadas sob a supervisão de um assistente social, 1% era enviado a trabalhar (presumivelmente os maiores de 14 anos) e uma fração ainda menor era alojada com um tutor. Dos remanescentes, cerca de 1% era enviado para a escola, e menos de 1% para clínicas psiquiátricas[81]. Fora o decrésci-

---

[80] Ibidem, p. 148.

[81] Dados da Comissão em Ufa, embora não fossem tão detalhados, mostram uma distribuição semelhante de casos. Entre outubro de 1924 e outubro de 1925, a Comissão lidou com 238 jovens. Destes, 102 receberam uma reprimenda, 37 foram transferidos para o tribunal popular, 91 foram enviados para os lares de crianças, seis reenviados à guarda dos pais, um para a guarda de um educador e um para uma clínica psiquiátrica. Ver Z. Sh. Karamysheva, "Pedagogicheskie Problemy Sotsial'no-Pravovoi Okhrany Nesovershennoletnikh v RSFSR, 1917–1932", p. 53.

MULHER, ESTADO E REVOLUÇÃO

mo no número de jovens enviados para os tribunais adultos, houve poucas mudanças nas práticas das comissões entre 1922 e 1924.

Os números revelam as dificuldades persistentes enfrentadas pelas comissões ao lidar com crime juvenil e falta de lares. Eram frequentemente frustradas em suas tentativas de alocar crianças em uma instituição de assistência, encontrar um tutor apropriado ou prover emprego. A falta de recursos e a superlotação nos lares de crianças reduziram drasticamente o número de locais apropriados, e a maioria das crianças era muito jovem para viver e trabalhar de maneira independente. Crianças sem lar não podiam ser alojadas em escolas regulares porque não tinham onde viver e ninguém para sustentá-las. Trabalhadores urbanos eram relutantes em assumir a carga e as despesas de uma criança a mais quando o espaço no apartamento e a renda eram severamente limitados; além do mais, muitos tinham medo de aceitar um delinquente das ruas. Não fazia sentido enviar as crianças para o tribunal popular, onde o juiz se deparava com a mesma gama limitada de opções. Ele poderia sentenciá-las a liberdade condicional, o que exigia um tutor, ou alojá-las em um lar de crianças, onde não havia mais espaço. Sheiman explicou que as comissões recorriam a reprimendas verbais tão frequentemente porque havia muito poucas alternativas[82].

As comissões estavam em uma situação difícil. Encarregadas da tarefa de erradicar o crime juvenil e o fenômeno de crianças sem lar, elas não tinham meios punitivos ou de reabilitação à disposição. Também careciam do pessoal necessário, recebiam salários baixos e se encontravam desprovidas de apoio de outras organizações sociais. Sob essas circunstâncias, as comissões se pareciam com uma grande porta giratória burocrática, recebendo milhares de *besprizorniki*, processando suas estatísticas vitais e ejetando-os de volta às ruas.

"O *besprizornost'* crônico": a psicologia das ruas

O alojamento de uma criança em um lar ou colônia não garantia resultado positivo. Os lares de crianças e as colônias também tinham muita dificuldade para lidar com os *besprizorniki*. Educadores confiavam na ideia de reabilitação através de persuasão, autogoverno e atividade coletiva, e em grande medida se opunham à "aplicação de medidas compulsórias". De acordo com o consenso

---

[82] I. I. Sheiman, em SPON Sbornik, p. 147-8.

WENDY GOLDMAN

do Congresso do SPON, em 1924, as crianças deveriam participar voluntariamente da vida coletiva da instituição[83]. Como resultado, os lares e colônias não tinham muito o que fazer com as crianças que se recusavam a cooperar ou fugiam repetidamente. Ao contrário dos oficiais das prisões ou centros de detenção, os educadores não aplicavam medidas coercitivas para manter as crianças nos lares. Muitas crianças iam e vinham, usando os lares como um meio para um prato de comida, banho, algumas roupas limpas e um par de sapatos. Algumas vezes, desapareciam por meses a fio antes de aparecerem novamente, descalços e em trapos, famintos, piolhentos e exaustos.

Ao viver nas ruas e sobreviver por seus próprios meios, os *besprizorniki* desenvolveram uma psicologia e uma subcultura características que se tornaram a maldição das autoridades educativas. Kolya Voinov, um *besprizornik* que mais tarde escreveu sobre suas experiências, observou que os jovens recrutas do exército que haviam crescido nas ruas "reconheciam um ao outro instantaneamente" em 1941. Ele os chamava de "os meninos do 'nosso mundo'". Esses ex-vagabundos, "inúteis nas situações em que disciplina, pontualidade e conhecimento tático eram requeridos", frequentemente eram enviados em perigosas missões de reconhecimento, que exigiam "agilidade e desenvoltura"[84]. Muitas crianças, a despeito de privações terríveis, se acostumaram com a vida nas ruas. Elas tinham dificuldades para lidar com autoridade, trabalho e um ambiente institucional. As privações materiais eram equilibradas com a liberdade, irresponsabilidade e autonomia, das quais detestavam ter de abrir

---

[83] Para informe detalhado dos debates entre educadores e criminalistas a respeito do tratamento do *besprizornost'* e crime juvenil, ver Peter Juviler, "Contradictions of Revolution: Juvenile Crime and Rehabilitation", em Abbott Gleason, Peter Kenez e Richard Stites (orgs.), *Bolshevik Culture* (Bloomington, Indiana University Press, 1985); e Jennie Stevens, "Children of the Revolution: Soviet Russia's Homeless Children in the 1920s", *Russian History*, n. 9, 1982. "Rezoliutsii Vtorogo Vserossiiskogo S"ezda SPON", em SPON Sbornik, p. 200-1. Até 1924, prevaleceu uma combinação de abordagens pedagógicas ao *besprizornost'* e à delinquência juvenil. O Congresso do SPON, em 1924, marcou a adoção de uma linha ideológica mais clara com base em abordagem mais permissiva na criação de crianças e na reabilitação. Ver Jennie Stevens, "Children of the Revolution: Soviet Russia's Homeless Children in the 1920s", cit., p. 74-6.

[84] Kolya Voinov, *Outlaw: The Autobiography of a Soviet Waif* (Londres, Harvill, 1955), p. 199, 205.

MULHER, ESTADO E REVOLUÇÃO

mão para autoridades estatais. As crianças, repelidas pelo trabalho, família e estabilidade, eram fortemente atraídas pelo mundo do crime. Educadores e assistentes sociais, reconhecendo os problemas especiais que essa psicologia postulava para o Estado, começaram a se referir ao problema de "*besprizornost'* crônico". Eles temiam que anos de guerra e disjunção houvessem produzido uma geração de vagabundos que jamais seriam capazes de obter um emprego estável ou uma vida assentada.

Grisha M., nascido em Simbirsk em 1914, era um típico exemplo do *besprizornost'* crônico[85]. Durante a guerra civil, seus pais se mudaram para Sudugda, na província de Vladimir, e deixaram Grisha em Simbirsk. Seu pai logo morreu de tuberculose, e Grisha, com somente sete anos, fugiu da cidade devastada pela fome, em 1921, para ficar com sua mãe. Ela rejeitou o menino e expulsou-o de casa. Grisha lembrava dela com amargura: "Ela estava sempre gritando com a gente e agora suponho que esteja feliz por não saber onde estou". O menino foi enviado para o orfanato de Vladimir com seus irmãos mais velhos. Expulso do orfanato por mal comportamento, Grisha foi enviado para uma colônia de crianças, mas fugiu e voltou a Vladimir. Após vagar pela estação, escondeu-se em um trem com destino a Moscou. Ali, encontrou alguns garotos de Sudugda e, juntos, vagaram pelo mercado e pela estação. Grisha sobrevivia do que roubava no mercado e com o dinheiro que ganhava com um espetáculo lascivo de malabares que realizava nas ruas. Lá pelas tantas, cansou da vida nas ruas e apelou aos oficiais do Departamento para a Educação do Povo, de Moscou, que rapidamente o enviaram de volta para sua mãe em Vladimir. Ao perceber novamente que ela não o queria, subiu em um trem para Leningrado, permaneceu por pouco tempo em um orfanato, fugiu e voltou de novo para Moscou.

Em Moscou, Grisha se revezava entre a estação de trem, o mercado e as ruas. Desesperado, entregou-se diversas vezes ao escritório de Pokrovskii de recepção de *besprizorniki*, e todas as vezes as autoridades o enviaram para o orfanato em Vladimir. Em uma repetição incansável e aparentemente interminável, o menino viajou várias vezes entre Vladimir e Moscou, entre o orfanato e as ruas. Em trapos, com

---

[85] Os três casos seguintes foram extraídos do artigo, publicado em duas partes, de T. E. Segalov, "Det-Brodiagi", *Pravo i zhizn'*, n. 7-8, n. 9-10, 1925, p. 84-89, 89-95.

125

WENDY GOLDMAN

fome, piolhento, entrou e saiu de várias instituições infantis pelo menos dez vezes.

Um entrevistador afirmou que Grisha não sentia nada além de desprezo pelos administradores dos lares de crianças. Ele estava, acima de tudo, orgulhoso de sua habilidade em enganá-los. Equipado com uma forte carga de piadas obscenas, xingamentos e anedotas, era grosseiro e mal-educado com seus professores. Não demonstrava nenhum interesse por escola, trabalho ou vida familiar, e não tinha laços com nenhum lar ou instituição. Incapaz de ficar quieto por muito tempo, distraía-se facilmente. Apavorado pela repressão, de humor instável, rancoroso e hostil, tinha medo de confiar ou abrir-se com outras pessoas. "Sou muito pervertido", comentou com estranho orgulho. Confiava em sua capacidade de sobrevivência e não possuía escrúpulos morais com relação a roubar. "Fui ladrão e continuo sendo ladrão", ostentou, "existe um motivo para roubar".

Aleksei P., outro exemplo de "*besprizornost'* crônico", também passou a maior parte de sua vida nas ruas. Nasceu em Ekaterinasnurg, em 1911, de pai operário e mãe lavadeira. Após a morte de seu pai na guerra, a família se afundou cada vez mais na pobreza. Sua mãe foi vendendo seus pertences um por um, mas logo adoeceu gravemente. Quando ela saiu do hospital, a família não tinha outro lugar para viver; dormiam em um campo. Sob a pressão de tentar sustentar seus filhos, ela adoeceu novamente e voltou ao hospital. Aleksei e seus irmãos e irmãs foram enviados para um orfanato. Ele fugiu e começou a vagar pelos mercados da cidade. Por fim, subiu em um trem para Viatka, viajou para Vologda e terminou indo parar em Moscou. Ao entrar em um apartamento para mendigar, viu umas botas, roubou-as e vendeu-as no mercado de Sukharevskii. Ao encontrar alguns amigos de Vologda, convidou o grupo a desfrutar de uma refeição abundante em uma taverna, paga com o lucro das botas. Na animação que se seguiu à comida, os meninos decidiram trabalhar juntos como ladrões, roubando vestuário, pequenos fornos de querosene e outros itens domésticos. Depois de bastante sucesso, a milícia finalmente conseguiu encontrá-los, arrastou-os para a delegacia de polícia, espancou-os e enviou-os para a Comissão. Aleksei disse: "Quando a milícia te pega e te despacha, começam a te agredir, e batem tanto em você que você mal está vivo quando sai". Sua cabeça tinha cicatrizes de muitas surras. Afirmou que toda vez que era pego conseguia fugir da Comissão.

MULHER, ESTADO E REVOLUÇÃO

Aleksei enfim foi enviado para uma colônia de crianças, onde evitava outras crianças, recusava-se a ir para a escola ou participar do trabalho em comum da colônia. "Vocês não podem me obrigar", dizia. Embora lembrasse de sua vida nas ruas como um período muito difícil, por fim decidiu voltar às ruas quando os funcionários lhe deram a opção de sair ou tornar-se parte da comunidade.

Vasily G., um menino de aspecto infantil com brilhantes olhos negros, também foi enviado para uma colônia de crianças pela Comissão em Moscou. Sua história familiar era marcada por alcoolismo, pobreza e abuso. Seu pai, um oficial do escritório de correios e telégrafos, bebia muito e batia na esposa e nos filhos, e finalmente abandonou sua família em 1915, deixando a esposa e oito filhos. Depois de dois anos de apoio errático, seu pai parou por completo de apoiar financeiramente a família. Em 1921, com onze anos, Vasily foi até ele rogar por ajuda. O pai lhe disse: "Eu não te considero mais meu filho". A família viveu sob pobreza extrema com os baixos salários da mãe.

Sonhando com trens e viagens, Vasily fugiu de casa várias vezes, somente para retornar triste, calado, recusando-se a explicar onde havia estado. Como Grisha e Aleksei, viajava em trens para vários povoados e cidades, mendigando e roubando para sobreviver. Ele era infeliz tanto em casa quanto na colônia de crianças. Não conseguia se estabelecer em lugar algum: impulsionado por um sofrimento interior, estava sempre escapando de algum lugar. Um entrevistador observou que ele era um menino tímido, com um caráter doce e moderado, mas chorava o tempo todo, parecia cronicamente deprimido e não conseguia conviver com outras crianças. O menor menosprezo ou dificuldade o impelia a fugir novamente.

Essas três crianças possuíam personalidades muito diferentes, mas suas histórias refletiam padrões comuns de milhares de outros *besprizorniki* anônimos. Os três meninos vinham de famílias chefiadas por mulheres solteiras: os pais de Grisha e Aleksei tinham morrido, o de Vasily havia abandonado a família. Era extremamente difícil para as mães cuidarem de seus filhos, e os meninos vagueavam entre lares de crianças, colônias e estações de recepção. As três crianças estavam envolvidas em pequenos crimes como mendicância e roubo. Entraram em contato com várias agências sociais – estações de recepção, comissões, Departamento para a Educação do Povo e orfanatos –, mas nenhuma foi capaz de manter os jovens fora das ruas ou conter suas atividades criminosas. De acordo com o testemunho de Aleksei, a milícia, talvez frustrada pela incapacidade das comissões em lidar com as crianças, seguiu sua própria "via pedagógica", batendo rotineiramente nas crianças antes de enviá-las para as comissões. Apesar da aversão dos educadores à coerção, a política real para os *besprizornist'* pode ter sido, de fato, uma mistura entre altos ideais e práticas brutais.

As histórias das crianças oferecem um relance da vida nas ruas, da enorme e errática fraternidade de vagabundos que se agrupavam e se separavam espontaneamente, e se reagrupavam em outras cidades. Em suas viagens, os meninos renovavam velhas amizades de outros povoados. Eles tinham suas próprias gírias, canções, costumes e camaradagem bruta[86]. Embora a vida fosse difícil, muitas das crianças se apegavam à liberdade e à mobilidade. Um jovem ladrão perguntou, retoricamente: "Por que existimos?". Desordem, comoção, a guerra alemã, a guerra civil e a fome no Volga, elencou diligentemente as causas do *besprizornost'*. "E o motivo principal entre todos os motivos", explicou, "foi que, uma vez que eles proclamaram liberdade para todas as pessoas, como poderiam manter as crianças longe da liberdade? Para nós, a liberdade é o paraíso"[87]. Se a revolução socialista havia dado lugar, ironicamente, a uma economia de subsistência arruinada, o novo homem socialista poderia, de forma análoga, ter sido representado como uma criança meio selvagem crescendo nas ruas. Os *besprizorniki*, material e simbolicamente, encarnavam o caos, a anarquia e a desintegração da nova sociedade pós-revolucionária.

T. E. Segalov, um educador, expressou essa preocupação em um artigo escrito em 1925. Em uma fascinante analogia, Segalov relacionou os *besprizorniki* aos vagabundos e errantes criados na violenta transição do feudalismo para o capitalismo, quando grande quantidade de camponeses perdeu relação com sua classe, foi expulsa de suas terras e forçada a sobreviver através de pequenos crimes.

---

[86] Sociólogos soviéticos fizeram uma pesquisa considerável sobre a vida, os costumes, as gírias e até as músicas dos *besprizorniki*. Para mais sobre o assunto, ver V. S. Krasuskii e A. M. Khaleskii, "Sreda Besprizornykh, ee Traditsii i Navyki", em *Nishchenstvo i besprizornost'* (Moscou, 1929); Boris Osipovich Borovich (org.), *Kollektivy besprizornykh i ikh vozhaki. Sbornik statei* (Kharkov, 1926); Mariia Isaakovna Levitina, *Besprizornye. Sotsialogiia, byt, praktika raboty* (Moscou, 1925); Vera Lazarevna Shveitser e A. M. Shabalova (orgs.), *Besprizornye v trudovykh kommunakh. Sbornik statei i materialov* (Moscou, 1926).

[87] Vyacheslav Yakovlevich Shishkov, *Children of the Street*, cit., p. 114.

MULHER, ESTADO E REVOLUÇÃO

Ao contrário dos povos nômades – grupos socialmente integrados com suas próprias formas de governo –, os vagabundos se recusavam a submeter-se a qualquer sistema de ordem estatal; não pagavam impostos e rejeitavam todos os aspectos de uma vida regulada. De acordo com Segalov, os *besprizorniki* estavam crescendo como vagabundos: não possuíam habilidades, educação ou hábitos de trabalho apropriados; eram somente capazes de mendigar e cometer pequenos delitos. Segalov expressou o medo de que os *besprizorniki* se tornassem membros permanentes de uma subclasse de vagabundos, que jamais pudessem ser integrados à sociedade[88].

O próprio termo "*bezprizornost'* crônico" marcava um distanciamento ideológico de uma visão anterior, essencialmente econômica, do fenômeno das crianças sem lar. "*Besprizornost'* crônico" implicava o desenvolvimento de uma psicologia e uma cultura sem raízes, criminosa, antissoviética e, talvez o mais importante, indiferente às melhorias nas condições sociais. O próprio termo sugeria a necessidade de uma nova orientação política. A identificação de uma subcultura, obstinadamente entrincheirada e antagônica aos ideais do Estado, exigia novas abordagens. Apesar de o Congresso do SPON, em 1924, estar dominado por pedagogos defendendo métodos permissivos e humanistas de reabilitação, muitos oficiais se frustravam cada vez mais com a ineficiência dessa abordagem. O medo do "*besprizornost'* crônico" era acompanhado por uma impaciência com a intransigência, o crime e a parasitária falta de produtividade dos *besprizorniki*. As palavras de um dirigente do Komsomol para uma gangue de crianças abandonadas eram expressão típica desse deslocamento na abordagem. Severamente, ralhou com eles: "Vocês, e com 'vocês' me refiro às incontáveis fileiras de toda sua irmandade de piolhentos de rua, são uma úlcera incurável no corpo de nosso país [...] De vocês o Estado não recebe leite nem lã – como se fossem uma cabra contrarrevolucionária"[89].

O retrocesso da criação socializada das crianças

Os medos do *besprizornost'* crônico e do crime colocaram forte pressão nos juristas, educadores e oficiais do Estado para retirar as

---

[88] T. E. Segalov, "Poniatie i Vidy Detskoi Besprizornosti", *Pravo i zhizn'*, n. 4-5, 1925, p. 95-101.

[89] Vyacheslav Yakovlevich Shishkov, *Children of the Street*, cit., p. 128-29.

crianças das ruas. Em abril de 1924, a Comissão Central de Trabalhadores da Terra e dos Bosques (*Vserabotzemles*), os Comissariados da Terra e para o Esclarecimento e a *Detkomissiia* enviaram uma circular para todas as filiais locais, instruindo-as a colocar os adolescentes para trabalhar na agricultura. Os órgãos locais estavam instruídos a elaborar metas de trabalho para cada província, prover lotes de terra para as *artels* de órfãos e empregar o "maior número" possível de *besprizorniki* nas fazendas estatais[90]. Em agosto, com a perspectiva de uma colheita pobre espalhando medo de um aumento de *besprizornost'*, Aleksei Rykov advertiu contra uma maior expansão dos serviços estatais para crianças sem casas. "Estamos criando vadios que não sabem trabalhar", disse a seus companheiros de partido. Os lares de crianças pararam de admitir crianças que tinham famílias, principalmente em áreas onde a colheita era ruim. "Nos casos em que a família não se encontra em posição para alimentar seus filhos", explicou, "é melhor ajudar a família do que trazer o filho e alimentá-lo em um lar de crianças"[91].

Uma carta do Comissariado para o Esclarecimento e da Comissão Central Camponesa para Autoajuda Mútua declarou, taxativamente, um ano mais tarde: "Nossa tarefa não é alimentar os *besprizorniki*, mas ensiná-los a manterem a si próprios". Recomendava que as crianças fossem organizadas em comunas agrícolas e oficinas de reparos. A carta enfatizava a importância de deter o fenômeno do *besprizornost'* antes que começasse, ao garantir apoio para viúvas com famílias grandes, organizar trabalho para adolescentes e ajudar filhos de camponeses pobres[92].

Dada a escassez de recursos, as crianças mais velhas dos lares eram consideradas obstáculos para a aceitação de mais crianças das ruas.

---

[90] "Vsem gub-i Oblzemupravleniiam Narkomzemam Avtonomnykh Respublik, Vsem Gub-, Oblotdelam Vserabotzemlesa, Vsem Obl-, Gubupolnomochennym po Uluchsheniiu Zhizni Detei, Detkomissiiam Avtonomnykh Respublik, GubONO, Narkomprosam Avtonomykh Respublik", em Semen Sergeevich Tizanov e Moiisei Solomonovich Epshtein (orgs.), *Gosudarstvo i obshchestvennost' v bor'be s detskoi besprizornost'*, cit., p. 43-4.

[91] Edward Hallett Carr, *Socialism in One Country, 1924-1926*, v. 1 (Nova York, 1958), p. 35.

[92] "Vsem Krest'ianskim Komitetam Obshchestvennoi Vzaipomoshchi i Otdelom Narodnogo Obrazovaniia", em Semen Sergeevich Tizanov e Moiisei Solomonovich Epshtein (orgs.), *Gosudarstvo i obshchestvennost' v bor'be s detskoi besprizornost'*, cit., p. 41-3.

MULHER, ESTADO E REVOLUÇÃO

Um decreto do V Congresso do Departamento para a Educação do Povo observou que a tarefa central era tirar adolescentes dos lares e colocá-los a trabalhar. Assinalava:

Hoje em dia há 15 mil adolescentes na população total de 222 mil residentes em lares de crianças (7%) que não se adaptaram à vida de trabalho, ocupam lugar e utilizam recursos dos *besprizorniki* que estão nas ruas e precisam da ajuda do Estado.

Porém o decreto adicionava que os adolescentes não estavam "acostumados a uma vida de trabalho" porque havia poucos recursos para os programas de capacitação. Em 1925 e 1926 somente 50% dos adolescentes receberam capacitação profissional. Muitos lares de crianças, principalmente os localizados fora das cidades, mal podiam *alimentar* as crianças que abrigavam. A resolução confessava que enquanto "80% estão sem roupas e calçado, é impossível organizar capacitação profissional"[93].

Dirigentes locais ansiosamente tomaram vantagem da mudança de humor e começaram a expulsar os adolescentes, fechar lares e despedir pessoal. As instituições infantis eram amplamente financiadas com recursos locais, embora tivessem organização centralizada e abrigassem crianças de todo o país[94]. As autoridades locais, cansadas de atender crianças de outras áreas, expressaram seu ressentimento em sua interpretação e implementação dos decretos do centro. Oficiais do Departamento para a Educação do Povo (ONO) provincial de Stalingrado, na realidade exigiram que o ONO distrital (*uezd*) fechasse seu lar de crianças. Um oficial escreveu: "O Departamento para a Educação do Povo está levando a cabo seu trabalho de maneira ruim, muitas vezes procrastinando e tentando

---

[93] "O Bor'be s Detskoi Besprizornost'iu", em Semen Sergeevich Tizanov, Moiisei Solomonovich Epshtein (orgs.), *Gosudarstvo i obshchestvennost' v bor'be s detskoi besprizornost'*, cit., p. 35-40.

[94] TsGAOR, fond 5027, op. 1, delo 104, p. 4. A origem social das crianças nos lares foi de 55% de camponeses, 24% de trabalhadores, 15% de funcionários administrativos e artesãos, e 3% do Exército Vermelho. Assim, mais da metade das crianças eram oriundas de famílias camponesas. Em termos de idade, 11% estavam entre quatro e oito anos, 62% entre oito e catorze, 22% entre catorze e dezesseis, e 5% tinham mais de dezesseis anos. Em relação à composição familiar, 67% das crianças eram órfãs, 30% tinham apenas um dos pais e os restantes 3% tinham ambos os pais, mas não podiam morar em casa.

131

WENDY GOLDMAN

preservar os lares de crianças. Isto deve acabar. A política de reduzir o número de lares de crianças e liberar o orçamento local deve ser implementada"[95].

Contra as irregularidades locais, o VTsIK e o *Sovnarkom* enviaram duras reprimendas ao TsIK local em janeiro de 1927. A carta observava que embora oficiais tivessem cumprido zelosamente com a ordem de transferir as crianças para fora dos lares, na realidade, a ordem foi utilizada como pretexto para fechá-los e cortar despesas. Cerca de 26 mil crianças foram transferidas dos lares entre janeiro e setembro de 1926, mas somente 9.800 foram inscritas em seu lugar. Nas províncias de Moscou, Stalingrado, Saratov e Simbirsk, norte do Cáucaso, e nos Urais, "a discrepância [era] particularmente grande". Oficiais esvaziaram as instituições com pouca consideração com o futuro das crianças; muitas daquelas enviadas para fábricas, por exemplo, não tinham onde viver[96]. Eles transferiram grandes grupos de crianças de um lugar para outro sem permissão do centro e sem garantia de que as crianças seriam aceitas em seus destinos. Crianças foram enviadas a instituições em áreas remotas que não tinham espaço ou recursos para mantê-las. Muitas foram despachadas para parentes que eram incapazes de cuidar delas ou se recusavam a fazê-lo[97]. Em algumas áreas, oficiais restringiam seu trabalho de assistência social aos *besprizorniki* nascidos na região e ignoravam os outros. Oficiais locais eram aconselhados a continuar transferindo adolescentes para fora dos lares, mas estritamente avisados de não fechá-los, limitando o cuidado aos "seus próprios" *besprizorniki* ou despachando os adolescentes sem os preparativos adequados[98].

Em janeiro de 1929, o Comissariado para o Esclarecimento enviou uma carta zangada aos comitês executivos provinciais, regionais e distritais: "Ao invés de lutar contra o *besprizornost'*, nós temos na verdade um crescimento deste à custa das crianças transferidas

---

[95] Ia. N. Drobnis, "Itogi i Perspektivy Bor'by s Detskoi Besprizornost'iu", em Semen Sergeevich Tizanov e Moiisei Solomonovich Epshtein (orgs.), *Gosudarstvo i obshchestvennost' v bor'be s detskoi besprizornost'*, cit., p. 7.

[96] "Tsentral'nym Ispolnitel'nym Komitetam Avtonomnykh Respublik Kraevym, Oblastnym, i Gubernskim Ispolnitel'nym Komitetam", em ibidem, p. 24-6.

[97] "Vsem Tsentral'nym Ispolnitel'nym Komitetam Avtonomnykh Respublik Vkhodiashchikh v RSFSR. Vsem Ispolnitel'nym Komitetam Avtonomnykh Oblastei, Vsem Gub-i Oblispolnitel'nym Komitetam RSFSR", em ibidem, p. 45-6.

[98] "Tsentral'nyin Ispolnitel'nym Komitetam Avtonomnykh Respublik, Kraevym, Oblastnym, i Gubernskim Ispolnitel'nym Komitetam", em ibidem, p. 24-6.

MULHER, ESTADO E REVOLUÇÃO

dos lares de crianças sem o cuidado apropriado com sua vida futura". A carta exigia que oficiais locais parassem de fechar os lares e admitissem 30 mil novos *besprizorniki* após enviarem 23 mil crianças mais velhas para trabalhar em fábricas e fazendas de camponeses, e organizassem novas instalações para os 7 mil restantes. A carta reconhecia, entretanto, que os órgãos locais não poderiam arcar com a construção de novas instituições e seu pessoal. Dava a esperança de que o orçamento central pudesse prover recursos adicionais através do fundo Lênin, estabelecido dois anos antes[99].

Tabela 2. Efeito dos gastos de 1926.
Besprizorniki nas ruas e nos lares, abril de 1927

| | Rublos gastos em 1926 | Abril de 1927 | | |
| | | Número de crianças | | |
Guverniia		Nas ruas	Nos lares	Total
Astrakhan	38.530	3.400	1.257	4.657
Arkhangelsk	12.200	138	1.643	1.781
Bashkir	–	1.200	1.372	2.572
Briansk	32.530	1.000	1.923	2.923
Buriat-Mongol	–	497	368	865
Cherepovets	15.900	650	807	1.457
Chuvash	–	0	745	745
Comuna Alemã	–	–	772	772
Daguestão	–	300	516	816
Ivanovo-Vosnesensk	26.900	237	1.765	2.002
Kalmuk	–	1.085	2.035	3.120
Kaluga	23.300	3.300	1.358	4.658
Karelia	–	200	918	1.118
Kazak	–	5.781	10.202	15.983
Kirgiz	–	880	–	880
Komi	–	0	299	299
Kostroma	26.800	815	1.394	2.209
Krym	–	595	2.035	2.630
Kursk	53.268	1.500	2.910	4.410
Leningrado	62.970	384	23.551	23.935
Marii	–	2.000	1.113	3.113
Moscou	–	500	23.570	24.070
Murmansk	4.500	50	100	150

[99] "Pis'mo Narkomprosa o Bor'be s Detskoi Besprizornost'iu", em ibidem, p. 32-3.

(cont.)

Guverniia	Rublos gastos em 1926	Abril de 1927		
		Número de crianças		
		Nas ruas	Nos lares	Total
Nizhegorod	39.530	3.000	4.096	7.096
Norte do Cáucaso	167.175	18.650	25.000	43.650
Novgorod	22.500	700	1.437	2.137
Oirat	–	0	–	–
Oriente Distante	–	8.000	2.672	10.672
Orlov	43.130	4.000	2.742	6.742
Orenburg	34.960	700	2.500	3.200
Penza	27.230	3.295	1.600	4.895
Pskov	39.045	0	1.372	1.372
Riazanov	40.630	2.500	2.556	5.056
Samara	71.779	2.500	2.196	4.696
Saratov	80.242	1.436	2.482	3.918
Sev. Dvinsk	14.800	404	1.357	1.761
Sibéria	–	2.855	2.885	5.740
Smolensk	52.980	650	2.700	3.350
Stalingrado	53.430	6.000	3.155	9.155
Tambov	53.010	1.500	3.914	5.414
Tatar	–	1.500	5.328	6.828
Tver	43.200	1.900	2.200	4.100
Tula	40.630	–	1.164	1.164
Ulianov	46.260	210	2.326	2.536
Ural	123.575	2.250	16.000	18.250
Viatka	42.230	–	4.088	4.088
Vladimir	30.000	1.000	2.500	3.500
Vologda	29.930	3.000	1.200	4.200
Voronezh	85.615	1.500	8.000	9.500
Votkinsk	–	3.615	1.353	4.968
Yakutsk	–	0	45	45
Yaroslavl	43.668	1.040	2.542	3.582
TOTAL	1.522.447	96.717	190.063	286.780

Fonte: A tabela é construída a partir das cifras em TsGAOR, fond 5207, op. I, delo 336, p. 36, 40-1.

Logo após a carta, o governo decidiu distribuir 2,5 milhões de rublos às províncias para a campanha contra o *besprizornost'*. O fundo Lênin contribuiu com 40% dos recursos, outros 40% vieram da *Detkomissiia* e os restantes 20% do *Sovnarkom* (RSFSR). Porém o número de crianças que necessitavam de apoio, tanto nas ruas quanto nos

MULHER, ESTADO E REVOLUÇÃO

lares, permanecia enorme. A Tabela 2 mostra a quantia de dinheiro designada a cada província em 1926 e o número de crianças restantes nos lares e nas ruas em abril de 1927. A *Detkomissiia* estimou em 1926 que os lares abrigavam entre 225 mil e 250 mil crianças, e que outras 300 mil, sem lares, estavam soltas[100].

A designação de 2,5 milhões de rublos permitiu um gasto adicional de onze rublos para cada criança em uma instituição estatal ou meros cinco rublos para cada criança necessitada de ajuda (incluindo as que estavam nas ruas). O Comissariado para o Esclarecimento calculou que custava 27 rublos por ano apenas para alimentar uma criança[101]. Para alimentar 550 mil *besprizorniki* nas ruas e nos lares por um ano – sem sequer vesti-las, abrigá-las, calçá-las, ensiná-las ou treiná-las –, teria custado pelo menos sete vezes mais do que os 2,5 milhões de rublos. Essa designação era claramente insuficiente para fazer uma diferença significativa no cuidado das crianças pelo Estado. Do dinheiro, 1.522.447 rublos foram enviados diretamente para as províncias e os 977.561 rublos remanescentes aos vários comissariados que lidavam com o *besprizornost'*. Grandes quantidades de crianças continuaram a vagar pelas ruas, especialmente no norte do Cáucaso, no extremo oriente, e na província de Stalingrado. Porém, em abril de 1927, o número de crianças nas ruas caiu de 300 mil para 96.717, um declínio de quase 70%. Nos lares de crianças, o número caiu de entre 225 mil e 250 mil para 190.063. Autoridades das províncias relataram uma queda total de 45% nos números de *besprizorniki* nos lares e nas ruas. Embora a quantia deva ter ajudado as autoridades provinciais em alguma medida, nitidamente não era o fator responsável pela queda acentuada. As autoridades provinciais ou estavam informando incorretamente o número de crianças que continuavam nos lares e nas ruas ou seguiram com sua política de reduções não autorizadas através de fechamentos e expulsões.

Ao longo dos anos 1920, os gastos financeiros com o *besprizornost'* se realizaram à custa de outras instituições educativas, especialmente

---

[100] Sobre a fonte de financiamento, ver TsGAOR, fond 5207, op. 1, delo 336, p. 36. TsGAOR, fond 5207, op. 6, delo 10, p. 4. N. I. Ozeretskii notou em "Nishchenstvo i besprizornost'" que, segundo a *Detkomissiia*, havia 278.398 crianças em várias instituições.

[101] "O Bor'be s Detskoi Besprizornost'iu", em Semen Sergeevich Tizanov e Moiisei Solomonovich Epshtein (orgs.), *Gosudarstvo i obshchestvennost' v bor'be s detskoi besprizornost'*, cit., p 37.

WENDY GOLDMAN

as voltadas para crianças em idade pré-escolar[102]. No verão de 1924, o Comissariado para o Esclarecimento emitiu instruções estimulando sindicatos, comitês de fábrica e o *Komsomol* a abrirem creches com recursos próprios para contrabalancear os problemas criados pela contínua perda de instituições estatais pré-escolares. Em outra tentativa de reduzir gastos estatais, o Comissariado decretou que as instituições pré-escolares deveriam cobrar por seus serviços. Embora membros dos serviços armados e o pessoal político, trabalhadores descapacitados e veteranos, e outros grupos estivessem isentos de pagamento, todos os demais deveriam pagar de acordo com suas receitas[103]. Nem mesmo mães solteiras trabalhadoras ou famílias pobres, nas quais ambos os pais trabalhavam, estavam isentas. Somente trabalhadores desempregados registrados em centros de emprego eram elegíveis para usar os centros, excluindo, dessa forma, muitas donas de casa e camponeses migrantes em busca de trabalho. As dificuldades de organizar e arcar com as creches foram transferidas das organizações estatais para famílias individuais.

O mesmo deslocamento ocorreu na política estatal em relação aos *besprizorniki*. O medo da falta crônica de lar, do crime juvenil e de uma permanente classe subalterna de jovens sem condição de serem empregados impelia o Comissariado para o Esclarecimento a retirar as crianças das ruas. À medida que os adolescentes sem capacitação profissional eram retirados dos lares, a política de "*vypusk v zhizn*'" (enviá-los ao mundo) geralmente criava um novo e mais maduro grupo de *besprizorniki*[104]. Uma nova abordagem era necessária para resolver o *besprizornost*' crônico e capacitar as crianças ao trabalho, com o menor custo para o Estado.

Em uma reversão notável das ideias anteriores, o criminologista S. S. Tizanov escreveu em 1925 que as famílias deveriam ser fortemente estimuladas a criarem seus próprios filhos. Se a família não pudesse criar seus filhos, era preferível para o Estado pagar um esti-

---

[102] Os lares de crianças recebiam um lote regular de 46 milhões de rublos, ou 27,5% do orçamento da RSFSR para a educação. TsGAOR, fond 5207, op. 6, delo 10, p. 5.

[103] TsGAOR, fond 2306, op. 1, delo 2744, p. 24, 28-9.

[104] "Pis'mo Narkomprosa o Bor'be s Detskoi Besprizornost'iu", em Semen Sergeevich Tizanov e Moiisei Solomonovich Epshtein (orgs.), *Gosudarstvo i obshchestvennost' v bor'be s detskoi besprizornost'*, cit., p 33.

MULHER, ESTADO E REVOLUÇÃO

pêndio aos pais em vez de enviá-los a lares de crianças[105]. Aqui jazia um reconhecimento tácito que a família desempenhava uma função essencial – criar os filhos – com custo social mínimo. Dado o enorme gasto envolvido no alojamento de uma grande quantidade de crianças e pagamento de pessoal profissional para cuidar delas, uma família poderia usar uma atribuição de poucos rublos de uma maneira muito mais eficaz que o Estado. O trabalho da mulher em casa não custava nada ao Estado, enquanto o custo de transferir esse trabalho socialmente necessário da esfera particular para a pública era dolorosamente alto. Em meados dos anos 1920, os problemas sociais e econômicos criados por milhares de crianças sem lar deixaram essa mensagem inexorável perfeitamente clara. A União Soviética não estava somente despreparada para transferir crianças de famílias intactas para instituições de criação social, o país mal conseguia sustentar os órfãos que já tinha.

Em agosto de 1925, o Comissariado da Saúde enviou instruções para os lares de crianças impelindo-os a enviar bebês e crianças pequenas para famílias urbanas assalariadas. As instruções declaravam: "À luz da superlotação nos lares de crianças, torna-se necessário, como medida temporária, transferir crianças abandonadas e órfãs". Os únicos requisitos para adoção eram que a criança tivesse mais de três meses de vida e que a família adotiva tivesse uma renda estável e poucos filhos. As famílias receberiam de quinze a trinta rublos por mês, e as crianças chegariam com seus próprios lençóis, macas ou cestos[106]. Logo se tornou evidente, entretanto, que havia poucas famílias interessadas em adotar. Embora o Comissariado tivesse enfatizado que as medidas eram temporárias, o governo lançou, no período de um ano, uma campanha ainda mais vigorosa para promover a adoção entre o campesinato.

Em abril de 1926, o VTsIK e o *Sovnarkom* emitiram um decreto que revertia a proibição de adoção presente no Código da Família, de 1918, estimulando famílias de camponeses a adotarem crianças em instituições do Estado[107]. Uma carta explicativa do Comissariado

---

[105] Semen Sergeevich Tizanov, "K Voprosu o Bor'be s Detskoi Besprizornost'iu", *Kommunistka*, n. 10, 1925, 59.

[106] Ia. A. Perel', A. A. Liubimova, *Bor'ba s ditskoi besprizornost'iu, Vypusk* 4 (Moscou, Leningrado, Uchpedgiz, 1932), p. 94.

[107] "O Poriadke i Usloviiakh Peredachi Vospitannikov Detskikh Domov v Krest'ianskie Sem'i Dlia Podgotovki k Sel'skokhoziaistvennomu Trudu", em

WENDY GOLDMAN

para o Esclarecimento explicou francamente que o objetivo era "aliviar o Estado e os orçamentos locais da carga financeira de manter crianças e adolescentes em instituições de internação"[108]. O decreto possuía dois objetivos, que eram admitidos livre e publicamente: cortar gastos estatais com órfãos e preparar crianças para emprego futuro". Ao colocar as crianças mais velhas dos lares em famílias camponesas como trabalhadores agrícolas e abrir novos locais para as mais novas, cumpria com seus dois objetivos simultaneamente. Pressupunha que a adoção seria uma opção economicamente atrativa para as famílias camponesas, que usariam o trabalho de crianças mais velhas na terra e no lar.

De acordo com o decreto, um lar camponês (*dvor*) não poderia adotar mais do que uma criança[109]. Os termos de adoção eram formalizados por um contrato escrito entre o chefe de família (*khoziain*) e o Departamento para a Educação do Povo local. O *khoziain* jurava manter a criança no mesmo nível que os outros membros do *dvor*, e prover treinamento agrícola, educação e ajuda material. A criança tinha direito a educação gratuita e materiais escolares. O *khoziain* recebia um único pagamento – determinado pelo Comitê Executivo local e extraído dos fundos locais – para prover a criança com as necessidades básicas. Os pagamentos variavam de quarenta a cinquenta rublos[110]. O *dvor* também recebia um lote a mais de terra (*nadel*) da comuna para a criança, isento de impostos agrícolas por um período de três anos. Impostos adicionais poderiam ser estabelecidos localmente, e a autorização da comuna não era requisito para adoção. Se a criança deixasse o *dvor*, depois do vencimento do contrato, mantinha o lote de terra. Se permanecesse no *dvor*, tornava-se membro permanente da família com plenos direitos. No meio-tempo, a criança era considerada um membro temporário do *dvor*, com os mesmos privilégios que seus outros membros, mas sem

---

Semen Sergeevich Tizanov e Moiisei Solomonovich Epshtein (orgs.), *Gosudarstvo i obshchestvennost' v bor'be s detskoi besprizornost'*, cit., p 47-8.

[108] *Instruktivnoe pis'mo ob usynovlenii* (Sverdlovsk, 1926), p. 2.

[109] Em certos casos, essa regra podia ser dispensada pelo comitê executivo local e um máximo de duas crianças poderiam ser adotadas.

[110] N. V. Shishova, "Bor'ba Sovetskogo gosudarstva za preodolenie detskoi besprizornosti v 1920-1936", cit., p. 113.

MULHER, ESTADO E REVOLUÇÃO

direito aos inventários agrícolas ou dos prédios[111]. O decreto era retroativo e podia ser aplicado às famílias camponesas que tinham adotado crianças nos anos anteriores. Outras condições estipulavam que o adotado deveria ser menor de idade; crianças com dez anos ou mais e seus pais (se houvesse) deveriam consentir com a adoção; não era permitido que padres, criminosos, antigos oficiais czaristas e dementes adotassem. O Estado estava tão ansioso para transferir as crianças que o Departamento para a Educação do Povo foi instruído a não investigar laços de família entre as crianças e os camponeses que os reivindicavam. O lar receberia os benefícios prometidos mesmo se a criança fosse um familiar[112].

Por mais que a carta do Comissariado para o Esclarecimento afirmasse que a adoção somente era permitida no interesse da criança e "somente por aqueles indivíduos que são capazes e estão preparados para prover cuidado satisfatório, capacitação profissional e preparação adequada para as atividades socialmente úteis"[113], os termos do decreto foram claramente formulados para que a adoção fosse economicamente atraente. Os lares com mais probabilidade de adotar eram aqueles que precisavam de um trabalhador adicional ou outro lote de terra. As crianças seriam usadas como pessoal contratado, apesar de não terem direito a receber salários ou dividir a propriedade do *dvor*. A família camponesa gozava de privilégios impositivos, pagamento único, um lote adicional e um trabalhador gratuito. A criança recebia "capacitação profissional".

O Comissariado para o Esclarecimento reconheceu que o decreto estava muito longe dos planos iniciais de garantir o cuidado infantil socializado para todas as crianças necessitadas. Sua carta aos Departamentos para a Educação do Povo fazia alusão a um recuo forçado. Dizia: "de um lado, a fome sem precedentes de 1921 aumentou enormemente o número de órfãos e de *besprizorniki* que perderam seus pais ou foram abandonados por eles e, por outro, a necessidade de reduzir a rede de instituições infantis devido a recursos estatais declinantes forçaram os órgãos de Educação do Povo

---

[111] Os direitos das crianças adotadas eram especificados nas instruções dos Comissariados para o Esclarecimento, da Terra e das Finanças em outubro de 1926, em *Kak peredavat' besprizornykh i vospitannikov detdomov v trudovye khoziaistva i proizvodit' usynovlenie* (Viatka, 1928), p. 5.

[112] *Instruktivnoe pis'mo ob usynovlenii*, cit., p. 10.

[113] Ibidem, p. 2.

WENDY GOLDMAN

[...] a empregar todos os meios possíveis para salvar as crianças". A disposição do Código de 1918 na qual se proibia a adoção foi reconhecida como "ineficiente e pouco prática"[114].

O decreto era inequívoco: o Estado não fazia da necessidade uma virtude. O compromisso com a criação socializada de crianças ainda existia em 1926, mas não podia ser realizado. Os princípios básicos da política de bem-estar social foram desenvolvidos sob severas restrições impostas por uma economia arruinada. Embora educadores sonhassem com cidades de crianças onde toda criança pudesse ser "um artista e um compositor", já em 1921 as crianças eram alojadas em famílias de camponeses onde enfrentavam vidas de trabalho sem fim, pobreza e exploração. O decreto de 1926 simplesmente codificou o resultado final de uma década de luta entre a visão e a realidade. Os receios do *besprizornost'* crônico, da criminalidade e da escassez de fundos tiveram um papel muito mais significativo na política do que os sonhos e visões originais. A contínua recusa dos educadores e juristas ao longo dos anos 1920 em empregar sanções punitivas contra crimes juvenis e seu apoio a instituições reabilitativas, progressistas e centradas na criança eram um testemunho da força daquelas ideias originais.

A família foi ressuscitada como solução para o *besprizornost'* porque era a única instituição que podia alimentar, vestir e socializar a criança com um custo quase nulo para o Estado. Em 1925, o educador T. E. Segalov aplicou o famoso comentário de Fourier sobre as mulheres e as crianças. Escreveu: "A maneira pela qual uma dada sociedade protege a infância reflete seu nível econômico e cultural vigente"[115]. Na União Soviética de 1926, 19 mil crianças sem casa eram expulsas dos lares financiados pelo Estado e enviadas para famílias camponesas para semear com um arado de madeira ancestral e colher com uma foice e uma segadeira[116].

---

[114] Ibidem, p. 1.

[115] T. E. Segalov, "Poniatie i Vidy Detskoi Besprizornosti", cit., p. 10.

[116] N. V. Shishova, "Bor'ba Sovetskogo gosudarstva za preodolenie detskoi besprizornosti v 1920-1936", p. 113. Shishova observa que, entre as 19 mil crianças, algumas foram transferidas dos lares para fábricas, bem como para famílias de camponeses. Dados os altos níveis de desemprego existentes em 1926, no entanto, é provável que a maioria dessas crianças tenha sido enviada para famílias de camponeses.

3
A LEI E A VIDA COLIDEM: UNIÃO LIVRE E POPULAÇÃO ASSALARIADA

O processo do divórcio é tão simples que não há gasto de dinheiro ou tempo. Na presente legislação, o ato de dissolver um casamento pode ser feito em quinze minutos.
P. Zagarin, escritor sobre a família, 1927[1]

As amplas massas não consideram o registro matrimonial como a base das relações conjugais. Na verdade, as uniões voluntárias estão se tornando cada vez mais difundidas.
A. Stel'makhovich, presidente do tribunal provincial de Moscou, 1926[2]

Os bolcheviques acreditavam que a liberdade de se divorciar – dissolver uma união que não era mais baseada no amor – era essencial para a liberdade do indivíduo. O direito ao divórcio era particularmente importante para as mulheres, cujos verdadeiros sentimentos e habilidades eram tão frequentemente suprimidos pelos laços indissolúveis do matrimônio. Essa ideia era amplamente compartilhada pela maior parte da *intelligentsia* progressista do pré-guerra. Juristas liberais tentaram insistentemente reformar as intransigentes leis do divórcio na Rússia. Tolstói imortalizou a situação desesperadora de uma jovem mãe em sua luta para se libertar de um casamento sem amor em seu famoso romance *Anna Karenina*. E tanto Vera Figner, líder do grupo terrorista Vontade do Povo, quanto Alexandra Kollontai, entre inumeráveis outras, lutaram para escapar do controle de seus maridos e suas famílias[3].

---

[1] P. Zagarin, *Oktiabr' v semeinom bytu* (Rostov do Don, 1927), p.16.

[2] A. Stel'makhovich, *Dela ob alimentakh* (Moscou, 1926), p. 60.

[3] Sobre as mulheres rebeldes do século XIX, ver Richard Stites, *The Women's Liberation Movement in Russia: Feminism, Nihilism, and Bolshevism, 1860-1930* (Princeton, Princeton University Press, 1978), p. 89-138; Barbara Engel, *Mothers and Daughters: Women of* intelligentsia *in Nineteenth Century Russia* (Cambridge, Cambridge University Press, 1983); Edward Hallett Carr, *The Romantic Exiles: A Nineteenth Century Portrait Gallery* (Boston, Beacon, 1961). Sobre Alexandra Kollontai,

WENDY GOLDMAN

No entanto, a questão do divórcio tinha uma dimensão tanto de gênero quanto de classe. As jovens rebeldes que lutavam por seus direitos à plenitude emocional, educação e carreiras, no final do século XIX, eram provenientes, em sua maioria, das classes alta e média. Enquanto elas desdenhavam o casamento em sua busca por independência, a massa das mulheres trabalhadoras soviéticas na década de 1920 tinha atitudes, oportunidades e perspectivas muito diferentes. Muitas dessas mulheres eram mães, sem qualificação profissional e analfabetas. Para elas, o casamento frequentemente representava uma forma de segurança e sobrevivência[4]. Sua dependência do homem assalariado era mais do que legal; era também social e econômica.

O Código da Família de 1918 tornou o divórcio facilmente acessível: um casamento poderia ser dissolvido com o simples pedido de qualquer uma das partes, e nenhuma fundamentação era exigida. Divórcios não contestados eram registrados nas Zags (escritórios para o registro de nascimentos, mortes, casamentos, divórcios e outras estatísticas) enquanto os desacordos em relação à separação, pensão alimentícia, custódia e amparo aos filhos eram encaminhados aos

---

ver Barbara Evans Clements, *Bolshevik Feminist: The Life of Aleksandra Kollontai* (Bloomington, Indiana University Press, 1979), e Beatrice Farnsworth, *Alexandra Kollontai: Socialism, Feminism, and the Bolshevik Revolution* (Stanford, Stanford University Press, 1980).

[4] Para uma discussão excelente sobre as atitudes das mulheres trabalhadoras e camponesas em relação à família nos anos que seguiram à Revolução, ver Barbara Evans Clements, "Working-Class and Peasant Women in the Russian Revolution, 1917-1923", *Signs: Journal of Women in Culture and Society*, v. 8, n. 2, 1982, e "The Effects of the Civil War on Women and Family Relations", em Diane Koenker, William G. Rosenberg e Ronald Grigor Suny (orgs.), *Party, State and Society in the Russian Civil War: Explorations in Social History* (Bloomington, Indiana University Press, 1989). Sobre as mulheres, ver também Beatrice Farnsworth, "Communist Feminism: Its Synthesis and Demise", em Carol Berkin e Clara Maria Lovett (orgs.), *Women, War, and Revolution* (Nova York, Holmes and Meier, 1980), p. 195-259; Anne Bobroff, "The Bolsheviks and Working Women, 1905-1920", *Soviet Studies*, n. 4, 1974, p. 540-67; Barbara Clements, "Bolshevik Women: The First Generation", Robert McNeal, "The Early Decrees of the *Zhenotdel*", e Alix Holt, "Marxism and Women's Oppression: the bolshevik theory and practice in the 1920s", em Tova Yedlin (org.), *Women in Eastern Europe and the Soviet Union* (Nova York, Praeger, 1980); M. Donald, "Bolshevik Activity amongst the Working Women of Petrograd in 1917", *International Review of Social History*, n. 27, parte 2, 1982, p. 129-60; Richard Stites, "*Zhenotdel*: Bolshevism and Russian Women, 1917-1930", *Russian History*, v. 3, n. 1, 1976, p. 174-93.

MULHER, ESTADO E REVOLUÇÃO

tribunais. Contudo, as condições da NEP tornavam extremamente difícil às mulheres exercerem seu novo direito à "união livre". O alto índice de desemprego, os baixos salários e a ausência de creches não apenas reforçavam a dependência das mulheres em relação à família, mas criavam uma contradição aguda entre a dura realidade da vida e uma visão legal de liberdade há muito tempo promulgada pelos reformadores e socialistas.

Uso popular do Código da Família de 1918

Uma das mais importantes, ainda que dificilmente das mais radicais, regulamentações do Código de 1918 foi o estabelecimento do casamento civil. Planejado para acabar com o domínio da Igreja, a regulamentação declarava expressamente que o casamento civil era a única forma de matrimônio legalmente válida. Após séculos de casamentos religiosos, os juristas consideraram o casamento civil uma arma indispensável e monitoraram atentamente a popularidade do novo procedimento civil. Goikhbarg, o autor do Código, orgulhosamente registrou os números dos primeiros registros dos Zags, ainda que eles fossem mais simbólicos em relação ao nascente poder soviético do que estatisticamente significativos por si mesmos. Em janeiro de 1918, em Moscou, ocorreram oito casamentos civis; em fevereiro, nove; em março, 77; e em abril, 120. Os números cresceram continuamente no decorrer do verão e outono, alcançando um pico de 1.497 casamentos civis em novembro de 1918. Os cartórios de Moscou computaram um total, no ano inteiro, de 5.677 novos casamentos[5].

A ampliação dos registros foi retardada durante a guerra civil apenas devido à dificuldade de estabelecer e ampliar a rede de Zags: muitas cidades, e mais de dois terços dos distritos (*volosti*), não tinham cartórios. Ainda assim, o casamento civil avançava significativamente.Um estudo na província de Odessa, ao final da guerra civil, demonstrou que embora mais de um quarto da população ainda registrasse seus casamentos, nascimentos e óbitos nas igrejas, e outro quarto os registrasse tanto nas igrejas como nos Zags, metade utilizava apenas os Zags. Estudos na província de Smolensk e em Moscou mostraram um padrão semelhante[6]. Em 1921, o Comis-

---

[5] Alexander Grigor'Evich Goikhbarg, "Eshche o Brakakh i Razvodakh", *Proletarskaia revoliutsiia i pravo*, n. 2-4, 1919, p. 83.

[6] Ibidem, p. 140.

WENDY GOLDMAN

sariado para Assuntos Internos (NKVD) assumiu a administração dos Zags e até 1923 estabeleceu Zags em todos os *volosti*, somando 12.500 cartórios em toda a Rússia e Ucrânia. Contudo, comparados às 42 mil diferentes paróquias que registravam casamentos, nascimentos e óbitos sob o velho regime, o número de cartórios ainda era bastante modesto[7].

Em 1925, menos de um terço dos casamentos civis registrados em Moscou eram acompanhados por uma cerimônia religiosa. E, mesmo que Moscou dificilmente fosse representativa do país como um todo, os números demonstravam uma rapidez, especialmente da juventude urbana, em descartar antigas tradições religiosas em favor do simples procedimento soviético. Em meados da década de 1920, os juristas estavam confiantes no sucesso do casamento civil. O jurista Dmitri Kurskii assegurou ao Comitê Executivo Central (VTsIK), em 1925, que "apesar do caráter camponês de nosso país e do fato de que temos cantos remotos em que a lei somente chegará após um período considerável de tempo" a lei familiar soviética estava amplamente disseminada entre a população. Ele relatou confidencialmente que o número de casamentos registrados nos Zags havia, em 1922, ultrapassado as estatísticas anuais da Igreja no pré-guerra[8].

Ainda que os cidadãos soviéticos fossem vagarosos para abandonar por completo o casamento nas igrejas, eles se valeram das novas leis do divórcio com um entusiasmo impressionante. A avalanche de casais entrando pelas portas dos Zags em busca do divórcio facilmente ultrapassaram os primeiros e jubilantes recém-casados que por elas saíam. Nos primeiros quatro meses de 1918 apenas 214 casais moscovitas registraram a própria união, enquanto 2.516 se divorciaram. Foram 98 divórcios em janeiro, 384 em fevereiro, 981 em março e 1.053 em abril. O número de divórcios nesses quatro meses era quase doze vezes maior do que o número de casamentos. Depois de abril o número de divórcios começou a decrescer, che-

---

[7] Mikhailovskii, "O Rozhdaemosti i Smertnosti Naseleniia Soiuza SSR", em *Trudy III Vsesoiuznogo s"ezda po okhrane materinstva i mladenchestva* (Moscou, 1926), p. 139, daqui em diante citado como Trudy OMM.

[8] "Stenograficheskii Otchet Zasedanii 2 Sessi Vserossiiskogo Tsentral'nogo Ispolnitel'nogo Komiteta XII Sozyva 17 i 19 Oktiabriia 1925 goda po Proektu Kodeksa Zakonov o Brake, Sem'e i Opeke", em *Sbornik statei i materialov po brachnomu i semeinomu pravu* (Moscou, 1926), p. 110-1.

MULHER, ESTADO E REVOLUÇÃO

gando a 365 em dezembro. Quase 7 mil divórcios foram realizados em Moscou em 1918, superando os casamentos em mais de mil[9].

Goikhbarg não estava supreso nem alarmado pelo alto índice de divórcios. Os altos números, ele explicou complacentemente, refletiam o acúmulo de casais infelizes que não podiam se divorciar sob as leis czaristas. Muitos dos requisitantes dos divórcios vinham das classes mais altas, e não eram representativos da população em geral. "Entre os que estão se divorciando", ele escreveu, "se encontram muitas pessoas extremamente prósperas (até mesmo antigos membros da nobreza)." Como Marx e Engels, Goikhbarg e seus colegas juristas tinham uma opinião depreciativa dos casamentos entre a classe alta, e as primeiras estatísticas de divórcio pareceram corroborar essa visão. Esses casamentos – ligações sem amor baseadas na propriedade e preservadas pela hipocrisia – murcharam em uma atmosfera de liberdade. Goikhbarg, na verdade, aplaudiu o "tempo tempestuoso" dos divórcios como um "processo de purificação". "Com toda certeza", ele escreveu com sombria alegria, "o abscesso cheio de pus das relações familiares anormais [...] estourou". Ele previu que essas "mostras anormais da vida matrimonial" seriam em breve substituídas por novas relações baseadas no amor e no respeito genuínos[10].

Em 1922, o aumento nos divórcios havia se estabilizado, parecendo confirmar a argumentação de Goikhbarg de que os altos números de 1918 representavam um fenômeno anormal. Em 1921, houve 4.732 pedidos de divórcio nos tribunais populares de Moscou, mas em 1922 o número caiu para 3.780. Ainda que os números dos Zags (para divórcios com acordo mútuo) não estejam disponíveis para esses anos, o número de divórcios, de acordo com as estatísticas dos tribunais, pareceram estáveis. Contudo, as estatísticas do ano seguinte desmentiram a complacência de Goikhbarg. O número de casos de divórcios nos tribunais de Moscou começaram a aumentar de forma sustentada de 5.377 em 1923 para 7.153 em 1924, e 8.233 em 1925[11]. Esses números apontam apenas os divórcios contestados

---

[9] Alexander Grigor'Evich Goikhbarg, "Eshche o Brakakh i Razvodakh", cit., p. 83.

[10] Idem.

[11] "Doklad: Predsedatelia M.S.N.S. Tov. Smirnova na Plenume Moskovskogo Soveta RK i KD. 3 oktiabria 1922 goda", *Proletarskii sud*, n. 1, 1922, p. 11; "Rabota Suda Moskovskoi Gubernii v 1923 gody. Doklad Predsedatelia Gubsuda I. A. Smirnova, 6 Iunia 1924", *Proletarskii sud*, n. 1-2, 1924, p. 8; Igor' Aleksandrovich

no tribunal. Adicionados aos números maiores dos divórcios registrados nos Zags, as estatísticas claramente não representavam mais um acúmulo de casamentos infelizes das classes altas.

Tabela 3. Taxas de casamentos e divórcios soviéticos, 1911-1926

	URSS europeia		
Ano	Casamentos (a cada mil pessoas)	Divórcios (a cada mil pessoas)	Divórcios (a cada mil casamentos)
1911-1913	8,2	0,0002	2,2
1924	11,5	1,3	113,0
1925	10,0	1,5	150,0
1926	11,0	1,6	145,4

Fonte: Lubnyi-Gertsyk, "Estestvennoe Dvizhenie Naseleniia SSSR za 1926", *Statisticheskoe Obozrenie*, n. 8, 1928, p. 85. Sobre o divórcio no período pré-revolucionário, *Estestvennoe dvizhenie naseleniia RSFSR za 1926 god* (Moscou, 1928), p. 52.

A alta nos divórcios em Moscou foi acompanhada por um aumento nacional. Tanto as taxas de casamentos quanto de divórcios cresceram de forma sustentada na parte europeia da URSS, nos anos de 1920. Em 1926, a taxa de casamentos na URSS europeia era quase 35% maior do que os números pré-guerra. O Birô Central de Estatísticas (TsSU) notou "um crescimento extraordinário dos divórcios". De acordo com o TsSU, a alta taxa de casamentos era uma consequência direta do crescimento do número de divórcios e de recasamentos[12]. Na URSS europeia, havia 113 divórcios para cada mil casamentos em 1924, 150 em 1925 e 145,4 em 1926 (ver Tabela 3). Havia aproximadamente um divórcio para cada sete casamentos em 1926 ou 186.329 divórcios para 1.244.030 casamentos[13].

Smirnov, "Sovremennye Zadachi Suda v Derevne", *Proletarskii sud*, n. 3, 1924, p. 2; A. Stel'makhovich, *Dela ob alimentakh*, p. 8. Essas estatísticas anuais são projeções baseadas em números do primeiro trimestre de 1921, a primeira metade de 1922, e os primeiros três trimestres de 1924 e 1925. O número de divórcios em 1925 é uma média dos 6.938 de Smirnov e os 7.639 de Stel'makhovich.

[12] *Estestvennoe dvizhenie naseleniia RSFSR za 1926 god* (Moscou, 1928), p. 48, 52.

[13] Lubnyi-Gertsyk, "Estestvennoe Dvizhenie Naseleniia SSSR za 1926", *Statisticheskoe obozrenie*, n. 8, 1928, p. 86.

MULHER, ESTADO E REVOLUÇÃO

A União Soviética tinha a maior taxa de casamentos e divórcios de todos os países europeus em meados dos anos 1920: quase três vezes maior do que a da Alemanha; 3,56 vezes a da França; e 26 vezes a da Inglaterra e Gales (ver Tabela 4). O único país ocidental com uma taxa de casamentos e divórcios comparável eram os Estados Unidos, com 10,2 casamentos e 1,52 divórcios a cada mil pessoas.

Enquanto a taxa de divórcio para a União Soviética era mais alta do que a de qualquer outro país, a taxa de divórcio nas cidades e vilas ultrapassava, de longe, até mesmo a média nacional. A taxa de divórcio nas vilas era mais do que o dobro das áreas rurais e mais de 1,5 vezes maior do que a média nacional (ver Tabela 5).

Tabela 4. Taxas de casamentos e divórcios na URSS e na Europa, 1925-1926

| País | Ano | A cada mil pessoas | | Divórcios a cada mil casamentos |
		Casamentos	Divórcios	
URSS europeia	1926	11,0	1,6	145,4
Alemanha	1925	7,7	0,56	72,7
França	1926	8,5	0,46	54,1
Inglaterra e País de Gales	1925	7,6	0,06	7,9
Bélgica	1926	9,2	0,31	33,7
Suécia	1925	6,2	0,28	45,1

Fonte: Lubnyi-Gertsyk, "Estestvennoe Dvizhenie Naseleniia SSSR za 1926", cit., p. 89.

Tabela 5. O divórcio nas cidades e no campo, 1925

| | Divórcios | |
	A cada mil pessoas	A cada mil casamentos
Assentamentos urbanos	2,8	245,4
Áreas rurais	1,2	125,4

Fonte: *Estestvennoe dvizhenie naseleniia RSFSR za 1926 god* (Moscou, 1928), p. 54.

A taxa de divórcio estava diretamente ligada ao grau de urbanização. Cidades (população maior do que 50 mil) tinham as taxas

WENDY GOLDMAN

Tabela 6. O casamento e o divórcio nas cidades, vilas e áreas rurais, 1926

Zona	População média	Número de casamentos	Número de divórcios	A cada mil pessoas	
				Casamentos	Divórcios
URSS	125.051.927	1.350.062	198.076	10,8	1,6
Cidades*	11.759.377	153.511	42.128	13,1	3,6
Vilas	10.545.400	116.123	21.910	11,0	2,1
Áreas rurais	102.747.150	1.080.428	134.038	10,5	1,3
URSS Europeia	113.366.512	1.244.030	186.329	11,0	1,6
Cidades	10.859.884	142.350	39.555	13,1	3,6
Vilas	9.786.783	108.374	20.653	11,1	2,1
Áreas rurais	92.719.845	993.306	126.121	10,7	1,4
RSFSR	90.571.005	947.227	134.507	10,5	1,5
Cidades	8.921.920	115.544	31.958	13,0	3,6
Vilas	7.213.105	76.344	13.820	10,6	1,9
Áreas rurais	74.435.980	755.389	88.729	10,1	1,2

* população acima de 50 mil

Fonte: Lubnyi-Gertsyk, "Estestvennoe Dvizhenie Naseleniia SSSR za 1926", cit., p. 86.

mais altas de divórcios e casamentos: 13,1 casamentos para cada mil pessoas e 3,6 divórcios, ou aproximadamente um divórcio para cada 3,5 casamentos (ver Tabela 6). Os *raions* (distritos) mais urbanizados também tinham taxas de divórcio mais altas. A Região Industrial Central, que incluía a cidade de Moscou, tinha o maior número de divórcios para cada mil pessoas, enquanto a Região Central da Terra Negra tinha o mais baixo, com 1,9 e 1,1, respectivamente. A taxa de Moscou em 1926 era a mais alta de todas: 6,1 divórcios para cada mil pessoas; seguida por Tver com 4,8; Iaroslavl 4; e Leningrado 3,6. Moscou tinha 477,1 divórcios para cada mil casamentos; Tver 359; Iaroslavl 279; e Leningrado 265[14]. Em Moscou, havia um divórcio a cada dois casamentos! As estatísticas mostravam que a nova lei do divórcio teve um profundo impacto nas práticas populares, enquanto a centenária tradição do casamento indissolúvel entrou em colapso com o golpe de uma canetada legislativa. Até mesmo nas áreas rurais, em que a família constituía a unidade primária de produção, a taxa de divórcio excedia a de qualquer país europeu.

---

[14] *Estestvennoe dvizhenie naseleniia RSFSR za 1926 god*, cit., p. 54.

MULHER, ESTADO E REVOLUÇÃO

A lei não era a única responsável pelo alto número de divórcios; ela simplesmente sancionava um processo mais profundo de ruptura e transformação social. Anos de guerra, guerra civil e fome haviam minado laços familiares e comunitários. Camponeses que migravam para as cidades abandonavam velhos costumes e tradições. Mulheres se juntavam com soldados, desconhecidos e eventuais provedores em uniões casuais de curto prazo. As "esposas" *de facto* inundavam os tribunais buscando pensões e apoio financeiro para as crianças dos homens que as haviam abandonado. E, para muitos, a nova moralidade comunista encorajava e justificava formas mais soltas de comportamento. Um observador social lamentou os novos tempos:

> As velhas fundações apodrecidas da família e do casamento entraram em colapso e rumam para uma completa aniquilação, a cada dia que passa. Mas não há princípios que guiem a criação de novas, belas e saudáveis relações. Há um bacanal inimaginável. A liberdade de amor é entendida pelas melhores pessoas como liberdade de depravação.[15]

Facilitando aquilo que alguns consideravam como "amor livre", a lei promoveu aquilo que outros consideravam "depravação", obscurecendo os limites entre liberdade e caos. As estatísticas testemunhavam a popularidade do divórcio, mas ofereciam poucas pistas sobre suas consequências sociais. Uma vez que "as velhas fundações apodrecidas da família e do casamento" entraram em colapso, o que aconteceu com a família? Um jurista proclamou "a liberdade revolucionária do divórcio" como "o melhor regulador das relações matrimoniais". No entanto, ele acrescentou: "depois disso, a luta pela sobrevivência permanece, e aqui as chances das mulheres, particularmente com filhos, são ainda menos favoráveis do que para os homens"[16]. Ainda que o Código de 1918 ampliasse o direito ao divórcio para homens e mulheres igualmente, a oportunidade de se beneficiar desse direito era em grande medida determinada por circunstâncias de classe e gênero.

---

[15] S. Ravich, "Bor'ba s Prostitutsiei v Petrograde", *Kommunistka*, n. 1-2, 1920, p. 23.

[16] A. Stel'makhovich, *Dela ob alimentakh*, cit., p. 3.

As primeiras demitidas, as últimas contratadas: a dependência econômica das mulheres

Até 1921, as mulheres constituíam uma porcentagem crescente da força de trabalho industrial na Rússia. Em 1901, 26% de todos os trabalhadores na produção eram mulheres; em 1914, esse número havia crescido para 32%; em 1917, 40%; e no fim da guerra civil, em 1920, era 46%. Em 1921, 1.360.310 (45%) entre os 3.010.000 filiados a sindicatos no país eram mulheres. As mulheres predominavam em muitos ramos econômicos: representavam 75% da força de trabalho na Alimentação do Povo (Narpit), 74% na costura, 63% dos trabalhadores da saúde e quase 60% na indústria têxtil. Até mesmo nas indústrias tradicionalmente dominadas por homens, as mulheres constituíam uma parcela significativa da força de trabalho, com um quarto dos empregos na metalurgia e um quinto na mineração[17].

Após a guerra civil, 4 milhões de homens, desmobilizados do Exército Vermelho, retornaram à força de trabalho, e veteranos com mais habilidade substituíram milhares de mulheres nas fábricas[18]. Ramos inteiros da indústria fecharam na mudança para as rígidas restrições econômicas da NEP. Houve demissões em massa em agosto e setembro de 1921, e no fim de outubro 13.209 mulheres já não tinham mais empregos (correspondendo a 60% dos desempregados). Ocorreram cortes agudos no setor de serviços sociais, no qual as mulheres trabalhadoras predominavam: milhares de trabalhadoras da saúde, empregadas estatais, trabalhadoras de creches, professoras, bem como trabalhadoras da Narpit, das agências de bens de consumo e de comunicações, subitamente se encontraram sem trabalho[19]. Quase 280 mil mulheres deixaram a força de trabalho.

As mulheres claramente carregaram o fardo do desemprego criado pela transição à NEP. Em uma pesquisa realizada em doze províncias, o Comissariado do Trabalho estimou que, até o final de 1921, 62% dos desempregados registrados nos centros de emprego (*Bir-*

---

[17] Abram Anikst, "Bezrabonitsa i Zhenskii Trud v Rosii", *Kommunistka*, n. 2, 1922, p. 37.

[18] P. M. Chirkov, *Sovetskii opyt resheniia zhenskogo voprosa v period stroitel'stva sotsializma (1917-1937)* (Moscou, Universidade Estatal de Moscou, 1979), p. 172, tese de doutoramento em ciências históricas.

[19] Abram Anikst, "Bezrabonitsa i Zhenskii Trud v Rosii", cit., p. 38.

MULHER, ESTADO E REVOLUÇÃO

zha Truda) eram mulheres[20]. O Centro de Emprego de Petrogrado anunciou, no início de 1922, que 67% dos 27 mil desempregados cadastrados na cidade eram mulheres[21]. Um crítico da NEP descreveu raivosamente a reaparição da competição por trabalho, uma característica do capitalismo frequentemente criticada nos escritos de Marx e Engels a respeito das mulheres. Ele escreveu:

> A reconstrução de empresas baseadas na contabilidade de custos e o desenvolvimento de empresas privadas criou inevitavelmente o fenômeno repugnante da economia capitalista, aumentando a competição entre trabalho feminino e masculino.[22]

As pequenas indústrias que proliferaram sob administração privada não podiam recontratar todos os trabalhadores que haviam perdido seus empregos. Homens e mulheres competiam por empregos em um restrito mercado de trabalho, e as mulheres invariavelmente perdiam. Em 1922, os organizadores de um encontro do Soviete de Sindicatos de Petrogrado (*Petrogubprofsoveta*) notaram que as mulheres haviam sido atingidas duramente pelas demissões massivas de pessoal. As condições para as mulheres eram "extraordinariamente difíceis"[23]. Entre 1921 e 1927, o número de mulheres desempregadas subiu de 60.975 para 369.800, aumentando em seis vezes (ver Tabela 7).

Em 1927, o Departamento de Mulheres do Partido (*Zhenotdel*) organizou um grande congresso de mulheres trabalhadoras e camponesas em Moscou. O *Zhenotdel* foi organizado em agosto de 1919, parcialmente em resposta à pressão das militantes partidárias em fomentar grupos locais separados de mulheres que fossem sancionados e apoiados oficialmente. Trabalhadoras fabris, camponesas, donas de casa e empregadas compunham o grosso das fileiras do *Zhenotdel*, e eram eleitas como delegadas para trabalhar como aprendizes em diversos ramos do governo. Embora os homens do Partido frequentemente se referissem pejorativamente ao *Zhenotdel* como "*bab-kom*" ou "*tsentro-baba*", ele teve um impacto importante sobre

---

[20] Idem. As doze províncias são: Vladimir, Viatka, Kostroma, Moscou, Nizhegorod, Penza, Samara, Smolensk, Ufa, os Urais e Iaroslavl.

[21] V. L., "Vliianie Novoi Ekonomicheskoi Politiki na Byt Trudiaschikhsia Zhenschin", *Kommunistka*, n. 3-5, 1922, p. 15.

[22] Abram Anikst, "Bezrabonitsa i Zhenskii Trud v Rosii", cit., p. 38.

[23] GAORSSLO, fond 6262, op. 5, delo 9, p. 2.

WENDY GOLDMAN

milhares de mulheres que se envolveram em suas atividades[24]. As delegadas do Congresso de Mulheres (II Congresso Pan-Russo de Trabalhadoras e Camponesas) vieram de todos os cantos do país, chegando de trem, carroça ou a pé, para atestar as condições das mulheres em suas cidades, vilas e vilarejos. Inúmeras mulheres reclamaram amargamente a respeito do desemprego, uma das maiores preocupações do Congresso. Ziuzina, uma delegada da província de

Tabela 7. Desemprego feminino, 1921-1929

Data	Número	Porcentagem de todos os desempregados
Dezembro de 1921	60.975	62,0
Julho de 1922	108.300	59,2
Outubro de 1922	142.600	58,3
Janeiro de 1923	190.300	52,5
Julho de 1923	154.578	41,4
Outubro de 1923	315.400	50,2
Abril de 1924	383.200	45,9
Julho de 1924	**	35,4
Janeiro de 1925*	**	32,6
" "	167.200	39,2
Abril de 1925	**	35,4
" "	217.100	39,2
Janeiro de 1926	431.100	45,3
" "	**	44,4
Janeiro de 1927	**	44,4
Outubro de 1927	369.800	45,5
Janeiro de 1929	**	43,9
Julho de 1929	**	49,9

* Onde as fontes diferem, ambas as cifras foram incluídas.
** Nenhuma cifra disponível.

Fonte: A. Anikst, "Bezrabotitsa i Zhenskii Trud v Rossii", *Kommunistka*, n. 2, 1922, p. 38; V. Usoltsev, "Zhenskii Trud v SSSR", *Voprosy truda*, n. 3, 1928, p. 56; G. Pavliuchenko, "Bezrabotitsa Sredi Zhenshchin", *Kommunistka*, n. 5, 1925, p. 39; G. Serebrennikov, "Zhenskii Trud v SSSR za 15 Let", *Voprosy truda*, 11-2, 1932, p. 61.

---

[24] Carol Hayden, "The *Zhenotdel* and the Bolshevik Party", *Russian History*, v. 3, n. 1, 1976, p. 150-7; e *Feminism and Bolshevism: The Zhenotdel and the Politics of Women's Emancipation in Russia* (Berkeley, University of California, 1979), tese de doutoramento.

MULHER, ESTADO E REVOLUÇÃO

Akmolinsk, na República do Casaquistão, afirmou que mulheres que eram demitidas após vários anos de trabalho simplesmente não conseguiam arrumar outros empregos[25].

Além disso, as taxas de desemprego, em geral subestimadas, escondiam um grande grupo de mulheres em busca de trabalho. Até 1925, as estatísticas incluíam apenas os "oficialmente" desempregados: trabalhadores que perderam seus empregos e se cadastraram nos centros de emprego. Camponesas, donas de casa e outras que procuravam um emprego assalariado pela primeira vez não estavam aptas a se cadastrar para os centros de emprego e, assim, não apareciam nas estatísticas oficiais. A. V. Artiukhina, a dirigente do *Zhenotdel* em 1927, afirmou em seu principal discurso ao Congresso de Mulheres que 84% das mulheres que necessitavam de empregos – esposas de trabalhadores e imigrantes camponeses – nunca haviam tido um trabalho assalariado. Diante do desemprego, os sindicatos protegiam com zelo o direito de seus associados e pouco faziam para defender os interesses de novos grupos em busca de trabalho. Petrovskaia, uma delegada da Ucrânia, explicou que as mulheres eram presas em um círculo vicioso: não conseguiam encontrar emprego porque não eram membros do sindicato e não podiam se associar ao sindicato sem um emprego.

Outra delegada descreveu o problema em minúcias: "Mulheres que estão sem trabalho há três ou quatro anos não conseguem encontrar emprego", declarou terminantemente.

> Por quê? Porque onde quer que se inscrevam todos dizem: "Nós não podemos ajuda-lá porque você não é filiada ao sindicato, você não tem seguro social". A mulher desempregada está faminta. Ela anda pelas ruas chorando. Chega a uma fábrica e pede: "Camaradas mulheres, me ajudem de alguma forma, eu não tenho trabalho e estou sem uma fatia de pão".[26]

O número de mulheres desempregadas sofreu grande flutuação durante os anos de 1920, refletindo purgos periódicos das listas de desemprego, grandes influxos de imigrantes do campo e ex-

---

[25] *Vsesoiuznyi s"ezd rabotnits i krest'ianok. Stenograficheskii Otchet. 10-16 oktiabria 1927 goda* (Moscou, 1927), p. 220. Daqui em diante citado como *S"ezd rabotnits i krest'ianok*.

[26] Ibidem, p. 237.

pansões e contrações na indústria. O agudo descenso de mulheres desempregadas entre 1924 e 1925 foi, em parte, um resultado do purgo nas listas de desemprego. Pesquisas no início dos anos de 1920 revelaram que muitos trabalhadores empregados tiravam vantagem da corrupção em larga escala nos centros de emprego para se cadastrar como desempregados e receber benefícios do seguro desemprego. Um vasto purgo das listas em julho de 1924, em Moscou, reduziu significativamente o número de desempregados cadastrados[27], e o número de mulheres desempregadas diminuiu de 383.200 em abril de 1924 para 167.200 em janeiro de 1925. Depois de 1925, os centros de emprego perderam seu direito de controlar alocações de trabalho e contratações em detrimento dos administradores das empresas, e muitos desempregados deixaram de se cadastrar neles.

Tabela 8. Mulheres na produção industrial, 1923-1929

Ano	Número	Porcentagem de todos os trabalhadores
1923	416.900	28,4
1926	643.628	28,4
1927	713.822	28,5
1928	725.926	28,7
1929	804.030	28,8

Fonte: B. Marsheva, "Zhenskii Trud v 1931 godu", *Voprosy truda*, n. 1, 1931, p. 2.

Conforme a economia começava a se recuperar em meados de 1920, os trabalhadores experimentaram o curioso fenômeno do aumento simultâneo do emprego e do desemprego. Um número crescente de desempregados encontrou novas colocações na indústria, mas a economia ainda não podia acompanhar o ritmo das torrentes de imigrantes que afluíam às cidades em busca de emprego[28]. Contudo, a recuperação afetou homens e mulheres de forma distinta. Mesmo que o número de mulheres da produção fabril tenha qua-

---

[27] William Chase, *Workers, Society, and the Soviet State: Labor and Life in Moscow, 1918-1929* (Chicago, University of Illinois Press, 1987), p. 140; V. Usol'tsev, "Zhenskii Trud v SSSR", *Voprosy Truda*, n. 3, 1928, p. 56.

[28] Edward Hallett Carr, *Socialism in One Country, 1924-1926*, v. 1 (Nova York, Macmillan, 1958), p. 365.

MULHER, ESTADO E REVOLUÇÃO

se duplicado entre 1923 e 1929, a parcela de mulheres na força de trabalho industrial permaneceu relativamente constante em 28% (ver Tabela 8). Assim, ainda que o número de empregos estivesse crescendo rapidamente e um número cada vez maior de mulheres encontrasse trabalho, as mulheres ainda não haviam sido bem-sucedidas em expandir sua porcentagem na força de trabalho. E as mulheres não foram tão rápidas para se recuperar do desemprego dos anos iniciais da NEP quanto os homens. Ainda em 1929, elas representavam 50% dos desempregados, mas apenas 29% dos empregados, apesar das novas oportunidades que brotavam. E, mesmo com uma melhora significativa da economia em meados da década de 1920, a parcela das mulheres no índice de desemprego de fato cresceu, de 40% em 1925 para 50% em 1929. Os homens eram absorvidos muito mais rapidamente pela economia em expansão. As mulheres, que foram as primeiras a serem demitidas no início da NEP, foram as últimas a serem contratadas no seu período final.

Muitos defensores da NEP lamentaram o crescimento do desemprego feminino, mas defenderam a política de cortes, a contabilidade de custos e a racionalização que a ele deram origem. Em sua visão, essas medidas eram necessárias para acelerar a recuperação da economia e a reintegração dos veteranos do Exército Vermelho que retornavam[29]. No entanto, quando a economia começou a se recuperar, tornou-se claro que as mulheres ainda sofriam desproporcionalmente com o desemprego muito menos em decorrência dos imperativos econômicos da NEP do que pela persistência dos padrões de discriminação nos locais de trabalho. Tendo escolha, muitos administradores claramente preferiam demitir mulheres do que homens. Ironicamente, as características mais progressistas da legislação trabalhista soviética, tais como a licença-maternidade remunerada, a proibição do trabalho noturno para as mulheres e as restrições de trabalho para mulheres grávidas e lactantes, frequentemente incitavam os administradores a demitir mulheres e substi-

---

[29] Ver William Chese sobre a posição "produtivista", *Workers, Society, and the Soviet State*, cit., p. 163; G. Serebrennikov, um economista da década de 1920, justificou a demissão de mulheres nos primeiros anos da NEP com base em seus baixos níveis de qualificação, mas foi mais crítico em relação a essas práticas no fim da década de 1920. Ver Georgii Nikolaevich Serebrennikov, "Zhenskii Trud v SSSR za 15 Let", cit., p. 61.

WENDY GOLDMAN

tuí-las por homens[30]. As mulheres eram consideradas mais custosas para se empregar. Um escritor declarou indignado:

> Quem não sabe dos abusos que são cometidos sob o nome de redução de pessoal, em que as mulheres, não apenas igualmente qualificadas, mas ainda mais, são demitidas porque uma mulher custa muito mais a uma empresa do que um homem?[31]

Delegadas do Congresso de Mulheres criticaram severamente os administradores das fábricas por suas práticas irrefletidas e sexistas. Ziuzina argumentou que os administradores demitiam mulheres sem nenhuma consideração por suas responsabilidades familiares. "Frequentemente demitem aquelas que têm três ou quatro filhos e não têm maridos ou relações", disse ela. Outra delegada declarou furiosa que os administradores das fábricas discriminavam as mulheres casadas. "Mesmo se ela quiser trabalhar, eles a demitem de qualquer forma. Eles dizem: 'você tem um marido – vá para casa para sua cozinha!'"[32]. Apesar das instruções explícitas do Comissariado do Trabalho para que se considerassem igualmente homens e mulheres em casos de demissões, os administradores de ramos industriais dominados por homens praticavam uma política agressiva com o intuito de eliminar as mulheres e substituí-las por homens[33]. Em alguns sindicatos, a crescente ameaça de desemprego levou a uma unidade premeditada contra as associadas mulheres[34].

Delegados do XIII Congresso do Partido, em 1924, tentaram frear a expulsão contínua das mulheres da indústria. Reconhecendo a terrível situação da mulher trabalhadora, o Congresso observou:

> A despeito da melhora em geral das condições da classe trabalhadora, a situação das mulheres trabalhadoras, a maioria das quais se encontra no setor mais mal remunerado e sem qualificação do proletariado, ainda é difícil.

---

[30] P. M. Chirkov, "Sovetskii opyt resheniia zhenskogo voprosa v period stroitel'stva sotsializma (1917-1937)", cit., p. 172.

[31] G. Pavliuchenko, "Bezrabotitsa Sredi Zhenshchin", *Kommunistka*, n. 5, 1925, p. 39.

[32] *S"ezd rabotnits i krest'ianok*, cit., p. 225.

[33] William Chase, *Workers, Society, and the Soviet State*, cit., p. 149.

[34] Edward Hallett Carr, *Socialism in One Country, 1924-1926*, cit., p. 387.

MULHER, ESTADO E REVOLUÇÃO

Os delegados votaram pelo fim das demissões de mulheres, para que se aumentasse sua qualificação e para que se envolvessem as mulheres em ramos produtivos nos quais elas eram tradicionalmente excluídas ou sub-representadas. Observando que o emprego das mulheres não era uma questão meramente econômica, o Congresso enfatizou "que a preservação das mulheres trabalhadoras na produção tem um significado político"[35]. O Partido, portanto, rejeitou uma linha "produtivista" orientada para uma recuperação econômica rápida e a maximização dos lucros, e reafirmou seu compromisso com os valores humanistas incorporados em seu programa pela emancipação das mulheres.

Alinhado às resoluções do Partido, o Comissariado do Trabalho, Seguridade Social e Planejamento Econômico e os sindicatos emitiram uma série de decretos com a finalidade de frear a discriminação contra as mulheres. Os administradores de fábricas foram instruídos para que homens e mulheres com as mesmas habilidades fossem demitidos em proporção igual no caso de uma redução de pessoal. Mulheres grávidas e lactantes em licença não poderiam ser demitidas, e mães com filhos de até um ano teriam prioridade em permanecer no emprego. Mulheres que perdessem seu emprego poderiam continuar utilizando a creche dos trabalhadores. Mulheres solteiras não deveriam ser despejadas de seus alojamentos[36].

Contudo, as resoluções e decretos pareceram ter pouco efeito sobre as práticas sexistas dos administradores de fábricas e a discriminação contínua em relação às trabalhadoras. Os administradores, sob a pressão de aumentar os lucros e maximizar a eficiência, deram pouca atenção aos apelos mais humanitários do Partido. Sua intransigência contínua logo forçou uma retirada em relação aos altos padrões da protecionista legislação trabalhista estabelecida em nome das mulheres após a Revolução. Depois de um debate acirrado, delegados do VI Congresso dos Sindicatos, em novembro de 1924, votaram pela queda da restrição ao trabalho noturno das mulheres e permitiram que entrassem em indústrias anteriormente condenadas como prejudiciais à saúde delas. Nas palavras duramente realistas de uma delegada de Rostov do Don: "É melhor que as organizações profissionais

---

[35] *Trinadtsatyi s"ezd RKP (b). Mai 1924. Stenograficheskii otchet* (Moscou, 1963), p. 678, 680.

[36] P. M. Chirkov, "Sovetskii oyt resheniia zhenskogo voprosa v period stroitel'stava sotsialzma (1917-1937)", cit., p. 173-4.

157

WENDY GOLDMAN

ofereçam à mulher trabalhadora menos proteção para que ela tenha a chance de conseguir para si uma fatia de pão e não seja forçada a se vender na avenida"[37]. Mesmo o *Zhenotdel*, o mais firme defensor dos interesses das mulheres, concordou com a necessidade de revogar o banimento do trabalho noturno para que os empregadores tivessem menos desculpas para demitir as trabalhadoras[38].

Em 1925, a indústria havia se recuperado o suficiente para sofrer pela ausência de trabalhadores qualificados. Contudo, o problema do desemprego feminino não diminuiu. A porcentagem de mulheres entre os desempregados, na verdade, cresceu após 1925, já que os administradores de fábrica davam preferência a homens desempregados. Até mesmo camponeses migrantes homens eram preferidos em detrimento das trabalhadoras.

Em última instância, todos os níveis do aparato estatal e industrial tinham alguma responsabilidade pela discriminação contra as trabalhadoras. Nos níveis mais altos, a prioridade implacável dada ao corte de custos e à maximização dos lucros à custa de valores políticos atacaram gravemente as oportunidades das mulheres. Os administradores de fábricas viam poucas alternativas à demissão das mulheres para manter os custos no nível mínimo. Como admitiu A. V. Shmidt, comissário do Trabalho, empregar mulheres não era "economicamente lucrativo"[39]. O Partido tentou aplacar alguns dos piores abusos ao reafirmar seu compromisso pela igualdade nos locais de trabalho. Mas, apesar de suas boas intenções, tanto administradores de fábricas quanto dirigentes sindicais continuaram discriminando as mulheres em seus padrões de contratação, demissão e promoção. As resoluções dos níveis mais altos tinham pouco efeito prático nas empresas locais. O recuo na legislação trabalhista protecionista demonstrou a incapacidade do Partido para acabar com a discriminação por decreto. Aparentemente, o único método eficaz de eliminar a discriminação contra as mulheres foi abolir a legislação trabalhista protecionista que reconhecia suas necessidades especiais enquanto mães. Uma das delegadas do VI Congresso de Sindicatos, em 1924, falou ferozmente contra "o prejuízo" das "conquistas legais" das mulheres. Rapidamente chegando ao cerne da questão, ela

---

[37] *Shestoi Vsesoiuznyi s"ezd professional'nykh soiuzov. Stenograficheskii otchet* (Moscou, 1925), p. 223.

[38] Carol Hayden, "The *Zhenotdel* and the Bolshevik Party", cit., p. 169.

[39] *Shestoi Vsesoiuznyi s"ezd professional'nykh soiuzov. Stenograficheskii otchet*, cit., p. 184.

MULHER, ESTADO E REVOLUÇÃO

observou que a pressão constante para aumentar a produtividade do trabalho estava na contramão das necessidades das trabalhadoras[40].

Sob essas circunstâncias econômicas difíceis, o divórcio implicava consequências potencialmente trágicas para a dona de casa ou a trabalhadora sem qualificação. Pois, se o marido a abandonava ou se divorciava dela, frequentemente ela se encontrava sem meios para sustentar a si ou seus filhos. Dziuba, uma delegada do Congresso de Mulheres proveniente da Ucrânia, enfatizou as dificuldades especiais da dona de casa após o divórcio. Ela disse:

> Camaradas trabalhadoras e camponesas, eu peço a vocês que considerem que a esposa do trabalhador, sua irmã, foi negligenciada. Se uma trabalhadora deixa o seu marido, ela apenas perde um marido, ela trabalha independentemente. Mas quando a esposa de um trabalhador deixa seu marido ela é considerada um elemento não trabalhador (*netrudnyi*), deixada sem abrigo na rua (*besprizornoi*). Não há para quem recorrer, tudo está fechado e todos dão as costas a ela.[41]

Sem um salário independente, as mulheres não estavam em posição de exercer seu direito à "união livre". Vera Lebedeva, chefe do Departamento para a Proteção da Maternidade e Infância (OMM), sombriamente resumia o futuro de muitas mulheres divorciadas:

> A fragilidade do laço matrimonial e o divórcio criam massas de mulheres solteiras que carregam o fardo da criação dos filhos sozinhas. Imagine a si mesmo como uma mulher assim, sem apoio de seu marido, com uma criança em suas mãos, demitida por um corte de pessoal e jogada para fora de seu dormitório [...] sem possibilidade de seguir se sustentando.
> Aonde vão estas centenas? Há uma saída – a rua.[42]

Na rua

O contraste entre o ideal socialista de união livre e as condições da época não era demonstrado em nenhum outro lugar tão cruamente

---

[40] Ibidem, p. 621.

[41] *S"ezd rabotnits i krest'ianok*, cit., p. 452.

[42] V. L., "Vliianie Novoi Ekonomicheskoi Politiki na Byt Trudiashchikhsia Zhenschin", *Kommunistka*, cit., p. 15-6.

WENDY GOLDMAN

quanto no espetáculo das mulheres se vendendo nas ruas. Muitos observadores notaram o aumento da prostituição durante a NEP. As mulheres abordavam os homens em estações de trem, nas praças e nos banheiros públicos. "Posicionadas em frente às portas principais, em trens de carga ou de passageiros, em becos, em banheiros, em outros lugares"[43], as mulheres vendiam sexo por quantias irrisórias como seis copeques, cinco rublos, dez rublos pela noite. Garotas sem teto dormiam em vagões de trens: as mulheres *besprizorniki*. Mulheres abandonadas, camponesas viúvas, mães com filhos pequenos, todas desesperadas para conseguir dinheiro, voltaram-se para a prostituição. Krupskaia escreveu: "A pobreza impele as mulheres a se venderem. Elas não são prostitutas que fazem disso um negócio, mas mães de família". A pobreza levou as mulheres a "trocarem sexo por uma fatia de pão"; era "o túmulo das relações humanas"[44].

Numerosos estudos contemporâneos jogaram nova luz sobre as relações entre o desemprego e a prostituição durante a NEP. A. Irving, sociólogo que publicou um estudo sobre as prostitutas em 1925, observou que 80% das 539 prostitutas que ele entrevistou entraram para a prostituição depois de 1921. Criticando os efeitos da NEP sobre as mulheres, ele escreveu:

> A porcentagem extraordinariamente alta de prostitutas que começaram no período da NEP, em contraste com o insignificante número de prostitutas trabalhando desde os primeiros anos da Revolução, demonstram que a NEP não é vantajosa de forma alguma.

Irving concluiu que "a NEP, suas tentações e o desemprego de trabalhadoras são os principais fatores da prostituição"[45]. O professor N. Duboshinskii descobriu em seu estudo com 601 prostitutas de Moscou, em 1924, que 51% das mulheres haviam se tornado prostitutas por necessidade. Entrevistando 340 mulheres, ele descobriu que 84% das mulheres haviam tentado abandonar a prostituição, mas não conseguiram encontrar emprego. Duboshinskii concluiu:

---

[43] A. Uchevatov, "Iz Byta Prostitutki Nashikh Dnei", *Pravo i zhizn'*, n. 1, 1928, p. 52.

[44] Nadezhda Konstantinovna Krupskaia, "Voina i Detorozhdenie", *Kommunistka*, n. 1-2, 1920, p. 18.

[45] A. Irving, "Vozrastnoi i Natsional'nyi Sostav Prostitutok", *Rabochii sud*, n. 5-6, 1925, p. 209.

MULHER, ESTADO E REVOLUÇÃO

"A fome é o fator mais importante na prostituição"[46]. Outro estudo aponta também que, embora 44% das prostitutas tivessem alguma qualificação de trabalho, apenas 15% eram qualificadas o suficiente para conseguirem trabalhar por conta própria. A maioria dessas mulheres eram costureiras de vestidos, uma ocupação em que os salários eram baixos, e o emprego, irregular e incerto[47]. Os restantes 85% eram dependentes do hostil mercado de trabalho para obterem emprego. E, mesmo quando empregadas, as mulheres eram ocasionalmente forçadas à prostituição devido a sua concentração nos trabalhos mal remunerados e sem qualificação. Um estudo de 1923 mostrou que muitas operárias fabris se valiam da prostituição para complementarem seus salários[48].

A maioria das prostitutas nos anos 1920 tinha origem na classe trabalhadora. O estudo de Duboshinskii sobre as prostitutas de Moscou demonstrou que 60% vinham dessa classe. Das restantes, 9% eram da aristocracia ou da burguesia, 5% da *intelligentsia* e 26% trabalhavam por conta própria em ocupações artesanais, confecção de vestidos e costura. Das trabalhadoras, 37% eram ex-empregadas, 20% haviam trabalhado na Narpit, 15% eram trabalhadoras fabris, 14% eram vendedoras e 9% trabalhavam nos serviços de saúde. A antiga ocupação dos restantes 26% do total era desconhecida. As estatísticas enfatizavam o impacto da NEP: quase 45% das trabalhadoras haviam entrado na prostituição, advindas de setores que sofreram drásticos cortes de pessoal, como a Narpit, as fábricas e os serviços de saúde[49].

Relatos revelaram que muitas mulheres tornaram-se prostitutas porque não conseguiram encontrar outros trabalhos. Kh., de 38 anos, foi descrita como "uma pessoa doente, exaurida, que perambulava com os olhos lacrimejantes". Chorando enquanto falava de sua vida, ela explicou que começou a trabalhar em uma fábrica de tabaco com onze anos. Vendeu mercadorias pelas ruas, entre 1917 e 1923, e depois trabalhou brevemente como diarista. Desempregada em seguida, foi presa por defender os lamentáveis resquícios de sua

---

[46] N. O. Duboshinskii, "Sotsial'nyi Sostav Prostitutsii", *Rabochii sud*, n. 3-4, 1925, p. 127-8.

[47] D. P. Rodin, "Iz Dannykh Sovremennoi Prostitutsii", *Pravo i zhizn'*, n. 5, 1927, p. 67.

[48] L. A. Vasilevskii e L. M. Vasilevskii, *Prostitutsia i novaia Rossia* (1923), p. 4.

[49] N. O. Duboshinskii, "Sotsial'nyi Sostav Prostitutsii", p. 125-6.

dignidade: havia atirado uma pedra em um homem na rua que a chamara de vadia. V., uma experiente costureira de 29 anos, com dois anos de escola secundária, contou uma dolorosa história sobre sua infrutífera busca por trabalho estável. Ela trabalhou numa fábrica têxtil até a Revolução, quando foi demitida. Em 1920, arrumou outro emprego, mas foi despedida no mesmo ano. Outra demissão veio depois de uma curta experiência como enfermeira em um hospital. Ela vendeu seus bens, peça por peça, e acabou sendo presa por fazer *samogon* (um tipo de bebida caseira). Quando deixou a prisão, começou a trabalhar como prostituta. V. foi descrita como "uma mulher devastada e desleixada, em trapos sujos que mal cobriam seu corpo, sem sapatos". Com uma voz derrotada, explicou que havia perdido toda a esperança de conseguir um emprego.

Muitas mulheres não tinham casa e se prostituíam para comprar comida. P., de 26 anos, perdeu sua casa quando se separou do marido. Dormindo em vagões de trens e andando por aí com *besprizorniki*, ela se prostituiu para sobreviver. S., uma sem-teto de dezessete anos, vagava mendigando e roubando por anos. Primeiro, homens se aproveitaram dela com promessas de levá-la para casa e alimentá-la. Então "aprendeu como fazer" e se tornou uma prostituta. Ela fazia sexo com cinco ou seis homens por noite. Outra jovem sem-teto descreveu sua vida em um vagão de trem, dormindo com dois ou três homens por noite por quantias de cinquenta copeques a dois rublos. Muitos dos homens eram sem-teto também. Às vezes ela ganhava uma surra em vez do dinheiro[50].

Enquanto o *besprizorniki* feminino era sem dúvida responsável por muitas prostitutas, um estudo publicado em 1925 descobriu que 44% das prostitutas de Moscou moravam com seus pais, irmãos ou outros parentes. Quase 40% viviam em um quarto e dormiam na mesma cama que um membro de sua família[51]. Essas mulheres não tiveram suas relações com a família cortadas, mas, pelo contrário, viviam com elas em bairros próximos e, muito provavelmente, contribuíam com seu dinheiro dolorosamente ganho para o orçamento doméstico. S., uma prostituta de dezoito anos, era típica nesse aspecto. Ela morava com seus pais e cinco irmãos e irmãs em um quarto.

---

[50] D. P. Rodin, "Iz Dannykh Sovremennoi Prostitutsii", cit., p. 68; A. Uchevatov, "Iz Byta Prostitutki Nashikh Dnei", cit., p. 53.

[51] Oleg Ol'ginskii, "Prostitutsiia i Zhilishchnyi Vopros", *Rabochii sud*, n. 5-6, 1925, p. 205.

MULHER, ESTADO E REVOLUÇÃO

Seu pai, um ancião inválido, recebia uma pensão de trinta rublos por mês. Ela começou a trabalhar como prostituta aos catorze anos, quando foi abandonada por um trabalhador que havia lhe prometido casamento. Outra jovem se tornou prostituta para sustentar seu irmão mais novo e a mãe idosa. Nenhuma das duas famílias jamais soube como as garotas ganhavam o pão que as alimentava[52].

Muitas mulheres trabalhavam como prostitutas para sustentar seus filhos dependentes. Uma mulher, abandonada por seu marido após vinte anos de casamento, explicou: "Fui para a rua chorando. Tinha de sustentar minha filha e protegê-la do mesmo destino". Ela fazia sexo com cerca de quatro homens por semana, suportando seus "maus-tratos, espancamentos e exigências perversas". A., de 26 anos, estava separada de seu marido e sustentando sua filha bebê. Ela ganhava cerca de cem rublos por mês como prostituta, e estava economizando para comprar uma máquina de costura. K., de 28 anos, era divorciada, com uma filha de oito meses. Ts., trinta, também divorciada, com dois filhos pequenos e uma mãe idosa para sustentar. Uma mulher havia sido dona de casa até que a morte de seu marido a forçou a procurar trabalho. Demitida após cinco meses em uma oficina de costura, ela tinha um filho pequeno, duas irmãs mais novas e uma sogra dependendo de seus ganhos. "Eu queria me casar novamente", ela disse com tristeza, "mas nenhum homem aceitaria uma família assim"[53].

Os dois maiores grupos de prostitutas urbanas eram as *besprizorniki* – que rapidamente descobriram que a prostituição era mais lucrativa que a mendicância – e as mulheres desempregadas que não conseguiam encontrar trabalho fixo. Naturalmente, as categorias se sobrepunham, pois a linha dividindo as desempregadas das sem-teto era tênue. As mulheres repetiam histórias de divórcio, separação e abandono. Elas eram frequentemente o único sustento de crianças pequenas, irmãos ou parentes idosos. A prostituição representava o destino mais doloroso, mas não o mais improvável, das mulheres sem marido sob a NEP. Era uma ridicularização da ideia de que as mulheres eram indivíduos livres e independentes, que podiam entrar em uma união baseada na livre escolha. Sem um salário independente, as mulheres eram forçadas ao menos livre dos atos: ganhar um pouco do salário dos homens vendendo

---

[52] D. P. Rodin, "Iz Dannykh Sovremennoi Prostitutsii", cit., p. 67, 69.

[53] A. Uchevatov, "Iz Byta Prostitutki Nashikh Dnei", cit., p. 52-3, 55.

Salários baixos e pobreza

Enquanto o desemprego permanecia como uma barreira inegável para a independência das mulheres, a sua concentração nos empregos mais mal remunerados e sem qualificação reforçava sua dependência dos homens. Contudo, por mais escassa que fosse a soma dos salários de uma família trabalhadora, os salários mais altos dos homens asseguravam um padrão de vida melhor para sua mulher e filhos. Mesmo se uma mulher trabalhasse, o divórcio significava uma queda substancial em seu padrão de vida.

As mulheres recebiam apenas 65% dos ganhos dos homens em meados dos anos de 1920. Em 1925, a média do salário das trabalhadoras da indústria era de 32,6 rublos por mês. A maioria das mulheres trabalhadoras (57%) ganhava entre vinte e quarenta rublos; cerca de 20% ganhavam menos de vinte rublos, mas apenas aproximadamente 4% ganhavam mais de sessenta. Havia notavelmente poucas mulheres na extremidade superior da escala salarial. Os salários baixos das mulheres não podiam ser atribuídos ao fato de que trabalhassem menos horas do que os homens. Homens e mulheres trabalhavam aproximadamente o mesmo número de dias por mês e horas por dia[54]. As mulheres ganhavam salários mais baixos porque estavam concentradas nos trabalhos braçais, sem qualificação, no fundo da escala salarial.

Os cortes que ocorreram durante a NEP tiveram o efeito de afastar as mulheres da indústria pesada e mandá-las de volta para os trabalhos tradicionais que tinham antes da guerra. As mulheres, subitamente removidas da mineração, metalurgia e gráfica, retornaram à indústria alimentícia, têxtil e de costura, os tradicionais e mal remunerados bastiões do trabalho feminino. As mulheres sofreram demissões em todas as indústrias devido a sua falta de especialização, mas os cortes mais agudos foram nas indústrias em que haviam entrado pela primeira vez durante os anos da guerra. Na indústria

---

[54] B. Markus, "Zhenskii Trud v SSSR v 1924 gody", *Kommunistka*, n. 4, 1925, p. 49; Adol'f Grigor'evch Rashin, *Zhenskii trud v SSSR* (Moscou, 1928), p. 37, 39.

MULHER, ESTADO E REVOLUÇÃO

metalúrgica, por exemplo, a parcela feminina da força de trabalho caiu de 15% em 1920 para 8% em 1928, uma redução de 47%. Na mineração, a parcela feminina caiu de 13,7% em 1923 para 7,5% em 1928; e na produção de máquinas de 13,8% em 1923 para 6,8% em 1929. Enquanto a parcela do trabalho feminino decrescia na indústria pesada, ela aumentava na indústria leve e setor de serviços. A porcentagem de mulheres trabalhadoras na Narpit aumentou de 55% em 1923 para 82% em 1928; de 61% para 65% nos serviços de saúde; e de 58% para 61% nas fábricas têxteis[55]. Sua parcela em todos os ramos da indústria alimentícia também aumentou[56]. Entre 1923 e 1928, 343.085 mulheres entraram na força de trabalho industrial, ainda que 71% destas tenham ingressado nos setores tradicionalmente femininos: 214.117 assumiram empregos em fábricas têxteis e mais 30 mil na produção de comida[57]. As mulheres perderam o que haviam ganhado durante a guerra. Conforme a economia se recuperava gradualmente, a divisão pré-guerra de gênero no trabalho se restabelecia, concentrando as mulheres nos setores mais mal remunerados da economia e nos empregos mais mal remunerados e sem qualificação dentro de cada setor.

As delegadas do Congresso de Mulheres observaram como a falta de qualificação das mulheres aparecia com particular relevo nas decisões a respeito de contratações, demissões e promoções. Os gerentes das fábricas frequentemente justificavam a demissão de mulheres com base no fato de que elas não tinham a qualificação necessária para preencher os cargos de melhor salário. E sua falta de qualificação as mantinha nas fileiras dos desempregados. Korotkova, uma delegada da Crimeia, observou: "Se você olhar nos centros de emprego encontrará apenas mulheres. Ninguém quer contratá-las porque não possuem qualificação"[58].

No entanto, outras mulheres observaram que a discriminação persistia mesmo quando elas adquiriam novas habilidades de trabalho. Petrovskaia, uma delegada ucraniana, explicou que a fábrica em sua

---

[55] Georgii Nikolaevich Serebrennikov, "Zhenskii Trud v SSSR za 15 Let", *Voprosy truda*, n. 11-12, 1932, p. 60-1.

[56] F. Vinnik, "Bezrabotitsa Sreda Zhenshchin y Pishchevikov", *Voprosy truda*, n. 2, 1929, p. 121.

[57] B. Marsheva, "Problema Zhenskogo Truda v Sovremennykh Usloviiakh", *Voprosy truda*, n. 2, 1929, p. 40.

[58] *S"ezd rabotnits i krest'ianok*, cit., p. 287.

cidade empregava quinhentas mulheres: 205 haviam aprendido novas habilidades, mas apenas uma ou duas foram promovidas a postos melhores. "Com lágrimas, com gritos, você vai a toda parte", disse ela indignada, "aos gerentes das fábricas, aos supervisores, mas nossa administração ainda tem a velha visão sobre as mulheres trabalhadoras. A administração acha que as mulheres deveriam apenas varrer o chão". As mulheres falavam amargamente não apenas de gerentes, mas dos trabalhadores homens também, acusando-os de atitudes sexistas e práticas que debilitavam a igualdade no ambiente de trabalho. Mesmo quando seus colegas do sexo masculino não eram ativamente hostis, ainda assim eram condescendentes com as mulheres e menosprezavam suas habilidades. Os homens nos pátios de trens zombavam das trabalhadoras, rindo entre si e perguntando: "O que as *babas* [mulheres] vão fazer na oficina?". "Eles interferem em tudo que nos diga respeito", uma delegada declarou furiosamente, "eles interferem na promoção das mulheres a postos mais elevados e qualificados"[59].

As estatísticas demonstravam uma divisão aguda entre trabalho masculino e feminino em todas as indústrias exceto a têxtil, na qual as mulheres superavam largamente o número de homens. Quase 50% dos homens empregados na indústria em 1925 estavam em trabalhos qualificados; outros 30% estavam em empregos semiqualificados; e menos de 20% estavam em posições sem qualificação. Para as mulheres, o número era o contrário: apenas 13% trabalhavam em empregos qualificados; cerca de 42% em semiqualificados; e os 45% restantes em empregos sem qualificação. A concentração de mulheres em empregos sem qualificação se refletia na classificação de seus empregos. Em uma escala de toda a indústria que ia de 1 a 12, 89% das mulheres estavam concentradas nos números de 3 a 6. A vasta maioria dos homens (75%), contudo, estavam no 6 ou acima. Enquanto menos de 10% dos homens estavam nos patamares de 1 a 3, quase 25% das trabalhadoras se encontravam nessas categorias. O patamar médio para os trabalhadores era 6, para as trabalhadoras, 4,3[60]. Até 1927, pouco havia mudado: um quarto dos homens ocupava altas classificações de emprego (patamar 8 ou acima), mas apenas 1,1% das mulheres[61].

---

[59] Ibidem, p. 237, 243, 255, 301.

[60] Adol'f Grigor'evich Rashin, *Zhenskii trud v SSSR*, cit., p. 12-3.

[61] Georgii Nikolaevich Serebrennikov, "Zhenskii Trud v SSSR za 15 Let", cit., p. 64.

MULHER, ESTADO E REVOLUÇÃO

Além do mais, mesmo homens e mulheres que ocupavam as mesmas posições recebiam salários diferentes. Uma delegada do Congresso de Mulheres observou furiosamente: "Uma mulher nem sempre recebe o mesmo salário que um homem ainda que façam trabalhos iguais". Ela reclamou que os homens com qualificação recebiam todos os privilégios. Mesmo os macacões não eram distribuídos igualmente[62]! Uma pesquisa salarial de trabalhadores sem qualificação em diversas indústrias em 1928 revelou que as mulheres ganhavam consideravelmente menos que seus colegas homens nos mesmos empregos: cerca de 25% menos na indústria metalúrgica, de algodão e borracha; 15% menos na de tabaco; e 33% menos na produção de sapatos[63].

As delegadas no Congresso foram rápidas em estabelecer a conexão entre a falta de qualificação das mulheres e seus baixos salários a uma série de outros problemas: elas eram mais suscetíveis às demissões; os homens as tratavam com desprezo no trabalho; baixos salários reforçavam sua dependência em relação à família. Uma delegada observou que a incapacidade de uma mulher para sustentar sua família sem um homem era uma importante causa de *bezprizornost'*. "Imagine a situação de uma mulher recebendo um salário na categoria de nível 3", ela disse, "que tem quatro filhos em suas mãos e não possui qualquer esperança de ser capaz de lhes prover sustento no futuro". O problema do *besprizornost'*, ela disse, tinha de ser resolvido pela raiz: fornecendo qualificação às mulheres[64].

As delegadas do Congresso se reportavam repetidamente à importância de um salário independente. A visão da liberação das mulheres a partir da independência econômica animava todas as discussões. Uma delegada falou por muitas quando proclamou:

> O que dá para nós, mulheres, a base para direitos iguais, o que fortalece nossa independência? Nosso salário independente. Todas nós, mulheres, sabemos que um salário independente nos fornece liberdade, forçando aqueles ao nosso redor a nos tratarem como um membro igual da sociedade e da família.[65]

---

[62] *S"ezd rabotnits i krest'ianok*, cit., p. 255.

[63] N. V., "K Voprosu o Planirovanii Zarplaty", *Voprosy truda*, n. 3-4, 1929, p. 45.

[64] *S"ezd rabotnits i krest'ianok*, cit., p. 240-1.

[65] Ibidem, p. 276.

Mulheres de todas as partes do país levantavam o persistente problema da falta de qualificação das mulheres. Elas compreendiam claramente que, sem qualificação e salários mais altos, a igualdade social era, na melhor das hipóteses, uma proposição ilusória.

Dependência reprodutiva e a divisão do trabalho por gêneros

A habilidade das mulheres em adentrar o ambiente de trabalho, melhorar sua qualificação, aprofundar sua educação e participar de um mundo público e político mais amplo se encontrava comprometida não apenas por seus baixos salários, mas também por suas responsabilidades com relação às crianças, que não haviam sido aliviadas. Vera Lebedeva, chefe do Departamento para a Proteção da Maternidade e da Infância (OMM), disse ao Congresso de Mulheres:

> Nós ouvimos de vocês as dificuldades que as mulheres encontraram para ganhar seu direito ao trabalho, o direito e a oportunidade de demonstrar sua iniciativa. [...] Essas dificuldades são criadas, em uma medida significativa, porque as mãos das mulheres estão atadas pela maternidade.[66]

O número de estabelecimentos de cuidados para crianças disponíveis imediatamente após a Revolução era lamentavelmente pequeno, ainda que tenha crescido de forma impressionante durante os anos da guerra civil (ver Tabela 9). O número de creches regionais e em fábricas subiu de meras 14 em 1917 para 914 em 1922; lares especiais para mulheres solteiras com crianças foram estabelecidos em todo o país, e o número de lares infantis para órfãos aumentou drasticamente. Mas a NEP teve um efeito dramático sobre os estabelecimentos disponíveis para mulheres e crianças. Em apenas um ano, entre 1922 e 1923, mais da metade das creches e lares para mães solteiras fechou suas portas e os fechamentos persistiram por mais dois anos. Quase todos os serviços destinados a mulheres e crianças foram agudamente reduzidos.

Muitas delegadas do Congresso de Mulheres falaram sobre os impactos da NEP e a necessidade de mais creches e lares infantis. Ziuzina, do Casaquistão, comentou que todos os lares infantis em sua cidade haviam fechado. Uma mãe solteira não tinha nenhum lugar

---

[66] Ibidem, p. 442.

Tabela 9. Instituições de cuidado infantil, 1917-1925

Instituições	1917	1918	1919	Jan. 1920	Jan. 1921	Jan. 1922	Jan. 1923	Jan. 1924	Jan. 1925	Out. 1925	URSS Out. 1925
Creches de fábrica, de *raions*	14	78	126	565	668	914	447	503	536	584	778
Creches rurais*	—	—	—	—	—	—	—	—	—	5	5
Lares para mães e filhos	—	10	17	99	125	237	110	91	80	96	103
Lares de crianças	7	92	121	370	418	765	491	362	313	287	433
Konsultatsiia											
Crianças	6	39	58	133	161	179	137	165	262	372	521
Gravidezes	—	—	—	—	—	29	28	95	169	208	276
Rurais	—	—	—	—	—	—	—	7	117	120	372
Legais	—	—	—	—	—	—	—	30	130	130	130

* Creches permanentes

Fonte: *Trudy III Vsesoiuznogo s"ezdapo okhrane materinstva i mladenchestva* (Moscou, 1926), p. 12.

ao qual recorrer para conseguir que cuidassem de seu filho. "Ela o deixa à mercê do destino ou o atira em algum tipo de abismo", comentou Ziuzina, referindo-se à desesperada prática do infanticídio. As mulheres desempregadas não eram cobertas pelo seguro e não recebiam ajuda alguma com a gravidez, o parto ou o cuidado com os filhos. "Tudo isso recai sobre os mais pobres", disse Ziuzina. "A mãe desempregada não consegue emprego nem assistência." Outra delegada pediu por mais assistência às crianças. "Em lugar algum há uma destruição da família como em Murmansk", explicou ela. Uraimagova, uma delegada da Ossétia do Norte, afirmou: "Para criar mulheres livres, nós precisamos criar as condições necessárias; creches são importantes, [assim como] jardins de infância e outras organizações para crianças". Uma outra delegada mencionou um novo estabelecimento fabril construído na província de Ivanovo--Vosnesensk, um grande centro têxtil, que empregava milhares de mulheres. "Mas o que nós fizemos nesse estabelecimento?", ela inquiriu. "Nós fizemos algo para libertar as mulheres? Não há quase nada lá – nenhum restaurante público, nenhuma creche, nenhum berçário [...] Nós devemos ter a libertação das mulheres em mente quando realizamos a construção de moradia"[67].

Creches e outras instituições de amparo à maternidade não foram os únicos serviços sociais a sofrerem sob a NEP. Durante a guerra civil, um grande número de pessoas, impelidas pela desvalorização do rublo, fazia suas refeições nos restaurantes comunitários (*stolovye*). Quando a fome ameaçou Petrogrado em 1918, o governo rapidamente organizou *stolovye* nas fábricas e locais de trabalho, e em janeiro de 1920 eles já serviam quase um milhão de pessoas. Após os decretos de 1919 autorizando comida gratuita para crianças, 80% dos jovens habitantes da cidade passaram a receber refeições gratuitas. Na província de Petrogrado, 1.892.513 pessoas recebiam alimentação do governo; 80% da população faziam suas refeições nos *stolovye*. Em Moscou, os refeitórios comunitários foram organizados um pouco mais tarde, ainda que em 1921 a cidade ostentasse 2 mil postos alimentares, servindo 956 mil pessoas, ou 93% da população. Centenas de refeitórios, cozinhas de sopa, estações alimentares e escolas proviam às crianças suas refeições diárias. Os refeitórios comunitários foram organizados mais rápida e efetivamente em áreas com grande população de operários fabris, como Viatka, Perm, Iaroslavl e

---

[67] Ibidem, p. 20, 231, 267, 300.

MULHER, ESTADO E REVOLUÇÃO

Tula, mas mais de um terço da população em 49 províncias (mais de 4,5 milhões de pessoas) recebiam refeições de dispensas comunais[68].

O sistema de alimentação social, como muitos programas emergenciais construídos às pressas, apresentava muitos problemas. As pessoas esperavam em longas filas para entrar em refeitórios sujos, nos quais a comida frequentemente estava estragada, as refeições eram parcas, os pratos e utensílios eram insuficientes. Muitos iam aos *stolovye* apenas porque as lojas estavam vazias, e eles recebiam refeições em vez de salários. Com o colapso de uma economia baseada em dinheiro, o *stolovye* tomou o lugar de um sistema de trocas mais complexo. Para o governo, tornou-se o mais eficiente, embora primitivo, meio de alimentar a população urbana.

Contudo, muitos viam o desenvolvimento dos *stolovye* como mais do que uma medida econômica. Eles eram considerados um primeiro passo na construção de uma economia verdadeiramente socialista e na emancipação das mulheres dos pequenos afazeres domésticos. Seus defensores admitiam com facilidade que os *stolovye* eram inadequados, mas essa inadequação era produto da escassez e do colapso econômico e não dos *stolovye* em si mesmos. Os restaurantes públicos eram um avanço social, uma vitória sobre o consumo familiar privado, a encarnação de "um novo modo de vida comunista"[69]. Assim como muitas das características do Comunismo de Guerra posteriormente descartadas como ilusórias ou prematuras, o grande número de pessoas participando do novo sistema levou a que muitos o vissem como um exemplo bem-sucedido do comunismo em ação. Ativistas apontavam com orgulho os esforços bem-sucedidos do governo para alimentar mais de 90% da população em Moscou e Petrogrado. I. Stepanov, um dirigente partidário, escreveu posteriormente com nostalgia:

> Durante os anos do Comunismo de Guerra nós conseguimos alimentar as crianças coletivamente. Todos nós, adultos, estávamos insana e terrivelmente famintos, mas podíamos dizer com razão para todo o mundo: as crianças são os primeiros cidadãos privilegiados de nossa república. Nós podíamos dizer que estávamos dando passos adiante para libertar o amor daqueles elementos degradantes

---

[68] A. Sviderskii, "Razvitie Obshchestvennogo Pitaniia v Rykakh Zhenshchiny", *Kommunistka*, n. 8-9, 1921, p. 26-9.

[69] Ibidem, p. 26, 29, 30.

e mortais, libertando o amor da economia e as mulheres da escravidão do lar.[70]

Com o fim do sistema de racionamento em 1921, os refeitórios comunitários começaram a fechar. As lojas de comida abriram novamente, e os trabalhadores passaram a receber um salário em dinheiro. Ainda que muitos estivessem felizes em trocar os sujos *stolovye* por suas refeições caseiras, diversas mulheres se ressentiram ao voltar para suas tarefas não remuneradas de fazer compras e cozinhar para a família. Numerosas trabalhadoras reclamavam que as tarefas domésticas tomavam muito de seu tempo e as impediam de participar de atividades fora de casa. Uma operária fabril da província de Moscou escreveu: "Uma trabalhadora chega em casa após um dia de trabalho de oito horas, janta em oito ou dez minutos e mais uma vez enfrenta uma carga de esforço físico: lavar as roupas, limpar etc.". "Não existem limites para o trabalho doméstico", suspirou outra, pois uma mulher é "diarista, cozinheira, costureira, lavadeira, enfermeira, mãe afetuosa e esposa atenciosa. E quanto tempo leva ir ao mercado e arrastar o jantar para casa!"[71]. Claramente, a retração do sistema de refeitórios comunitários não afetou homens e mulheres da mesma forma. Estudos sobre o gasto de tempo demonstraram que as mulheres eram responsáveis pela maior parte das tarefas domésticas mesmo se trabalhassem fora de casa. A operária fabril trabalhava oito horas por dia da mesma forma que seu parceiro homem, mas quando retornava para casa enfrentava mais cerca de cinco horas de trabalho doméstico; o trabalhador, apenas duas. Os homens tinham em média três horas e meia para relaxar durante o dia; uma mulher, apenas duas horas e vinte minutos. Os homens dormiam uma média de oito horas; mulheres, apenas seis horas e quarenta e cinco minutos[72]. As mulheres gastavam, em média, duas vezes e meia mais tempo do que os homens em tarefas domésticas e, como resultado disso, mal tinham metade do tempo de lazer[73]. Dadas as suas responsabilidades domésticas, não era surpreendente que as mulheres tivessem

---

[70] I. Stepanov, "Problema Pola", em E. Iaroslavskii (org.), *Voprosy zhizni i bor'by* (Moscou, 1924), p. 205.

[71] Z. Rakitina, "Byt po Zametkam Rabotnits", *Kommunistka*, n.12, 1926, p. 32.

[72] V. V. Sokolov, *Prava zhenshchinu po sovetskim zakonam* (Moscou, 1928), p. 16.

[73] Michael Paul Sacks, *Women's Work in Soviet Russia: Continuity in the Midst of Change* (Nova York, Praeger, 1976), p. 39.

MULHER, ESTADO E REVOLUÇÃO

uma taxa mais alta de analfabetismo e menor interesse em política e atualidades. Uma mulher dificilmente poderia compartilhar das mesmas preocupações e interesses de seu marido quando seus horizontes estavam bloqueados, dia após dia, por pilhas de lençóis e louça suja.

Muitas das delegadas do Congresso de Mulheres, em 1927, reivindicavam o retorno do sistema de refeitórios comunitários adotado durante o Comunismo de Guerra. Moirova, uma delegada da Narpit, argumentou que as mulheres não poderiam ser livres enquanto cozinhar, limpar e outras tarefas domésticas não fossem completamente socializadas. Disse:

> Nós ainda não nos libertamos do fardo familiar; mesmo entre os trabalhadores, que serão os primeiros a liquidar todos os vestígios do passado em suas famílias, está claro que as mulheres que trabalham em fábricas ainda são forçadas a cuidar das panelas e do fogão.

Ela pedia mais restaurantes públicos, refeições para as crianças e a distribuição de refeições prontas em domicílio. Moirova exortou as mulheres a entrarem nas indústrias de serviços. Se as mulheres fossem refreadas pela crença de que "a *babushka* [vovó] não foi uma torneira mecânica, portanto eu não devo ser uma torneira mecânica", "pois bem", Moirova retrucou, "todas as nossas *babushki* eram boas cozinheiras". As mulheres deviam usar as habilidades que tinham para sua libertação coletiva. Outra delegada sugeriu que os problemas do trabalho doméstico e do desemprego poderiam ser resolvidos simultaneamente, colocando mulheres desempregadas para trabalhar em novas indústrias de serviços ao consumidor[74].

Enquanto a lei via as mulheres como iguais aos homens, o papel delas no lar minava a sua independência. Enquanto o trabalho fosse segregado por gênero, a dependência era conformada na vida familiar. Moirova argumentava que a socialização do trabalho doméstico era essencial para um casamento igualitário e companheiro. "Nós não podemos considerar a construção do socialismo um sucesso se não fizermos uma revolução basilar em nossas próprias famílias", declarou ela.

> Estamos acostumadas a associar fogões, cozinhas, panelas, berços e bebês chorando à família. Em uma sociedade socialista, essas partes

---

[74] *S"ezd rabotnits i krest'ianok*, cit., p. 243, 252.

da família não devem existir. A família deve consistir de amor, camaradas iguais, cada um dos quais trabalhando naquilo em que pode ser útil para toda a sociedade.[75]

As dificuldades das mulheres impeliram muitos defensores de seus direitos a uma crítica voraz da NEP. Os críticos consideravam os drásticos cortes em serviços sociais e estabelecimentos para cuidados infantis, o aumento no desemprego feminino e a reaparição da prostituição como sinais tangíveis do impacto negativo da NEP nas perspectivas de libertação das mulheres. Trótski, dolorosamente ciente das consequências sociais da NEP, sugeriu que o voluntarismo e a ajuda mútua poderiam compensar o decréscimo nos gastos estatais. Ele estimulou as famílias a se agruparem em "unidades coletivas de manutenção das casas" e a experimentarem a socialização do trabalho doméstico, uma tarefa que o Estado "ainda não pode suprir"[76]. Contudo, outros ativistas, frequentemente apoiadores da NEP, eram críticos em relação a uma estratégia para a libertação baseada somente nos esforços individuais. Lebedeva lembrou como exemplo as mulheres camponesas que iam de vila em vila coletando ovos e farinha para sustentar as creches. Sua iniciativa era louvável, mas o voluntarismo tinha seus limites programáticos. "Isso não é um sistema", afirmou Lebedeva, "e uma rede de creches não pode ser criada pela caridade da população. [...] As creches devem entrar permanentemente nos orçamentos dos comitês executivos dos distritos". Ela notou que os centros nas cidades serviam apenas 16% da população trabalhadora, e a rede de cuidados infantis não estava acompanhando o crescimento do número de mulheres trabalhadoras. Lebedeva concluiu em tom pessimista: "A situação das mulheres não está melhorando, está piorando em termos relativos"[77]. Muitos ativistas defendiam a posição de que a reanimação da economia não deveria ser construída à custa das necessidades das mulheres. Delegadas de uma reunião sobre o trabalho feminino, em 1922, raivosamente chamaram a atenção à "catastrófica situação dos serviços pensados para proteger mães e filhos devido às pressões orçamentárias do Estado durante a NEP". As delegadas exigiram que o Comitê Central compelisse "o Partido inteiro, o Estado soviético e

---

[75] Ibidem, p. 250.

[76] Leon Trotski, *Women and the Family* (Nova York, Pathfinder, 1970), p. 26-8.

[77] *S"ezd rabotnits i krest'ianok*, cit., p. 448, 450.

MULHER, ESTADO E REVOLUÇÃO

os sindicatos" a considerarem "os problemas da maternidade e da infância". Mais importante, elas advertiam contra a separação dos problemas das mulheres daqueles do Estado e dos trabalhadores. Os problemas das mulheres eram "intimamente ligados à situação da classe trabalhadora como um todo e em circunstância nenhuma deveriam ser considerados separadamente do Estado proletário". O tom firme e intransigente da resolução expressava a insatisfação que numerosos ativistas sociais sentiam em relação à orientação "produtivista" da NEP. Contudo, como apontou Sophia Smidovich, futura líder do *Zhenotdel*, "essa resolução não era mais do que uma voz gritando no deserto"[78].

Pensão alimentícia

Dados os obstáculos para a independência feminina, milhares de mulheres divorciadas recorriam aos tribunais para processar seus antigos maridos em busca de pensões alimentícias ou apoio financeiro para os filhos. O próprio conceito da pensão alimentícia – a expressão monetária da dependência das mulheres em relação aos homens – significava a persistência da família como forma primária de organização social e segurança. A prática da pensão, assegurando que o homem assalariado se responsabilizasse pela mulher necessitada e pela criança, em vez de o Estado cumprir esse papel, revelava a escassez dos serviços sociais e a falta de opções fora da família para as mulheres.

De acordo com o Código da Família de 1918, todas as crianças, independentemente de seus pais serem casados, tinham o direito ao sustento destes até os dezoito anos. A disposição era notavelmente inclusiva, não fazendo nenhuma distinção entre filhos "legítimos" e "ilegítimos". O dispositivo relativo à pensão, em comparação, era bastante limitado. Um ex-cônjuge tinha direito a apenas seis meses de apoio após o divórcio, e apenas se ela ou ele estivesse incapacitado e passando por necessidades. O dispositivo excluía, assim, as mulheres saudáveis, independentemente do quão pobres fossem. Dados os limites da pensão, a grande maioria das mulheres que ia ao tribunal era obrigada a processar apenas pelo apoio aos filhos,

---

[78] S. Smidovich, "O Novom Kodekse Zakonov o Brake i Sem'e", *Kommunistka*, n. 1, 1926, p. 47.

WENDY GOLDMAN

ainda que os juristas soviéticos utilizassem o termo "pensão" para abarcar o apoio monetário de ex-cônjuges, filhos e mesmo relações de dependência.

O número de casos de pensão cresceu rapidamente após 1918. No começo, os pedidos de pensão eram "insignificantes". Pesquisando sete tribunais de Moscou em 1918, Goikhbarg observou que o número de divórcios envolvendo filhos era insignificante e que os juízes atribuíam pensão a menos de 1% dos casos[79]. No entanto, conforme o divórcio se tornou mais popular, os números começaram a subir. Em 1919, cerca de 16% dos casos de divórcio em Moscou incluíam pedidos de pensão[80]. Com o fim da guerra civil e o crescimento do desemprego, os pedidos de pensão subiram bruscamente. Em 1923, cerca de 33% de todos os casos de divórcio envolviam pensões. Em 1924 o número havia subido para quase 45%[81].

O número de casos de pensão subiu drasticamente conforme mais e mais mulheres buscavam a ajuda dos tribunais para sustentarem seus filhos. O grande número de casos de pensão também incluíam mães solteiras que processavam seus parceiros em busca de apoio para os filhos. Em 1925, os casos de pedidos de pensão superaram, nos tribunais, os casos de divórcio. A. T. Stel'makhovich, o presidente dos tribunais provinciais de Moscou, observou "um aumento ininterrupto dos casos envolvendo pensão"[82]. Em 1923, os tribunais populares de Moscou lidaram com 2.662 casos de pensão; em 1924, os números haviam quase dobrado, chegando a 2.592 somente no primeiro semestre. Em 1925, os números haviam quase dobrado novamente, alcançando 9.329[83]. Os juízes na cidade de Moscou e tribu-

---

[79] Alexander Grigor'Evich Goikhbarg, "O Brakakh i Razvodakh", *Proletarskaia revoliutsiia i pravo*, n. 5, 1918, p. 15. As estatísticas judiciais soviéticas não distinguiam a pensão alimentícia do subsídio de menores, portanto é impossível separar os julgamentos de manutenção de um cônjuge daqueles em benefício de um filho. A palavra *alimenti* cobria ambos os casos.

[80] Ibidem, p. 85.

[81] "Rabota Suda Moskovskoi Gubernii v 1923 godu. Doklad Predsedatelia Gubsuda I. A. Smirnova", p. 8; e Igor' Aleksandrovich Smirnov, "Sovremennye Zadachi Suda v Derevne", cit., p. 2.

[82] A. Stel'makhovich, *Dela ob alimentakh*, cit., p. 7; A. Stel'makhovich, "Alimentnye Dela", *Proletarskii sud*, n. 4-5, 1926, p. 1.

[83] "Rabota Suda Moskovskoi Gubernii v 1923 godu", cit., p. 2.

MULHER, ESTADO E REVOLUÇÃO

nais provinciais atenderam aproximadamente 1.300 casos de pensão por mês, em 1925[84].

A controvérsia a respeito da capacidade dos tribunais de lidar com o influxo dos casos de pensão se alastrava. Alguns juristas alegavam que os tribunais estavam inundados, que os oficiais de justiça não conseguiam procurar por todos os maridos errantes em suas listas, e que as mulheres não conseguiam receber as quantias estipuladas nos tribunais[85]. Outros estavam menos perturbados com o rápido aumento dos casos de pensão e defendiam a capacidade dos tribunais em lidar com as consequências da nova lei de divórcio. Nakhimson, presidente do tribunal provincial de Leningrado, repudiou os críticos em um discurso raivoso no *Presidium* do tribunal em 1925. "Muitas pessoas fantasiam sobre as práticas dos tribunais", bufou ele. "Alguns alegam que os casos de pensão estão inundando os tribunais. Isto não é verdade."[86] Diversos outros juízes apoiaram Nakhimson, afirmando que apenas 10% a 20% dos casos civis em seus tribunais correspondiam a pedidos de pensão[87].

O aumento dos casos de pensão era também, em parte, resultado do sucesso soviético de popularização da nova lei. Encorajadas pelos *konsultatsiias* legais (serviço jurídico gratuito) criados para informar as pessoas de seus direitos, pela vasta distribuição de panfletos simples para camponesas e trabalhadoras sobre a lei familiar, e pela confiança em um julgamento potencialmente favorável, mulheres pobres e sem instrução lotavam os tribunais para assegurar seus direitos. Os juízes encorajavam sua iniciativa com decisões favoráveis nas questões de paternidade e amparo aos filhos.

Em 1925, Stel'makhovich conduziu uma pesquisa detalhada de trezentos casos de pensão na cidade de Moscou e em tribunais

---

[84] A. Stel'makhovich, *Dela ob alimentakh*, cit., p. 7-9.

[85] S. Smidovich, "O Novom Kodekse Zakonov o Brake i Sem'e", cit., p. 49-50; Li, "O Proekte Kodeksa Zakonov o Brake, Sem'e i Opeke", *Rabochii sud*, n.2, 1926, p. 78; N. Zaks, "Zamechaniia po Prakticheskoi Rabote", *Proletarskii sud*, n.2, 1926, p. 5.

[86] "Zasedanie Prezidiuma Leningradskogo Gubsuda", *Rabochii sud*, n. 1, 1926, p. 23.

[87] Ver ibidem, p. 23-30, testemunho dos juízes; e "Diskussiia po Povodu Proekta Kodeksa Zakonov o Brake, Sem'e i Opeke", *Rabochii sud*, n. 3, 1926, p. 231-242.

WENDY GOLDMAN

provinciais[88]. Como presidente, ele tinha acesso a cenas de tribunal que dramatizavam a vida matrimonial e as relações sexuais. Examinando a classe social, estado civil e histórias de caso das demandantes e dos réus, seu estudo oferecia um olhar de perto sobre o uso popular do sistema dos tribunais e sobre a resposta judicial. A pesquisa de Stel'makhovich mostrou que o maior grupo de mulheres, quase 45% das que processavam em busca de pensão, eram solteiras. Apesar da longa tradição da lei czarista proibindo as mulheres de exigir apoio para filhos ilegítimos, as mulheres solteiras foram rápidas para aproveitar a lei. A maioria das mulheres era pobre e não tinha instrução, eram camponesas, trabalhadoras desempregadas, serviçais ou trabalhadoras em empregos sem qualificação. Cerca de um terço havia morado com seus parceiros como "marido e mulher" por mais de um ano, e muitas haviam sido abandonadas quando engravidaram. Dentre esse grupo, quase um quarto das mulheres que prestavam queixas e dos homens réus eram camponeses, a mulher, em geral, de família mais pobre. Ainda que os homens negassem a paternidade em cerca de um terço dos casos, era concedida às mulheres a pensão alimentícia para sustento dos filhos em 99% dos casos. Um caso envolvia um casal de camponeses que estavam envolvidos em uma relação de longo prazo. Quando a mulher engravidou pela primeira vez, o homem a persuadiu a fazer um aborto. Na segunda gravidez, contudo, ela se recusou a fazer outro aborto e teve a criança. Seu parceiro rapidamente a abandonou, mas o juiz soviético não: ele concedeu a ela a pensão alimentícia. Apesar do enorme estigma ligado à ilegitimidade nas vilas e as dificuldades que as camponesas enfrentavam ao buscar seus direitos legais, muitas iam aos tribunais e ganhavam seus casos. Em casos envolvendo relações de longo prazo, o tribunal raramente negava a pensão às mulheres.

Dois terços das mulheres solteiras que iam aos tribunais estavam envolvidas em uniões curtas, frequentemente casuais, com menos de um ano, ou haviam sido vítimas de estupro. Ainda nesses casos, as mulheres eram notavelmente bem-sucedidas em suas reivindicações por pensão. Os juízes geralmente se abstinham de fazer qualquer tipo de julgamento sobre a conduta sexual das mulheres e tentavam,

---

[88] O conjunto do material seguinte foi extraído de A. Stel'makhovich, *Dela ob alimentakh*, cit.

em vez disso, atender suas necessidades como mães. Em um caso, uma criada que vivia em um dormitório com três trabalhadores temporários teve relações com todos os três, mas apontou apenas um como o pai. Ele negou vigorosamente e apontou os outros dois. O juiz, ignorando os protestos que se seguiram, calmamente ordenou que cada um deles pagasse à mulher três rublos por mês até que a criança completasse dezoito anos. Em outro caso, uma criada processou um marceneiro que vivia em seu andar. Ela alegava que ele era o pai da criança. Ele contra-argumentava dizendo que ela o havia visitado apenas para pegar lenha. Mesmo sem testemunhas, a mulher deixou o tribunal com uma pensão mensal. Os juízes davam ganho de causa às mulheres mesmo quando um tempo considerável havia decorrido entre o nascimento da criança e o processo. Uma jovem estudante que havia morado com seu namorado por um período curto, em 1919, engravidou. Eles logo terminaram, ela foi forçada a abandonar a escola, mas ele concluiu seus estudos. Seis anos depois, quando ela ficou doente e perdeu o emprego, ela o processou. O juiz lhe concedeu 10% dos ganhos de seu antigo amante.

Em alguns casos envolvendo uniões curtas, a mulher havia sido coagida a fazer sexo ou estuprada. As criadas e *sluzhashchie* [funcionárias administrativas] eram frequentemente obrigadas a se submeterem às investidas sexuais de seus empregadores ou colegas de trabalho. Mulheres desempregadas ocasionalmente recebiam promessas de emprego em troca de favores sexuais. Nesses casos, os juízes confiavam em grande medida no testemunho da mulher envolvida. Uma criada surda e com deficiência mental, que engravidou após o estupro cometido por um camponês solteiro que a empregou, recebeu uma pensão de 5 rublos por mês para seu filho. E uma faxineira viúva com dois filhos recebeu seis rublos por mês de um colega que a estuprou enquanto ela trabalhava limpando vagões vazios. Ele era um pai casado com cinco filhos. Nos dois casos, o testemunho das mulheres foi corroborado por testemunhas que forneceram apenas evidências circunstanciais.

Mais de 70% dos homens envolvidos em relações de curto prazo negavam a paternidade. Nas vilas, o número chegava a 92%. Stel'makhovich notou que muitos homens tinham "uma abordagem bastante cínica" com as mulheres. Geralmente os outros juízes estavam de acordo, frequentemente dando crédito à história da mulher em detrimento da do homem. Se um homem não pudesse ser iden-

WENDY GOLDMAN

tificado como o pai, todos os que tiveram relações sexuais com a mulher eram considerados responsáveis pelo sustento da criança. A evidência frequentemente consistia em uma única testemunha que havia visto o casal passeando junto. Uma trabalhadora sem qualificação que engravidou após suas férias no campo obteve dez rublos por mês de um camponês solteiro. O homem negou a responsabilidade, mas testemunhas afirmaram ter visto o casal junto. Uma mulher desempregada, em Moscou, engravidou após dormir com um veterano do Exército Vermelho que visitou a cidade. Ainda que ele alegasse não se lembrar dela, o juiz atribuiu um terço de seus ganhos mensais à mulher. A esmagadora maioria das mulheres ganhava seus casos a despeito da falta de provas "substanciais". Stel'makhovich citou apenas um caso em que se descobriu que uma mulher estava mentindo. Uma camponesa pobre (*bedniachka*) que vivia com um homem reivindicou pensão de outro. Ela mais tarde revelou que o havia processado simplesmente porque o réu "possuía duas vacas".

Os juízes em geral empregavam critérios bastante flexíveis para "provar" a paternidade. Normalmente, fiavam-se mais na probabilidade do que no fato comprovado de uma ligação sexual para identificar, nas palavras de Stel'makhovich, "o candidato comparavelmente mais próximo de ser o pai". Além disso, os juízes não estavam excessivamente preocupados em não cometer erros. Estabelecer apoio financeiro para a criança tinha prioridade em relação à preservação dos interesses financeiros dos réus homens. Stel'makhovich escreveu: "Em última instância, a tarefa do tribunal é proteger a criança fornecendo um pai que será materialmente responsável. Desse ponto de vista, se o tribunal está errado e escolhe alguém como pai que não é o responsável pela concepção, então ele ainda não pecou contra os interesses da mãe e da criança"[89].

O segundo maior grupo de casos (37%) envolvia casais que eram casados (em igrejas ou em Zags) e depois divorciados. Aqui, o tamanho da pensão, mais do que a comprovação da paternidade, era a questão central. Entre os casais divorciados, o número dos casados em igrejas (28%) era bem menor do que os casados em Zags (72%). Geralmente, os casados em igrejas já estavam há bastante tempo vivendo separados. A maioria eram casais com filhos adolescentes, que haviam casado novamente e tinham novas famí-

---

[89] Ibidem, p. 49-50.

lias. Cerca de 40% das mulheres eram desempregadas ou donas de casa, 23% ganhavam um salário independente e pouco mais de um terço eram camponesas. Os homens eram em sua maioria *sluzhashchie* e operários. Em contraste com as mulheres, apenas 10% dos homens eram camponeses, sugerindo que muitos desses casais haviam se divorciado após o homem deixar sua esposa para encontrar trabalho na cidade.

A custódia e a quantia da pensão eram pontos recorrentes de contenção em casos em que o réu tinha uma nova família para sustentar. Um caso envolvia um diretor de uma usina que ganhava 80 rublos por mês e sua ex-esposa, uma trabalhadora, ganhando 24 rublos por mês. Indo ao tribunal para pedir a custódia de seu filho de sete anos, ele explicou que tinha quatro filhos do segundo casamento e simplesmente não podia pagar os cinquenta rublos por mês estipulados pelo tribunal em 1918. O tribunal ordenou a ele que pagasse 15% do seu salário, reduzindo o pagamento a doze rublos por mês. Outra mulher com filho havia sido casada por 21 anos antes de seu divórcio. Seu ex-marido, um gerente de fábrica que ganhava 145 rublos por mês, havia casado novamente e tinha cinco filhos. Doente e desempregada, ela requisitou 35 rublos por mês para sustentar a si e a seu filho. Ele ofereceu dez rublos e pediu a custódia. O tribunal concedeu a ela vinte rublos, uma quantia que mal cobriria suas despesas mensais. Esses casos tinham todos um tema em comum: as mulheres estavam desempregadas e precisavam de dinheiro; os homens haviam casado novamente e tinham obrigações financeiras com suas novas famílias. Não havia uma solução completamente justa para o problema. Colocado de forma simples, mesmo homens que estavam relativamente bem não podiam sustentar duas famílias com seu salário.

Os casos envolvendo casamentos em Zags eram relativamente diferentes dos casamentos realizados em igrejas. Naturalmente, os casais tendiam a ser mais jovens e com menos filhos. Apenas uma pequena porcentagem havia casado novamente e ainda menos possuía uma segunda família. Nenhuma das mulheres era dona de casa, mas cerca de 14% eram desempregadas, e metade era de camponesas. Os homens eram trabalhadores (42%), camponeses (23%) ou *sluzhashchie* (21%). Aqui, igualmente, tanto os camponeses quanto os trabalhadores tinham dificuldade em pagar as pensões estabelecidas judicialmente. O maior grupo de casais consistia de mulheres camponesas e homens trabalhadores, e muitos desses casos envolviam questões particularmente complicadas de pensão.

As dificuldades para estabelecer um sistema de pagamento para camponeses vivendo em uma economia sem salários, baseada na autossuficiência, surgiam repetidamente entre casais, independentemente de terem se casado em igrejas, serem registrados em Zags ou nunca terem se casado. Homens camponeses, sem acesso a um salário regular, frequentemente alegavam que não tinham dinheiro. Um exemplo típico refere-se a uma mulher trabalhadora de fábrica que estava desempregada e tinha um filho de três anos de seu casamento anterior com um camponês. Ele havia se casado de novo e tido outro filho. Vivendo em uma casa pequena e pobre, alegava não ter dinheiro para pagar pensão. O tribunal estabeleceu em favor de sua ex-esposa uma quantia de três rublos por mês, valor muito baixo para ela e muito alto para ele. Camponeses frequentemente pagavam a pensão em espécie (farinha, leite, frutas etc.), mas se uma ex-mulher e seu filho se mudavam para uma área urbana, tal quantia não era mais suficiente. Uma jovem camponesa recebia 36 libras de farinha por mês para sustentar seu filho, mas quando foi para a cidade procurar trabalho ela pediu 25 rublos no lugar da farinha. Seu marido explicou ao tribunal que não tinha como pagar e pediu a custódia do filho. A definição de uma quantia "justa" era praticamente impossível quando as famílias se dividiam em dois sistemas econômicos tão diferentes. Dois camponeses com um filho de oito anos haviam se divorciado em 1920. À época, o homem deu a sua ex-esposa e filho um terço da casa e da terra. Os dois acabaram se casando novamente, o homem se mudou para Moscou e obteve um trabalho que pagava 52 rublos por mês. Isso impeliu sua ex-esposa a retornar ao tribunal para pedir pensão em dinheiro. Ele, indignado, se dirigiu ao juiz sobre o acordo anterior: uma tradicional divisão camponesa (*vydel*). Ainda que um tribunal em instância inferior tenha inicialmente recusado o pedido da mulher, a decisão foi revertida e ela conseguiu obter 15 rublos por mês do novo salário de seu ex-marido. Tais casos eram comuns. Os juízes tentavam diariamente resolver as complicadas consequências do divórcio em famílias ainda enraizadas em uma economia não salarial, ou divididas entre os mundos do trabalho assalariado e da autossuficiência camponesa.

Os casos remanescentes de pensão alimentícia, constituindo significativos 18%, se referiam a casais ainda casados. Entre os casos mais

MULHER, ESTADO E REVOLUÇÃO

trágicos nos tribunais, eles revelavam casamentos arruinados pelo alcoolismo, pobreza, abandono e abuso. Mais da metade das mulheres nesse grupo eram camponesas. Muitas haviam ficado no campo quando seus maridos partiram para trabalhar nas vilas; elas buscaram a ajuda do tribunal quando os maridos pararam de enviar dinheiro para casa. Os homens alegavam grandes despesas e pequenos salários. As mulheres diziam aos juízes "ele bebe" ou "ele está vivendo com outra mulher". Numerosos camponeses haviam deixado suas famílias nos vilarejos e encontrado uma nova "esposa" urbana. Em outros casos, mulheres camponesas deixavam a casa de seus maridos porque eram espancadas ou sofriam abusos. Algumas vezes os camponeses expulsavam suas mulheres de casa porque estavam doentes ou incapacitadas. Um camponês disse ao juiz que sua mulher doente "come pão em troca de nada". Em outros casos, as mulheres tentavam obter algum controle sobre o salário de maridos alcoólatras.

Os tribunais claramente favoreciam as necessidades das mulheres e crianças em sua interpretação do Código de 1918. Juízes utilizavam critérios flexíveis para determinar a paternidade, avaliando se o réu "no curso natural dos eventos podia ser responsável pela gravidez"[90]. E eles tentavam fazer com que os homens assumissem uma responsabilidade contínua por seus filhos. Ainda assim, mesmo as melhores intenções não podiam corrigir outros problemas mais sérios. Ainda que os tribunais não fizessem nenhum julgamento a respeito da conduta sexual das mulheres, geralmente dando crédito a seu testemunho no desígnio da paternidade, as pensões eram em geral pequenas. Além disso, a mulher não tinha direito a apoio pessoal. Abandonada com um filho, com pouca esperança de emprego ou de acesso à creche, ela tinha recursos legais limitados. Enfrentava um futuro sombrio de tentar sustentar a si própria e a um filho com dez ou vinte rublos por mês, às vezes menos.

Além disso, havia severas limitações à determinação, por parte dos tribunais, da quantia a ser paga, pois os salários dos homens eram frequentemente muito baixos para sustentar uma ex-mulher e um filho. Ainda que os homens alegassem pobreza com uma frequência suspeita, na maioria dos casos eles estavam dizendo a verdade. Se um homem se casasse novamente ou se sua ex-mulher estivesse desempregada ou tivesse um filho, todos sofriam. As mulheres raramente conseguiam viver com a quantia estabelecida pelos tribunais, e os

---

[90] Ibidem, p. 49.

homens raramente podiam pagá-las. A pobreza, aliada à dependência das mulheres, criava uma situação que mesmo o Rei Salomão não poderia resolver.

Em Moscou, o trabalhador médio chefiando uma família em 1924 ganhava cerca de 82 rublos por mês. Em circunstâncias ideais, uma segunda fonte de renda, de uma esposa trabalhadora ou um adolescente, elevava os ganhos familiares a 125 rublos mensais. As despesas mensais para essa família média de três pessoas chegavam a 107 rublos[91]. Se o trabalhador se envolvesse com outra mulher que viesse a ter um filho dele, o tribunal provavelmente ordenaria que ele pagasse um terço de seus ganhos para sustentar esse filho. Isso deixaria sua família original em um problema financeiro sério, com cerca de dez rublos a menos do que o necessário para pagar suas despesas mensais. Se esse mesmo trabalhador deixasse sua mulher e filho para ficar com a outra mulher, o tribunal ordenaria que ele pagasse um terço de seu salário para a ex-esposa. Sem o homem assalariado, a renda familiar alcançava apenas 43 rublos por mês, com a pensão, poderia alcançar 70 rublos. Contudo, as despesas mensais para uma mulher com um filho chegavam a cerca de 72 rublos por mês: os ganhos dela e o pagamento dele não conseguiam cobrir adequadamente as despesas básicas da família. E, se uma mulher não trabalhasse, trabalhasse meio período ou tivesse mais de um filho, a perspectiva financeira da família era ainda mais sombria.

Os homens eram vítimas como as mulheres. Um número surpreendente de homens pedia a custódia dos filhos porque não conseguiam pagar as pensões ordenadas pelos tribunais. Ainda que esses pedidos fossem comuns entre os camponeses, eles eram feitos por trabalhadores assalariados também. Uma vez que um homem se casasse novamente e tivesse uma segunda família, ele frequentemente não conseguia garantir o envio do "terço" de seus ganhos ordenado pelo tribunal para sua ex-mulher e filho.

Dados os grandes obstáculos financeiros para o divórcio, homens e mulheres tendiam a culpar-se mutuamente pelas dificuldades. Juízes recebiam "bilhetes rancorosos" de homens, reclamando das decisões judiciais. Os homens resmungavam dizendo que as pensões levavam ao "casamento soviético sem liberdade", que elas interferiam em sua liberdade, que as mulheres eram libertas à custa dos homens. Eles alegavam que os tribunais eram injustos, que sempre

---

[91] Elena Osipovna Kabo, *Ocherki rabochego byta* (Moscou, 1928), p. 19.

MULHER, ESTADO E REVOLUÇÃO

ameaçavam "meter a mão 'no terço'". As mulheres usariam os tribunais para emboscar e chantagear os homens. A pensão seria uma "punição sem o crime"[92].

Milhares de homens simplesmente se recusavam a pagar as quantias estipuladas pelos tribunais. Eles deixavam a cidade ou mudavam de empregos. Sofia Smidovich, líder do *Zhenotdel* em 1924, observou que havia "uma centena de subterfúgios para evitar o pagamento da pensão". Ela argumentou que os tribunais estavam "inundados de casos de pensão". "Mesmo na ocasião de uma decisão favorável", Smidovich afirmou irada, "a mulher (e a prática demonstrou que é sempre a desafortunada mulher que está importunando os tribunais pela pensão) em vão luta para consegui-la. Seu ex-marido ou se muda para o Polo Norte ou alega estar desempregado, órfão etc."[93]. Os oficiais de justiça tinham grande dificuldade em receber dos homens que se recusavam a pagar: apenas cerca de metade dos homens listados nas ordens judiciais chegaram a ser apreendidos[94].

Os problemas criados com as pensões combinados com as dificuldades enfrentadas pelas mulheres sob a NEP criaram grandes pressões para que se revisasse a lei. Uma solução popular era que se mudasse a lei para permitir pensão alimentícia apenas para filhos de casamentos registrados. Enquanto isso favorecia as mulheres casadas e diminuía a sobrecarga dos oficiais de justiça, fazia pouco para resolver os problemas das "esposas" de fato abandonadas. Stel'makhovich, que disse que o divórcio era "um dos grandes presentes da revolução", argumentou que tal liberdade implicava "uma aproximação particularmente cuidadosa e cautelosa do tema do casamento". Vendo a miséria criada pelo divórcio, Stel'makhovich fez uma advertência aos homens: "Em nenhum sentido alguém pode interpretar essa liberdade de escolha como o direito à libertinagem, como o direito a explorar a fraqueza física e material das mulheres"[95].

No entanto, as crescentes estatísticas de divórcio e os pedidos desesperados por pensão demonstraram que o aviso de Stel'makhovich passou despercebido. Enquanto os juízes faziam o que podiam para proteger mulheres e crianças – tendo uma visão leniente da prova

---

[92] A. Stel'makhovich, "Alimentnye Dela", cit., p.1.

[93] S. Smidovich, "O Novom Kodekse Zakonov o Brake i Sem'e", cit., p. 49-50.

[94] "Diskussiia po Povodu Proekta Kodeksa Zakonov o Brake, Sem'e i Opeke", p. 233.

[95] A. Stel'makhovich, "Alimentnye Dela", cit., p.1-2.

185

WENDY GOLDMAN

de paternidade e concedendo pensões sempre que possível –, eles não podiam resolver os problemas sociais mais amplos que levavam as mulheres aos tribunais. Desemprego, baixa qualificação, falta de serviços sociais e pobreza terrível eram fatores que mitigavam a independência feminina frente à unidade familiar. A ideia de "união livre" teria consequências trágicas e imprevistas para as mulheres enquanto elas não pudessem sustentar a si próprias e a seus filhos. A lei, nascida da tradição do socialismo libertário, estava dolorosamente em contradição com a vida. Nas palavras de Stel'makhovich: "A libertação das mulheres [...] sem uma base econômica que garanta a completa independência material de cada trabalhador é um mito"[96].

---

[96] Ibidem, p. 2.

4
AGITANDO O MAR DE ESTAGNAÇÃO CAMPONESA

Um frango não é um pássaro e uma baba *não é um ser humano.*
Tradicional provérbio camponês

É necessário dizer que a mente de uma mulher é exatamente igual à de um homem, que uma baba *é um ser humano.*
Pichurina, delegada camponesa do Congresso das Mulheres Trabalhadoras e Camponesas de toda a União, Moscou, 1927[1]

No final dos anos 1920, a esmagadora maioria (84%) dos russos era camponesa, vivendo em um sistema de agricultura que tinha séculos de existência. Um historiador observou que não era incomum ver um camponês, ou até mesmo sua esposa, arrastando um arado de madeira "que remonta aos tempos do dilúvio" por entre os campos[2]. Quatro entre cinco russos viviam em aldeias; três em cada quatro pessoas empregadas trabalhavam na agricultura[3]. A vida urbana estava concentrada em pequenas ilhas industrializadas ao redor de Moscou, Leningrado, os Urais e partes da Ucrânia e do Azerbaijão. Na grande maioria das províncias, 85% a 95% da população vivia em zonas rurais. A população vivia em vilas pequenas e isoladas com um tamanho médio de duzentas pessoas, de trinta a quarenta casas. A maioria desses assentamentos, nas palavras do historiador rural V. P. Danilov, "eram lugares verdadeiramente esquecidos por Deus"[4].

A Revolução tinha feito pouco para melhorar a base produtiva da agricultura e, de muitas maneiras, a havia prejudicado. Na redistribui-

---

[1] *Vsesoiuznyi s"ezd rabotnits i krest'ianok: Stenograficheskii otchet* (Moscou, 1927), p. 274.

[2] Moshe Lewin, *Russian Peasants and Soviet Power: A Study of Collectivization* (Nova York, Norton, 1975), p. 29.

[3] Teodor Shanin, *The Awkward Class. Political Sociology of Peasantry in a Developing Society: Russia 1910-1925* (Oxford, Oxford University Press, 1972), p. 19.

[4] Viktor Petrovich Danilov, *Rural Russia under the New Regime* (Londres, Hutchinson, 1988), p. 49.

WENDY GOLDMAN

ção da propriedade da aristocracia, os camponeses eliminaram grandes fazendas e recuperaram várias características seculares da vida camponesa, como a vila comunal[5]. Camponeses ainda dependiam principalmente do trabalho manual com ferramentas primitivas. Poucos possuíam máquinas, e a maioria vivia com uma dependência mínima do mercado. Somente uma pequena fração da população rural estava empregada em fábricas (1,1%) ou na indústria artesanal (1,6%)[6]. Uma Rússia rural e sem estradas, enraizada em seu modo arcaico de produção, com costumes e tradições mantidos de longa data, estendia-se infinitamente, para além das aldeias e cidades. A aplicação da lei familiar soviética no campo trouxe problemas únicos, tanto para camponeses quanto para juristas. A lei garantia o direito de que os camponeses vivessem separados de seus cônjuges, garantia o direito ao divórcio, de receber pensão alimentícia, de receber pensão para os filhos, mas todos esses direitos entraram em conflito direto com um sistema de cultivo de base familiar, que colocava pouca ênfase nos direitos individuais. Diferente da família da classe trabalhadora urbana, os membros da família camponesa não trabalhavam por salários individuais. Eles trabalhavam juntos, consumindo coletivamente o que produziam. A lei familiar soviética, que enfatizava os valores da liberdade individual, igualdade de gênero e independência, estava notavelmente em conflito com a economia e os costumes sociais da aldeia.

O peso do passado: as mulheres, o lar camponês e o direito consuetudinário

As antigas instituições do lar (*dvor*) e da comuna (*mir* ou *obshchina*) ainda governavam a produção agrícola e a vida nas aldeias nos anos 1920. O lar familiar, muitas vezes estendendo-se por diversas gerações, era a unidade básica de produção. A comuna, composta por todos os membros das casas, constituía uma estrutura de governo local que distribuía terra, resolvia disputas, operava seus próprios negócios e lidava com os problemas diários da vida. De acordo com as tradições, a comuna, e não o camponês individual, possuía a terra e a distribuía periodicamente aos seus membros, de acordo com o tamanho de sua casa. O tamanho das famílias camponesas russas

---

[5] Ibidem, p. 88.

[6] Ibidem, p 55, 260, 262.

MULHER, ESTADO E REVOLUÇÃO

não se "ajustava" à disponibilidade de terra, como ocorria na contraparte europeia, mas era a posse de terra que se ajustava ao tamanho da família[7]. Decisões comuns eram feitas pelo *skhod*, um corpo governamental composto por todas as cabeças das casas. Depois da Revolução, os camponeses ressuscitaram as comunas para dividir a propriedade expropriada dos latifundiários. O antigo sistema de redistribuição de terra recebeu "um milagroso novo sopro de vida"[8]. Camponeses colocaram entre 85% e 97% das terras expropriadas sob controle das ressurgidas comunas[9].

O lar ou *dvor* era uma unidade baseada em familiares, patriarcal e local, composta por um ou mais grupos de famílias. Mulheres que casaram viviam nas casas de seus maridos; homens permaneciam no *dvor* de seus pais. Um *dvor* pode também assim incluir um grupo de irmãos e suas esposas e seus filhos, assim como pais e avós. Antes da Revolução, as grandes casas multifamiliares predominavam. Peter Czap afirmou: "A grande casa multifocal era amplamente aceita como [...] virtualmente a única base da vida para o indivíduo"[10]. A capacidade de sobrevivência e prosperidade de uma casa dependia de seu tamanho e do número de trabalhadores homens. As casas mais ricas constituíam unidades grandes e multifamiliares, com filhos fortes e robustos cuja força de trabalho era necessária para o trabalho no campo. Viúvas e casais idosos estavam principalmente em lares pobres que tinham uma "alta taxa de extinção e fusão"[11].

Todas as casas, independentemente de seu tamanho, eram baseadas em princípios comuns. A família possuía terra, gado, implementos, construções e outras propriedades em comum. À parte o dote

---

[7] Peter Czap, "The Perennial Multiple Family Household, Mishino, Russia, 1782-1858", *Journal of Family History*, n. 1, 1982, p. 5.

[8] Moshe Lewin, *Russian Peasants and Soviet Power*, cit., p. 85.

[9] Viktor Petrovich Danilov, *Rural Russia under the New Regime*, cit., p. 104. Como resultado das reformas de Stolypin (1906-1911), menos da metade dos camponeses russos eram membros de uma comuna em 1917. Mas, em 1927, mais de 95% da terra era cuidada comunalmente. Sobre a história das comunas, ver Dorothy Atkinson, *The End of the Russian Land Commune, 1905-1930* (Stanford, Stanford University Press, 1983).

[10] Rose Glickman, "Peasant Women and Their Work", em Ben Eklof, Stephen Frank (orgs.), *The World of the Russian Peasant: Post-Emancipation Culture and Society* (Boston, Unwin Hyman, 1990), p. 46; Peter Czap, "The Perennial Multiple Family Household", cit., p. 6.

[11] Teodor Shanin, *The Awkward Class*, cit., p. 85.

da mulher, pequenos itens pessoais (relógios, instrumentos musicais, roupas etc.) e algumas quantias de dinheiro, todas as colheitas e rendas pertenciam à propriedade comum. A casa consumia coletivamente o que produzia; propriedade e lucros não eram divididos em "partes definíveis"[12]. Camponeses que responderam a um questionário distribuído em 1926 pela Academia Comunista explicaram reiteradamente que era contrário aos princípios do *dvor* que um indivíduo acumulasse sua própria propriedade. Um camponês da província de Samara de forma inequívoca colocou: "Não existem famílias cujos membros têm renda ou propriedade separada da do *dvor*". Um camponês de Penza disse terminantemente: "Não é possível acumular bens separados por dentro da casa". Os camponeses achavam a própria ideia de rendas separadas por membro da família praticamente inconcebível. Muitos o viam simplesmente como uma forma de "acumulação" ou um sinal alarmante da ruptura ou fragmentação (*razdel*) da família. De acordo com os camponeses, se os membros da família retinham meios ou renda, o *dvor* perdia sua razão de existir; tais ações equivaliam a uma divisão de fato. Os camponeses salientavam repetidamente a importância da propriedade comum. Nas palavras de um camponês da província de Ivanovo-Vosnesensk: "Enquanto não existem bolsos separados em uma família, ainda é uma família, mas, assim que cada membro da família começa a viver do seu próprio bolso, você sabe que o amanhã trará o *razdel*"[13]. Para os camponeses, o *dvor* era uma empresa conjunta: todos contribuíam com seu trabalho e dividiam os frutos. Renda separada era o equivalente a um engano: membros da família que retinham renda violavam uma regra cardeal e perdiam seu direito de ser parte da casa.

O direito de usar a propriedade familiar e compartilhar a produção era baseado em dois princípios: laços familiares e contribuição no trabalho. Um filho que deixou a zona rural permanentemente para trabalhar por salário na cidade, por exemplo, perdia seu direito de compartilhar uma casa, enquanto um homem sem laços de parentesco, que trabalhava na casa, poderia se tornar um membro com todos os direitos. A adesão em um *dvor* era adquirida por nascença, casamento ou o costume de "aceitação" ou *primachestvo*. Caso uma casa perdesse seus homens, seja para a cidade, seja para

---

[12] Ibidem, p. 31.

[13] N. Semenov, "Krest'ianskii Dvor", *Revoliutsiia prava*, n. 1, 1927, p.192-4.

MULHER, ESTADO E REVOLUÇÃO

a deficiência, seja para a enfermidade, poderia aceitar um genro ou um estranho sem grau de parentesco que, então, levaria o patronímico (nome de família sob a linhagem masculina). O homem aceito, conhecido como *primak*, recebia uma parte das terras e os mesmos direitos que os outros membros da família. Por ter direito a uma parcela da terra da comuna, o *primak* tinha de ser aprovado pela comuna assim como pelo *dvor*. E, em áreas em que a terra era escassa, a comuna poderia rejeitar o *primak*. O princípio do trabalho não poderia por si só dar a uma pessoa direitos no *dvor*. Tanto trabalhadores agrícolas contratados por uma jornada ou por uma temporada quanto esposas não eram considerados parte da casa e, pela tradição, nenhum deles tinha direitos de propriedade[14].

Ainda que os membros da casa possuíssem a propriedade em comum, a casa não era gerida democraticamente[15]. O chefe da casa (*domokhoziain*) exercia um forte controle patriarcal sobre toda a família, e ainda que não possuísse a propriedade do *dvor* ele tinha a última palavra no seu gerenciamento. Ele era responsável por distribuir os produtos fruto do trabalho do *dvor* e realocar a propriedade na eventualidade de um *razdel*. Quanto maior e mais rica a casa, maior o poder do *domokhoziain*. Independentemente da sua posição de comando, ele poderia ser substituído por consentimento mútuo da família caso desperdiçasse seus recursos, ficasse muito velho ou doente, ou se de outro modo provasse ser incapaz de uma gestão adequada[16]. A seleção de um novo chefe para a casa, de acordo com os camponeses, acontecia "sem reunião e sem discussão oficiais". Um camponês da província de Briansk, quando questionado sobre a ideia de votar pelo *domokhoziain* dentro da família, respondeu: "Não existe nenhum tipo de eleição, não existe votação, e, pelo que eu sei, essa questão me parece muito estranha. Acontece espontaneamente". Muitas vezes um homem idoso que já não era capaz de gerir mantinha sua posição de chefe da casa "por respeito". Como um

---

[14] A. Panferov, "Obychnoe Pravo v Uklade Krest'ianskogo Dvora", *Revoliutsiia prava*, n. 2, 1927, p. 110-1. Várias mulheres sem-terra, que eram expulsas de seus lares por gravidez, depois de muitos meses de trabalho, levavam seus casos aos tribunais nos anos 1920 e conseguiam acordos de propriedade.

[15] Teodor Shanin, *The Awkward Class*, cit., p. 221.

[16] A. Panferov, "Obychnoe Pravo v Uklade Krest'ianskogo Dvora", cit., p. 107-8, 113; William T. Shinn, "The Law of the Russian Peasant Household", *Slavic Review*, v. 20, n. 4, 1961, p. 605.

camponês indulgentemente ponderou: "Deixe-o deitar à lareira, nenhum dano pode vir disso"[17].

Em uma família sem pais, o *domokhoziain* era usualmente o filho mais velho. Uma mulher só se tornava chefe da casa se fosse viúva, em um *dvor* de somente uma família e sem homens adultos, se seu marido trabalhasse fora da aldeia por longos períodos de tempo, se tivesse uma doença crônica, fosse incapacitado ou mentalmente incompetente. Caso um pai morresse, deixando mais de um filho adulto na família, a mãe poderia vir a assumir o papel de *domokhoziain* para evitar brigas entre seus filhos. Mesmo que uma mulher atingisse essa posição, ainda era limitada em seus direitos e poderes. De acordo com os costumes camponeses, uma mulher não poderia vender ou comprar gado, ferramentas ou máquinas, ou arrendar ou alugar terra sem o consentimento de seu marido, e todos os documentos, impostos e coisas do gênero deveriam estar no nome dele[18].

O princípio da posse comum impunha a unidade dos membros da família, o que evitava certos conflitos e criava outros. A prática de adiar o *razdel* ou a divisão da casa até a terceira geração muitas vezes levava a brigas amargas entre familiares. Diferentemente do campesinato europeu, onde um indivíduo herdava a propriedade, os camponeses russos não tinham de disputar e lutar pela propriedade da casa quando morria o *domokhoziain*, já que toda a família recebia a herança ou, mais precisamente, retinha a terra e a propriedade como posse coletiva. O conceito de herança era desconhecido na lei consuetudinária camponesa russa[19].

A prática do *razdel* determinava a atribuição de propriedade entre os membros da casa na eventualidade de um racha, mas não era necessário que o *domokhoziain* morresse para que acontecesse um *razdel*. A partilha da casa era usualmente iniciada por familiares, mas era necessária a aprovação tanto do *dvor* quanto da comuna. O *domokhoziain* dividia a propriedade de acordo tanto com a quantidade de tempo e trabalho que cada membro havia investido no *dvor* quanto com o número de "bocas" em cada uma das casas. O *razdel* só poderia acontecer se a terra e a propriedade dividida fosse

---

[17] N. Semenov, "Krest'ianskii Dvor", p. 186, 188.

[18] Ibidem, p. 187-8.

[19] Peter Czap, "The Perennial Multiple Family Household", cit., p. 22.

MULHER, ESTADO E REVOLUÇÃO

o suficiente para manter duas casas. Se a casa tivesse muito pouca terra, poucos trabalhadores ou escassa quantidade de gado e implementos, o *razdel* era proibido pela comuna[20].

Assim como a herança, o processo de divisão revelava a diferença entre os direitos de propriedade entre homens e mulheres. De acordo com a lei consuetudinária, todos os homens tinham o direito de reivindicar a propriedade do *dvor*, mas as mulheres não tinham praticamente direito algum. Todos os membros masculinos, incluindo *primaks* e menores de dezoito anos, tinham direito a partes equivalentes, com uma porção adicional para os homens que aceitavam responsabilidades por mulheres e idosos. As mulheres não recebiam suas próprias partes. Mulheres não eram consideradas membros da casa, porque não conseguiam "perpetuar a família". A visão camponesa do valor de uma filha se resumia no seguinte provérbio: "Mantendo meus pais, eu pago minhas dívidas, ajudando meu filho, eu cedo um empréstimo, quando dou para minha filha, eu jogo fora". De acordo com os camponeses: "Toda filha é o espólio de outro"[21].

Ainda que as mulheres não tivessem os mesmos direitos de propriedade que os homens, elas não eram completamente despossuídas. Uma mulher tinha direito a um dote e, se seu pai morresse, seus irmãos eram obrigados a provê-lo. O dote de uma mulher, que consistia de lençóis, toalhas, roupas, gado e dinheiro, era considerado sua propriedade privada. As mulheres frequentemente tinham o direito à renda da produção no jardim, aves, laticínios, bordado e fiar[22]. Vacas muitas vezes faziam parte dos dotes e eram então excluídas da propriedade comum das casas. Em algumas áreas, as mulheres controlavam pequenas parcelas de terra e forneciam os dotes às suas filhas. Um homem poderia manter o dote de sua esposa falecida, caso ela tivesse vivido com ele por mais de um ano, se não, era revertido para a família do pai[23].

Viúvas geralmente tinham mais direitos que as outras mulheres e às vezes lhes era permitida uma parcela da propriedade do *dvor*. Em

---

[20] Teodor Shanin, *The Awkward Class*, cit., p. 222-3.

[21] A. Petrov, "V Narodnom Sude", *Sud idet!*, n. 12, 1925, p. 729; Idem.

[22] N. Semenov, "Krest'ianskii Dvor", cit., p. 191; Panferov, "Obychnoe Pravo v Uklade Krest'ianskogo Dvora", cit., p. 106-8.

[23] Beatrice Fansworth, "The Litigious Daughter-in-Law: Family Relations in Rural Russia in the Second Half of the Nineteenth Century", *Slavic Review*, n. 1, 1986, p. 56; Teodor Shanin, *The Awkward Class*, cit., p. 222.

algumas regiões, viúvas poderiam tornar-se *domokhoziain* e, portanto, ter controle de propriedade sobre o *dvor*, já em outras a viúva não tinha nenhum tipo de direito. Às vezes uma viúva recebia uma parcela fixa da propriedade, em conformidade com a duração de seu casamento e a quantidade de trabalho que ela havia investido na casa. De acordo com alguns costumes, uma viúva com filhos menores recebia uma parte integral, enquanto uma sem filhos recebia somente um sétimo de uma parte. Embora viúvas tivessem mais direitos que esposas ou filhas, seus direitos variavam bastante por região[24].

Os direitos limitados das mulheres faziam com que sua posição no *dvor* fosse menos segura que a de um homem. A ligação de uma mulher ao *dvor*, por exemplo, frequentemente dependia da presença de seu marido ou filhos homens. Caso um marido morresse deixando-a sem filhos, a família do marido poderia renegá-la. Até mesmo uma viúva com filhos ou a esposa de um soldado (*soldatka*) poderia ser expulsa do *dvor* do marido pela sua família. Antes da Revolução, muitas dessas mulheres recorriam aos tribunais camponeses para reparação. Os costumes obrigavam formalmente a que o *domokhoziain* sustentasse a família de seu filho, embora os juízes camponeses fossem mais propensos a dar à mulher um acordo de propriedade do que forçar aos sogros que a aceitassem de volta[25].

O divórcio era raro na Rússia pré-revolucionária, ainda que os tribunais camponeses permitissem ocasionalmente a separação por consentimento mútuo. Um marido que se recusasse a viver com sua esposa ainda era obrigado a mantê-la. Tribunais camponeses proviam um tipo rudimentar de pensão alimentícia para as mulheres que eram banidas de casa. Em um caso, uma mulher grávida recorreu ao tribunal camponês após ser banida da família do marido, e o juiz ordenou que esta deveria recebê-la de volta ou pagar-lhe três rublos por mês como pensão[26].

A lei consuetudinária camponesa proporcionava ajuda à viúva ou à mulher que era banida não porque reconhecia o direito da mulher a sua independência, mas porque as famílias eram obrigadas a cuidar

---

[24] Beatrice Fansworth, "The Litigious Daughter-in-Law", cit., p. 56; Peter Czap, "Peasant Class Courts and Peasant Customary Justice in Russia, 1861-1912", *Journal of Social History*, 1967, p. 164-5.

[25] Para um ótimo tratado sobre o papel da nora no lar camponês, ver Beatrice Fansworth, "The Litigious Daughter-in-Law", cit.

[26] Ibidem, p. 62.

MULHER, ESTADO E REVOLUÇÃO

de seus membros. Obrigações mútuas eram reforçadas pelos costumes, mas não existia apoio material ou moral para mulheres que deixavam a família de seus maridos por escolha. As mulheres não eram consideradas iguais. Apesar de suas contribuições cruciais para a vida produtiva e reprodutiva da casa, seus direitos de propriedade eram limitados, não tinham voz na casa, nem na comuna, nem no *skhod*. Não existia espaço para a mulher solteira e independente nas práticas do direito consuetudinário ou no modo tradicional camponês de ver a vida. O *dvor* era uma instituição profundamente patriarcal, na qual as vontades individuais de seus membros eram fortemente subordinadas à viabilidade econômica do todo. Familiares dependiam uns dos outros, já que sem trabalho comum a própria sobrevivência estava ameaçada. Ainda que tanto homens quanto mulheres fossem subjugados às regras das casas, a posição das mulheres, nas casas de seus maridos, era infinitamente pior que a dos homens.

O Código da Terra russo

O Código da Terra, aprovado em 1922 pelo Comitê Executivo Central, combinou a lei consuetudinária camponesa com uma nova e revolucionária afirmação de igualdade de gênero. O Código da Terra abolia a propriedade privada da terra, água, florestas e minerais e colocou toda a terra nas mãos do Estado. Os camponeses distribuíam então a terra de acordo com o que o Código da Terra denominava de "*zemel'noe obshchestvo*", ou comuna. O Código da Terra, reconhecia assim o papel da comuna, ainda que estipulasse que a comuna consistia de todos os membros do *dvor*, "independentemente de sexo ou idade". Todos os cidadãos "independentemente do sexo, religião ou nacionalidade" tinham direito à terra, que deriva do uso do trabalho. Portanto mulheres tinham o direito de participar plenamente. De acordo com o costume, assuntos comuns deveriam ser decididos pelo *skhod*, mas esse corpo decisório deveria ser ampliado para incluir não somente os chefes das casas, mas todos os membros adultos da comuna, "sem distinção de sexo". O Código da Terra estendeu e democratizou a composição do *skhod*, ainda que o poder continuasse residindo nos chefes das casas. Todos os adultos podiam então frequentar, mas nada menos que metade da casa tinha de estar presente para que as decisões fossem válidas. Dois terços dos chefes das casas, em conjunto com nada menos que metade dos

WENDY GOLDMAN

membros, tinham de estar presentes para decidir questões de uso e distribuição da terra. Questões sobre o uso da terra tinham de ser decididas por uma maioria de dois terços na contagem de votos, as outras por maioria simples. Todos acima de dezoito anos, homens e mulheres, tinham o direito de participar e de votar[27]. Assim, embora a presença do *domokhoziain* fosse exigida no *skhod*, o voto foi amplamente democratizado.

O Código da Terra também redefiniu o *dvor* em conformidade com os princípios da igualdade de gênero. Constituiu o *dvor* como "uma unidade familiar e trabalhista de indivíduos dentro de uma casa agrícola comum" e adicionou que um "*dvor* pode ser composto por uma única pessoa (independentemente de seu sexo)". Todos os participantes do *dvor* eram considerados membros, incluindo crianças e idosos. Como na lei consuetudinária, o *dvor* só aumentaria seu tamanho pelo casamento ou *primachestvo* e diminuiria somente se um membro o deixasse ou morresse. Aqueles que entravam pelo casamento ou *primachestvo* adquiriam direitos na terra e propriedade do *dvor* e perdiam simultaneamente seus direitos em todos os outros *dvors*. Diferentemente da lei consuetudinária, na qual os direitos da mulher dependiam da presença do seu marido ou filhos, o Código da Terra estipulou que uma nora, ingressando num *dvor* pelo casamento, tinha direito a uma parcela equivalente. O Código repetidamente salientava que os direitos à terra, construções e inventário do *dvor* pertenciam a todos os membros da casa, independentemente da idade e do sexo[28].

Assim como a lei consuetudinária, o Código da Terra reconhecia o papel e o poder do *domokhoziain*, ainda que especificasse que seu papel poderia ser cumprido por uma mulher. Definia o *domokhoziain* como "o representante do *dvor* em todos os assuntos econômicos", mas não especificava direitos e poderes. Estipulava que o *domokhoziain* era o representante, e não o dono, da propriedade da casa. Nenhum membro, incluindo o *domokhoziain*, podia usar a propriedade comum, ou até mesmo sua parcela, para pagar dívidas pessoais ou obrigações. O Código estabelecia: "A propriedade do *dvor* não pode ser concedida em pagamento para a participação de um membro do *dvor* individualmente, ou dado por ele para neces-

---

[27] *Zemel'nyi kodeks RSFSR* (Moscou, 1922), p.5-6, 10-2.

[28] Ibidem, p. 13-4.

196

MULHER, ESTADO E REVOLUÇÃO

sidades pessoais". A propriedade do *dvor* permanecia inviolável e indivisível[29].

O Código da Terra tratava do *razdel* de propriedade segundo as linhas costumeiras, mas com diferenças novas e cruciais. A terra deveria ser dividida não somente entre os membros homens da casa, mas entre todos os membros, independentemente da idade e do sexo. Ainda assim, membros que tinham acima de dezoito anos e tinham participado do *dvor* por mais de dois ciclos de semeadura (aproximadamente seis anos) tinham o direito de demandar o *razdel*. Como na lei consuetudinária, a divisão da propriedade só poderia ocorrer se uma nova casa fosse economicamente viável na parcela menor. Caso a família discordasse sobre a divisão da terra, a comissão distrital de terra (*volost'*) decidiria a questão. Discussões sobre outras formas de propriedade eram julgadas no tribunal popular. O comitê executivo provincial (*guberniia*) tinha o direito de colocar critérios para o *razdel*, para garantir que as parcelas e as casas não se tornassem tão pequenas que impossibilitassem o trabalho (*izmel'chaniia dvorov*)[30].

A. V. Artiukhina, a líder do *Zhenotdel*, resumiu os avanços do Código da Terra em um encontro com mais de mil mulheres trabalhadoras e camponesas em 1927: toda pessoa, independentemente do sexo, agora tem o direito à terra; um *dvor* poderia consistir em uma única mulher; uma mulher poderia ser um *domokhoziain*; e uma mulher camponesa tinha direito a sua própria parcela[31]. Jornais e panfletos populares enfatizaram os novos direitos das mulheres camponesas e incitaram-nas a tirar vantagem do seu novo *status* sob a lei soviética. Enquanto o Código da Terra padronizou e formalizou as vastas linhas da lei camponesa consuetudinária, também deu às mulheres camponesas, pela primeira vez na história, direitos iguais à terra, propriedade e participação nas decisões da vida na aldeia.

As vacilações da lei soviética: mulheres *versus* casa

O Código da Terra representava um compromisso entre os bolcheviques e o campesinato no que tocava às relações de gênero. A despeito da ênfase do Código na igualdade de gênero, legitimava as

---

[29] Ibidem, p.14.

[30] Ibidem, p. 14-6.

[31] *S"ezd rabotnits i krest'ianok*, cit., p. 187-8.

197

relações tradicionais de produção no campo e afirmava a centralidade da casa. A casa se mantinha como principal unidade de produção, sua propriedade continuou indivisível e o poder do *domokhoziain* foi largamente perpetuado. Ainda que o Código da Terra garantisse às mulheres o direito à terra e à propriedade, pouco fazia para alterar a estrutura patriarcal da vida camponesa. A mulher ainda deixava o *dvor* do pai para entrar no do marido. A sociedade camponesa manteve-se patrilocal.

Ainda assim, o Código da Família oferecia uma visão mais radical da mudança, já que estendia os direitos aos indivíduos, o que minava a unidade e os interesses econômicos da casa. Mulheres não tinham somente o direito à terra e à propriedade, mas tinham também o direito de deixar a família. Enquanto o Código da Terra garantia os interesses da unidade da casa, o Código da Família enfatizava os direitos do indivíduo. Não é surpreendente que os conflitos entre a casa e o indivíduo, entre Código da Terra e Código da Família, emergissem mais claramente em torno da questão da propriedade. A extensão da igualdade de gênero e noções "modernas" de individualidade a uma ordem social patriarcal levantou uma série de perguntas acerca dos direitos de propriedade das mulheres e das crianças que nem o Código da Terra, nem o Código da Família, nem decisões judiciais subsequentes poderiam resolver.

Uma das principais contradições entre o Código da Terra e o Código da Família tocava a questão dos direitos à propriedade no casamento. De acordo com o Código da Família de 1918, o casamento não criava propriedade comum. Os dois cônjuges se mantinham independentes e conservavam seu direito a sua própria propriedade e ganhos. Contudo, a casa camponesa era baseada no princípio da propriedade conjunta. A comunhão de bens era o mais importante recurso econômico do *dvor*. A noção de que cada membro mantinha o direito a sua própria propriedade contradizia o princípio fundamental da casa camponesa.

Além disso, o Código da Terra claramente estabelecia que a esposa camponesa deveria ter uma parcela equivalente na casa do marido, já que se tornava um membro do *dvor* pelo casamento. Em um caso de divórcio específico, em 1922, o Supremo Tribunal definiu que a mulher tinha direito aos bens adquiridos com os lucros de seu marido durante o casamento. O Comissariado da Justiça adicionou que a esposa camponesa tinha o direito a *vydel* (propriedade móvel, ex-

MULHER, ESTADO E REVOLUÇÃO

cluindo terra e construções), caso tivesse existido "trabalho expressivo da esposa para a casa geral durante o casamento"[32]. Assim, o caso afirmava claramente o direito da mulher camponesa a uma parcela na propriedade móvel da casa de seu marido após o divórcio. Ainda que a decisão removesse uma das mais evidentes contradições entre o Código da Família e o Código da Terra, deixava em aberto um grande número de questões quanto aos limites da parcela da mulher camponesa. Mulheres tinham o direito à propriedade móvel depois do divórcio, mas quais direitos elas tinham à terra e a construções? De acordo com o Código da Terra, a mulher camponesa tinha o direito a uma parcela equivalente pelo tempo que permanecesse na casa, mas quais reivindicações ela poderia fazer caso decidisse partir?

Conforme o Código da Terra, somente membros do *dvor*, que tinham dezoito anos ou mais e que já haviam participado do *dvor* por dois ciclos de semeadura (ou aproximadamente seis anos), poderiam exigir *razdel*. As mulheres perdiam seus direitos no *dvor* de seu pai quando se casavam, mas não obtinham direitos plenos no *dvor* de seus maridos por seis anos. O jurista Nezhdanov notou que o Código da Terra deixava as mulheres em uma posição difícil. Quando um marido se divorciava da sua esposa ou a expulsava antes que se passassem seis anos, ela não tinha direitos nem no *dvor* de seu marido, nem no de seu pai. Ainda que o *dvor* necessitasse de proteção contra as reivindicações de terras de novos membros, seus interesses eram claramente contrários aos interesses das mulheres, "o elemento social mais fraco". Nezhdanov argumentava que a lei soviética deveria proteger o fraco, quando em confronto com o "economicamente forte"[33]. Mas outros juristas vacilavam entre os interesses das mulheres e os da casa. A própria lei parecia seguir um rastro tortuoso e contraditório de circulares e explicações, indo primeiro no sentido da mulher e depois no sentido da casa.

Já em 1922, vários meses depois da publicação do Código da Terra, o jurista G. Ryndziunskii tentou clarificar os direitos da mulher camponesa. Muitos casos relativos aos direitos de propriedade da mulher camponesa já haviam ido a tribunal. Como no período pré-revolucionário, a grande maioria das mulheres queixosas

---

[32] "Iz Deiatel'nosti Narodnogo Komissariata Iustitsii", *Ezhenedeel'nik sovetskoi iustitsii*, n.11, 1922, p.12.

[33] *Zemel'nyi kodeks RSFSR*, cit., p. 14; Nezhdanov, "Iz Tekushchei Praktiki: Bol'noi Vopros Krest'ianskogo Dvora", *Pravo i zhizn'*, n. 7-8, 1924, p. 115-6.

era de viúvas do irmão ou do filho do *domokhoziain*, ou mulheres que haviam sido expulsas da casa, ainda que mulheres divorciadas também começassem a surgir em números crescentes. Os casos seguiam linhas semelhantes: a mulher deixava a casa, frequentemente com crianças, e entrava com uma ação por propriedade e apoio de seu marido. Para Ryndziunskii, a mulher tinha direito a seu dote ou a "toda propriedade trazida por ela à casa do marido e que não era usada na vida comum". Caso seu dote já estivesse consumido, ela não poderia exigir substituição ou reembolso. Ela tinha direito ao dinheiro que adquiria além da casa comum, como os ganhos do seu jardim de cozinha ou o leite da sua vaca, e, no geral, o direito a uma parcela na "prosperidade material" da família, na proporção da quantidade de trabalho que ela havia contribuído para a casa. Ela não tinha o direito a *razdel*, já que uma casa não poderia dividir sua terra toda vez que acontecesse um divórcio. E até mesmo *vydel* não era sempre possível. Ryndziunskii citava duas decisões do controle da Suprema Corte como diretrizes. Em um caso, o Supremo Tribunal concedeu a reivindicação de uma mulher camponesa sobre um cavalo que ela havia trazido à família do marido como um potro. E, no outro, foram negados os bezerros a uma mulher, filhotes da vaca que fazia parte de seu dote. No entanto, mesmo essas diretrizes eram obscuras. Mesmo Ryndziunskii levantou uma questão espinhosa: e se o dote de uma mulher já tivesse sido convertido em outra forma de propriedade? E se seu dinheiro fosse usado para construir um telheiro? Ou sua vaca vendida para comprar um cavalo[34]? Ele não tinha respostas prontas para essas questões urgentes.

Para Ryndziunskii, a mulher tinha direito ao seu dote, sua renda separada, *vydel* na proporção da sua contribuição em forma de trabalho, pensão alimentícia e pensão para os filhos, se necessária. O seu direito a *vydel* não interferia em seu direito à pensão. Ela não tinha direito à terra, ao gado, às ferramentas e a outros itens do inventário do *dvor*. Ainda que os termos parecessem generosos, eles na realidade totalizavam muito pouco. Uma mulher de uma casa pequena ou média não tinha uma "prosperidade material" da qual compartilhar, mesmo se tivesse trabalhado por anos. Sob esses termos, uma mulher poderia ficar facilmente sem

---

[34] G. Ryndziunskii, "Voprosy Deistvuiushchego Semeinogo Prava", *Ezhenedel'nik sovetskoi iustitsii*, n. 14-15, 1922, p. 11-2; Idem, "Voprosy Deistvuiushchego Semeinogo Prava", *Ezhenedel'nik sovetskoi iustitsii*, n. 18, 1922, p. 4.

MULHER, ESTADO E REVOLUÇÃO

terra, gado ou moradia, sem direitos em nenhuma casa, e com nada além das suas toalhas e lençóis gastos, que ela havia levado para o casamento anos atrás.

Como o governo tentava conciliar judicialmente os direitos da mulher e a integridade da casa camponesa, suas diretrizes ficavam cada vez mais contraditórias. Uma notificação para a Administração Provincial da Terra (*gubzemupravlenie*) da região norte de Dvinsk, em abril de 1923, continha diretrizes para *razdel* que eram ainda mais estritas que as estabelecidas pelo Código da Terra. A notificação especificava que pessoas que tinham deixado o *dvor* tinham direito somente a "parte da propriedade do *dvor*" e recompensas por "despesas especiais". Eles não tinham direito a uma parte na terra. Assim, uma mulher que deixava o *dvor* do marido, até mesmo após o decorrer de seis anos, não tinha direito a uma parte da terra. A notificação salientou também que todos os casos que não envolviam terra deveriam ser levados ao tribunal popular e não às comissões da terra[35].

Oito meses depois, em dezembro, novas instruções do Colegiado Especial de Alto Controle (*Osobaia Kollegiia Vyshego Kontrolia*) assumiram uma visão levemente mais generosa das reivindicações das mulheres sobre a terra. A diretriz estabelecia que o artigo 73 do Código da Terra, que garantia o direito a *razdel* somente para indivíduos que haviam participado da casa por seis anos ou mais, não se aplicava para membros por casamento ou *primachestvo*. Os direitos das esposas e *primaks* deveriam ser decididos pelas Comissões da Terra conforme as circunstâncias de cada caso. As Comissões da Terra seriam guiadas pela quantidade de trabalho investido pelo indivíduo, assim como pela situação material da casa. Essa diretriz foi reafirmada em 1924 pelo Comissariado da Terra[36]. Ainda que as instruções nunca estatuíssem que esposas e *primaks* com menos de seis anos de posse tivessem direito à terra, de acordo com essa nova interpretação não eram proibidos pelo Código da Terra de exigir o *razdel*. Tratava-se, no melhor dos casos, de uma declaração ambígua, deixando a decisão final à discrição das Comissões da Terra locais[37].

---

[35] N. V. Gendzekhadze, I. B. Novitskii (orgs.), *Zemel'nyi kodeks s dopolnitel'nymi uzakoneniiami i raz'iasneniiami narkomzema RSFSR na 1 avgusta 1927 goda* (Moscou, 1927), p. 104. Adiante citado como *Leis da Terra*.

[36] Idem.

[37] Para uma discussão sobre os direitos das esposas e *primaks*, ver Evgenii Dombrovskii, "O Krest'ianskikh Semeino-Imushchestvennykh Razdelakh", *Proletarskii sud*, n. 8-9, 1925, p. 7-10.

Um jurista redigiu uma proposta incomum para resolver os problemas nos direitos à propriedade das mulheres em um sistema patrilocal. Ele recomendou que a mulher mantivesse o direito de *vydel* no *dvor* de seu pai por seis anos após seu casamento, até que ela estivesse completamente empossada na casa do marido. Seu dote seria considerado parte do *vydel*. Enquanto um camponês com várias filhas poderia falir por esse regime, revelava até onde os juristas estavam dispostos a ir para contrariar o foco patrilocal da família e estabelecer alguma forma de igualdade de gênero no campo[38].

Em dezembro de 1924, o Comissariado da Terra capturou a confusão reinante em uma advertência para a Comissão da Terra de Tver. O Comissariado explicou que as decisões no *razdel* não poderiam se basear somente no princípio das partes iguais, mas também na eficiência econômica do *razdel*, a quantidade de trabalho investida por cada membro e a situação material do membro que exigia o *razdel*[39]. Infelizmente as instruções ainda não eram claras. A pobreza de uma mulher afetava sua exigência por *razdel* de forma favorável ou desfavorável? A Comissão da Terra deveria estar do lado do fraco e vulnerável ou do forte e viável? As instruções listavam três fatores determinantes, mas como a Comissão da Terra poderia resolver um caso em que as três diretrizes se contradiziam, no qual os interesses econômicos das mulheres conflitavam com a eficiência econômica da casa como uma unidade indivisível? O Código da Terra estabelecia que cada membro da casa tinha direito a uma parte igual de terra e propriedade, independentemente de seu sexo e sua idade. Mas a circular pedia que a Comissão da Terra considerasse fatores como a contribuição em trabalho do membro, permanência na casa e meios investidos, todos fatores potencialmente ligados a sexo e idade. O princípio de trabalho também conflitava com o princípio da família, que garantia a cada membro uma parte igual[40]. Não foi surpreendente que uma presidenta do Soviete camponês na província de Novgorod fizesse uma solicitação desesperada por "instruções ao vivo" do centro. "Eles só nos mandam papéis", disse ela, admitindo francamente sua confusão, "mas nós não somos instruídos o suficiente e não os entendemos"[41]. Sem dúvida, muitos oficiais em posições semelhantes dividiam a mesma confusão.

---

[38] Ibidem, p. 9.

[39] *Leis da Terra*, p. 104.

[40] *Zemel'nyi kodeks RSFSR*, cit., p. 14-5; *Leis da Terra*, p. 105.

[41] *S"ezd rabotnits i krest'ianok*, cit., p. 247.

MULHER, ESTADO E REVOLUÇÃO

Em março de 1927, os Comissariados da Terra e da Justiça expediram novas instruções de *razdel*, concebido para evitar divisões de terra economicamente inviáveis. As instruções estabeleciam dois critérios para *o razdel*: os fragmentadores tinham de formar uma casa nova e independente, e tanto a nova quanto a velha casa tinham de ter terra e utensílios suficientes para serem economicamente viáveis.

Na ausência de outros critérios, um membro da família que quisesse deixar o *dvor* tinha direito somente a uma parte da propriedade da casa. Ainda que as instruções legalizassem a divisão de construções e outras propriedades além da terra, elas claramente, de acordo com Danilov, "contradiziam a realidade rural". Como poderia então uma família dividir uma casa, uma vaca ou um arado? As instruções explicavam que divisões poderiam ser pagas ao longo de um período de cinco anos, em dinheiro ou em espécie. No entanto, "as trocas no mercado da grande maioria das casas camponesas eram insuficientes para pagar metade ou até mesmo um terço de uma casa em um período de cinco anos"[42].

Ao limitar o *razdel*, as instruções trabalhavam em detrimento das mulheres. O critério excluía a mulher divorciada, que não podia estabelecer uma casa independente a partir da sua legítima parte da terra. Como o Comitê Regional Executivo de Leningrado notou no adendo a sua própria resolução de limitação do *razdel*, quando priorizou o princípio da indivisibilidade da terra, o Comitê "colocou membros da casa separados, especialmente as mulheres, em uma posição difícil"[43].

A questão dos direitos das crianças também evidenciava as diferenças entre os costumes, o Código da Terra e o Código da Família e produzia um corpo desconcertante de conflitos de opiniões. Aqui também, juristas enfrentaram um difícil caminho entre a integridade da casa e os direitos de um indivíduo. O Código da Família de 1918 aboliu o conceito de ilegitimidade, mas os costumes e o Código da Terra mantiveram uma distinção rígida entre os direitos de propriedade de um filho nascido dentro ou fora de um casamento. Os filhos da esposa "oficial" tinham direito a uma parte no *dvor* do pai, mas os da esposa não oficial não tinham direitos sobre a propriedade da casa[44]. Aqui os juristas reafirmavam largamente as relações con-

---

[42] Viktor Petrovich Danilov, *Rural Russia under the New Regime*, cit., p. 248-9.

[43] Como citado. Ibidem, p. 250.

[44] E. Sedliarov, "Bespravie Vnebrachnogo Rebenka po Zemel'nomu Kodeksu", *Ezhenedel'nik sovetskoi iustitsii*, n. 23, 1927, p.708.

suetudinárias e estavam ao lado da casa, já que a extensão de direitos de propriedade para crianças nascidas fora do casamento ameaçava os próprios fundamentos da casa.

O divórcio complicava ainda mais a questão dos direitos de propriedade da criança e criava um emaranhado de problemas no que se refere à custódia da criança em uma sociedade patrilocal. Caso uma mulher com filhos casasse novamente, a qual *dvor* pertencia seu filho? Conforme o Código da Terra, só se poderia entrar em um *dvor* pelo nascimento, casamento ou *primachestvo*. Crianças tinham direitos no *dvor* de seu pai pelo nascimento, mas elas não poderiam acompanhar a mãe em uma nova casa, a menos que seus membros e a comuna concordassem em aceitá-las. O Código da Terra, defendendo o princípio patrilocal da sociedade camponesa, mantinha que, depois do divórcio, crianças deveriam permanecer na casa de seu pai[45].

Em março de 1925, uma circular do Comissariado da Terra reverteu essa regra e declarou que os filhos de uma mulher, de um antigo casamento, automaticamente se tornavam membros de seu novo *dvor*. O consentimento dos outros membros da casa ou da comuna não era necessário para sua admissão. A decisão tinha implicações de longo alcance, assim que as crianças se tornavam membros da nova casa, elas tinham o direito a uma parte na sua propriedade. O significado da decisão foi ressaltado um mês depois, em abril de 1925, pelo Supremo Tribunal, expondo que um pai que deixasse um *dvor* com filhos não tinha direito somente a sua parte, mas também a parte do filho[46]. Nas duas decisões, juristas subordinaram os interesses da casa aos da mãe e da criança.

A contradição mais expressiva entre o Código da Terra e o Código da Família era a questão da pensão alimentícia e do apoio à criança. Enquanto o Código da Família dava a um cônjuge necessitado ou deficiente o direito de pensão, e a uma criança nascida dentro ou fora do casamento um apoio paternal, o Código da Terra limitava a capacidade individual do camponês responsável por cumprir essas obrigações. De acordo com o Código da Terra, a propriedade comum do *dvor* não poderia ser usada por um membro para atender a dívidas pessoais ou obrigações. Caso um camponês se divorciasse da sua esposa e tivesse um filho fora do casamento,

---

[45] *Zemel'nyi kodeks RSFSR*, cit., p. 13; A. N. Granina, "Lichnyi Sostav Krest'ianskogo Dvora", *Pravo i zhizn'*, n.10, 1924, p. 22-3.

[46] *Leis da Terra*, p. 97; I. Kabakov, "Razdel Imuschestv", *Proletarskii sud*, n. 4, 1923, p. 4; "Zametki po Voprosam Praktiki", *Rabochii sud*, 17-8, 1925, p. 778.

MULHER, ESTADO E REVOLUÇÃO

ele não poderia usar o dinheiro, a produção, o gado ou a terra do *dvor* para pagar as pensões[47]. Ainda assim, a maioria dos camponeses não tinha outra fonte de renda. Bens pessoais muitas vezes não totalizavam nada além de algumas roupas esfarrapadas e outros itens insignificantes. A combinação da pobreza com propriedade conjunta privava as mulheres e as crianças dos direitos garantidos a eles pelo Código da Família.

Em julho de 1923, os Comissariados da Terra e da Justiça determinaram que as crianças tivessem o direito de serem mantidas pela propriedade comum do *dvor*, se os meios de um camponês fossem insuficientes para prover mantimento. Assim, quando se tratava de apoio à criança, o *dvor* era responsável pelas dívidas de seus membros. Em abril de 1926, o Plenário do Supremo Tribunal estendeu essa determinação para incluir pensão alimentícia, adicionando que toda a propriedade do *dvor* poderia ser recolhida, à exceção de ferramentas essenciais, uma vaca, um cavalo (ou animal de carga) e uma reserva de comida para três meses[48].

Nesse momento, a lei claramente ficava ao lado dos interesses da mulher e da criança, contra os da casa. No entanto, mesmo tais determinações ofereciam uma proteção limitada, dada a realidade da vida camponesa. Já que, até mesmo quando a lei ficava ao lado do "elemento mais fraco socialmente", não conseguia reestruturar a casa camponesa. Muitos membros do *dvor* ficavam furiosamente ressentidos por serem forçados a cumprir as obrigações financeiras de outros, e ainda pior é que a agricultura camponesa era tão ineficiente que com frequência a casa simplesmente não conseguia manter um membro que vivesse separado.

Juristas nunca elaboraram uma política clara de direitos das mulheres, o que significou que as Comissões da Terra locais continuaram decidindo casos de maneira relativamente independente das instruções conflituosas publicadas pelos Comissariados da Terra e da Justiça. Para a perspectiva dos camponeses, o desconcertante emaranhado de diretrizes do centro muitas vezes contradizia os mais evidentes costumes e práticas. Em resposta a um inquérito do Comissariado da Terra, autoridades da província relataram que as instruções de

---

[47] *Zemel'nyi kodeks RSFSR*, cit., p. 14.

[48] Abramov, "Vzyskanie Alimentov s Chlena Krest'ianskogo Dvora po Novomu Kodeksu o Brake, Sem'e, i Opeke", *Ezhenedel'nik sovetskoi iustitsii*, n. 9, 1927, p. 251.

205

WENDY GOLDMAN

razdel "eram incompreensíveis, tanto para os camponeses quanto para os administradores locais", e não tinham nenhum efeito discriminatório no processo de divisão[49]. Os camponeses expressavam a mesma visão na vívida forma de uma *chastushka,* ou canção popular curta:

> Camaradas, suas novas leis
> São realmente algo insano
> Fica claro que foram criadas
> Por alguém sem cérebro.[50]*

É claro que o problema não era a falta de senso dos juristas. Sua tentativa de impor um sistema de liberdade individual e igualdade de gênero, sob relações de produção que eram organizadas ao redor de casas patriarcais, produzia conflitos irreconciliáveis. Mesmo os camponeses estavam divididos. Com o número crescente de divórcios e *razdely,* os interesses dos homens e das mulheres, do indivíduo e da casa, divergiam, forçando os tribunais e as Comissões da Terra a decidirem judicialmente, na prática, o que era um problema insolúvel desde o princípio.

Pequenas mudanças

As estruturas básicas da vida camponesa claramente não estavam à altura dos princípios incorporados nos Códigos da Terra e da Família; entretanto, as aldeias da "Rússia sem estradas", o que o etnógrafo Tan-Bogoraz chamava de "Rússia n. 2", não estavam intocadas pelas ideias novas e revolucionárias. Os especialistas legais dos Comissariados da Terra e da Justiça despacharam suas diretrizes a camponeses que ainda acreditavam em sátiros, demônios, *domovoi* (espíritos de casa) e *kolduns* (xamãs), e assim, lentamente e de forma desigual, as aldeias estavam mudando[51]. Soldados que haviam aprendido a

---

[49] Viktor Petrovich Danilov, *Rural Russia under the New Regime,* cit., p. 249.

[50] N. I. Morev, N. G. Shirintsina, "Sovremennaia Chastushka", em V. G. Tan-Bogoraz (org.), *Staryi i novyi byt. Sbornik* (Leningrado, 1924), p. 123.

* Versos conforme original: *Comrades, your new laws / Are really quite insane, / It's clear they were devised, / By someone without a brain.* (N. T.)

[51] N. Morev, "Staroe i Novoe", em V. G. Tan-Bogoraz (org.), *Staryi i novyi byt. Sbornik,* cit., p. 46-8. A crença camponesa era baseada tanto na magia quanto

MULHER, ESTADO E REVOLUÇÃO

ler voltavam para casa com panfletos nos bolsos. E, em um número considerável de casas, esses veteranos alfabetizados do Exército Vermelho, respeitados pelo seu entendimento da lei soviética, substituíam os anciãos como *domokhoziain*[52].

Os jovens, em particular, começavam a questionar as velhas crenças. Enquanto camponeses mais velhos contavam histórias sobre estranhas punições que se abatiam sobre aqueles que ousavam remover seus ícones, os jovens membros do Komsomol ridicularizavam as antigas crenças com *chastushki* obscenas. Eles cantavam:

Deus, ó Deus
O que você está fazendo?
Em vez de trabalhar,
Pela Virgem Maria, está a sacanear.[*]

Até mesmo os mais supersticiosos admitiam: "Agora não existem tais coisas como antes. Até mesmo os *kolduny* não são mais os mesmos. Antes eles realmente tinham poder, mas agora é tudo baseado em ilusões". Assim, a mágica ainda existia na mente dos mais velhos, mas misteriosamente tinha perdido sua força face ao poder soviético[53]. Ainda que os mais velhos possam ter cismado sobre a particular incompatibilidade do socialismo com a magia, os jovens estavam em grande parte ocupados com outras questões. E a população rural era esmagadoramente jovem: 59% tinha menos de 25 anos em 1926[54]. A demografia parecia estar do lado da mudança.

---

nos ensinamentos da Igreja. Os rituais pagãos e as cerimônias ortodoxas afetavam praticamente todas as áreas da vida. Qualquer um que quisesse começar a semear, construir uma cabana, se mudar ou levar uma noiva para um noivo não podia ignorar determinados costumes. Para uma discussão sobre o papel da religião e da magia na visão de mundo camponesa, ver Moshe Lewin, "Popular Religion in Twentieth Century Russia", em *The Making of the Soviet System: Essays in the Social History of Interwar Russia* (Nova York, Pantheon, 1985), p. 57-71.

[52] Viktor Petrovich Danilov, *Rural Russia under the New Regime*, cit., p. 231.

[*] Versos conforme original: *God, oh God, / What are you doing? / Instead of working, / The Virgin Mary, you're screwing.* (N. T.)

[53] N. Morev, "Staroe i Novoe", cit., p. 49; V. G. Tan-Bogoraz, *Staryi i Novyi Byt*, cit., p. 6-7.

[54] Viktor Petrovich Danilov, *Rural Russia under the New Regime*, cit., p. 43.

WENDY GOLDMAN

A expropriação das terras da pequena nobreza depois da Revolução não somente revigorou instituições tradicionais, mas também promoveu mudança social. Com o aumento da disponibilidade de terra, as grandes casas multifamiliares camponesas começavam a fragmentar-se em unidades menores. O número crescente de *razdely* resultou em 10 milhões de casas adicionais, entre 1917 e 1928. O tamanho médio de uma casa caiu de 6,1 para 5,1, entre 1917 e 1924. Simplificando, a grande casa multifamiliar deixou de predominar no campo. Ainda predominava em províncias como Samara e Orlov, mas, em muitas áreas, particularmente as áreas industriais centrais, foram substituídas por unidades nucleares e menores[55].

A fragmentação de uma casa multifamiliar, naturalmente, afetava as relações sociais entre camponeses, especialmente os papéis e *status* de uma mulher. O *razdel* minava o poder do *domokhoziain* e dava à jovem mulher casada mais controle sobre os assuntos do lar. Entretanto, também minava o poder da esposa do *domokhoziain* e assim minava uma das mais importantes posições que uma mulher poderia ocupar ou aspirar dentro de sua casa. A maior independência da nora veio à custa da autoridade diminuída da sogra. Além disso, uma mulher em uma casa menor e mais pobre tinha de fazer um esforço enorme para garantir a viabilidade econômica e, portanto, assumia uma carga maior de trabalho. Muitas mulheres camponesas comentavam que o *razdel* tornava mais difícil conciliar o trabalho com a gravidez e a educação infantil.

A expansão da produção de mercadorias e as novas oportunidades de ganhar um salário independente, com artesanato ou trabalho na fábrica, mudanças que começaram bem antes da Revolução, também corroíam os costumes tradicionais das aldeias. Pela criação de uma nova base econômica à independência individual, o trabalho assalariado enfraquecia o poder do *domokhoziain* e o princípio da propriedade comum. Um camponês que deixasse a aldeia para trabalhar por salário tinha algum controle sobre a quantidade de dinheiro que ele mandaria de volta ao *dvor*. E, em áreas onde muitos

---

[55] N. Semenov, "Krest'ianskii Dvor", cit., p. 185; Christine Worobec, "Reflections on Customary Law and Post-Reform Peasant Russia", *Russian Review*, n. 1, 1985, e Moshe Lewin, "Customary Law and Russian Rural Society in the Post-Reform Era", e Michael Confino, "Russian Peasant Customary Law and the Study of Peasant Mentalities", no mesmo volume; William T. Shinn, "The Law of the Russian Peasant Household", cit., p. 612; Viktor Petrovich Danilov, *Rural Russia under the New Regime*, cit., p. 230.

MULHER, ESTADO E REVOLUÇÃO

camponeses deixavam a aldeia para trabalhar em fábricas, mãos individuais começavam a pegar sua parte do fundo comum. A introdução de um salário separado contrariou a tradicional combinação de poderes e o equilíbrio cooperativo do *dvor*, introduzindo novas questões sobre controle e propriedade. Trabalho assalariado que poderia ser feito dentro da casa (artesanato ou *kustar*) ou perto da aldeia representava menos problemas. Um etnógrafo observou que "esse trabalho entra gradualmente no círculo diário do trabalho costumeiro da casa e se funde com ele". Mas, quando uma pessoa deixava a aldeia para trabalhar por salário, sua ligação com o *dvor* enfraquecia e, "pouco a pouco, o membro trabalhador do *dvor* mudava seu ponto de vista sobre seu salário e começava a vê-lo como sua propriedade". Em algumas áreas, os camponeses desenvolveram regras no âmbito do direito consuetudinário para governar o rateio de seus salários. Camponeses de Moscou, Briansk, Tver, norte de Dvinst, Viatka e das províncias de Novgorod, áreas com longa tradição de *otkhod* (trabalho assalariado sazonal), reconheciam o direito de um membro assalariado de reter metade de seus ganhos. Embora muitos camponeses que trabalhavam nas cidades mantivessem fortes laços com suas aldeias, o ganho em separado do salário por indivíduos corroía o princípio de comunidade, no qual o *dvor* era baseado[56].

Cortejos e casamentos também estavam mudando lentamente, mostrando sinais tanto do velho quanto do novo. Jovens ainda organizavam reuniões à noite, conhecidas amplamente como *besedy, posedelki, posedki, positki* e *posekti*, a depender da região. Começando no outono e continuamente durante o inverno, os meninos e meninas solteiros juntavam-se na cabana de uma menina, rindo, conversando, cantando e tocando acordeão até tarde da noite. As meninas levavam seus bordados e telas de fiar e trabalhavam durante toda a noite. Quando a reunião se desfazia, os meninos acompanhavam as meninas caminhando para casa. No verão, aos domingos e aos feriados, os jovens se juntavam para cantar *chastushki*, para dançar e para fofocar. Meninos e meninas andavam juntos (*guliat'*) de mãos dadas. Em noites quentes, eles dançavam nas campinas sob o céu estrelado e passeavam pelo campo[57].

---

[56] N. Semenov, "Krest'ianskii Dvor", cit., p. 192-4.

[57] N. I. Morev e N. G. Shirintsina, "Sovremennaia Chastushka", cit., p. 118; A. Borisova, "Vzaimootnosheniia Polov u Chukharei", em V. G. Tan-Bogoraz (org.), *Staryi i novyi byt*, cit., p. 61-2.

WENDY GOLDMAN

Existiam diversas variações do *posedki* ou *besedy*. Nas províncias do norte, uma séria "atmosfera de trabalho" prevalecia, sobretudo entre as meninas. M. Ia. Fenomenov, um etnógrafo que estudava a vida nas aldeias da província de Novgorod, observou que o *posedki*, um "fenômeno arcaico" com "base na produção", ainda existia nos anos 1920. As meninas organizavam as reuniões, trabalhavam nos linhos para seus dotes e apareciam na sua futura função de *khoziaiki* (donas de casa). Nas províncias do sul, havia muito menos trabalho e mais folia. Os jovens alugavam uma *izba* (cabana) para a qual as meninas levavam comida. Por volta da meia noite, os meninos voltavam às suas casas, deixando as meninas, que passavam a noite juntas no chão. Em alguns distritos no sul de Moscou, partes da tradição já haviam desaparecido nos anos 1920 e sido substituídas por novas formas de socialização. Os meninos alugavam uma casa por uma noite, e dançar tomava o lugar do fiar, da tecelagem e da costura. E ainda em outras áreas os Sovietes locais montavam *narodnye doma* ou "casas do povo" para programas educacionais, atividades sociais e espetáculos para os jovens[58].

Rituais de cortejo estavam mudando em todo lugar, meninos, em vez das meninas, começaram a organizar as reuniões; uma *izba* alugada substituía as casas oferecidas pelas próprias meninas e o aspecto da noite relacionado ao trabalho começou a desaparecer. As atividades patrocinadas pelos Sovietes locais eram mais um passo na transição para padrões de cortejo mais urbanos. Também houve outras mudanças. Os jovens já não cantavam as longas canções, mas gritavam *chastushki* em seu lugar. Danças antigas como *pliaska* e *korovod* foram substituídas por novas danças da cidade, como quadrilha, *lans'e* e *tsyganochka*. Os jovens se vestiam de modo mais diversificado, os meninos cobriam suas calças de tecidos feitos em casa com casacos ingleses de pano, enquanto as meninas exibiam galochas e sapatos envernizados de salto alto, no lugar das tradicionais sandálias de fibra. Guarda-chuvas, luvas e pulseiras fizeram seu caminho até o campo[59]. Os jovens cantavam *chastushki* que refletiam as mudanças da moda:

> Não poupe dinheiro, papai,
> Vinte e cinco rublos bastam,

---

[58] M. Ia. Fenomenov, *Sovremennaia derevnia. Opyt kraevedcheskogo obsledovaniia odnoi derevni*, v. 2 (Leningrado, Moscou, 1925), p. 6-8.

[59] N. I. Morev e N. G. Shirintsina, "Sovremennaia Chastushka", cit., p. 118; V. G. Tan-Bogoraz (org.), *Staryi i novyi byt*, cit., p. 7.

MULHER, ESTADO E REVOLUÇÃO

Compre um guarda-chuva e galochas
Como as coisas dos grã-finos.[60][*]

No entanto, apesar de sapatos e pulseiras, as atitudes predominantes na aldeia em relação ao sexo antes do casamento e ao casamento em si permaneceram tradicionais. Quando um garoto cortejava uma garota, os camponeses diziam que ele "*guliaet no dniam*", ou "passeava de dia". Se ele tinha um laço mais íntimo, ele "*guliaet po nocham*", ou "passeava à noite". Camponeses descreviam o sexo antes do casamento pela frase bíblica "conhecer", no sentido de "*Pet'ka znakom s Niutkoï*", ou "Peter 'conhece' Niutka". Uma menina que "*guliaet*" com muitos garotos, ou que era "*zhakomoi s parnem*", "familiarizada com um rapaz", arriscava-se a ter uma má reputação. Ela se tornaria "*slava*" ou "bem conhecida" entre as fofocas da aldeia[61]. Uma *chastushka* descrevia metaforicamente as consequências de intimidade sob os olhares atentos da aldeia:

Aquele que transporta a água do poço
Também bebe até saciar-se,
Aquele que ama em sua própria aldeia
Ganha uma reputação.[62][**]

Nos meses de verão, as meninas muitas vezes dormiam fora de suas casas, em palheiros, galpões e cabanas abandonadas. Às vezes os meninos as visitavam e passavam a noite. Eles cantavam:

Não temas, meu pequeno doce,
Que eu pare de te amar,
Noites mais escuras virão
Vamos juntos passar a noite toda.[***]

---

[60] N. I. Morev e N. G. Shirintsina, "Sovremennaia Chastushka", cit., p. 120.

[*] Versos conforme original: *Don't spare the money, papa, / Twenty-five rubles is enough, / Buy an umbrella and galoshes, / Like the finer people's stuff.* (N. T.)

[61] M. Ia. Fenomenov, *Sovremennaia derevnia*, cit., p. 8-10.

[62] Ibidem, p. 10-1.

[**] Versos conforme original: *Whoever carries water from the well / Also drinks to satiation, / Whoever loves in their own village, / Gets a reputation.* (N. T.)

[***] Versos conforme original: *Fear not, my little sweet one / That I will stop loving you, / Darker nights are coming / We will spend the whole night through.* (N. T.)

E as meninas orgulhosamente exibiam sua nova maturidade:

Quando eu era apenas uma menina
Mamãe fazia minha cama em casa
Mas eu me deito no feno
Agora que estou crescida.[63]

Meninos e meninas tinham ampla oportunidade para a intimidade sexual, mas *"gulian'e"* ainda acabava, geralmente, em casamento. Havia casos em que a menina engravidava e o rapaz se recusava a casar-se com ela, mas isso não era comum[64].

Uma criança ilegítima ainda trazia profunda desonra à menina e a sua família. A aldeia via a menina "quase como uma criminosa"[65]. O rigor da moralidade camponesa resultava em parte de considerações econômicas fortes: o direito à terra derivava da linhagem masculina e uma criança sem pai não tinha nenhuma parte na terra da aldeia. Meninas recorriam a abortos ilegais e até mesmo ao infanticídio para evitar o estigma da ilegitimidade. E os pais de uma menina grávida muitas vezes tentavam casá-la com um menino necessitado, para evitar a desonra. Antes da Revolução, crianças ilegítimas eram forçadas a deixar a aldeia depois de crescidas, os meninos para entrarem em um comércio e as meninas para se casarem[66].

No entanto, havia pequenas indicações de que, em meados da década de 1920, a provisão de pensões do Código da Família havia começado a alterar os cálculos camponeses sobre casamento. Em uma aldeia na província de Tver, um menino engravidou uma menina, mas se recusou a casar com ela. Recusando o aborto, a menina teve o bebê e prontamente entrou com uma ação no tribunal popular. O juiz sentenciou o garoto a pagar uma quantia mensal para manter a criança. A família do menino, ansiosa para evitar pagamentos, apressadamente tentou arranjar um casamento, mas a família da garota não estava tão interessada, uma vez que vislumbrou a possibilidade de um pagamento monetário regular. As ve-

---

[63] Ibidem, p. 15-6.

[64] Ibidem, p. 8-10. Sobre as mudanças no período pré-revolucionário, ver Barbara Engel, "Peasant Morality and Pre-Marital Relations in Late 19th Century Russia", *Journal of Social History,* v. 23, n. 4, 1990, p. 695-714.

[65] A. Panferov, "Obychnoe Pravo v Uklade Krest'ianskogo Dvora", cit., p. 110.

[66] M. Ia. Fenomenov, *Sovremennaia derevnia,* cit., p. 19.

MULHER, ESTADO E REVOLUÇÃO

lhas formas, afinal, prevaleceram e os dois se casaram, mas o fato deixou uma forte impressão nos jovens da aldeia. Várias meninas lamentaram seus abortos e os meninos ficaram menos pretensiosos sobre conquistas sexuais. As *babas* casadas brincavam: "Se elas cobram concessões rigorosas por filhos ilegais, então nossos maridos deveriam nos pagar, ainda mais, pelos legais!". O etnógrafo M. Ia. Fenomenov concluiu que a pensão teve um efeito positivo na situação da mulher camponesa. Elas podiam "levantar a cabeça e sentir que não estavam desprotegidas"[67].

Os pais ainda exerciam uma grande influência na escolha do cônjuge do filho, ainda que sua autoridade estivesse minguando. Jovens que ganhavam um salário exigiam cada vez mais o direito de escolherem seus próprios parceiros, desafiando a vontade de seus pais[68]. Os jovens tomavam suas decisões, fugindo ou casando *samokhodkoi*, sem conhecimento ou consentimento dos pais. A fuga era um caso simples. A garota deixava a casa dos pais silenciosamente à noite, levava seu dote e ia morar com seu futuro marido. Não havia festa, nem sacerdote, nem núpcias, nem *koldovstvo* (feitiçaria) de um *koldun*. A propagação do casamento civil e a simplicidade do procedimento de registro tornava a fuga bastante fácil. No fim das contas, o casal registraria seu casamento ou talvez até seria abençoado em uma igreja. O caso de Nikolai Trofimov, um funcionário do Comitê Executivo, de vinte anos, era típico. Nikolai chegou tarde da noite na *izba* onde sua amada estava à espera. Seus pais estavam dormindo. "Vamos!", ele disse e, tomando-a pela mão, levou-a para a casa dele. Sua história seguiu as simples linhas da *chastushka*:

> Eu não conto a ninguém
> Aonde vou à noite,
> Coloco meus pés na estrada
> E sigo adiante.[*]

---

[67] Ibidem, p. 16-7.

[68] Barbara Engel, "Peasant Morality and Pre-marital Relations in Late 19th Century Russia", cit., p. 695, 702, 703. Engel também fez importantes distinções de gênero, notando que mesmo em áreas industrializadas em que a autoridade paternal havia se enfraquecido mulheres jovens raramente tinham a mesma liberdade que homens jovens.

[*] Versos conforme original: *I don't tell anyone, / Where I go in the evening, / I put my feet on the road, / And walk on down the line.* (N. T.)

Na manhã seguinte, a menina estava de pé e trabalhando nas terras da família de Nikolai. Dentro de alguns dias, eles registraram o casamento no Soviete local. Planejaram um casamento religioso, para a Páscoa[69].

No período pré-revolucionário, a fuga era considerada uma grande desonra para a menina e sua família[70]. Às vezes, os pais forçavam-na a voltar para casa e casar "de maneira honesta". Uma mulher camponesa, que havia sido forçada a casar com um homem mais velho, que a maltratava, olhando seus muitos anos de casamento disse com arrependimento: "Se tivesse sido agora, eu teria fugido (*ushla samokhodkhoi*). Mas naquela época eu tinha medo de suportar a desonra. Todos teriam me censurado por um ano inteiro"[71]. Dois *chastushki* refletiam os novos valores dos jovens e sua vontade de desafiar os pais:

Meu amor me pediu para fugir,
Mas mamãe me assustou tanto,
Porém, mesmo se ela tivesse me machucado,
Eu teria de ir.

Eu vou fugir,
Eu vou fazer meu pai chorar,

Eu vou fazer meu pai lamentar,
Eu vou levar uma vaca e uma ovelha.[72]*

Os pais insistiam tanto em controlar as escolhas matrimoniais porque o casamento camponês era uma instituição econômica na qual a propriedade tinha precedência sobre o sentimento. Os campone-

---

[69] A. Borisova, "Vzaimootnosheniia Polov u Chukharei", cit., p. 63-4; N. Morev, "Staroe i Novoe", cit., p. 50.

[70] Engels notava que, no final do século XIX, a fuga já era considerada respeitável. Ainda que mulheres não se envergonhassem em fugir, um filho ainda arriscava ser deserdado se seu pai desaprovasse sua escolha.

[71] A. Borisova, "Vzaimootnosheniia Polov u Chukharei", cit., p. 65, 71; N. Morev, "Staroe i Novoe", cit., p. 50-1.

[72] N. I. Morev e N. G. Shirintsina, "Sovremennaia Chastushka", cit., p. 121-2.

* Versos conforme original: *My sweetheart asked me to elope, / But mama scared me so, / Yet even if she hurt me, / I would have to go. I will elope, / I will make father weep, / I will make father grieve, / I'll take a cow and a sheep.* (N. T.)

MULHER, ESTADO E REVOLUÇÃO

ses acreditavam que o vínculo conjugal deveria ser "*pripechaten*", ou "selado", o mais apertado possível. Ainda que muitos camponeses registrassem seus casamentos, a maioria ainda tomava a precaução adicional de casar na igreja[73]. Muitos desconfiavam do casamento civil, considerando-o "instável" e "uma união desvantajosa para a mulher"[74]. No entanto, a prática do casamento civil crescia lentamente nas áreas rurais, levando os jovens a cantarem as virtudes do registro sobre um casamento religioso.

> Agora nós temos novas leis,
> Não precisamos casar na igreja,
> No Comitê Executivo, em uma mesa,
> Você simplesmente assina seu nome.[75*]

Divórcio e pensão alimentícia

Apesar do entusiasmo de algumas *chastushki* cantadas pela juventude, a reação às leis soviéticas da família eram mistas. Muitos camponeses mais velhos particularmente acreditavam que o Código da Família incentivava a promiscuidade e feria os interesses econômicos da casa[76]. Outros pareciam aceitar as mudanças mais prontamente. Em uma aldeia, um camponês tomou uma esposa sem um casamento religioso e logo a abandonou por outra. Os outros moradores consideraram suas ações com uma tolerância divertida. "Agora temos novas leis", eles diziam, "tudo é possível"[77]. Homens jovens cantavam alegremente sobre a nova liberdade sexual criada pelo casamento civil e pelo divórcio facilitado:

> Você não deveria fumar tabaco,
> Você não deveria tomar tanta cerveja caseira,

---

[73] A. M. Bol'shakov, *Derevnia 1917-1927* (Moscou, 1927), p. 319.

[74] A. Borisova, "Vzaimootnosheniia Polov u Chukharei", cit., p. 69.

[75] N. I. Morev e N. G. Shirintsina, "Sovremennaia Chastushka", cit., p. 122.

[*] Versos conforme original: *Now we have new laws, / We don't need to marry in church, / In the executive committee, by a table, / You simply sign your name.* (N. T.)

[76] Ver capítulo 6 para as atitudes dos camponeses em relação ao casamento, ao divórcio e ao Código da Família.

[77] N. Morev, "Staroe i Novoe", cit., p. 51-2.

Ame mais garotas, em vez disso,
Agora nós temos uma nova lei.[78*]

E as mulheres também celebravam as novas leis, confiantes que a ameaça de divórcio fortalecia sua posição na família. Mulheres rurais cantavam:

Houve um tempo em que meu marido
Usava seus punhos e sua força,
Mas agora ele é tão carinhoso,
Já que o teme divórcio.

E:

Eu já não temo meu marido,
Se não podemos cooperar,
Vou eu mesma ao tribunal,
E nós vamos nos separar.[79**]

Assim, o Código da Família começou a corroer o conservadorismo tradicional da aldeia. A taxa de divórcio no campo, nos anos 1920, era menor do que a média nacional e consideravelmente menor do que a das cidades, mas os números ainda assim eram notáveis. Em 1925, a taxa de divórcio nas cidades era cerca de duas vezes mais elevada que nas áreas rurais (2,8 divórcios a cada mil pessoas nas cidades e 1,2 no campo). Já em 1926 havia aproximadamente um divórcio para cada dez casamentos rurais. Em 1927, quase 10% dos homens e 9% das mulheres entrando em um casamento no campo já tinham sido divorciados previamente. Um demógrafo observou: "A influência da liberdade fornecida pelo Código da Família é clara"[80].

---

[78] N. I. Morev e N. G. Shirintsina, "Sovremennaia Chastushka", cit., p. 122.

[*] Versos conforme original: *You should not smoke tobacco / You should not drink much home brew / Love more girls instead / Now we have a law that's new.* (N. T.)

[79] A. S. Kalygna, *Krest'ianka v brake i sem'e* (Moscou, Leningrado, 1926), p. 29.

[**] Versos conforme original: *Time was when my husband, / Used his fists and force, / But now he is so tender, / For he fears divorce. I no longer fear my husband, / If we can't cooperate, / I will take myself to court / And we will separate.* (N. T.)

[80] M. Kaplun, "Brachnost' Naseleniia RSFSR", *Statisticheskoe obozrenie*, n. 7, 1929, p. 91.

MULHER, ESTADO E REVOLUÇÃO

A maioria dos divórcios, tanto urbanos quanto rurais, sucedia entre pessoas que casavam por um curto período. Nas áreas rurais, a duração média de um casamento que terminava em divórcio era de 2,4 anos. Nas cidades, casamentos que terminavam em divórcio tendiam a durar um pouco mais, por volta de 4,4 anos. A idade média de pessoas que se divorciavam no campo era de somente 23 anos para homens e 22 para mulheres, e nas cidades um pouco mais alto (28 e 25). A esmagadora maioria (por volta de 80%) de homens e mulheres rurais que se divorciavam estava dissolvendo o primeiro casamento. Mas um número significativo, cerca de 17% dos homens e 16% das mulheres, estava se divorciando pela segunda vez. Nas cidades, a porcentagem de pessoas terminando um segundo casamento era levemente superior (por volta de 19%)[81].

A curta duração de casamentos que terminavam em divórcio complicava os direitos da mulher à propriedade, já que a duração média de um casamento era consideravelmente curta perto dos seis anos que a mulher precisava para demandar uma parte na terra do *dvor*. A mulher poderia retornar à casa de seus pais, mas muitas vezes estes não estavam felizes em tê-la de volta, especialmente se tivesse filhos. Do ponto de vista dos pais, uma mulher divorciada era como uma parte descartada do todo, que já não cabia mais, uma "*otrezannyi lomot*", ou literalmente uma fatia do pão. Ela era "*ni baba, ni devka*", nem uma mulher casada nem uma donzela. Havia pouco espaço para ela na vida na aldeia[82].

O divórcio colocava sérios problemas econômicos tanto para a mulher que deixava a casa como para os familiares obrigados a mantê-la. Como um homem camponês próspero o colocava: "Enquanto

---

[81] Ibidem, p. 96. A população rural casava mais cedo do que a da cidade, mas a idade média estava crescendo. Em 1900, na Rússia europeia, 32% dos homens e 56% das mulheres casavam-se antes dos vinte anos de idade. Ainda que os dados para as áreas rurais isoladas não existam, as porcentagens eram provavelmente ainda maiores. Em 1927, muito menos homens e mulheres se casavam antes dos vinte anos de idade, somente 22% dos homens e 35% das mulheres nas áreas rurais, somente 4% dos homens e 19% das mulheres nas cidades. Ao chegarem à idade de 24 anos, 71% dos homens camponeses e 80% das mulheres haviam casado. A Rússia ainda tinha altas taxas de casamento precoce, mas a idade média estava crescendo tanto nas cidades quanto no campo. M. Kaplun, "Brachnost' Naseleniia RSFSR", cit., p. 94; *Estestvennoe dvizhenie naseleniia za 1926 god* (Moscou, 1928), p. 50.

[82] A. M. Bol'shakov, *1917-1927*, cit., p. 318; M. Ia. Fenomenov, *Sovremennaia derevnia*, cit., p. 18.

eu não me separo deles (do lar), eu sou rico. Caso eu me separe, todos nós seremos como os *bedniaks* (camponeses pobres)"[83]. Embora ele estivesse se referindo ao processo de *razdel*, o mesmo se mostrava verdadeiro para o divórcio.

Mulheres camponesas reclamavam amargamente sobre seus problemas após o divórcio. Belitskai, uma delegada camponesa da Bielorrússia, no Congresso das Mulheres Trabalhadoras e Camponesas de toda a União, em 1927, perguntou retoricamente a suas companheiras delegadas: "Quais direitos tem a mulher no campo?". Ela ponderou o caso hipotético de um marido e uma esposa que se divorciassem, ficando os dois filhos com a mãe. "Qual parte da casa fica com ela?", perguntou Belitskaia. "Somente um terço e somente da propriedade móvel. A terra não é dividida porque temos pouquíssima terra adequada para dividir. O que lhe resta a fazer?". A mulher recebia uma ordem judicial detalhando seus direitos: uma cabana, um porco, talvez dois ou três rublos por mês. Mas ela não tinha para onde ir e como se manter. Além disso, muitas vezes os homens se recusavam a pagar os direitos, por menores que fossem. Belitskaia explicava raivosamente: "Meio ano se passa, um ano e, então, ela precisa de dez rublos. Seu ex-marido lhe dá cinco e, novamente, a mulher não tem nada". Zhuravleva, uma delegada da República de Chuváchia, falou apaixonadamente sobre os mesmos problemas. "A divisão da terra para a mulher divorciada é protelada", disse ela. "Mulheres e crianças são atormentadas e não recebem seu terreno por oito meses." Zhuravleva sugeria que os meirinhos fizessem cumprir a lei de forma mais estrita e eficiente, "de modo que as mulheres recebam as pensões e seus terrenos mais rapidamente"[84].

Enquanto as mulheres lutavam para juntar seus direitos muitas vezes parcos, as casas revidavam para proteger a sua propriedade. Muitos camponeses juravam que as pensões só poderiam levar à ruína do *dvor*. Um membro da Comissão da Terra de Briansk notou que os camponeses desenvolveram inúmeros artifícios para evitar os pagamentos de pensão alimentícia. Às vezes a casa fazia um *razdel* fictício, garantindo pouquíssima propriedade para o membro responsável pela pensão e absolvendo os outros membros da responsabilidade das suas dívidas. Comitês executivos locais muitas vezes aceitavam esses truques e registravam oficialmente o *razdel* fictício. Às vezes os

---

[83] N. Semenov, "Krest'ianskii Dvor", cit., p. 191.

[84] *S"ezd rabotnits i krest'ianok*, p. 249, 299.

MULHER, ESTADO E REVOLUÇÃO

camponeses deliberadamente reduziam a produção, levantando somente o que a casa necessitasse. Caso o requerido trabalhasse como assalariado, ele poderia contratar privadamente e não relatar a sua renda[85].

Os tribunais, especialmente os de nível mais elevado, tentavam fazer cumprir a lei e tendiam a ficar ao lado da mulher e da criança, contra a casa. Juristas eram defensores especialmente fortes dos direitos das mulheres se sentissem que elas estavam sendo enganadas por uma casa rica e poderosa, já que esses casos tinham implicações tanto de classe quanto de gênero. A. S. Romanova, por exemplo, era uma camponesa analfabeta da região autônoma de Votskaia que levou seu caso ao Supremo Tribunal e, no processo, estabeleceu um importante precedente legal. Romanova havia vivido e trabalhado na casa do marido por quase três anos. No inverno de 1923, ele a expulsou de casa mesmo estando grávida. Ela foi para sua casa viver com seu pai. O filho nasceu e foi registrado no nome do marido. E seu pai, um pobre camponês sobrecarregado com uma grande família, recusou-se a manter a ela e ao bebê. Ela levou uma ação contra o marido por pensão e *vydel*. O tribunal popular local lhe deu o direito a 35 rublos (o preço de uma vaca), mas lhe recusou a pensão, alegando que a paternidade da criança de Romanova não era comprovada. O Supremo Tribunal raivosamente reverteu a decisão do tribunal popular, deliberando que era "completamente sem fundamento e desprezava os direitos da demandante". O Supremo Tribunal salientou que os tribunais inferiores têm de considerar o tamanho do *dvor* e o montante da sua propriedade quando decidem casos de pensão alimentícia e apoio à criança[86].

O problema mais intratável, na grande maioria dos casos, é que a pobreza dos camponeses era um obstáulo aos acordos de pensão alimentícia equitativa e apoio à criança. Da Revolução até 1926, a maior parte dos camponeses vivia em um nível de subsistência. Até 1929, mais de um terço dos camponeses eram *bedniaks*, o que queria dizer que cultivavam menos de 5,4 hectares de terra, não possuíam um cavalo nem uma vaca, e eram forçados a alugar suas ferramentas e animais de tração. Cinquenta por cento tinham somente um animal

---

[85] Fisunov, "Stranitsa Praktika", *Ezhenedel'nik sovetskoi iustitsii*, n. 24, 1927, p. 739; V. Solov'ev, "Stranitsa Praktika", *Ezhenedel'nik sovetskoi iustitsii*, n. 22, 1927, p. 673.

[86] "Zametki o primenenii kodeksa zakonov o brake, sem'e i opeke v derevne", *Ezhenedel'nik sovetskoi iustitsii*, n. 4, 1929, p. 86-7.

de tração[87]. De acordo com um estudo sobre pensões alimentícias na província de Kostroma, mais de 80% dos casos envolviam casas pequenas ou médias. Geralmente os tribunais cobravam um valor de três a dez rublos por mês, mas esse montante simplesmente não podia ser alcançado por muitas das casas. A renda média anual de uma casa camponesa na província de Kostroma, em 1924, era de 180 rublos, que tinham de cobrir impostos, reparos de ferramentas agrícolas e domésticas, alimentação de colheita a colheita e muitas outras despesas. Uma adjudicação de pensão alimentícia, mesmo de cinco rublos por mês, somava quase um terço da renda média anual do camponês. Os camponeses mal podiam pagar os impostos agrícolas anuais, que atingiam uma soma muito menor[88]. Era, assim, praticamente impossível para a maioria esmagadora dos lares camponeses pagar pensão alimentícia ou apoio à criança. Não só o ex-marido da mulher, que muitas vezes não tinha nada para lhe dar, mas a própria casa tinha pouco ou nada. Até mesmo se eles possuíssem um cavalo ou uma vaca, o animal não poderia ser cortado pela metade.

Muitos dos casos que chegaram aos tribunais simplesmente não podiam ser resolvidos. Uma mulher divorciada, com vários filhos, solicitou ao tribunal pensão alimentícia. Ela já havia recebido sua parte da propriedade e da terra. A Comissão de Pensão Alimentícia de Kostroma perguntava como a pensão alimentícia poderia ser adjudicada se a principal fonte de renda dos camponeses era a terra. Quando a terra fosse dividida, o lar ficaria ainda mais pobre. De onde viriam os pagamentos? Uma mulher ainda tinha direito à pensão alimentícia se ela tivesse esgotado as fontes naturais da riqueza rural, uma parte da terra (*razdel*) e uma parte dos bens móveis (*vydel*)? Em outro caso, o juiz do tribunal popular local escreveu: "Nenhuma das duas partes tinha nada. Ainda bem que foram reconciliados no tribunal. Mas como vamos lidar com casos semelhantes no futuro?". O juiz notou amargamente que cobrar pensão alimentícia no campo era um "trabalho infernal". Aproximadamente metade das mulheres que tinham direito à pensão alimentícia eram incapazes de recolher algo[89].

---

[87] Moshe Lewin, *Russian Peasants and Soviet Power*, cit., p. 30, 36.

[88] A. Sidorov, "K Voprosu Alimentnogo Prava v Derevne", *Rabochii sud*, n.1, 1926, p.13-4; V. Solov'ev, "Stranitsa Praktiki", cit., p. 673.

[89] Ibidem, p. 673.

MULHER, ESTADO E REVOLUÇÃO

Em meados dos anos 1920, o Comissariado da Justiça criou várias comissões para investigar os problemas de pensão alimentícia no campo. A Comissão de Kostroma chegou à conclusão que "decisões judiciais eram feitas em vão" já que "não existia possibilidade de executar o veredito". Ainda que os tribunais estivessem geralmente ao lado da mulher e da criança, suas determinações eram inexpressivas se os lares não pudessem pagar as adjudicações. Em diversos distritos de Moscou, 30% das mulheres que tinham direito à pensão alimentícia não poderiam cobrá-la. Tanto a Comissão de Kostroma quanto a de Moscou recomendaram que os juízes fizessem adjudicações compatíveis com os recursos do lar. Adjudicações de casas mais pobres deveriam ser reduzidas. O pagamento da pensão alimentícia deveria ser feito preferivelmente em espécie do que em dinheiro, e preferivelmente em intervalos flexíveis do que em um rigoroso cronograma mensal. Nos casos em que os dois cônjuges fossem necessitados, o Estado deveria intervir. E, finalmente, sanções penais deveriam ser aplicadas a pessoas que pudessem pagar, mas se recusassem. Em desespero, a Comissão de Kostroma apelou aos tribunais que usassem mais "criatividade e iniciativa". Empregando as duas habilidades em sua própria recomendação, a Comissão sugeriu uma nova e estranha forma de corveia: caso o ex-marido de uma mulher não pudesse pagar-lhe pensão alimentícia, ele poderia pagar a dívida trabalhando para ela, como seu funcionário[90].

Enquanto as comissões procuravam ser úteis e justas, suas sugestões só destacavam a dificuldade de aplicar a lei soviética familiar no campo. Membros dos lares declaravam inflexivelmente sua posição sobre a pensão alimentícia em reuniões locais. O *dvor* era uma unidade indivisível, que fundia terra, trabalho, ferramentas e animais em uma única unidade de produção. A sobrevivência do indivíduo dependia da unidade do lar.

Uma mulher solitária

Os obstáculos para o divórcio e para a independência da mulher não eram somente financeiros, no sentido estrito, mas estavam li-

---

[90] A. Sidorov, "K Voprosu Alimentnogo Prava v Derevne", p. 15; F. Vol'fson, "Voprosy Alimentnogo Protsessa v Derevne", *Rabochii sud*, n. 37-38, 1925, p. 1386-9.

gados às mais amplas estruturas econômicas, sociais e políticas da vida na aldeia. A mulher divorciada, ou viúva, que vivia fora de um lar, achava um tanto quanto difícil sobreviver no campo sozinha. Até mesmo se ela recebesse um terreno, poderia fazer muito pouco além de alugá-lo para outra pessoa. Kiselev, uma delegada do Congresso das Mulheres da província de Saratov, relatou que muitas mulheres eram forçadas a desistir de sua terra porque não tinham gado nem nenhuma maneira de ará-la. Ela disse: "Aquelas que não dão sua terra, mas a lavram por si mesmas – sua terra nunca está arada porque elas não têm força"[91]. Muitas vezes a mulher camponesa não tinha somente de alugar sua terra, mas também de trabalhar como diarista, para que em troca ela pudesse pagar um homem para fazer os trabalhos mais pesados – transportar madeira, executar serviços de reparação e construção, cavar poços – com os quais ela não tinha como lidar. Segundo um escritor: "A mulher camponesa solteira, sem um marido, não conhece descanso. No verão, elas lavram os campos, semeiam, rastelam, trabalham em sua horta, aparam a grama, se reúnem nos pastos, martelam etc. Elas fazem o trabalho de um homem e de uma mulher". No inverno, elas têm de cortar e arrastar a lenha e o feno, cuidar do gado, fiar, semear, consertar roupas e lavar linhos não só para si mesmas, mas também para seus vizinhos[92].

A mulher solteira não apenas trabalhava dia e noite, mas também era frequentemente traída pela comuna. A comuna poderia pegar seu loteamento, ou invadir sua fazenda e pastagens, para fornecer terra a um soldado que retornava ou a um trabalhador. O escritor explicava:

> Caso eles tirassem terra de Ivanov ou Petrov, estes resistiriam e cometeriam violência com mãos bêbadas. Mas Maria ou Akulina não vão contradizer o *mir*. Elas não vão se atrever. Elas mal podem reclamar ou mover uma ação judicial porque são analfabetas. E assim a terra de Maria ou Akulina lhes é tirada.[93]

Mulheres como Maria e Akulina eram praticamente impotentes contra as depredações de seus vizinhos. A história da viúva Nastasia,

---

[91] *S"ezd rabotnits i krest'ianok*, p. 262.

[92] V. Romanov, "Krest'ianka i Derevenskii 'Mir'", *Kommunistka*, n. 8-9, 1922, p. 35-6.

[93] Ibidem, p. 36.

da província de Chernovtsy, revelava a vulnerabilidade e dependência da mulher solteira. Foi viúva por cinco anos e, de acordo com seus vizinhos, viveu "decentemente" por um longo período. Então se envolveu com um trabalhador. Ela queria casar-se com ele, mas ainda temia seu sogro e acabou terminando a relação. Quando Nastasia descobriu que estava grávida, tentou esconder sua condição colocando um cinto apertado em volta da cintura. Mas a aldeia descobriu a verdade, rapidamente, e a condenou. Depois que a criança nasceu, muitos dos mujiques começaram a aproveitar-se dela. No inverno, ela matou um touro e pendurou a carne do lado de fora, para secar, sob o teto da sua *ibza*. Os mujiques roubaram a carne, forçando-a a secar o restante dentro, no forno. Durante o verão, eles roubaram parte do seu pasto e feno[94].

Mulheres sem terra que trabalhavam como lavradoras (*batrachki*) estavam entre os mais vulneráveis e explorados dos pobres da aldeia. Até o pequeno número de *batrachka* que trabalhavam nas fazendas estatais tinha pouca proteção. Eram demitidas do trabalho se engravidassem, não tinham nenhum seguro social e nenhum lugar para onde ir. Muitas iam para as cidades e se tornavam prostitutas. Uma delegada do Congresso das Mulheres descreveu como essas mulheres se arrastavam pelos campos durante a época da colheita, com bebês em seus peitos. "Essas mulheres carregam seus bebês de colo em trapos, como maltrapilhos. Por quê? Porque elas não têm ninguém para ajudá-las, não têm gado nem máquinas"[95].

As *batrachki* eram frequentemente exploradas sexualmente, assim como economicamente. Um lar contratava uma *batrachka* por diversos meses ou mais, e muitas vezes ela vivia com um dos homens como sua "esposa", e trabalhava nos campos ao lado da família dele. Essas mulheres, conhecidas como "esposas de temporada" eram expulsas da casa assim que engravidassem e já não fossem capazes de trabalhar. Essa prática era tão comum que um oficial em Tver efetivamente presenciou, assinou e selou um contrato entre um camponês e uma *batrachka*, em 1924, que formalizava a prática da esposa "sazonal", absolvendo o homem de qualquer responsabilidade legal. O camponês S. P. Kovalev prometeu manter Anna Romanenko, uma *batrachka*, como sua esposa por três anos. Após esse período, ele renunciaria à sua responsabilidade[96]. Ao final desses três anos, Anna, a

---

[94] A. Borisova, "Vzaimootnosheniia Polov u Chukharei", cit., p. 76.

[95] *S"ezd rabotnits i krest'ianok*, p. 262.

[96] A. M. Bol'shakov, *1917-1927*, cit., p. 349.

223

batrachka, provavelmente se encontraria sem teto, com uma criança pequena para manter. Por certo, ela assinou o contrato, que era claramente ilegal, em uma procura desesperada de segurança por um curto prazo.

Matrena Mel'nikova, uma pobre mulher camponesa dos Urais, lutou a vida inteira por um nicho seguro. Expulsa do lar de seu marido, ela contou sua amarga história no tribunal:

Fiquei com meus pais até os treze anos, então fui trabalhar para outras pessoas. Eu trabalhei como *batrachka* até completar dezoito anos, então me casei. Nem meu marido nem eu tínhamos nada. Logo ele adoeceu e morreu, e outra vez eu fui trabalhar para outros. Dois anos atrás, Mel'nikov começou a me importunar. "O que será?", eu pensei, "eu não tenho nem cavalo, nem vaca, mas essa gente é abastada, até próspera, pode-se dizer, e ele quer casar comigo". Eu acreditei em suas palavras e consenti. Nós casamos, tudo adequado, casamos na igreja e no Soviete da aldeia. Então, eu pensei, agora tudo será sólido. A vida vai começar. Tudo ia bem, nós gostávamos um do outro. Eu trabalhava bastante, mas mesmo assim, comparado ao passado, isso era fácil. No período de um ano, eu tive um bebê. A vida mudou. Eu precisava trabalhar nos campos e na casa, mas agora eu tinha uma criança nos braços. Em casa, minha sogra começou a encontrar falhas, meu sogro não falava nada. Senti a desgraça pairando sobre a minha cabeça e pensei, pensei por dias e noites sem fim, por que não posso agradá-los? Eu esgotei meu cérebro, mas logo um acontecimento abriu meus olhos. Meu filho morreu. Meu marido e meus sogros ficaram felizes com isso. Meu marido começou a me mandar embora do *dvor* dizendo que, por mais que eu vivesse com eles no lar, eu não era sua esposa, mas uma *batrachka*. E o fato de eu ter dado à luz um filho? Meu marido dizia: "Por que você se deitou comigo? Ninguém te forçou a fazê-lo". Eu fui forçada a deixá-los. Mais uma vez eu voltei a trabalhar por dia, a trabalhar e esperar pelo que o tribunal diria.

Ela tinha escutado que a nova lei poderia ajudá-la, mas ainda estava com medo. E concluiu: "De fato, nós somos obscuros, nós não temos as palavras para dizer, eu sabia que teria de falar sobre o caso, mas minha língua diz outra coisa". Afortunadamente, Matrena "tinha as palavras para dizer"; ela contou bem sua história. Os Mel'nikovs, que possuíam três casas, uma fábrica de pele de carneiro

MULHER, ESTADO E REVOLUÇÃO

com trabalhadores contratados, oito cavalos, onze vacas, 25 ovelhas e 3.270 hectares, foram forçados a lhe dar 4 mil libras de trigo, um cavalo, uma vaca e seis ovelhas[97].

A história de Matrena, a combinação de todos os elementos de um conto de fadas camponês com uma encenação de paixão socialista, era incomum: os Mel'nikovs eram muito prósperos, e Matrena recebeu uma adjudicação substancial após o processo. Ela não somente se transformou num instante de *batrachka* para *kulachka*, como o fez com a ajuda da lei soviética. Contudo, a maior parte das histórias não tinha esse final feliz. Ledkodukhova, uma delegada camponesa do Congresso das Mulheres da Ucrânia, resumiu o problema de maneira bastante simples: "A colheita começa, eles pegam uma esposa, e, quando a colheita acaba, a esposa está divorciada". E ainda que uma mulher, casada ou não, pudesse exigir apoio do pai de seu filho, era muito difícil cobrar a adjudicação. Ledkodukhova exclamou indignada: "O Código da Terra afirma que é impossível destruir o *dvor*, portanto é inútil determinar uma adjudicação de três rublos por mês para o filho, quando o pai tem um cavalo e uma cabana". Ao mesmo tempo, ela acrescentou, algo tem de ser feito para aliviar o sofrimento das *batrachka*[98].

Mulheres eram especialmente vulneráveis no campo porque tradicionalmente não tinham nenhum poder nas instituições governamentais da vida na aldeia. O Código da Terra lhes dava o direito de participar no *skhod* (órgão de decisão da comuna), mas isso, na prática, era difícil de se cumprir. Bykhtiaeva, uma *bedniachka* (camponesa pobre) e viúva com cinco filhos, da província de Nizhegorod, descrevia os problemas que encontrava em sua comuna. Depois que seu lar e todas as suas posses foram destruídos em um incêndio, eles lhe tiraram a terra. Em suas palavras, ela "saiu no meio do povo" e, após ameaçar os homens com o Código da Terra, exigiu: "Quem quer que seja contra a lei, fale e se mostre". Mas a comuna ainda se recusava a aceitá-la de volta. Ela contou orgulhosa a suas companheiras delegadas: "Eu estava proibida de aparecer na reunião da comuna, mas ia lá mesmo assim". Bykhtiaeva concluiu que seria possível avançar os interesses das mulheres no campo somente se as elas "estivessem dispostas a quebrar cada porta com a própria cabeça". Mesmo assim,

---

[97] A. Malkov, "Byt v Sude", *Sud idet!*, n. 5, 1927, p. 269-70.

[98] *S"ezd rabotnits i krest'ianok*, p. 228.

225

ela acrescentou com tristeza, ainda existiriam "homens que não vão dar lugar a uma mulher"[99].

Muitas mulheres camponesas no Congresso criticavam severamente as atitudes autoritárias e o comportamento arrogante dos homens em suas aldeias. Pichurina, uma mulher camponesa da província de Voronezh, descreveu como ela tinha obtido sucesso quando transformou a cooperativa de consumo de sua aldeia em uma empresa rentável. Quando alguém sugeriu que ela deveria assumir a liderança da débil cooperativa agrícola, muitos homens contrariaram: "Por que uma *baba* deveria liderar a gente para que todos riam de nós?", eles perguntaram. "Por acaso o trabalho de uma *baba* é mexer com um trator, arar, armazenar o grão? Isso não é assunto de uma *baba*. Não há nenhuma razão para ridicularizar as coisas"[100].

Uraimgova, uma mulher da Ossétia do Norte, na Geórgia, reclamou: "Nem mesmo os homens conscientes, nem mesmo os membros do Partido permitem que mulheres estejam nas reuniões". Falando em sua língua materna, ela explicou como homens excluíam regularmente mulheres de posições de poder.

> Os homens agem muito mal no que diz respeito à eleição de uma mulher. Quando surge a candidatura de uma mulher, nenhum dos homens levanta a mão para ela. E se uma mulher vai a um Soviete, os homens começam a falar em russo, para que ela não entenda.

Outra mulher da província de Tver acrescentou: "Os homens fazem as eleições enquanto as mulheres estão ocupadas com as vacas leiteiras". Sentsova, a presidenta da Comissão provincial da Terra de Kostroma, resumiu as dificuldades: "Ainda que tenhamos alcançado muito entre mulheres, nosso trabalho é desprezado pelos homens. É particularmente difícil trabalhar entre os camponeses". Ela disse:

> Quando vamos a uma reunião, eles nos esnobam. Houve um tempo em que tínhamos de entrar pela porta dos fundos, não pela mesma que usavam os homens, ainda que todos participassem da reunião.

Os homens se recusavam a respeitar as mulheres ou a reconhecê-las em posições de liderança. "Eu tento com toda a minha força

---

[99] Ibidem, p. 286.

[100] Ibidem, p. 274.

MULHER, ESTADO E REVOLUÇÃO

explicar nossa legislação para os homens", disse Sentsova com frustração, "mas eles não querem nem ao menos escutar. Eles se afastam e perguntam ao primeiro homem que lhes cruzar o caminho". Sentsova concluía: "Há muita escuridão no campo". Numerosas oradoras testemunharam os esforços dos homens para impedir que as mulheres participassem dos governos locais, das Comissões da Terra, dos Sovietes das aldeias, dos Comitês Executivos distritais. Uma mulher camponesa, expressando desgosto pelos homens de sua aldeia, disse que eles não tinham "consciência nem cultura" e eram "obscenos de se olhar"; eles "diminuíam o trabalho das mulheres a cada passo". Quando um orador homem perguntou às delegadas mulheres se existiam muitos homens incultos e ignorantes que faziam as mulheres trabalharem mais, uma voz retrucou indignada: "Muitos, quase todos!"[101].

Vários organizadores e delegados do Partido incentivavam as mulheres a participar do governo local, para que elas pudessem avançar em seus próprios interesses na aldeia. Um organizador aconselhou-as a não confiar na "bondade e consciência masculina", que eram no mais das vezes raras. "Às vezes, na luta contra a lentidão dos homens, você tem de empurrá-los pela estrada com o seu punho", ele explicou. Outro organizador instigou: "Tudo está nos Sovietes, todo o dinheiro, todo o poder. É uma coisa quando você pede por dinheiro, e outra totalmente diferente quando você o gerencia". Afaneseva, uma delegada da província de Iaroslavl, estimulou as mulheres a tomar o poder dos homens. "Eu ouvi muitas mulheres vociferando", ela disse, "que uma mulher solteira não consegue mudar nada no distrito, que tudo é dado somente aos homens, e às *babas* eles não dão nada." Falando em uma poderosa voz feminista, ela exortou suas companheiras delegadas: "Camaradas mulheres, vão às cooperativas, promovam suas mulheres nas eleições para que elas conduzam, e não deem o poder aos homens, pois eles têm dominado até o momento"[102].

Tradição e mudança

O testemunho das delegadas camponesas ante o Congresso das Mulheres confirmou amplamente as enormes dificuldades que

---

[101] Ibidem, p. 223, 258, 266.

[102] Ibidem, p. 260, 296

envolviam transformar a vida na aldeia. Séculos de poder patriarcal, estruturando as mais básicas instituições sociais, econômicas e culturais, não poderiam ser facilmente desmontados somente pela lei. Juristas comprometidos em estender a igualdade de gênero no campo lutavam contra os obstáculos da pobreza extrema, a ausência relativa de assalariados independentes, a indivisibilidade econômica do lar, a importância da força física na divisão do trabalho, a poderosa dependência das mulheres frente aos homens e o foco patrilocal nas relações de família. A libertação das mulheres camponesas necessitava de nada menos que uma completa transformação do modo de produção: o desenvolvimento do nível primitivo da produção, a abolição da família como unidade básica de produção, tanto quanto a correspondente revolução nos valores sociais e nas práticas tradicionais.

No entanto, a vida na aldeia estava mudando, lentamente afetada por processos econômicos e demográficos que haviam começado muito antes da Revolução, subitamente confrontada pelas novas ideias, leis e ativismo revolucionários. A velha família patriarcal multigeracional estava se fragmentando, o tamanho das famílias, diminuindo, a incidência de *razdel*, aumentando, e as relações salariais estavam lentamente minando a regra da "propriedade comum". Os padrões de cortejo também estavam mudando, já que os pais perdiam o controle sobre as escolhas matrimoniais dos filhos e as meninas se casavam cada vez mais sem o seu consentimento. O casamento civil e o divórcio se tornavam cada vez mais comuns. Mulheres camponesas estavam começando a tirar proveito de seus novos direitos. O Código da Família, com sua ênfase em direitos individuais e liberdades, desafiava séculos de valores patriarcais e minava o princípio coletivo do lar camponês, o próprio fundamento da produção agrícola. Contradizia tanto as tradições camponesas quanto o Código da Terra, levando a um emaranhado desconcertante de instruções e diretivas, no qual os juristas tentavam reconciliar seu ideal de igualdade de gênero com a primazia produtiva do lar camponês. O Código gerava conflitos intensos no campo. Mulheres muitas vezes usavam a lei para ganhar maiores medidas de liberdade; o lar lutava ferozmente para proteger sua propriedade comum. A pobreza extrema exacerbava a diferença entre a lei e a vida, fazendo com que fosse quase impossível para muitas casas pagar o que deviam legalmente. Enquanto a família permanecesse sendo a unidade básica de produção e o patriarcalismo estruturasse as institui-

MULHER, ESTADO E REVOLUÇÃO

ções da vida na aldeia, nem as mulheres nem os homens do campo poderiam viver a liberdade prometida pelo Código.

Ainda assim, os juristas mantinham seu compromisso com a liberdade individual e a igualdade de gênero frente à poderosa oposição camponesa. Os oficiais dos comissariados da Justiça e da Terra se negavam, repetidamente, a atender às demandas camponesas de abolir o divórcio e a pensão alimentícia, e continuavam apoiando os direitos dos vulneráveis, dos fracos e da mulher camponesa sem terras. Ainda que o aumento da produção de grãos fosse evidentemente uma prioridade do Estado, os códigos da Família e da Terra estabeleciam direitos para as mulheres que só poderiam engendrar uma redução do tamanho dos lotes e da produção. A comissão de Moscou declarou: "Acordar que o *dvor* não deve ter responsabilidade alguma pela pensão alimentícia significa afogar a nossa lei soviética em um mar de estancamento camponês"[103]. Isso era claramente algo que os juristas não estavam dispostos a fazer.

Apesar dos obstáculos estruturais à libertação da mulher, uma pequena minoria de camponesas tinha se fortalecido poderosamente devido aos esforços educativos do Partido, das atividades do *Zhenotdel* e de seus novos direitos legais. As delegadas do Congresso de Mulheres falaram orgulhosamente de sua luta como mulheres solteiras para obter sua parte da terra, participar das reuniões do *skhod* e organizar cooperativas agrícolas para mulheres. Mães de filhos ilegítimos e camponesas divorciadas desafiaram séculos de tradição patriarcal para lutar contra o lar no tribunal, pelo direito ao apoio às crianças e à pensão alimentícia. Uma mulher camponesa, dificilmente representativa da maioria, mas ainda assim notável, escreveu:

> No campo veem a mulher como um burro de carga. Você trabalha a vida toda para seu marido e a família inteira dele, suporta agressões e todo tipo de humilhação, mas não importa, você não tem aonde ir; você está presa ao casamento. Sempre foi assim no casamento. Eu mesma sou camponesa e estive nesse confinamento. Não precisamos mais de um casamento tão forte.[104]

O Código da Terra e o Código da Família ofereciam uma medida de proteção às mulheres solteiras, às expulsas, às sem-terra, bem

---

[103] F. Vol'fson, "Voprosy Alimentnogo Protsessa v Derevne", cit., p. 1385.

[104] "Chto Predlagaiut Rabotnitsy", *Rabotnitsa*, n. 14, 1926, p. 15.

como uma nova percepção de merecimento para todos. Apesar de o Código da Família gerar conflitos de gênero no campo, fomentando contradições insolúveis entre o indivíduo e o lar, também oferecia uma nova visão das relações de gênero, abraçadas ansiosamente por um pequeno, porém significativo, número de mulheres camponesas. Talvez a história de Mel'nikova, a *batrachka* pobre que tinha trabalhado desde criança, captasse mais claramente as pequenas repercussões da mudança. Expulsa do *dvor* de seu marido, compareceu aterrorizada diante do juiz. "Escutei na aldeia que agora existe uma lei", ela disse simplesmente, "de que já não se pode mais insultar as mulheres dessa forma"[105].

---

[105] A. Malkov, "Byt v Sude", cit., p. 270.

5
PODANDO O "MATAGAL BURGUÊS": ESBOÇO DE UM NOVO CÓDIGO DA FAMÍLIA

O período de sofrimento humano e de guerra se tornará uma questão de lenda. [...] A coerção começará a desaparecer nas relações entre as pessoas. A lei, como instrumento de coerção das relações humanas, como expressão da luta constante entre indivíduos, grupos e o Estado, também desaparecerá. Com a decisiva consolidação do coletivismo, não somente a lei civil, mas toda lei vai desaparecer. A harmoniosa existência de pessoas será construída não sobre as bases da coerção e da necessidade sociais – em outras palavras, da lei –, mas embasada na completa liberdade social.
A. G. Goikhbarg, 1918[1]

No início dos anos 1920, juristas tentaram repetidamente reformar o Código da Família de 1918. Alertados pelos defensores mais radicais da união livre, bem como pela necessidade de corrigir os problemas sociais da NEP, os Comissariados da Justiça e dos Assuntos Internos prepararam vários esboços de um novo Código da Família. Seus esforços foram claramente influenciados por Evgeny Pashukanis, um jovem jurista marxista, cujas ideias sobre as origens da lei dominaram a jurisprudência soviética após 1924. O trabalho de Pashukanis sobre o desaparecimento da lei proporcionou um quadro poderoso e abrangente para aqueles que procuravam acelerar o desaparecimento da família. O processo de elaboração do novo Código da Família levava claramente o carimbo de seu pensamento. Com cada proposta sucessiva, os juristas restringiam ainda mais as disposições do Código e minimizavam o papel da lei. O projeto final, que foi submetido a debate em toda a nação em 1925, era consideravelmente mais curto e conciso do que o original de 1918. Em sua linguagem e conteúdo era evidente a curiosa parceria entre os juristas radicais e libertários, que procuravam promover o desa-

---

[1] Alexander Grigor'Evich Goikhbarg, "Proletarskaia revoliutsiia i grazhdanskoe pravo", *Proletarskaia revoliutsiia i pravo*, n. 1, 1918, p. 9-10.

WENDY GOLDMAN

parecimento da lei e da família, e seus colegas mais cautelosos, que procuravam proteger as mulheres e as crianças das tensões sociais e econômicas da NEP.

Desafiando o Código da Família

Os defensores radicais da união livre tinham, ironicamente, rejeitado o Código da Família quando ele foi discutido pela primeira vez, em 1918, pelo Comitê Executivo Central (VTsIK). Eles insistiam que a disposição sobre o casamento civil, em particular, permitia a influência indevida do Estado na vida privada de seus cidadãos. A mera luta pela sobrevivência durante a guerra civil tinha necessariamente imposto uma breve moratória a um debate mais aprofundado, mas assim que a guerra acabou os críticos libertários do Código retomaram a agitação pelo fim do registro de casamento. Ainda que eles constituíssem uma minoria entre juízes, legisladores e ativistas sociais, suas ideias tinham um impacto considerável. Eles provocaram uma viva discussão do Código de 1918 e tiveram um papel importante na decisão de reescrevê-lo.

A principal diferença entre os defensores radicais da união livre e seus colegas mais convencionais não era centrada em se a lei e a família desapareceriam, mas quando. Os juristas radicais sustentavam que o registro de casamento era bastante desnecessário no período de transição. Eles avançavam para uma abordagem mais libertária da lei, salientando o direito do indivíduo de ser livre sem a interferência do Estado. A maioria sentia que eles queriam mudar rápido demais, alegando que o jovem Estado Soviético ainda necessitava do casamento e da lei para fins sociais. Os dois grupos concordavam no objetivo final, mas diferiam quanto ao momento de implementá-lo.

Os críticos libertários do casamento e da lei familiar encontraram nova força ideológica na experiência da guerra civil. O desaparecimento do dinheiro, a organização de refeições comuns e em larga escala, a fluidez das relações pessoais e a alta moral revolucionária, tudo conspirava para convencer muitos de que o desaparecimento da família, e da lei que a respaldava, era iminente. Alexandra Kollontai expressou esses sentimentos idealistas em uma série de palestras na Universidade Sverdlov, em 1921. Kollontai argumentava que relações matrimoniais não deveriam ser objeto de regulamentação legal,

232

MULHER, ESTADO E REVOLUÇÃO

exceto em termos de saúde e higiene (pessoas com tuberculose ou doenças venéreas, por exemplo, não deveriam ter permissão para casar). Ela dispensava disposições sobre pensão alimentícia e apoio à criança como "reminescências do passado, que contrariam os interesses do coletivo, enfraquecem sua unidade e, portanto, devem ser sujeitos a reconsideração e mudança". Mesmo o reconhecimento da paternidade deveria ser voluntário. Baseando-se na ideia jurídica popular de que as normas sociais em pouco tempo suplantariam a lei, Kollontai vislumbrava uma sociedade na qual a moral comunista, com base nos princípios da camaradagem e da coletividade, reinaria no lugar da "regulamentação do casamento". O casamento prejudicava a coletividade fomentando "a ilusão de que o coletivo deveria reconhecer os interesses separados e isolados de dois membros casados", dizia Kollontai à sua audiência estudantil, "quanto mais fortes os laços de todos os membros com o coletivo, menor a necessidade da criação de fortes relações matrimoniais". Ela salientava a importância de reconhecer "a liberdade dos outros na área das experiências amorosas". No lugar do casamento, Kollontai defendia relações baseadas no amor, na camaradagem, no respeito mútuo e em fortes vínculos sociais[2].

A crença de Kollontai de que normas deveriam substituir a lei era compartilhada por uma série de juristas. Ao longo dos primeiros anos da década de 1920, as revistas jurídicas, incluindo o *Ezhenedel'nik sovetskoi iustitsii*, o jornal oficial do Comissariado da Justiça, traziam vivas críticas ao Código de 1918, sugestões para reforma e refutações. Em 1921, o jurista A. Zelenetskii abriu uma discussão com um ataque arrebatador ao Código de 1918. Ele declarou: "Os séculos de idade das concepções e construções da lei civil estabelecida são uma reminiscência da era burguesa", um perfeito exemplo da frase de Marx: "Os mortos agarrados aos vivos". Na visão de Zelenetskii, o Código de 1918 estava ultrapassado, e as suas determinações sobre o casamento, demasiado conservadoras. A prática social já havia superado a lei. Zelenetskii argumentava que o casamento proletário não precisava de regulamentação. Ele escreveu: "Nossa concepção proletária do casamento, como um assunto privado e íntimo de cada

---

[2] Alexandra Kollontai, "Tezisy o Kommunisticheskoi Morali v Oblasti Brachnykh Otnoshenii", *Kommunistka,* n. 12-13, 1921, 29-34.

indivíduo, é expressa legalmente por uma construção obsoleta, uma sobrevivência da lei da Igreja ou das condições da ordem burguesa"[3].

Assim como Kollontai, Zelenetskii acreditava que a guerra civil teria criado as condições para a abolição do registro de casamento. O Código da Família pode ter sido útil em 1918 "na medida em que a nova concepção de casamento ainda não tinha uma base em mudanças correspondentes nas condições sociais", mas "até naquele momento era claro quão pequena era a base que a antiga concepção de casamento tinha e quão insignificante era a área de relações mútuas que precisavam da regulamentação pelo poder estatal". Toda a fundação do casamento foi erodindo rapidamente sob o novo sistema soviético. "O que resta do casamento como uma instituição legal?", ele perguntava. "Tão pouco que em breve a lei sobre os direitos matrimoniais não regulará nada, porque as antigas instituições sociais estão desaparecendo diante de nossos olhos." O registro de casamento era então nada mais do que um obstáculo desnecessário. "Qual é o sentido desta comédia?", Zelenetskii questionava sarcasticamente. "É hora de dizer em voz alta que, sem um laço moral íntimo e simpatia mútua, não há casamento em nossa percepção, e nós não precisamos de um casamento punitivo"[4].

Zelenetskii, assim, alegava que o próprio contrato de casamento era uma relíquia antiquada das relações sociais burguesas. Os direitos e as responsabilidades que enumerava – proteção da propriedade privada, herança e apoio para o cônjuge necessitado e deficiente – eram irrelevantes para as necessidades da família da classe trabalhadora e, além disso, cada vez mais sem sentido sob o regime soviético. Por outro lado, se necessário, esses direitos poderiam ser regulados afora do contrato de casamento. Os direitos de propriedade poderiam ser submetidos à legislação penal, que já havia estabelecido penalidades para o contrato forçado ou nocivo. A herança poderia ser abolida ou poderia ser permitido aos indivíduos liberdade irrestrita em legar sua propriedade. E o Estado, não o marido ou a esposa, assumiria responsabilidade pelos necessitados ou deficientes. Zelenetskii escreveu: "Do ponto de vista da construção socialista planejada, é ineficiente estabelecer o cuidado de carentes e de cidadãos com deficiência com base em se eles têm um cônjuge afortunado". Evocando a familiar

---

[3] A. Zelenetskii, "O Nashem Brachnom Prave", *Proletarskaia revoliutsiia i pravo*, n. 15, 1921, p. 17.

[4] Ibidem, p. 19, 21.

visão marxista do casamento socialista como uma união livremente escolhida, ele escreveu: "É claro que, na ausência de um laço moral entre os cônjuges, não há nenhuma espécie de casamento, no sentido socialista que lhe damos. Portanto, insistindo no cumprimento dessas responsabilidades (pensão alimentícia e apoio à criança), o nosso Estado simplesmente defende a existência de um casamento onde ele já deixou de existir". Resumindo sua posição, Zelenetskii declarou:

> Agora, quase três anos após a publicação do Código, pouco restando das antigas condições sociais que serviram de base à regulamentação dos direitos matrimonais, chegou o tempo para sua completa abolição, ou seja, para o reconhecimento do casamento como uma questão pessoal de cada cidadão, e do fim da interferência do poder estatal.[5]

A visão da autoridade do Estado de Zelenetskii tipificava a tensão libertária no pensamento jurídico bolchevique. Sua posição, de qualquer modo, não era apoiada pela maior parte dos juristas soviéticos, que tinham uma abordagem mais funcional para a lei. Estes insistiam que a lei era uma importante arma na luta contra a antiga ordem. Ademais, eles divergiam de Zelenetskii na sua avaliação das condições sociais. A população soviética ainda não estaria pronta para a abolição do casamento. As prescrições de Zelenetskii só prejudicariam os setores mais vulneráveis da população: mulheres e crianças[6]. Em uma resposta afiada a Zelenetskii, o jurista A. Prigradov-Kudrin argumentou que o casamento civil ainda era necessário para combater a influência reacionária da Igreja. "É necessário considerar a subjetividade implantada nas massas", ele advertia. A maior parte da população soviética estava psicologicamente despreparada para a união livre. Ademais, com a recente adoção da NEP, o casamento tinha adquirido um significado ainda maior, porque as novas relações de propriedade necessitavam de uma regulamentação maior. A sugestão de Zelenetskii de abolir a herança era totalmente impraticável. Como o Estado poderia coletar, usar e dispor dos bens mesquinhos de milhões de cidadãos, se o Estado se tornasse o único herdeiro da

---

[5] Ibidem, p. 18-21.

[6] Na discussão sobre o esboço do Código, em 1925-1926, quase todos os juristas concordavam que alguma forma de casamento civil era necessária. Ver Capítulo 6 para uma extensa discussão do tema.

propriedade? Mais importante ainda, um novo decreto, que permitia a herança de propriedade com um valor pré-guerra inferior a 10 mil rublos, havia tornado a sugestão de Zelenetskii irrelevante[7].

Pigradov-Kudrin também levantou uma questão que seria discutida pelos próximos anos: na ausência de um processo civil ou cerimônia religiosa, como o Estado reconheceria ou definiria um "casamento"? Desafiando Zelenetskii a produzir uma definição, ele perguntou: "O que ele consideraria ser um casamento, dada a eliminação da forma externa que marca sua presença?". Em suma, Pigradov-Kudrin acusava as ideias de Zelenetskii de estarem muito avançadas para as atitudes psicológicas e condições materiais existentes, ele estava fora de sintonia com as realidades da vida soviética. Prigradov-Kudrin concluía bruscamente: "Dizer simplesmente que o casamento como uma instituição legal não deveria existir agora, que a concepção já não tem nem sentido, nem conteúdo, nem significado na vida contemporânea, significa perder contato com a própria vida e voar para o espaço"[8].

Zelenetskii respondeu vários meses depois, alegando que o início da NEP não alterava em nada a substância de seu argumento. "A Nova Política Econômica é um recuo do programa comunista só em vários ramos específicos da frente social (principalmente nas áreas de produção e distribuição)", explicou ele, "e não de toda a frente ou na área geral da cultura". Ele reiterou que uma vez que o casamento deixou de implicar os direitos de propriedade, todas as regras que regem a conclusão formal, dissolução e existência de casamento eram irrelevantes. Sem a propriedade, não havia sentido em registrar um casamento, assim como "não haveria significância legal para registrar os nomes dos passageiros de um navio a vapor, se não existissem passaportes"[9].

Zelenetskii e Prigradov-Kudrin concordaram que o objetivo principal do contrato de casamento era o de regular a propriedade, mas eles divergiam na sua avaliação das relações de propriedade no período de transição. Enquanto Prigradov-Kudrin salientava a necessidade de continuar a regular as relações de propriedade sob a NEP,

---

[7] A. Prigradov-Kudrin, "Brachnoe Pravo i Nasledovanie", *Ezhenedel'nik sovetskoi iustitsii*, n. 12, 1922, p. 4-5. A partir de agora citada como *ESIu*.

[8] Ibidem, p. 4.

[9] A. Zelenetskii, "Nuzhna li Registratsiia Braka", *ESIu*, n. 24-25, 1922, p. 9-10.

MULHER, ESTADO E REVOLUÇÃO

Zelenetskii minimizava sua importância e ressaltava os aspectos das relações individuais e de propriedade que não necessitavam mais de regulamentação. Prigradov-Kudrin argumentava sobre a necessidade contínua do Estado por leis, mas Zelenetskii insistia que certas áreas da lei já haviam sido tornadas obsoletas pelas relações econômicas socialistas. Esse debate, capturado de forma embrionária na troca entre esses dois juristas, continuou de uma forma ou de outra até 1936. Ao fim e ao cabo, a ideia funcionalista da lei como uma ferramenta do poder do Estado, expressa tão sensatamente por Prigradov-Kudrin, seria usada para aniquilar aqueles juristas que promoviam teorias sobre o desaparecimento da lei e da família.

Ao longo de 1922 e 1923, o debate sobre o Código de 1918 expandiu-se e intensificou-se. O jurista I. Slavin defendia fortemente Zelenetskii, afirmando que "a atual legislação sobre o matrimônio e a família" tinha "chegado a um impasse". A legislação estava enredada em contradições que só podiam ser resolvidas pela "plena liberdade de casamento". A mais gritante delas, na opinião de Slavin, era entre a construção da família no Código e sua insistência na regulamentação do casamento. A família era constituída com base em laços biológicos: a criança tinha direito ao apoio independentemente de seus pais serem casados, e uma mulher casada poderia conferir a paternidade a um homem que não era seu marido. Os direitos e responsabilidades que ligavam os pais às crianças eram interpretados com base no sangue, não em um contrato matrimonial. No entanto, apesar da separação entre família e casamento, o Código preservava o registro. Se o casamento era irrelevante para a construção jurídica da família, por que manter o registro de casamento? Além disso, os termos do próprio Código diminuíam o significado e o alcance do contrato de casamento: os cônjuges foram autorizados a manter suas próprias residências e propriedades e se divorciar a qualquer momento. Slavin argumentava:

> Seria apenas coerente ir mais longe e abolir a instituição do casamento, para permitir a todos os cidadãos que definissem suas simpatias mútuas de acordo com seu próprio julgamento, sem qualquer tipo de registro, e para preservar apenas o registro de nascimento de acordo com o pai declarado.

Não havia nenhuma razão para preservar os restos contratuais esfarrapados do casamento[10]. Na visão de Slavin, o único direito contratual que o casamento ainda provia era a pensão alimentícia. Ele perguntava retoricamente: "É necessário manter uma instituição tão pesada, sobrecarregada com milhares de anos, camadas inteiras de preconceitos, superstições e cadeias psicológicas [...] simplesmente para garantir ajuda ao cônjuge carente e deficiente?". Sua resposta, não surpreendente, era um sonoro "não!"[11].

No entanto, outros juristas, preocupados com os enormes problemas sociais enfrentados pelas mulheres sob a NEP, respondiam fortemente na afirmativa. R. Lopato, por exemplo, rebatia os argumentos de Slavin com a observação de que a liberdade das relações matrimoniais estava trabalhando para a desvantagem das mulheres. A ânsia de seus colegas para libertar ambos os cônjuges das restrições da "lei do casamento puramente feudal" tinha, infelizmente, "afetado dolorosamente o lado mais fraco, especialmente os direitos das mulheres". Lopato argumentava que homens e mulheres tinham papéis sociais muito diferentes e que as mulheres ainda não eram indivíduos independentes e iguais. Trabalho e casamento tinham significados diferentes para homens e mulheres, e direitos legais não poderiam por si só corrigir o desequilíbrio de longa data de poder entre os sexos. A verdadeira igualdade precisaria de anos na fatura. Lopato explicava:

> Apesar dos direitos políticos iguais, as mulheres sempre foram, e por um longo período ainda serão, mais fracas que os homens na luta pela vida. O casamento tem um significado maior para elas que para eles, porque destrói completamente sua vida anterior.

A mulher urbana geralmente desistia de seu ofício ou ocupação quando se casava, e a mulher rural deixava sua família para entrar

---

[10] I. Slavin, "Brak i Sem'ia po Nashemu Zakonodatel'stvu", *ESIu*, n. 42, 1922, p. 3-5. Para discussão sobre a construção da família, de acordo com a ascendência biológica, ver S. Glikin, "Nezakonnye Deti", *Rabochii sud*, n. 6-7, 1924, p. 19-27. Glikin explicava: "De acordo com a lei soviética, a família é construída pela descendência de fato, e não pelo casamento. O casamento cria relações mútuas definidas somente entre os cônjuges. Relações entre pais e filhos, ou seja, relações familiares, são definidas por real descendência. A ligação natural entre um pai e seu filho ilegítimo, que é dilacerada e destruída pelas normas legais em uma sociedade burguesa, aqui é restaurada em sua plenitude", p. 26.

[11] I. Slavin, "Brak i Sem'ia po Nashemu Zakonodatel'stvu", cit., p. 4.

MULHER, ESTADO E REVOLUÇÃO

em um novo lar. Em ambos os casos, a mulher entraria em novas relações de dependência. Lopato continuava: "Para o homem é bastante diferente. Ele não somente não deixa sua ocupação, mas sob a pressão de novas demandas ele redobra a sua energia". Como resultado, argumentava Lopato, as mulheres sempre sofriam mais no divórcio. Lopato observou um fenômeno comum pelo qual muitas mulheres "no presente tempo difícil, incapazes de encontrar trabalho, muitas vezes tomavam o único caminho permanentemente aberto para elas: a prostituição". Lopato recomendou que o Estado impusesse uma penalidade monetária a todos os homens que se divorciassem de suas esposas sem justa causa, e que todas as mulheres carentes, não somente as com deficiência, tivessem direito à pensão alimentícia. Ele esperava fortemente que tais medidas desencorajassem o divórcio, reduzissem a prostituição e garantissem às mulheres a proteção de que precisavam desesperadamente[12].

Sergei J. Raevich, um jovem jurista que escreveu diversos livros importantes sobre direito civil, internacional e a lei de patentes, nos anos 1920, evocou as relações de troca da NEP para exigir "medidas fortes" e "limites mais firmes". Na opinião de Raevich, a principal razão para alterar o Código de 1918 era "proteger os interesses dos setores mais fracos da população". Durante a guerra civil, explicou Raevich, o Estado tinha alimentado e cuidado de milhares de crianças. Havia poucas diferenças salariais e, portanto, mais igualdade entre homens e mulheres perante o casamento e o divórcio. Mas a NEP tinha trazido uma maior desigualdade e as novas condições sociais tinham ferido a posição das mulheres[13].

Raevich propôs várias mudanças específicas no Código de 1918 que ajudariam o "lado mais fraco" "sem violar a liberdade de contrair e dissolver um casamento". Para impedir homens de se casarem muito repetidamente, ele sugeriu que cada cidadão deveria levar consigo um documento com seu estado civil atual, assim como o número de vezes que ele ou ela havia se divorciado. Embora não existissem restrições legais sobre o número de casamentos ou divórcios permitidos, a história matrimonial de cada pessoa seria disponibilizada ao seu cônjuge pretendido, e uma mulher poderia descobrir quantas ex-mulheres seu noivo já teve (essa sugestão foi adotada em 1936, na

---

[12] R. Lopato, "Odin iz Voprosov Brachnogo Prava", *ESIu*, n. 4-5, 1923, p. 94-5.

[13] S. I. Raevich, "Brachnoe, Semeinoe i Opekunskoe Pravo v Usloviiakh NEPa", *Vlast' Sovetov*, n. 3, 1923, p. 43-4.

WENDY GOLDMAN

guinada para uma abordagem mais conservadora da família). Raevich também propôs que os cônjuges tivessem mais e não menos responsabilidades um para com o outro. Argumentando contra a crescente independência e autonomia dentro dos casamentos, ele sustentou que as mulheres desempregadas, bem como os carentes e deficientes, tinham direito à pensão alimentícia. "Encontrar trabalho não é fácil para ninguém ultimamente", ele explicava. "As mulheres em particular, e ainda mais as mulheres divorciadas, não têm nenhuma renda, mesmo não sendo inválidas. Essa provisão, que na realidade priva as mulheres da pensão alimentícia, é muito cruel". No interesse das mulheres e das crianças, ele também recomendava a reavaliação das proibições do Código sobre propriedade marital conjunta e adoção[14].

Raevich, Zelenetskii, Prigradov-Kudrin, Slavin e Lopato expressavam posições e preocupações, em 1922 e 1923, que antecipavam os debates de mais longo alcance sobre o Código da Família, em 1925 e 1926. Zelenetskii e Slavin, otimistas em relação ao crescimento de novas relações sociais e ansiosos para fazerem avançar a experiência socialista, pediam pela abolição do casamento e a criação de novas formas de amor e família. Defendendo a abolição da lei, eles aguardavam impacientes o momento em que o Estado não teria nenhum direito de intervir na vida privada dos cidadãos. Prigradov-Kudrin, Lopato e Raevich, representando a maioria dos juristas, eram mais cautelosos na avaliação do período de transição. Prigradov-Kudrin, preocupado com a influência da Igreja, considerava a necessidade de combater costumes antigos com medidas transitórias. Raevich e Lopato estavam preocupados com a dependência econômica e a vulnerabilidade das mulheres. Todos os três reconheciam que a liberdade não era apenas uma questão de lei ou, mais precisamente, de abolição da lei. Eles justificavam a necessidade contínua da lei pela necessidade persistente das mulheres por proteção.

Prática judicial

Enquanto os juristas libertários contestavam a validade do Código de 1918, em versão impressa, os juízes nos tribunais em todo o país revisavam o Código, em silêncio, na sua prática diária. Os

---

[14] Ibidem, p. 45, 49.

MULHER, ESTADO E REVOLUÇÃO

conflitos entre a lei e a vida eram mais claros nas salas de tribunais, onde juízes presenciavam uma procissão perturbadora de tragédias pessoais criadas pela pobreza e pela instabilidade social. Chamados a resolver problemas gerados pelo divórcio, juízes começavam a interpretar as leis de novas formas. Um número de casos provocou decisões de grande alcance pelo Supremo Tribunal, o que alterou significativamente, ou até mesmo contradisse, prescrições do Código da Família. Em 1925, os juízes estavam reconhecendo o direito à propriedade matrimonial conjunta, estendendo direitos aos cônjuges *de facto* e concebendo formas incomuns de pagamento de pensão alimentícia para camponeses. Na ausência de uma definição legal para um casamento *de facto*, eles estavam elaborando seus próprios critérios para determinar se uma mulher que viveu com um homem havia vivido como sua "esposa"[15].

A primeira decisão histórica que teve um efeito significativo sobre o Código da Família foi proferida em 1922, pelo Colegiado Superior de Controle (que logo se tornou o Supremo Tribunal)[16]. Originário de um processo de divórcio comum de um casal chamado Abukomov, a decisão reverteu a cláusula do Código de 1918, que sustentava que o casamento não implicava propriedade conjunta. Segundo o Código da Família, uma dona de casa urbana não tinha direito à propriedade adquirida pelo salário de seu marido durante o casamento, e a mulher camponesa não tinha direito sobre os salários do marido que trabalhava na cidade nem sobre uma parte da propriedade dele no lar. Enquanto o Código da Família buscava garantir a independência da mulher, protegendo sua propriedade do próprio marido, não levou em conta que a maioria das mulheres camponesas e urbanas não tinha nenhuma propriedade para proteger. Com efeito, a provisão excluía a mulher de qualquer direito à propriedade adquirida com o salário de seu marido. No caso Abukomov, o Colegiado Superior de Controle determinou que a mulher tivesse direito aos bens adquiridos com o salário de seu marido no decorrer do casamento.

---

[15] Ver os comentários dos juízes em reunião sobre a Sociedade dos Trabalhadores na Lei Soviética, em *Leningradskaia pravda*, 12 dez. 1925, p. 6.

[16] O Supremo Tribunal não foi estabelecido até 1923. Antes de 1923, os casos cíveis eram sujeitos à revisão do Colegiado Superior de Controle, também chamado de Divisão Jurídica de Controle por Vladimir Gsovski. Ver Vladimir Gsovski, *Soviet Civil Law*, v. 1 (Ann Arbor, University of Michigan Law School, 1948), p. 262-3.

Os Abukomov tinham sido casados por dezesseis anos, período no qual o marido havia vivido e trabalhado em Petrogrado, enquanto a esposa permanecia na aldeia com seus três filhos. Em 1920, Abukomov solicitou e obteve divórcio no tribunal de Petrogrado. Ele foi obrigado a pagar 900 rublos por mês (em moeda descontroladamente inflacionada) como pensão alimentícia à ex-esposa. Em seguida, ela entrou com uma ação por uma parcela dos bens móveis da casa. O tribunal recusou, argumentando que ela não tinha direitos aos bens adquiridos com o salário de seu marido. Ela apelou da decisão e, finalmente, o Colegiado reverteu a sentença[17].

O Colegiado fez um julgamento sem precedentes de que o trabalho doméstico, assim como o trabalho assalariado, constituía uma forma de trabalho necessária socialmente. O Comissariado da Justiça proclamava: "Uma vida conjugal mútua e longa inevitavelmente cria uma situação em que toda uma série de artigos para o lar é adquirida como resultado do trabalho conjunto". Habitualmente, um homem trabalha para proporcionar apoio à existência de sua família, e a mulher contribui com seu trabalho dentro de casa, cuidando de seu marido, filhos e outros. Esse trabalho deveria, indubitavelmente, ser considerado um trabalho produtivo, criando direitos a compartilhar seus frutos, ou seja, a propriedade comum da casa. "A decisão do Colegiado deu tanto à mulher camponesa quanto à mulher urbana uma parte da propriedade adquirida no decorrer do casamento, mesmo que nunca tenham ganhado um copeque"[18].

O Colegiado fundamentou que os direitos da mulher à propriedade eram baseados no seu trabalho em casa, e não em seus direitos como esposa. Seguia-se que uma dona de casa que contratava funcionários para fazer seus afazeres domésticos não merecia um acordo de propriedade e, de fato, quando uma mulher recém-divorciada entrou com uma ação no tribunal provincial de Leningrado, recebeu somente uma pequena parte da propriedade, já que o tribunal determinou que ela nunca havia trabalhado como assalariada e contratou funcionários para fazer os trabalhos domésticos[19]. No entanto, a maioria das mulheres que iam aos tribunais não era rica, com funcionários. Tratava-se de mulheres da classe trabalhadora ou

---

[17] "Iz Deiatel'nosti Narodnogo Komissariata Iustitsii", *ESIu*, n. 11-12, 1922, p. 12.

[18] Idem.

[19] N. Toporov, "Prava Suprugov na Imushchestvo", *Rabochii sud*, n. 15-16, 1925, p. 635.

MULHER, ESTADO E REVOLUÇÃO

camponesas que ou trabalhavam esporadicamente por salários ou como donas de casa. A decisão sobre o caso Abukomov garantia que elas não ficariam desamparadas após um divórcio.

Outras decisões foram além na revisão do Código de 1918. Em 1925, o Supremo Tribunal sancionou oficialmente a prática dos tribunais locais de estender os direitos à herança às esposas *de facto*. O caso dizia respeito a duas mulheres que reivindicavam direito à pensão de um homem morto. Uma mulher era a esposa "legal", ainda que tivesse se separado dele há muitos anos. A outra era sua esposa *de facto*, que havia vivido com ele antes de sua morte. Ambas as mulheres eram financeiramente dependentes do falecido. O tribunal decidiu dividir a pensão igualmente entre as duas mulheres. Ansioso em evitar uma posição que tolerasse a bigamia, o tribunal argumentou que ambas as reivindicações eram válidas porque cada mulher era dependente do falecido. Suas respectivas situações conjugais não eram relevantes para o caso[20]. No entanto, o tribunal afirmou efetivamente os direitos da esposa *de facto* ao reconhecer a legitimidade de suas demandas. Assim, em 1925, os direitos da mulher *de facto*, que não eram reconhecidos pelo Código de 1918, foram oficialmente reconhecidos no mais alto nível do sistema jurídico.

Em nenhum dos casos, nem no Abukomov nem na decisão do Supremo Tribunal em 1925 sobre a herança, o Colegiado ou o Tribunal invocaram direitos conjugais para justificar suas decisões. Em ambos os casos, os órgãos judiciais superiores se recusaram a estabelecer precedentes que tocassem nos direitos conjugais; em vez disso, eles recorreram ao princípio do trabalho. As duas decisões refletiam a crença dos juristas de que a família desapareceria no final. Enojado em fortalecer a rede de direitos que vinculavam um par matrimonial, o Tribunal Superior mostrava-se ansioso para minar os direitos decorrentes do casamento. Ao substituir os direitos do contrato de casamento pelo princípio do trabalho socialista, reduzia a esfera das responsabilidades conjugais, mas ainda assim conseguia proteger os interesses da mulher[21].

Outras disposições também sucederam essa prática. O Código de 1918 havia proibido a adoção, na expectativa de que o Estado seria

---

[20] "Kassatsionnaia Praktika", *Rabochii sud*, n. 17-18, 1925, p. 781-2.

[21] Ver G. Ryndziunskii, "K Proektu Kodeksa Zakonov o Brake, Sem'e i Opeke", *ESIu*, n. 7-8, 1924, p. 150, sobre o princípio do trabalho como base primordial para reconhecer um casamento *de facto*.

capaz de abrigar e educar as crianças carentes do campo. No entanto, à luz do grande número de crianças desabrigadas e da insuficiência de recursos do Estado, a proibição rapidamente se provou irreal. Oficiais haviam começado a permitir a adoção já no ano de 1922, em uma tentativa desesperada de aliviar as instituições estatais superlotadas e prover comida e abrigo aos *besprizorniki*. Em 1925, os Comissariados da Terra e para o Esclarecimento haviam lançado vigorosas campanhas para encorajar famílias camponesas a adotarem crianças das empobrecidas casas e instituições do Estado. A proibição do Código claramente se mostrava prematura[22].

Independentemente de decisões superiores, juízes locais também começaram a ignorar determinadas disposições e revisar outras. O Código de 1918 havia proibido o pagamento de pensão alimentícia em uma única parcela. Com base nas experiências judiciais nos países europeus, os autores do Código temiam que as mulheres pobres ficassem tentadas a aceitar um determinado montante, mesmo quando não era de seu interesse financeiro a longo prazo. Ao incluir essa provisão, os autores do Código tentavam evitar que homens ricos tirassem vantagem de mulheres mais pobres. No entanto, juízes rurais rapidamente descobriram que os camponeses encontravam grandes dificuldades para pagar quantias monetárias regulares em pensão alimentícia. Juízes que deliberavam sobre os divórcios camponeses começaram a definir pagamentos de uma única parcela, e até mesmo pagamentos em espécie, apesar da proibição do Código. A prática mostrava que a cláusula, inicialmente motivada por boas intenções, era desvantajosa para as mulheres camponesas e seus filhos.

Os problemas das relações *de facto*, do *besprizonost'* e da pobreza camponesa obrigavam os juristas a interpretar o Código de 1918 de novas maneiras. Em sua prática diária, eles reinterpretavam e às vezes desrespeitavam a lei visando acomodar as difíceis realidades da vida. Sua revisão da lei era geralmente guiada por um desejo de oferecer maior proteção às mulheres e às crianças, mas o reconhecimento das relações *de facto* também ajudou a fornecer justificativa prática legal para a abolição do casamento.

---

[22] Ver Capítulo 2 para detalhes.

MULHER, ESTADO E REVOLUÇÃO

O desaparecimento da lei

Esforços para rever o Código da Família foram reforçados pela opinião jurídica predominante de que todos os ramos da lei acabariam por desaparecer. Ideias sobre o desaparecimento da família encontravam fortes paralelos no compromisso político com a extinção do direito. A grande maioria dos juristas compartilhava a visão de que sob o socialismo a moralidade e as normas limitadas substituiriam a lei e o Estado, regendo as relações sociais. Em uma sociedade sem classes, não haveria necessidade da lei para regular e coagir o comportamento humano. Nas palavras do jurista M. Kozlovskii: "A lei nasce com a divisão da sociedade em classes e morre com a morte da sociedade de classes"[23]. O primeiro decreto sobre a lei, por exemplo, emitido em novembro de 1917, aboliu todas as instituições legais pré-revolucionárias. Na época, Goikhbarg considerava que o decreto fazia parte de uma mudança mais ampla da legislação para a administração, uma transição, em sua opinião, que constituía a principal diferença entre os métodos burgueses e proletários de governo[24]. Em 1922, vários membros do Partido argumentaram que os comunistas não deveriam ser encorajados a aderir ao foro e trabalhar no sistema judiciário, porque seus esforços seriam desperdiçados em organizações que não tinham futuro sob o socialismo[25]. Pashukanis havia fornecido forte justificativa teórica para essas crenças e para a vasta doutrina do desaparecimento. Mas ideias semelhantes – sobre o desaparecimento iminente da família, do direito e do Estado – já eram muito populares antes mesmo que ele publicasse sua obra, em 1924.

Essas ideias, denunciadas na década de 1930 como "niilismo legal", guiavam a abordagem bolchevique da lei nos anos imediatamente após a Revolução. Durante a guerra civil, a justiça era aplicada sumariamente, com frequência sob a mira de uma arma. Tribunais revolucionários, operando com poucas sanções ou diretrizes, toma-

---

[23] M. Kozlovskii, "Proletarskaia revoliutsiia i ugolovnoe pravo", *Proletarskaia revoliutsiia i pravo*, n. 1, 1918, p. 22.

[24] Alexander Grigor'Evich Goikhbarg, "Troletarskaia revoliutsiia i grazhdanskoe pravo", p. 14.

[25] Eugene Huskey, *Russian Lawyers and the Soviet State: The Origins and Development of the Soviet Bar, 1917-1939* (Princeton, Princeton University Press, 1986), p. 106.

245

WENDY GOLDMAN

vam o lugar das cortes[26]. Julgamentos por júri foram abolidos, e o número de representantes legais caiu de 13 mil em 1917 para 650 em 1921[27]. Nas palavras de um observador, reinava a "anarquia revolucionária". "Cada aspecto firme, estabelecido, regular de relações que tinha lugar antes da Revolução", ele escrevia, "é agora substituído pela livre autodeterminação, pela atividade autônoma criativa e pela desconsideração de todos os hábitos e costumes, morais e direitos, normas e leis, tradições e formas"[28].

Muitos historiadores viam a adoção da NEP como marca de uma nova etapa na teoria e prática legal soviética. A rápida aplicação arbitrária da justiça revolucionária, congruente com as exigências do período de guerra civil, foi substituída pelo desenvolvimento de códigos legais detalhados, um sistema tribunal hierárquico, uma procuradoria, um foro e uma abordagem profissional e organizada da formação jurídica. Baseando-se em modelos europeus e pré-revolucionários, os juristas elaboraram novos códigos sobre a terra, o trabalho, os direitos civil e penal[29]. No entanto, a difícil distinção entre a guerra civil e a NEP, baseada no grau de atividade legislativa, era amplamente desmentida pelos desenvolvimentos nas leis da família e na ideologia jurídica. Embora a NEP trouxesse uma retomada da construção da lei interrompida pela guerra civil, não trazia uma crença correspondente na necessidade de leis fortes e estáveis. Na área do direito da família, a introdução da NEP estimulou, na realidade, o ressurgimento de ideias radicais anteriores sobre o desaparecimento da lei e da família. Enquanto um número de juristas dirigia uma atenção sem precedentes à codificação dos direitos civis, outros agitavam ativamente pela minimização ou até mesmo abolição do Código da Família. Além disso, a grande maioria dos juristas não via os códigos recém-escritos da NEP como instrumentos imutáveis do poder do Estado, mas sim como parte

---

[26] Para a luta entre o "niilismo legal" e "renascimento legal", nos primeiros anos após a Revolução, ver Eugene Huskey, "From Legal Nihilism to *Pravovoe Gosudarstvo:* Soviet Legal Development, 1917-1990", em uma coleção editada por Donald Barry.

[27] Eugene Huskey, *Russian Lawyers and the Soviet State*, cit., p. 75.

[28] N. Totskii, "Pravo i revoliutsiia", *Pravo i zhizn*, n. 1, 1922, p. 9.

[29] Harold J. Berman, *Justice in the USSR: An Interpretation of Soviet Law* (Cambridge, Harvard University Press, 1963), p. 33-7; John Hazard, *Communists and Their Law* (Chicago, University of Chicago Press, 1969), p. 108-13.

MULHER, ESTADO E REVOLUÇÃO

de uma "cultura de transferência legal", que visava transformar a Rússia em "uma sociedade sem classes, sem coerção"[30].

Os impulsos simultâneos, tanto para a criação como para a eliminação de leis, refletiam a ausência de uma ideologia hegemônica monolítica que definisse o papel do direito na sociedade soviética, no início dos anos 1920. Embora juristas, em geral, concordassem que a lei desapareceria, eles divergiam amplamente na função da lei familiar e das leis em geral. Ainda mais fundamental, eles divergiam sobre o próprio significado de lei. O que era a lei? Era um instrumento que promovia e protegia os interesses de quaisquer que fossem as classes dominantes, a aristocracia, a burguesia ou até mesmo o proletariado? Era uma expressão evolutiva da competição entre os interesses de classe, refletindo as lutas populares e vitórias? Ou era, a lei em si mesma, um produto do capitalismo e das relações mercantis? A lei soviética era socialista? Se não socialista, era proletária? Ou era simplesmente um legado da burguesia ainda indispensável no presente momento?

À parte o trabalho de Lênin sobre o Estado e alguns comentários gerais de Marx e Engels, havia poucos estudos marxistas sobre a lei disponíveis para os bolcheviques em 1917. Em janeiro de 1921, o *Orgburo* (Birô Organizacional) do Comitê Central buscou sanar essa lacuna mandatando P. I. Stuchka, que encabeçava o Comissariado da Justiça (1917-1918), a escrever um *Livro sobre a Teoria e Prática da Lei Soviética*. Stuchka, filho de um camponês de Latvian, havia estudado na faculdade de direito da Universidade de São Petersburgo, antes de sua prisão e exílio por atividades revolucionárias. Ele se juntou aos bolcheviques em 1903 e ajudou a organizar o Partido Comunista de Latvian. Deram-lhe um prazo de três meses para completar seu texto, Stuchka retirou-se para o seu gabinete e, obstinadamente, mergulhou em volumes de teoria legal burguesa, na tentativa de produzir uma análise marxista abrangente sobre a história e a função das leis. Em sua longa e errante crítica à jurisprudência burguesa, ele propôs três postulados de uma abordagem marxista da lei. Primeiro, a lei não era uma categoria eterna, mas um fenômeno social que expressava as relações predominantes de produção. Segundo, a lei existia onde a sociedade era dividida em classes

---

[30] Robert Sharlet, "Stalinism and Soviet Legal Culture", em Robert Tucker (org.), *Stalinism: Essays in Historical Interpretation* (Nova York, Norton, 1977), p.158-9.

WENDY GOLDMAN

e uma classe dominava as outras. E terceiro, a lei salvaguardava os interesses da classe dominante pelo uso de força organizada[31].

O trabalho de Stuchka percorreu extensamente a história e a filosofia do direito, mas ao final não conseguiu convencer seus colegas, que continuavam a discordar sobre o papel da lei no período de transição. Stuchka, por exemplo, argumentava que, entre todos os ramos do direito soviético, só a lei civil expressava as relações sociais burguesas que ainda floresciam sob a NEP. Outros ramos, como o da família, da terra, do trabalho e o direito penal, eram socialistas na forma e no conteúdo[32].

Mikhail Reisner, por outro lado, um membro do Partido e chefe do Departamento de Planos Legislativos e Codificação, em 1918, que havia trabalhado no comitê para escrever o primeiro Código da Família, oferecia uma concepção diferente. Ele via a lei soviética como uma expressão da competição de interesses entre as classes. Influenciado pelo filósofo do direito pré-revolucionário e democrata constitucional L. I. Petrazhitskii, Reisner argumentou que o período da NEP englobava elementos burgueses, proletários, semifeudais ou camponeses no sistema jurídico. Embora as ideias de Reisner tenham sido descartadas por juristas marxistas no final dos anos 1920, o Código da Terra, de 1922, com sua mistura de costumes camponeses e leis soviéticas, era um exemplo perfeito de seu argumento[33].

A maior contribuição para o debate, no entanto, foi feita por Pashukanis, cujas teorias sobre a origem e a natureza da lei tiveram um forte impacto não somente na jurisprudência soviética, mas também na comunidade acadêmica internacional. Pashukanis primeiro

---

[31] P. I. Stuchka, "The Revolutionary Part Played by Law and the State: A General Doctrine of Law", em Hugh Babb (trad.), V. I. Lenin, et al., *Soviet Legal Philosophy* (Cambridge, Harvard University Press, 1951), p. 20, 25; P. I. Stuchka, "Moi Put' i Moi Oshibki", excerto em Zigurds L. Zile (org.), *Ideas and Forces in Soviet Legal History: Statutes, Decisions and Other Materials on the Development and Processes of Soviet Law* (Madison, Wisc., College, 1967), p. 221.

[32] Rudolf Schlesinger, *Soviet Legal Theory: Its Background and Development* (Londres, Routledge, Kegan Paul, 1951), p. 204-5.

[33] Sobre Reisner, ver a introdução de John Hazard em *Soviet Legal Philosophy*, e Mikhail Reisner, "The Theory of Petrazhitskii: Marxism and Social Ideology", no mesmo, e Vladimir Gsovski, *Soviet Civil Law,* v. 1 (Ann Arbor, University of Michigan Law School, 1948), p. 166-7. A. Ia. Vyshinskii denunciou Reisner, junto com muitos dos seus críticos do final dos anos 1920, em seu *The Law of the Soviet State* (Nova York, Macmillan, 1948), p. 58.

MULHER, ESTADO E REVOLUÇÃO

apresentou suas ideias em uma modesta monografia, *Obshchaia teoriia prava i marksizm* (Uma teoria geral de lei e marxismo), publicada em 1924. Em 1929, o livro já havia sido reeditado três vezes na Rússia e traduzido para o alemão e o italiano. Rapidamente aclamada por juristas e filósofos soviéticos, a obra catapultou Pashukanis para uma posição de liderança nos círculos jurídicos. Como criador do que veio a ser conhecido como "escola da troca de mercadorias", Pashukanis argumentava que a essência da lei estava "na concepção do contrato"[34]. Leis foram desenvolvidas pela primeira vez como meio de regular o mercado e a troca de mercadorias sob o capitalismo. Não apenas o direito civil, mas toda a lei, familiar, criminal, trabalhista, foi baseada em um modelo contratual que se originou com a troca e o comércio nas cidades, e atingiu seu apogeu sob o capitalismo. Pashukanis rejeitou a ideia, apresentada por Stuchka em seu livro, de que a coerção estatal era a característica determinante da lei. A lei não era simplesmente uma expressão superestrutural de poder da classe dominante, mas em si o produto das relações de troca de mercadorias. Todas as sociedades, independentemente de seu modo de produção, tinham regras e normas, mas nem todas as regras e normas eram leis. Pashukanis foi o primeiro a analisar não somente o conteúdo da lei, mas "a própria forma legal". Contrariando a ideia de que a lei era capaz de expressar os interesses de qualquer classe, Pashukanis acreditava que "a lei do proletariado" ou "lei socialista" era um oxímoro. Uma vez que a lei era essencialmente um produto das relações de mercado e como o mercado não existiria sob o socialismo, não poderia haver tal coisa como a "lei socialista". A lei soviética sob a NEP era inequivocamente uma "lei burguesa". Ela existia para regular as características do livre mercado da NEP. Com o desenvolvimento do socialismo, acabaria por "definhar"[35].

No final da década de 1920, a escola de troca de mercadorias de Pashukanis passou a dominar a jurisprudência soviética. Ele deu um

---

[34] Evgeny B. Pashukanis, *Law and Marxism: A General Theory* (Worcester, Pluto, 1989), p. 80-2, capítulos 3-4; Eugene Kamenka, Alice Erh-soon Tay, "The Life and Afterlife of a Bolshevik Jurist", *Problems of Communism* (Jan.-Fev. 1970), p. 76.

[35] Ver a introdução de Chris Arthur em Evgeny B. Pashukanis, *Law and Marxism*, cit., p. 18-9, 34; e Robert Sharlet "Pashukanis and the Rise of Soviet Marxist Jurisprudence, 1924-1930", *Soviet Union*, v. 1, n. 2, 1974, p. 103-21, para uma discussão detalhada sobre a escola da troca de mercadorias e a carreira e ideias de Pashukanis.

WENDY GOLDMAN

novo significado para a crítica libertária do registro de casamento e lei familiar, influenciando significativamente a versão final do Código da Família. Pashukanis e seus adeptos tinham como objetivo substituir a cultura jurídica burguesa da NEP e acelerar o processo de destruição da lei. Nas palavras de um historiador do direito, eles procuravam podar o "matagal burguês" de leis, de modo que a própria lei se tornaria cada vez mais supérflua. Eles tentaram substituir os códigos da NEP por "modelos mais curtos e simples que comprimiriam (e portanto eliminariam) as distinções mais sutis da justiça burguesa"[36]. Ao substituir o Código da Família por uma versão mais curta e simples, juristas seguiam o mandado de Pashukanis para eliminar a lei "burguesa".

Mudando o Código de 1918: o primeiro esboço

Entre 1923 e 1925, os juristas do Comissariado da Justiça elaboraram três esboços de um novo Código da Família, cada um divergindo de forma mais acentuada do Código de 1918, seu antecessor. Cada versão, uma após a outra, era mais curta e mais simples, e cada uma minava ainda mais a importância do registro de casamento. O esboço final mostrava claramente a influência tanto dos juristas libertários, que buscavam acelerar o desaparecimento da família, quanto dos adeptos da escola de troca de mercadorias, que buscavam acelerar o desaparecimento da lei.

Em julho de 1923, Iuri Larin, um economista e membro do Partido, propôs formalmente ao VTsIK que determinadas mudanças fossem feitas no Código de 1928. "Isso é necessário", ele explicava, "porque as leis atuais nessa área estão ligadas a restos de um período anterior e são completamente impróprias para a nossa época". Ainda que Larin nunca tenha especificado quais "restos" tinha em mente, ele divertia seus colegas delegados ridicularizando as características mais idealistas e pouco práticas do Código. A descrição de Larin da disposição que previa que uma mulher casada poderia citar outro homem, que não o marido, como pai de seu filho provocava uma rodada generosa de riso irreverente. Nikolai V. Krylenko, deputado do Comissariado do Povo para a Justiça e um dos defensores mais influentes de Pashukani, rigidamente se opôs à irreverência de Larin, mas concordava que o Código tinha de ser revisto. O jurista Iakov Brandenburgskii também

---

[36] Robert Sharlet, "Stalinism and Soviet Legal Culture", cit., p. 161.

250

MULHER, ESTADO E REVOLUÇÃO

concordava, sugerindo que Larin trouxesse suas recomendações para o Comissariado da Justiça, que estabeleceria um comitê para reconsiderar o Código[37]. Seguindo a sugestão do VTsIK, o Comissariado da Justiça rapidamente armou um comitê, presidido por Goikhbarg, para revisar o Código de 1918. Levando em conta a prática jurídica, as condições da NEP e as críticas ao Código de 1918, o comitê fez certo número de revisões e rapidamente esboçou uma nova versão.

O novo esboço simplificava o Código antigo, comprometendo assim o significado de várias disposições originais importantes. Ele diferia do Código em oito maneiras básicas. Primeiro, o Código de 1918 havia salientado fortemente a necessidade do casamento civil. O novo esboço reduzia a longa introdução dispositiva sobre casamento a uma simples frase: "Somente o casamento registrado conforme estabelecido pela ordem legal é válido". Segundo, o Código de 1918 não fazia nenhuma menção às relações *de facto*. Somente cônjuges em um casamento registrado tinham direitos e responsabilidades do casamento. O esboço, no entanto, convidava os cônjuges a registrarem sua união a qualquer momento; seu casamento seria considerado válido retroativamente pelo tempo que sua união existisse. Terceiro, o Código de 1918 havia estipulado que ambos os cônjuges mantinham o direito à sua propriedade. O esboço mantinha essa cláusula, mas adicionava direitos conjuntos para propriedades adquiridas ao longo do casamento. Ademais, estendia o direito à propriedade conjunta a parceiros de uniões *de facto*. Quarto, o Código de 1918 havia dado direito aos cônjuges carentes ou incapazes a um termo ilimitado de pensão alimentícia. O esboço estendeu essa disposição aos incapazes fisicamente e desempregados. Não estendia, no entanto, os direitos de pensão alimentícia para o cônjuge *de facto*. Quinto, o Código tinha permitido aos cônjuges três escolhas para o sobrenome (o do homem, da mulher ou um escolhido conjuntamente), mas havia especificado que o marido e a mulher tinham de partilhar um nome comum. O esboço permitia aos cônjuges colocarem o nome do homem, da mulher ou manter seus próprios nomes pré-nupciais. Sexto, o Código de 1918 estipulava que uma mulher grávida tinha de registrar um pedido de paternidade no mais tardar três meses antes do nascimento de seu filho. O esboço não colocava um limite temporal nas declarações de paternidade. Sétimo, o Código havia proibido o

---

[37] *II Sessiia Vserossiiskogo Tsentral'nogo Ispolnitel'nogo Komiteta, X sozyva. Biulleten VTsIKa*, v. 7 (Moscou, 1923), p. 253-5.

pagamento de um único montante no lugar de pensões alimentícias regulares. O esboço, levando em consideração os problemas que enfrentavam os camponeses, omitia qualquer instrução ao método de pagamento. E, finalmente, o Código de 1918 havia proibido expressamente a adoção, mas o esboço não mencionava a prática[38].

A maior parte dos juristas pareceu ser favorável às mudanças no esboço, ainda que tanto Grigorii D. Ryndziunskii, um jurista que escrevia sobre os direitos das mulheres e das crianças, sobre as leis da terra e o direito civil, e Raevich, um forte partidário das ideias de Pashukanis, tenham oferecido inúmeras sugestões de melhoras. Ambos os juristas notaram que a disposição que permitia a parceiros a formalização das uniões *de facto* a qualquer momento não fazia sentido algum. A duração de uma união não tinha qualquer influência sobre os direitos de propriedade, de direito à pensão ou de direito à herança, e a cláusula não fazia nada para proteger os direitos de um parceiro se o outro se recusasse a registrá-lo[39]. Ryndziunskii apropriadamente observou que pessoas que concordavam mutuamente em registrar sua união não tinham necessidade de proteção legal. Parceiros em casamentos não registrados precisavam de proteção justamente no ponto quando a união se dissolvia. A provisão oferecia aos parceiros estáveis a oportunidade de registrar (o que eles não precisavam) e não oferecia nada a um parceiro abandonado e empobrecido. Ryndziunskii argumentava que a lei deveria simplesmente estender os direitos de um casamento registrado às uniões *de facto*. Ele também aconselhava que o direito à pensão alimentícia deveria ser limitado a um termo de seis meses[40].

Raevich concordava que a pensão alimentícia deveria ser estendida ao cônjuge *de facto*. Qualquer coisa a menos era "inaceitável". Ele apontava que o casamento *de facto* muitas vezes resultava em uma exploração, tanto de classe como de gênero. Homens da NEP e oficiais

---

[38] "Iz Deiatel'nosti Narkomiusta: Proekt Kodeksa Zakonov o Brake, Sem'e i Opeke", *ESIu*, n. 36, 1923, p. 827-8; Ibidem, n. 37, 1923, p. 851-2; Ibidem, n. 49, 1923, p. 1142-3; "Iz Deiatel'nosti Narkomiusta. Prilozhenie k Kodeksu Zakonov o Brake, Sem'e i Opeke", *ESIu*, n. 10, 1924, p. 235; Ibidem, n. 14, 1924, 330-2.

[39] G. Ryndziunskii, "K Proekta Kodeksa Zakonov o Brake, Sem'e i Opeke", *ESIu*, n. 7-8, 1924, 150-1; S. Raevich, "Po Povodu Proektu Kodeksa Zakonov o Brake i Sem'e", *Vlast' Sovetov*, n. 3-4, 1924, p. 26.

[40] G. Ryndziunskii, "K Proektu Zakonov o Brake, Sem'e i Opeke", *ESIu*, n. 7-8, 1924, p. 151.

MULHER, ESTADO E REVOLUÇÃO

abastados frequentemente iniciavam ligações com meninas pobres, mas evitavam casamento pelo baixo nível social da menina. Homens ricos podiam ter explorado mulheres pobres dessa maneira por séculos, mas a lei soviética não deveria permitir que isso continuasse. Homens deveriam ser forçados a pagar pensão alimentícia às mulheres que haviam abandonado, independentemente de terem sido casados com elas[41].

Ryndziunskii apontava para outros problemas. O esboço estabelecia que a propriedade adquirida durante o casamento pertencia a ambos os cônjuges, enquanto a propriedade adquirida antes do casamento permanecia privada. Contudo, esse artigo contradizia o Código da Terra, que sustentava que as mulheres tinham direito a uma parte na propriedade do *dvor*, fosse esta adquirida antes ou depois do casamento. Notando que os camponeses constituíam a maioria da população, ele exclamava em descrença: "Como pode não haver propriedade comum entre cônjuges camponeses?".

Mas a maior desvantagem do esboço, na opinião de Ryndziunskii, era que ele falhava em definir o casamento *de facto*. Por qual critério uma união não registrada constituiria "um casamento"? Se o esboço estava estendendo os direitos a parceiros em uniões *de facto*, teria de prover uma definição que juízes pudessem usar para tomarem suas decisões. Ryndziunskii apoiava o reconhecimento dos casamentos *de facto*, mas ele previa numerosas complicações. O que aconteceria se um homem tivesse uma esposa registrada e uma *de facto*? O que aconteceria, se uma esposa demandasse apoio de um marido que tivesse acabado de entrar em um casamento *de facto*? O jurista entendia que o reconhecimento legal do casamento *de facto* abria uma caixa de pandora com problemas a respeito da poligamia, propriedade e apoio[42].

Ryndziunskii também questionava a prática da paternidade coletiva. Tanto o Código de 1918 quanto o esboço estipulavam que, se uma mulher não casada se envolvesse com uma série de homens à época da concepção, todos os homens deveriam suportar, coletivamente, a responsabilidade pela criança. Cidadãos soviéticos se referiam a essa prática jocosamente como uma "cooperativa de pais". Emergindo diretamente da construção do Código da família como unidade biológica, a disposição era uma das características mais incomuns da

---

[41] S. Raevich, "Po Povodu Proektu Kodeksa Zakonov o Brake i Sem'e", cit., p. 28.

[42] G. Ryndziunskii, "K Proektu Zakonov o Brake, Sem'e i Opeke", cit., p. 153-4.

WENDY GOLDMAN

lei familiar soviética. Ryndziunskii questionava se uma "cooperativa de pais" poderia ser realmente responsável por cumprir um papel paternal. Sua questão chamou a atenção para os problemas inerentes a esperar que um grupo de homens não só fizesse pagamentos de apoio regulares, mas tomasse decisões parentais coletivamente, mantivesse laços com a mãe e desempenhassem um papel ativo na educação da criança[43].

O segundo esboço

Em dezembro de 1924, o Comissariado da Justiça publicou um segundo esboço revisado do Código, que levava em conta as sugestões de Ryndziunskii e Raevich. O segundo esboço, ainda mais curto que o primeiro, ia mais longe ao estender direitos a cônjuges *de facto* e em diminuir a significância do registro. Em lugar da disposição que estabelecia a validade de um casamento civil, o segundo esboço oferecia o seguinte: "O registro de casamento é estabelecido com o objetivo de facilitar a proteção dos direitos pessoais e de propriedade e os interesses dos cônjuges e das crianças". Enquanto tanto o Código de 1918 quanto o primeiro esboço haviam definido casamento como um sinônimo do ato de registro civil, o segundo esboço separava os conceitos. Reduzia o casamento civil a nada mais que um meio útil de proteger direitos de propriedade no evento de um término matrimonial. O segundo esboço também estendia os direitos à pensão alimentícia aos cônjuges *de facto*, inválidos ou desempregados, embora se a pessoa já estivesse casada e vivendo com seu cônjuge registrado não era obrigada a pagar pensão alimentícia ao parceiro *de facto*. Assim, um homem que vivia com sua esposa em um casamento registrado estava isento do pagamento de pensão alimentícia a sua amante, mesmo se tivesse vivido também com ela. O segundo esboço também permitia expressamente a adoção. Todas as outras disposições foram mantidas[44].

Iakov Brandenburskii, bolchevique desde 1903, graduado na faculdade de direito da Sorbonne e membro do Colegiado do Comissa-

---

[43] Idem, "K Proektu Zakonov o Brake, Sem'e i Opeke", *ESIu*, n. 19-20, 1924, p. 445.

[44] "Iz Deiatel'nosti Narkomiusta. Proekt Kodeksa Zakonov o Brake, Sem'e i Opeke", *ESIu*, n. 48, 1924, p. 1160-3.

254

MULHER, ESTADO E REVOLUÇÃO

riado do Povo para a Justiça, apoiou entusiasticamente o novo plano. Acreditava que o casamento civil ainda era necessário para combater a influência da Igreja sobre os setores mais atrasados da população. Ele escrevia com desprezo:

> O filisteu médio ainda enfrenta este dilema: ir para a Igreja ou deixar esse dia (do casamento) de alguma forma não marcado; e devido à força de seus preconceitos, preferirá a primeira alternativa. No entanto, se ele tem a oportunidade de oficializar o registro em Zags, será mais fácil afastar dele o hábito nocivo de qualificar seu casamento com a benção dos céus.

Contudo, apesar da conservação do casamento civil pelo "filisteu médio", Brandenburgskii estava grato pela importância cada vez menor desse costume. Ele alertava que a ausência de ênfase para o ato oficial de registro acabaria por confundir a população, que impedida do desenvolvimento de novos pontos de vista retardava "a transição para uma forma superior de união conjugal completamente livre". Ele também se opunha à ideia da paternidade coletiva pelo motivo de que criava demasiados problemas para a criança[45].

Assim como Brandenburgskii, o professor V. Verkhovskii acreditava na "total liberdade das relações matrimoniais", sem nenhum obstáculo para o divórcio. Mas, diferentemente de Brandenburgskii, ele era extremamente crítico dos dois esboços do Código. Argumentando vigorosamente a favor de definir o casamento *de facto*, ele notou que o esboço criava a possibilidade de poligamia ao falhar em estabelecer um procedimento para encerrar oficialmente um casamento *de facto*. Ademais, ele sustentava que as condições materiais para a total liberdade das relações matrimoniais ainda não existiam. Independência econômica para mulheres, cuidado estatal para crianças, seguro de gravidez para mulheres e toda a eliminação do trabalho doméstico eram pré-requisitos para a "união livre"; e esses requisitos básicos para a liberdade não existiam nem nas cidades nem no campo. Verkhovskii escrevia: "É claro que nós estamos longe de eliminar o lar e, inevitavelmente, isso complica as relações de propriedade entre cônjuges". Dadas as deficiências

---

[45] Iakov Brandenburgskii, "Neskol'ko Slov o Brake i Sem'e", *ESIu*, n. 37, 1924, p. 871-2.

WENDY GOLDMAN

do momento, a linha entre um casamento *de facto* e um registrado ainda não poderia ser dissolvida[46].

Um terceiro esboço: o Comissariado para Assuntos Internos

Verkhovskii tomava seu raciocínio de um outro esboço que havia sido elaborado pelo Comissariado para Assuntos Internos (NKVD) com a ajuda do Comissariado para o Esclarecimento, em 1924. O NKVD, insatisfeito com as ambiguidades do primeiro esboço preparado pelo Comissariado da Justiça, criou sua própria versão do Código. Em contraste com a curta disposição sobre casamento, que introduzia os dois esboços elaborados pelo Comissariado da Justiça, o esboço do NKVD era aberto com uma longa exposição sobre os propósitos da lei familiar soviética. O esboço do NKVD explicava que a "vida revolucionária" era construída sobre "a total liberdade das relações matrimoniais", "a total libertação da mulher do poder do marido através de sua independência econômica", "o laço de sangue como a base da família", total proteção de cônjuges, mães e crianças carentes e direitos de propriedade iguais para homens e mulheres[47].

Mais importante, o esboço do NKVD oferecia uma definição de casamento fora do ato de registro civil. "Casamento", afirmava, "é um termo ilimitado de coabitação, implicando todas as consequências jurídicas, embasado em livre contrato de um homem e de uma mulher, que reconhecem um ao outro como cônjuge". Um casamento seria firmado oralmente ou por escrito, mas em ambos os casos o consentimento mútuo das partes contratadas era essencial. Uma relação sexual casual, na qual os amantes não viam um ao outro como cônjuges, não era um casamento. Para serem "casados", homem e mulher tinham de se colocar "diante do Estado, da sociedade soviética e dos cidadãos como marido e esposa". Para contrair um casamento, um homem e uma mulher tinham de atender a quatro condições: as duas partes tinham de ser maduras o suficiente para casar (dezesseis anos para mulheres, dezoito para homens); tinham de ser mentalmente saudáveis; não poderiam ser parentes diretos (irmãos e irmãs,

---

[46] V. Verkhovskii, *Novye formy braka i sem'i* (Leningrado, 1925), p. 31-3.

[47] Ibidem, p. 43. Para a elaboração completa do NKVD, ver V. Verkhovskii, *Novye formy braka i semi*, cit., p. 43-50.

MULHER, ESTADO E REVOLUÇÃO

pais e filhos); nem tampouco poderiam ter parte em outro contrato de casamento[48]. À parte essas restrições, a definição do NKVD tinha como premissa o mútuo reconhecimento voluntário dos cônjuges de um estado marital. Concebendo o "casamento" com base em uma afeição mútua, livremente proferida, a definição se inscrevia claramente no ideal socialista de "união livre".

A versão do NKVD, assim como os dois esboços do Comissariado da Justiça, estabelecia direitos dos cônjuges à propriedade conquistada durante o casamento e estendia os direitos à pensão alimentícia aos cônjuges necessitados e desempregados. Ainda que o esboço do NKVD não estendesse explicitamente os direitos e as responsabilidades do casamento regulamentado às uniões *de facto*, sua definição de "casamento" permitia o reconhecimento da união *de facto* no tribunal. E, assim como o segundo esboço, elaborado pelo Comissariado da Justiça, permitia a prática da adoção[49].

A significância do esboço do NKVD era a sua tentativa de fornecer uma definição de casamento que funcionasse afora o ato de registro civil. Esse esforço o distinguia tanto do Código de 1918 quanto dos esboços do Comissariado da Justiça. No entanto, a tentativa do NKVD para dissipar a ambiguidade em torno do casamento *de facto*, fornecendo-lhe uma definição, levantou uma tempestade de críticas e revelou quão pouco acordo existia em relação ao que realmente constituía um "casamento".

Krylenko, o deputado do Comissariado da Justiça e da Procuradoria Popular da RSFSR, criticou a definição do NKVD como uma "fórmula miserável" que "não dizia nada". O problema principal, em seu ponto de vista, era que a definição girava em torno do reconhecimento voluntário dos parceiros como cônjuges. A definição era então uma tautologia: o casamento era definido pelo reconhecimento mútuo do "casamento". A definição era estritamente subjetiva, sem quaisquer critérios objetivos que os tribunais poderiam usar para determinar se um casamento existia ou não. O casamento, de acordo com o NKVD, era uma *folie à deux*, uma fantasia compartilhada existente somente na cabeça dos participantes. Mas, o mais importante, a definição excluía o principal grupo que aparecia nos tribunais: mulheres em casamentos *de facto* cujos parceiros se recusavam a re-

---

[48] Ibidem, p. 43.

[49] Ibidem, p. 44, 46.

conhecê-las como cônjuges. Quando a relação era estável e ambos os parceiros estavam satisfeitos, eles não tinham nenhuma razão para ir ao tribunal. A lei não tinha nenhuma necessidade de definir sua relação. Até o momento em que o juiz tinha de determinar se um casamento *de facto* existia, na maioria das vezes, o homem já havia abandonado a mulher e negado sua ligação com ela. Krylenko escreveu:

> A principal questão não toca os casos em que as pessoas se reconhecem, uma à outra, como cônjuges. Nesses casos não existe discussão. Discussões emergem quando não há acordo, e o tribunal tem de decidir se existe de fato um casamento, na ausência de uma concordância entre os cônjuges.

Mulheres abandonadas pelos seus cônjuges *de facto* eram proibidas de receber pensão alimentícia pela definição do NKVD, a não ser que seus parceiros concordassem voluntariamente em reconhecer a relação. E dificilmente era de interesse pessoal do homem reconhecer sua ex-namorada como esposa e, então, pagar-lhe parte de seu salário todo mês. O esboço do NKVD revelava muitas das dificuldades que envolviam definir relações *de facto*[50].

Krylenko observava que muitos juristas tinham tentado, sem sucesso, definir o casamento. Qual a diferença entre um casamento e um romance casual? A diferença estava na duração da ligação, no grau de comprometimento, em economias divididas ou em uma coabitação? Quais eram as características definitivas do "casamento"? Algumas pessoas eram casadas, mas viviam separadas. Outras não eram casadas, mas viviam juntas. Algumas somavam seus recursos, outras mantinham-nos separados. O grau de variação nas relações humanas tornava quase impossível quantificar os ilusórios e inconstantes fatores que, em última análise, criavam um casamento.

O esboço final

Em 1925, o Comissariado da Justiça havia reelaborado sua própria terceira versão do Código, somando as quatro versões. O esboço final foi apresentado tanto ao Conselho dos Comissários do Povo (*Sovnarkom*) quanto ao pequeno *Sovnarkom*. Ele foi aprovado

---

[50] N. V. Krylenko, "Proekt o Brake i Sem'e", em D. I. Kurskii (org.), *Sbornik statei i materialov po brachnomu i semeinomu pravu* (Moscou, 1926), p. 64.

MULHER, ESTADO E REVOLUÇÃO

para apresentação ao VTsIK em outubro de 1925. O novo esboço lembrava seus antecessores, apesar de ter conservado uma seção sobre os direitos e as responsabilidades do casamento que os autores dos esboços anteriores haviam rejeitado. O terceiro esboço garantia ainda mais direitos às uniões *de facto* do que os dois primeiros, exigindo que o parceiro *de facto* pagasse pensão alimentícia até mesmo se ele ou ela estivessem envolvidos em um casamento registrado. O esboço de 1925 também simplificava o processo de divórcio, transferindo divórcios contestados dos tribunais para os Zags, nos quais tais questões seriam processadas administrativamente, simplesmente preenchendo um formulário. O esboço estendia o período no qual um homem poderia protestar contra a declaração de paternidade de duas semanas para um mês. E abolia a prática da paternidade coletiva, cobrando do juiz a escolha de qual homem seria o pai da criança. Por último, tanto o Código de 1918 quanto os dois primeiros esboços do Comissariado da Justiça estipulavam que os membros da família poderiam contar um com o outro para apoio, se necessário. O Código e os dois primeiros esboços interpretavam a família em uma base ampla, abrangendo todas as relações em linhas diretas de ascendência e descendência (filhos, pais, avós), bem como irmãos e irmãs. Em mais um esforço para minar a importância da unidade familiar, o esboço de 1925 reduzia a definição legal da família para que incluísse somente pais e filhos, substituindo assim a família maior e mais estendida por unidades menores e nucleares em termos de obrigações e responsabilidades exigidas legalmente[51].

Em 1925, quatro versões de um novo Código da Família haviam sido publicadas, discutidas e criticadas[52]. Com cada esboço, os juristas se aproximavam do objetivo da "união livre". Aparando tanto a lei quanto a família, o esboço final encorajava os cidadãos soviéticos a pensarem em um registro de casamento como nada mais que a prova de que um casamento realmente existia. Ele mantinha o casamento civil, mas estendia cada direito significante do casamento

---

[51] Para a elaboração completa do esboço de 1925, ver "Kodeks Zakonov o Brake, Sem'e i Opeke", em *Sbornik statei i materialov po brachnomu i semeinomu pravu*, cit., p. 205-23.

[52] Em *U istokov Sovetskoi demografii* (Moscou, Mysl', 1987), p. 79, V. Z. Drobizhev menciona que, de acordo com fontes do arquivo, o *Zhenotdel* também elaborou uma versão do Código da Família, em março de 1925, que circulou para discussão.

às pessoas em uniões *de facto*. Ao transferir os divórcios contestados dos tribunais para os escritórios de registro, o esboço removia o vasto vestígio autoritário da lei sobre a dissolução do casamento, dessa maneira circunscrevendo tanto o poder da lei quanto a força da união matrimonial. E minou ainda mais a instituição da família, reduzindo as obrigações legais de seus membros. O esboço encurtou o Código de 1918 consideravelmente; Pashukanis tinha incitado juristas a podarem "o matagal burguês", e realmente seções inteiras haviam sido eliminadas[53].

Ao mesmo tempo, cada esboço sucessivo revelava uma maior consciência dos problemas sociais da NEP. O esboço final do Código oferecia proteção às mulheres em casamentos *de facto*, dava à dona de casa direitos à propriedade adquirida com o salário de seu marido, estendia direitos à pensão alimentícia aos desempregados e legalizava a adoção, todas disposições elaboradas para proteger mulheres e crianças dos efeitos negativos da NEP. A resposta dos juristas para os problemas do *besprizornost'*, da instabilidade familiar e da vulnerabilidade das mulheres foi perfeitamente criada para sanar esses males sociais, sem trair seu compromisso com o objetivo da união livre. O esboço tentava "proteger os fracos e vulneráveis", sem diminuir, nas palavras de Raevich, a total "liberdade de contratar e dissolver um casamento"[54]. A versão final do Código era produto de dois grupos: aqueles que esperavam libertar o casamento de todas as restrições e aqueles que procuravam proteger as mulheres. Ao oferecer proteção às mulheres, enquanto promoviam a opção pela união livre, o reconhecimento do casamento *de facto* aparecia como seu acordo ideal. O esboço de 1925 do novo Código da Família, apresentado para debate em todo o país, refletia a confiança dos dois grupos de que era possível solucionar os problemas sociais sem ressuscitar os laços familiares tradicionais.

---

[53] Robert Sharlet, "Stalinism and Soviet Legal Culture", p. 161.

[54] S. I. Raevich, "Brachnoe, semeinoe i opekunskoe pravo v usloviiakh NEPa", *Vlast' Sovetov*, p. 44.

6
LIBERDADE SEXUAL OU CAOS SOCIAL: O DEBATE SOBRE O CÓDIGO DE 1926

> Aron Sol'ts: *Me parece que o esboço sugerido pelo Comissariado da Justiça não passa de um formal "passo à frente". Não tem nada em comum com os verdadeiros avanços que temos de dar nas áreas da cultura, da vida e do desenvolvimento.*

> Nicolai Krylenko: *Então, o camarada Sol'ts deseja o que hoje nós já possuímos. Todas essas incontáveis* babi *com filhos, esposas processando comunistas e comunistas fugindo de suas esposas [...] numa palavra, todos aqueles que protestam sobre a atual situação. Estão mesmo protestando contra o esboço? O que o camarada Sol'ts deseja modificar? O esboço, que não está ainda em vigor, ou a lei atual?*

> Sol'ts: *O esboço e a lei atual!*

> Krylenko: *Como você quer modificá-los? Diga-nos, camarada Sol'ts, você quer providenciar uma base legal apenas para o primeiro casamento, estabelecer o direito a contrair matrimônio apenas uma vez? É isso que você deseja? É isso, ou não?*

> Sol'ts: *Não é isso.*

> Krylenko: *Não, não é isso. Se vamos nos considerar marxistas, devemos afirmar que não podemos lutar com um fenômeno definitivo da vida por meio de normas punitivas.*

> Sol'ts: *Eu não sugeri isso.*

> Krylenko: *Então nos diga, concretamente, o que você está sugerindo?*[1]

Em outubro de 1925, o esboço final do novo Código da Família foi ratificado pelo *Sovnarkom* (Conselho dos Comissários do Povo) e submetido ao Comitê Executivo Central (VTsIK) para ratificação. Juristas

---

[1] Iakov Natanovich Brandenburgskii, Aron Sol'ts, Nikolai Vasil'evich Krylenko e Semen Moiseevich Prushitskii, *Sem'ia i novyi byt: spory o proekte novogo kodeksa zakonov o sem'e i brake* (Moscou/Leningrado, 1926), p. 21-3.

WENDY GOLDMAN

levaram dois anos para concluir um acordo sobre um esboço aceitável, descartando pelo menos três versões prévias, numa tentativa de satisfazer várias necessidades e interesses. Entretanto, o esboço final, apresentado aos 434 delegados do VTsIK, continuou a provocar debate[2]. Depois de vários dias de acalorada discussão, os delegados nem sequer chegavam a um acordo se expooriam o esboço à votação. Os proponentes radicais do Código estavam ansiosos por votar. Dmitri Kurskii, um velho bolchevique que tinha auxiliado na edificação das cortes populares em 1918, e que à época servia como comissário do Povo para a Justiça, apontou que houve ampla discussão nos comitês executivos regionais e distritais dos Sovietes e também na imprensa[3]. Mas os delegados conservadores insistiam em uma discussão adicional: os Sovietes distritais (*uezd* ou *volost*'), as organizações de mulheres e os jornais locais não haviam discutido ainda. Tanto Mikhail Kalinin, um membro do Politburo e presidente do VTsIK, e David Riazanov, membro do Partido e diretor do Instituto Marx-Engels, propuseram reenviar o Código aos níveis locais, na esperança de que as cláusulas mais radicais fossem temperadas pelo conservadorismo do campesinato. Kalinin ocultava suas intenções sob um apelo à democracia: "Nossa principal tarefa reside em aproximar os trabalhadores e camponeses à participação do processo legislativo"[4]. Iury Larin, membro partidário que havia iniciado as revisões do Código da Família em 1923 e advogado do esboço final, respondia asperamente a suas críticas conservadoras: "Se tomarmos uma decisão sobre o Código apenas com base no voto majoritário nas aldeias, no *skhod*, então estaremos tirando a direção de nosso país das mãos do Partido, das mãos da vanguarda, e entregando-a aos mais atrasados e barbudos anciãos de aldeia, aos quais o camarada Riazanov parece pertencer"[5].

---

[2]   De acordo com o *Stenograficheskii otchet zasedaniia 2 sessii Vserossiiskogo Tsentral'nogo Ispolnitel'nogo Komiteta 12 sozyva. 20 oktiabria 1925 goda* (Moscou, 1925), p. 540, o TsIK da RSFSR era composto por 300 membros e 134 membros candidatos. De seus membros, 26% não pertenciam ao Partido; e dos membros não partidários, 23% eram operários de fábrica e 53% eram camponeses.

[3]   "Stenograficheskii otchet zasedaniia 2 sessii Vserossiiskogo Tsentral'nogo Ispolnitel'nogo Komiteta 12 sozyva. 20 oktiabria 1925 goda", em *Sbornik statei i materialov po brachnomui semeinomupravu* (Moscou, 1926), p.188. Daqui em diante, citados respectivamente como VTsIK de 1925 e *Sbornik*.

[4]   Ibidem, p. 191.

[5]   Ibidem, p. 192.

MULHER, ESTADO E REVOLUÇÃO

Muitos delegados do VTsIK de 1925 compartilhavam as reservas de Kalinin. Dos principais oradores, aproximadamente 60% se opuseram ao Código por fundamentos morais; e, desse grupo, 35% identificavam seus interesses especificamente com o campesinato. Apenas 20% dos oradores apoiaram o esboço sem reservas, e eram constituídos principalmente pelos juristas que ajudaram a compô-lo[6]. Tanto Kalinin quanto Larin partilhavam a opinião de que a população, e o campesinato em particular, não estava preparada para aceitar o Código. Tal era a esperança de Kalinin e o temor de Larin.

Depois de um considerável debate, o VTsIK decidiu reenviar o Código para discussões adicionais. Entre outubro de 1925 e novembro de 1926, quando foi mais uma vez discutido e finalmente aprovado pelo VTsIK, o Código fora amplamente debatido pela imprensa e pelas organizações locais. Camponeses, operários, juristas, organizadores partidários, sociólogos, mulheres e jovens se encontravam nas cidades e no interior, nas fábricas e nas escolas, e em seis mil encontros de aldeia para debater o próprio sentido e propósito do casamento. Nas palavras de Kurskii: "Informes, disputas e artigos sobre o casamento e a legislação familiar se converteram num fenômeno universal"[7]. Camponeses e mulheres audazmente testemunharam sobre suas experiências; piadas maliciosas e gracejos sexuais competiam com eruditas polêmicas legais sobre o significado do casamento. A discussão era aberta e direta, marcada por pouca diplomacia ideológica. Os participantes no debate não se enxergavam como membros de grupos autoconstituídos, advogando posições claramente delineadas. Embora os comissariados da Justiça, da Terra e para Assuntos Internos e o *Sovnarkom* tomassem posição sobre certas cláusulas do Código, não era inusual para os membros dos mesmos Comissariados advogar posições contrárias, de acordo com sua opinião pessoal.

A proposta do esboço do Código de providenciar os mesmos direitos legais às pessoas vivendo juntas, em uniões *de facto*, que os das pessoas em matrimônios registrados provocava a maior controvérsia. O matrimônio *de facto* era alegremente saudado por alguns como a onda do socialismo futuro, a esperançosa premonição de uma nova

---

[6] Essas porcentagens foram atingidas registrando o número de oradores e suas posições de acordo com o VTsIK de 1925, cit.

[7] Dmitri Ivanovich Kurskii, "Predislovie", em Iakov Natanovich Brandenburgskii, Aron Sol'ts, Nikolai Vasil'evich Krylenko e Semen Moiseevich Prushitskii, *Sem'ia i novyi byt*, cit., p. 3.

263

WENDY GOLDMAN

era em que as formalidades contratuais desapareceriam e o povo constituiria laços sociais desprovidos dos constrangimentos da pobreza e da "hipocrisia burguesa". Iakov Brandenburgskii, membro partidário de longa data, reitor da faculdade de direito da Universidade de Moscou e um proponente ativo do novo Código, expressou sua visão num encontro do *Zhenotdel*, em fevereiro de 1926. Orgulhoso, contou aos organizadores da assembleia que "os muitos casos de matrimônios *de facto* revelam uma nova e revolucionária forma de vida no interior e nas cidades. Essas relações, desenvolvendo-se no coração das massas operárias, encontraram agora um cuidadoso e oportuno reflexo na lei". Brandenburgskii previu com otimismo: "Devemos saber para onde nos encaminhamos, e nos dirigimos para o casamento sem registro – isto é um fato"[8].

Mesmo assim, havia opiniões que argumentavam que o matrimônio *de facto* não era um sinal do futuro socialista, mas sim do caos, da ruptura e do deslocamento de uma sociedade arrasada pela guerra. Ivan Stepanov, membro partidário e editor dos *Izvestiia* e do *Leningradskaia Pravda*, descreveu a vida social em termos amargos:

> Pensamos que poderíamos criar instituições através das quais o desenvolvimento de formas matrimoniais comunistas, dotadas de beleza e harmonia, seriam possíveis. Mas o que aconteceu? As mulheres permaneceram acorrentadas ao seio da família em ruínas, e os homens, assobiando alegremente, vão embora deixando as mulheres com os filhos.[9]

Os autores do esboço esperavam confeccionar uma cláusula que satisfaria as críticas libertárias do casamento assim como as dos defensores dos direitos das mulheres, mas, em vez disso, o reconhecimento do matrimônio *de facto* incitou um transbordamento de opiniões no que dizia respeito à atribulada situação das mulheres, do casamento e da família, depois de quase uma década do regime soviético[10].

---

[8]   Iakov Natanovich Brandenburgskii, *Brak i sem'ia* (Moscou, 1926), p.6, 23.

[9]   Ivan Stepanov, "Problema Pola", em Emel'ian Iaroslavskii, *Voprozy zhizni i bor'by* (Moscou/Leningrado, 1924), p. 205.

[10] Alguns historiadores examinaram o Código de 1926 como um movimento positivo em direção à liberdade sexual, à emancipação da mulher e à transformação da família. Ver Harold Berman, "Soviet Family Law in the Light of Russian History

MULHER, ESTADO E REVOLUÇÃO

A política da esquerda e da direita

Ao longo do ano em que o Código estava sendo discutido, os dirigentes do Partido estavam engajados numa ácida luta pelo poder. O triunvirato Stálin, Zinoviev e Kamenev exitosamente silenciou Trótski e a Oposição de Esquerda em janeiro de 1925, mas sem Trótski a unidade do triunvirato ruiu. A fissura entre Zinoviev e Kamenev, de um lado, e Stálin, de outro, fez renascer o debate em torno da política frente à agricultura e à industrialização. Stálin, Bukharin e a ala majoritária do Partido defenderam a continuação da NEP, argumentando a favor de maiores concessões ao campesinato e um gradual desenvolvimento da indústria sobre a base de um mercado camponês em expansão. A esquerda, crescentemente crítica de uma política que promovia a pequena propriedade capitalista no campo, advogava um ritmo mais forte de industrialização baseado no incremento da extração e apropriação do excedente camponês. O debate se intensificou ao decorrer do ano, à medida que Zinoviev e Kamenev se reconciliaram com Trótski para criar uma nova oposição unificada.

Mesmo que uma ampla maioria de delegados dos VTsIKs de 1925 e 1926 fossem membros partidários, o debate sobre o esboço do Código não foi definido por conta da luta pelo poder, que acontecia nos elevados escalões do Partido. Nem a Oposição de Esquerda nem a

---

and Marxist Theory", *Yale Law Journal*, v. 56, n. 1, 1946, p. 25-57; Kent Geiger, *The Family in Soviet Russia* (Cambridge, Harvard University Press, 1968); John Hazard, *Law and Social Change in the USSR* (Toronto, Carswell, 1953); Alex Inkeles, *Social Change in Soviet Russia* (Cambridge, Harvard University Press, 1968); Nicholas Timasheff, *The Great Retreat* (Nova York, E. P. Dutton, 1946); Maurice Hindus, *House without a Roof* (Nova York, Doubleday, 1961). De acordo com esse ponto de vista, as mudanças no casamento e na lei familiar, em 1936, representaram um "salto sensacional", Maurice Hindus, *House without a Roof*, cit., p. 139. Sob Stálin, "controvérsias sobre o papel da mulher no socialismo chegaram a um fim", ver Gail Lapidus, *Women in Soviet Society. Equality, Development, and Social Change* (Berkeley, University of California Press, 1978), p. 94. Exceções a essa visão são encontradas em Beatrice Farnsworth, "*Bolshevik Alternatives and the Soviet Family: The 1926 Marriage Law Debate*", em Dorothy Atkinson, Alexander Dallin e Gail Warshofsky Lapidus (orgs.), *Women in Russia* (Sussex, 1978); e John Quigley, "The 1926 Soviet Family Code: Retreat from Free Love", *Soviet Union*, v. 6, n. 2, 1979, p. 166-74. Em uma cuidadosa análise legal, Quigley argumenta que o Código representava um recuo temporário da posição socialista sobre a família e que o "pensamento dominante por trás do Código de 1926 era conservador", p. 173.

ala majoritária do Partido tinham uma posição definida sobre o novo Código. Entretanto, referências ao debate sobre agricultura vinham repetidamente à superfície na discussão do impacto do Código da Família sobre o campesinato. Diversos oponentes do esboço, arguindo que os divórcios frequentes, pensões e o matrimônio *de facto* eram economicamente nocivos ao *dvor*, invocavam as ideias de Bukharin e a ideologia da NEP em sua crítica da política familiar.

Kalinin, por exemplo, conhecido por sua posição "pró-mujiques" na política agrária, opinava que o Código era "muito audacioso"[11]. Aleksei S. Kiselev, um velho bolchevique, membro do *Presidium* do Comitê Central de Controle e deputado comissário da Inspeção Operária e Camponesa, também se opunha ao esboço, argumentando que ele desprezava as necessidades do campesinato. Numa perfeita expressão da abordagem de Bukharin frente à industrialização, Kiselev explicou que o campesinato era a base essencial para o desenvolvimento de uma economia socialista: "Se não criarmos uma firme fundação para a família, se não criarmos firmes relações entre os membros familiares e um firme guia a respeito da divisão de propriedade, enfraqueceremos e quebraremos a base econômica de nossa economia". Kiselev argumentava que o *dvor* era crucial ao desenvolvimento econômico, e, embora "não devamos nos arrastar atrás do camponês, devemos considerar sua vida e sua economia"[12].

Shakhnazarov, jurista e membro da Sociedade para o Estudo da Lei Soviética, notou que o Estado não podia se dar ao luxo de ignorar os interesses dos médios camponeses e "conduzir um experimento com eles". "Em 1918 [...] um rifle era a melhor arma da revolução", dizia, referindo-se à política da requisição forçada de grãos durante a guerra civil russa. Entretanto, "sob as condições atuais nós construímos a economia com base na *smychka* (aliança) com os camponeses". Ele se opôs ao esboço na crença de que suas cláusulas sobre a propriedade conduziriam ao debilitamento e eventual ruína do lar camponês[13].

---

[11] Isaac Deutscher, *Stalin: A Political Biography* (Londres, 1929), p. 299 [ed. bras.: *Stalin: uma biografia política*, Rio de Janeiro, Civilização Brasileira, 2006]; VTsIK de 1925, cit., p. 190.

[12] *III sessiia Vserossiiskogo Tsentral'nogo Ispolnitel'nogo Komiteta 12 sozyva. Stenograficheskii otchet* (Moscou, 1926), p. 687. Daqui em diante citado como VTsIK de 1926.

[13] "Diskussiia po Podovu Proekta Kodeksa Zakonov o Brake, Sem'e ie Opeke", *Rabochii sud*, n.3, 1926, p. 231-42; *Leningradskaia pravda*, 12 dez. 1925, p. 6.

MULHER, ESTADO E REVOLUÇÃO

Os proponentes do Código, expressando a visão da esquerda sobre as tendências pequeno-burguesas do campesinato, retorquiram que a lei familiar não deveria refletir os interesses dos setores mais atrasados da sociedade soviética. Larin, que criticava a política agrária do Partido por favorecer o *kulak* (camponês rico)[14], reivindicava que a sugestão de Kalinin de estender o debate "sob a consigna 'Para o Campo'" era um esforço para alterar o Código "de acordo com o que quer que se adeque ao *kulak*"[15]. Nikolai Krylenko, experiente deputado e procurador público e forte apoiador do esboço, insistia que o propósito da lei familiar não era fortalecer o lar camponês. As necessidades da "classe dirigente" da população, a classe operária, deveria determinar a política estatal. Embora os camponeses constituíssem a maioria da população e o *dvor* fosse uma unidade econômica central, "de nenhuma forma segue-se daí que devamos providenciar uma norma legal de acordo com os interesses de muitos milhões de camponeses". Satisfazer as paixões do campesinato apenas conduziria a sociedade para trás, para longe do socialismo. Krylenko oferecia uma desdenhosa paródia da visão camponesa do casamento como "uma união trabalhista entre um homem e uma mulher, concluída para o livre apoio mútuo do lar camponês sobre a base de uma definida divisão do trabalho e para a satisfação dos interesses sexuais do próprio *khoziain*"[16]. Embora dito meio em brincadeira, a mensagem de Krylenko era clara: as atitudes sociais do camponês dificilmente eram compatíveis com os ideais socialistas.

Evgeny Preobrazhenskii, o notável economista do Partido e porta-voz da ala esquerda para uma mais rápida abordagem da industrialização, apoiava o Código e compartilhava o desdém de Krylenko frente às concessões aos camponeses. "Não podemos colocar nossa legislação socialista no nível da média do *dvor* camponês", disse ele abruptamente. Preobrazhenskii argumentava que a lei familiar so-

---

[14] Edward Hallett Carr, *Socialism in One Country*, v. 1 (Nova York, Macmillan, 1958), p. 263, 270. Isaac Deutscher, *The Prophet Unarmed* (Londres, Oxford University Press, 1959), p. 303 [ed. bras.: *Trotski, o profeta desarmado, 1921-1929*, Rio de Janeiro, Civilização Brasileira, 1968], nota que a atitude de Larin frente à Oposição de Esquerda era ambígua.

[15] VTsIK de 1925, cit., p. 192. De acordo com Edward Hallett Carr, *Socialism in One Country*, cit., p. 237, Kalinin e Larin embateram-se anteriormente, no VTsIK de 1924, sobre a questão da diferenciação de classe no campo.

[16] *Sem'ia, opeka, brak. Sbornik materialov k proektam semeinogo kodeksa USSR i RSFSR* (Khar'kov, 1926), p. 135.

viética não era responsável pelo colapso do lar camponês e o número crescente de *razdely* (divisões do lar). Ele argumentou que o grande lar patriarcal estava inevitavelmente fadado a desaparecer. O processo começara antes da Primeira Guerra Mundial, quando as leis do matrimônio e do divórcio eram extremamente estritas. A alta taxa presente de *razdel* era devida, em parte, a um "nível cultural mais elevado no campo". Preobrazhenskii reconhecia que o *razdel* não era sempre economicamente sustentável, mas ele acolhia o processo como "uma evidência de um significativo salto adiante da juventude camponesa nas relações sociais"[17]. Krylenko concordava com a visão de Preobrazhenskii acerca do *razdel*, alegando que o alto número de *razdely* não indicava a ruína econômica, mas antes "o processo natural e definitivo de desintegração da antiga grande família". O processo de divisão, acreditava, era inevitável e impossível de ser detido pela legislação. Proclamava confiante: "É necessário, com toda decisão, terminar com a reacionária utopia de preservar a família camponesa"[18].

Preobrazhenskii entendia os problemas colocados pelo desenvolvimento desigual da economia de seu país, mas considerava um grave equívoco redigir a lei soviética para agradar aos camponeses. "Está completamente claro que as cidades são favoráveis ao Código", observava, "não podemos voltar as costas a isso apenas porque o camponês médio não pode se adaptar imediatamente". Examinando a enorme brecha existente entre a vida no campo e a vida nas cidades, Preobrazhenskii afirmava ainda que "não podemos possuir duas legislações, uma para o campo e outra para a cidade". A política familiar deve ser delineada para favorecer as cidades e os "elementos mais progressistas"[19].

Aron Sol'ts, membro do partido, da Suprema Corte e do *Presidium* do Comitê Central de Controle, se debruçava diretamente sobre as diferenças políticas acerca do Código em um discurso aos juízes e juristas da Corte Provincial de Leningrado. Ele atacou o estilo polêmico, popular entre os membros partidários, a tendência

---

[17] VTsIK de 1926, cit., p. 677-80.

[18] Ibidem, p. 560-2.

[19] Ibidem, p. 679-80. Os camponeses não estavam satisfeitos com as palavras de Preobrazhenskii. Um delegado camponês do VTsIK de 1926 respondeu asperamente: "Temos mais de 100 milhões de camponeses, e não podemos rejeitá-los como quer Preobrazhenskii", p. 690.

MULHER, ESTADO E REVOLUÇÃO

a identificar toda posição com um interesse de classe. "Esse é um desvio *kulak*, esse é um desvio *bedniak*, esse é um desvio filisteu", ele burlava. Sol'ts mesmo se opunha ao esboço. Argumentava que toda a população, incluindo os camponeses médios, tinham de ser trazidos para o processo de construção do socialismo. Ele apelava fortemente para a cooperação continuada do período da NEP e atacava agudamente Krylenko por rejeitar vários setores da população como pequeno-burgueses. "Escrevemos leis não para os comunistas, mas para todo o país", ele proclamava. "É impossível construir o socialismo com apenas uma mão socialista."[20]

Krylenko, Preobrazhenskii e outros advogados do novo Código arguiam que o Partido conduziu firmemente os camponeses para o socialismo, superando sua ligação com as velhas formas e costumes sociais. Sol'ts, Kalinin e outros oponentes sustentavam que o Partido deveria considerar os interesses camponeses, pois constituíam a maioria da população. Os proponentes do Código acreditavam em mover-se rapidamente para o socialismo; os oponentes, em um ritmo mais lento e gradual. Ambos os lados reconheciam que o campesinato, com seu primitivo modo de produção, mesquinhos interesses domésticos e fortes valores patriarcais, criava problemas para a transição ao socialismo. Eles diferiam, entretanto, na melhor maneira de transformar a vida econômica e social da aldeia. Dessa forma, o debate sobre o Código andava em paralelo com os debates mais amplos sobre as políticas agrária e industrial.

Não obstante, a despeito desses paralelos, muitos dos mais ativos participantes no debate sobre o Código não se alinhavam nem com a esquerda nem com a direita nas grandes lutas políticas dentro do Partido. Krylenko, Brandenburgskii e Kurskii, três dos mais ardentes apoiadores do esboço, nunca se ligaram com a Oposição de Esquerda. Similarmente, muitos oponentes vocais do Código, como Sol'ts, Kiselev e Kalinin, não apoiaram mais tarde a oposição de direita de Bukharin. O caso de Alexander G. Beloborodov, comissário da NKVD em 1923, demonstra como os assuntos familiares e as mais amplas posições políticas da esquerda e da direita não coincidiam nitidamente. Beloborodov, expulso do Partido em 1927 por aderir à

---

[20] "Perelom v Diskussii o Brake", *Rabochii sud*, n. 4, 1926, p. 258-60. Sol'ts adotou uma posição similarmente não antagônica sobre o Código Criminal, arguindo contra um sistema judicial baseado nas diferenças de classe. Ver Edward Hallett Carr, *Socialism in One Country*, cit., v. 2, p. 439-40.

WENDY GOLDMAN

Oposição de Esquerda, expressava muitas reservas sobre o esboço do Código de 1926. Embora favorecesse uma abordagem mais rápida da industrialização, ele tomou uma posição mais cautelosa à mudança radical na frente social.

À medida que o país como um todo debatia o esboço do Código, quatro grupos principais, definidos por uma posição comum em assuntos específicos, emergiram: os camponeses, os protecionistas, os juristas progressistas e o grupo dos interesses da mulher[21]. Os camponeses avançavam à posição mais clara: eram resolutamente contra o novo Código. Opunham-se à cláusula da pensão como sendo prejudicial ao *dvor*; opunham-se à simplificação do procedimento de divórcio e ao reconhecimento legal do matrimônio *de facto*. Argumentavam que o governo devia adotar medidas para fortalecer o casamento tradicional sob registro, desencorajando assim a "dissolução moral". Seu maior medo era econômico: se as demandas por pensão e apoio infantil não pudessem ser atendidas pelo membro responsável do *dvor* (*i. e.*, o marido ou o pai), o lar inteiro seria obrigado a pagar.

Embora não particularmente simpáticos ao patriarcalismo camponês, os protecionistas partilhavam certos elementos da posição camponesa, opondo-se ao reconhecimento do matrimônio *de facto* com base nos fundamentos econômicos e morais. Esse grupo de proeminentes oficiais do Partido, juristas, sociólogos e trabalhadores da saúde amplificaram muitas das antigas objeções que os juristas levantavam aos novos esboços do Código da Família. Invocavam o modelo marxista de estrutura e superestrutura para argumentar que o esboço do Código era muito avançado para as condições econômicas e sociais do país. O reconhecimento do matrimônio *de facto* minaria o casamento registrado; a promiscuidade e o sofrimento da mulher se incrementariam. O matrimônio *de facto* representava a desintegração do tecido social, que seria combatido com fortes medidas legais e governamentais. Os milhões de *besprizorniki* preci-

---

[21] Escolhi esses termos para fins de clareza e conveniência. Eles não apareceram no debate. Evitei os termos "esquerda" e "direita", que são frequentemente confusos quando aplicados a temas concernentes à mulher e à família, aceitando a utilização dos termos "progressista" e "protecionista". As posições adotadas por esses grupos clarificarão suas designações. Mulheres e homens camponeses diferiam agudamente acerca de muitas cláusulas do Código. O grupo camponês refere-se principalmente aos homens que promoviam os interesses do lar.

270

MULHER, ESTADO E REVOLUÇÃO

savam de lares firmes e estáveis, que só poderiam edificar-se sobre estritos estatutos acerca do matrimônio e do divórcio. O papel da lei na sociedade era estabelecer normas firmes para as pessoas observarem.

Os juristas progressistas eram, talvez, o grupo mais complexo. Favoreciam o novo Código e o reconhecimento do matrimônio *de facto*, apesar de vários membros diferirem em seu raciocínio. Alguns tomavam a posição libertária, saudando o matrimônio *de facto* como parte de um novo futuro socialista; outros foram mais cautelosos. Todos estavam profundamente preocupados com a condição das mulheres em matrimônios *de facto* e advogavam seu reconhecimento por três razões: primeiro, esperavam prover meios de apoio para a esposa abandonada nesse tipo de matrimônio; segundo, enxergavam o registro do casamento como uma mera formalidade técnica, fadada a desaparecer com o avanço do socialismo; e terceiro, argumentavam que era "hipocrisia burguesa" não reconhecer o matrimônio *de facto*. Contrários aos protecionistas, os juristas progressistas concebiam a lei como o reflexo da realidade social, e não um sistema de normas prescritivas.

O grupo dos interesses das mulheres era, talvez, o grupo menos coerente. Seus membros partilhavam um atributo comum: uma sensibilidade e uma particular consciência sobre os problemas e as dificuldades das mulheres. O grupo contava entre seus membros com ativistas partidários dirigentes, tais como Vera Lebedeva, chefe do Departamento de Proteção à Maternidade e à Infância (OMM), assim como muitas mulheres camponesas e operárias. As camponesas e operárias, que eram largamente incultas, não participavam nos argumentos intelectuais e jurídicos, mas defendiam os interesses práticos das mulheres. Rechaçavam agudamente os oradores camponeses masculinos, que retratavam as mulheres como criaturas astutas e gananciosas. Entretanto, não eram feministas: a emancipação das mulheres dos tradicionais papéis familiares era um assunto remoto para elas. Subjazendo suas descrições apaixonadas das demandas das mulheres encontrava-se a crença de que uma mulher precisava da proteção de um casamento forte e estável para nutrir uma família. As mulheres, argumentavam, precisavam ser emancipadas dos efeitos sociais da nova liberdade sexual dos homens.

Matrimônio *de facto*

As diferenças de valores desses quatro grupos, ligadas ao casamento e à vida familiar, estavam mais claramente reveladas pelas acaloradas discussões sobre o matrimônio *de facto*, pois essa cláusula, mais do que qualquer outra, desafiava diretamente os conceitos mais básicos e tradicionais do casamento. Os camponeses tinham a posição mais franca e direta a respeito. Favoreciam o registro claro, e sem ambiguidade, do casamento e se recusavam resolutamente a reconhecer as relações *de facto*. Nos encontros de aldeia, adotavam as seguintes resoluções: "Apenas o casamento registrado pode ser considerado como casamento legal", e "com o objetivo do mais exato e rápido estabelecimento da paternidade o reconhecimento do registro matrimonial é uma necessidade"[22]. Um delegado camponês do VTsIK de 1926 disse sobre o esboço: "A aldeia não precisa disso. A aldeia exige leis padrão que sejam estáveis. A aldeia demanda que esposas e maridos se registrem. Não queremos uma situação em que hoje estejam ligados a um e amanhã a outro, e a Corte reconhece tudo isso como casamento"[23]. Outro delegado camponês perguntou simplesmente: "Como podemos ter casamentos sem registro em nossa região? Noventa e cinco por cento das pessoas ali são iletradas e, na maioria dos casos, vivem sob condições de uma economia de subsistência e lares interligados. Você predica que toda união seja considerada casamento. Mas isso é possível apenas para um pequeno grupo de cidadãos conscientes – para aqueles como o camarada Krylenko"[24].

Os camponeses estavam profundamente preocupados com que o matrimônio *de facto* minasse a unidade econômica do lar. A propriedade do *dvor* era possuída conjuntamente, e os camponeses temiam que a instabilidade social conduzisse ao empobrecimento ou à ruptura do *dvor*. Os camponeses de Arkhangelsk, numa resolução que Kurskii considerou "extraordinariamente característica", expressaram a necessidade de limitar o *razdel* aos interesses do lar. Outras resoluções das aldeias apresentavam exigências similares, incluindo a necessidade de limitar o divórcio e a responsabilidade

---

[22] I. Dombrovskii, "Novyi Kodeks Zakonov o Brake, Sem'e i Opeke i Derevniia", *Ezhenedel'nik sovetskoi iustitsii*, n. 48, 1926, p. 1531.

[23] VTsIK de 1926, cit., p. 621.

[24] Ibidem, p. 648.

MULHER, ESTADO E REVOLUÇÃO

da família pela pensão. Uma resolução notava especificamente que uma mulher num casamento sem registro não deveria ter direito ao *razdel*[25]. Marinenko, um delegado camponês do VTsIK de 1925, que se descreveu como "sendo de um país sombrio, de uma província longínqua e solitária", depositou sua objeção com muita simplicidade: "Em minha província, esse plano não nos agrada. Arruinará a família"[26]. Outro camponês lançou declamações veementes contra parasitas, aproveitadoras e mulheres coniventes. Argumentava que o reconhecimento do matrimônio *de facto* conduziria a intermináveis confusões legais e desigualdades. As mulheres utilizariam a lei para levar vantagem sobre os homens. Entre as risadas de outros delegados, ele explicou: "Você vai a um clube algumas vezes, ajuda uma mulher a resolver-se numa questão política, e daí, quando se vê, estamos metidos no tribunal"[27].

Muitos camponeses acreditavam que o matrimônio *de facto* conduziria a nada menos que o caos social e moral. A resolução dos camponeses de Arkhangelsk declarava que o matrimônio *de facto* alimentaria "a devassidão e outras libertinagens na aldeia"[28]. Volkov, um delegado camponês do VTsIK de 1926, zombava da noção de que o matrimônio *de facto* era um fenômeno positivo. "O campo não deseja o caos que temos na cidade", declarou firmemente. "O que acontecerá se 85% da população – o campesinato – passar a se ocupar das mesmas coisas com as quais se ocupam nas cidades? Nós afundaremos nesse caos"[29]. Muitos camponeses expressaram uma profunda desconfiança da vida urbana e enfatizaram a necessidade da estrita moralidade, fortes laços familiares e uma clara definição do casamento.

Os protecionistas também se opunham ao reconhecimento do matrimônio *de facto*, embora não partilhassem do conservadorismo camponês. Esse grupo, composto por figuras conhecidas como P. A. Krasikov, um velho bolchevique e então procurador da Suprema Corte da URSS, N. A. Semashko, comissário da Saúde, David Riazanov, Aron Sol'ts e outros em importantes posições partidárias e jurídicas acreditava que a família, no final, definharia até o desaparecimento. Ao contrário dos

---

[25] Ibidem, p. 563-4.

[26] VTsIK de 1925, cit., p. 156.

[27] Ibidem, p. 132.

[28] VTsIK de 1926, cit., p. 563.

[29] Ibidem, p. 689.

WENDY GOLDMAN

camponeses, eles ansiavam pela sociedade socialista. Mas argumentavam, a partir de uma posição que se entendia como marxista, que o novo Código não se adequava às realidades econômicas do país. Krasikov defendia que a família ainda servia à função crucial da distribuição da riqueza entre os seus membros: os jovens e os velhos, os homens e as mulheres, os capazes e os inabilitados. O casamento e a família tinham um "significado extraordinariamente importante" na medida em que à sociedade faltava a "plena socialização dos meios de produção e consumo". À luz do "desenvolvimento insuficiente das relações sociais e produtivas", uma mudança nas leis do casamento e da família mais prejudicaria do que traria benefícios[30].

Sol'ts arremetia, dizendo que o Código estava fundado em "princípios idealistas" de liberdade sexual e emancipação da intervenção estatal. Mas esses princípios só podiam ser realizados na sociedade comunista do futuro. Sol'ts observava inflexivelmente: "Estamos destruindo a família sem assumir as responsabilidades materiais"[31]. A. M. Vasil'ev-Iuzhin, presidente da Suprema Corte, também considerava o esboço como "prematuro". Acusou Krylenko de ser um "utópico incomparável", "um idealista" que acreditava na "força ilimitada das leis que redigia, mesmo que não possuam uma forte base material". "Sou um velho marxista e um revolucionário", anunciava Vasil'ev-Iuzhin. "Como um velho marxista, estou acostumado a considerar os fenômenos em termos de seu desenvolvimento e movimento. Tudo o que queremos agora não é ainda possível"[32].

Outro protecionista, I. Kondurushkin, apontou numerosos problemas práticos. O reconhecimento do matrimônio *de facto* impeliria a intermináveis disputas entre os casais, o que os tribunais teriam de resolver. O novo Código era incompatível com as necessidades de um campesinato ainda envolvido na produção em pequena escala. E o governo não poderia ainda tomar conta de todos os necessitados. Kondurushkin dizia francamente: "O colapso da família no momento presente significa isto: um aumento no número de *besprizorniki*, um crescimento da criminalidade e mesmo do infanticídio, e o triunfo

---

[30] Petr Anan'evich Krasikov, "V Chem Sushchnost' Semeinykh Brachnykh Form", *Rabochii sud*, n. 1, 1926, p. 5-6.

[31] Aron Sol'ts, "O Revoliutsionnoi Zakonnosti", *Pravda*, 24 jan. 1925, p. 4.

[32] A. M. Vasil'ev-Iuzhin, "Eshche o Sem'e, Brake i Novom Semeino-Brachnom Kodekse", *Sem'ia, opeka, brak. Sbornik materialov k proektam semeinogo kodeksa USSR i RSFSR*, cit., p. 144.

MULHER, ESTADO E REVOLUÇÃO

do casamento paroquial no campo". Kondurushkin resumiu sucintamente: "O novo Código quer sobrepujar a economia e a história"[33].

Dado o atraso nas relações de produção, os protecionistas enfatizaram o importante papel social do contrato de casamento. Krasikov argumentava que o casamento era primeiramente um negócio social, e não privado, e suas bases precisavam ser publicizadas e fortalecidas[34]. O registro, como Sol'ts apontava, era o primeiro meio de afirmar publicamente o casamento. "É necessário distinguir o casamento da relação sexual", notava[35]. Kondurushkin condenava veementemente a visão "anarquista" de que o casamento era um negócio puramente pessoal. "Cedo ou tarde", ele predizia, austero, "vocês correrão para as sanções sociais quando apelarem à Corte"[36]. E Riazanov furiosamente rejeitava o novo Código como "pequeno-burguês, filisteu e anarquista". Entre a zombaria e os aplausos dos demais delegados, ele decretava altissonante: "Nem todo acasalamento é um casamento". "Velho!", vaiava alguém da audiência. "Você precisa se rejuvenescer", gritava outro. "Nem todo homem velho é ruim", retorquiu calmamente Riazanov. "E nem todo membro da *intelligentsia* é uma pessoa inteligente." O esboço, na endurecida opinião de Riazanov, não era nada mais do que "fraseologia de esquerda"[37].

Os protecionistas argumentavam que o plano era não só prematuro, mas prejudicava os interesses das mulheres. Numa severa crítica da nova moralidade, publicada em 1923, Ivan Stepanov, editor do *Leningradskaia Pravda* e do *Izvestiia*, argumentava que o colapso do casamento tradicional tinha resultado em condições ainda mais opressivas à mulher. O principal problema residia na incapacidade do governo de estabelecer centros de cuidados para crianças e outras instalações comunais que liberassem a mulher de seus fardos tradicionais. Stepanov não tinha senão desprezo pelos homens que abandonavam mulheres grávidas e então glorificavam

---

[33] Ivan Semenovich Kondurushkin, "Diskussiia o Brake", *Rabochii sud*, n. 2, 1926, p.102-3.

[34] VTsIK de 1925, cit., p. 129; VTsIK de 1926, cit., p. 587.

[35] *Leningradskaia pravda*, cit., 19 jan. 1926, p. 4. Raigorodskii, membro do Colegiado de Advogados, também argumentava que o registro traria clareza às relações sexuais. Ver "Diskussiia po Povodu Proekta Kodeksa Zakonov o Brake, Sem'e i Opeke", cit., p. 236.

[36] Ivan Semenovich Kondurushkin, "*Diskussiia o Brake*", p. 103.

[37] VTsIK de 1926, cit., p. 641-2.

a nova forma de casamento. Ele insistiu em que o reconhecimento do matrimônio *de facto* apenas encorajava a irresponsabilidade masculina. Embora as velhas leis não impedissem que os homens abandonassem seus filhos, pelo menos "os velhos costumes exigiam que o pai sustentasse o seu fardo nos cuidados com a criança. O novo costume não exige isso". Stepanov concluía: "Fizemos uma revolução de tal maneira que ela beneficiou apenas os homens. As mulheres permaneceram numa situação trágica"[38].

Como membro da Comissão Central de Controle, Sol'ts estava especialmente ciente dos problemas das mulheres abandonadas. As esposas dos membros partidários imploravam constantemente a ele que tomasse ação contra seus antigos maridos pelo não pagamento da pensão ou do auxílio infantil. Na visão de Sol'ts, o esboço enganava as mulheres, encorajando-as a acreditar que seus interesses podiam estar protegidos. "Creio que podemos ajudar mais uma mulher", explicava, "se dissermos a ela: 'A lei a protege apenas em certas circunstâncias, na atual situação econômica. Não somos capazes de protegê-la mais integralmente'". Sol'ts não se opunha à liberdade sexual a princípio, mas argumentava que, uma vez que o Estado não era capaz de oferecer total proteção à mulher, devia encorajar o casamento estável. A pensão era uma pobre solução aos problemas criados pela instabilidade social"[39].

Osman Deren-Aierlyi, um delegado do VTsIK de 1925, concordou com Sol'ts, temendo que os homens pudessem usar a nova lei para persuadir as mulheres de que o casamento é desnecessário. As pessoas se recusariam a registrar seus casamentos se a lei reconhecesse as relações *de facto*. Um massivo aparato jurídico teria de ser mobilizado para fazer frente ao influxo de novas disputas. "Se formos nessa direção", Deren-Aierlyi proclamava, "toda a Rússia será transformada num contínuo casamento nacional!"[40].

Os juristas progressistas defendiam o reconhecimento do matrimônio *de facto* contra todos e cada um desses pontos. Kurskii replicou secamente a Deren-Aierlyi que não planejava organizar um casamen-

---

[38] Ivan Stepanov, "Problema Pola", cit., p. 205-07.

[39] Aron Sol'ts, "Vvedenie v Diskussiiu o Brake i Sem'e", *Rabochii sud*, n. 5, 1926, p. 349-60. Para posições similares, ver também Kondurushkin; e Nikolai Aleksandrovich Semashko, *Novyi byt i polovoi vopros* (Moscou, Leningrado, 1926), p. 21.

[40] VTsIK de 1925, cit., p. 154.

MULHER, ESTADO E REVOLUÇÃO

to grupal em sua idade avançada[41]. De todos os juristas progressistas, Kurskii tinha a abordagem mais conservadora do matrimônio *de facto*. Ele declarou:

> Este Código é um meio através do qual podemos lutar contra a promiscuidade masculina. Por quê? Porque no antigo Código não havia qualquer proteção factual para o matrimônio *de facto*, e nós o protegemos. Falamos aos camaradas que se esquivaram de suas responsabilidades com relação a mulheres e crianças, e dissemos: "Você responderá por isso".[42]

Kurskii via o Código como um meio de definir as relações *de facto*, sem minar o casamento registrado. Ele admitia implicitamente que o matrimônio *de facto* era uma consequência da instabilidade social, e não um sinal das futuras relações comunistas. Ele esperava que o novo Código forçasse os casais, especialmente os homens, a assumirem as mesmas responsabilidades como cônjuges num casamento registrado. Kurskii procurou trazer as relações *de facto* mais para perto da concepção tradicional do casamento em registro, e não o contrário.

Muitos participantes do debate tinham uma posição similar. A. Vinokurov, membro da Suprema Corte da URSS, argumentava que o reconhecimento do matrimônio *de facto* auxiliaria as mulheres. Alegar, como faziam os tradicionalistas, que inexistisse base material suficiente apenas absolvia os homens de responsabilidade. Diferentemente de Kurskii, Vinokurov duvidava que o reconhecimento do matrimônio *de facto* poderia eliminar a promiscuidade, pois o procedimento de divórcio tornou possível "registrar-se hoje e divorciar-se amanhã". Se os tradicionalistas queriam vencer a promiscuidade, tinham de proibir o divórcio; uma medida que Vinokurov rejeitava como típica "do ponto de vista de um sacerdote"[43]. O jurista Ryndziunskii rejeitava a implicação tradicionalista de que a mulher deve sustentar a principal responsabilidade de reforçar uma moralidade sexual mais estrita. As mulheres, "a despeito das ameaças e proibições da lei", não estavam em posição de obrigar os homens a se registrarem. A

---

[41] Ibidem, p. 184.

[42] Dmitri Ivanovich Kurskii, citado por Iakov Natanovich Brandenburgskii, em "Brak i ego Pravovye Posledstviia", *Sbornik*, cit., p. 30.

[43] VTsIK de 1926, cit., p. 663.

recusa a reconhecer o matrimônio *de facto* é o que mais prejudicava as mulheres[44].

Enquanto Ryndziunskii, Kurskii e Vinokurov enfatizavam que o reconhecimento do matrimônio *de facto* protegeria as mulheres necessitadas, vários juristas tomaram uma posição mais radical, avançando os mesmos argumentos libertários que inicialmente provocaram a revisão do Código de 1918. Brandenburgskii insistia que o matrimônio *de facto* era o resultado de uma "vida nova e revolucionária", e que se tratava apenas de "fetichismo jurídico não incluí-lo na lei". Era tão opressivo legalmente perpetuar uma distinção entre os casamentos registrados e os não registrados como entre os filhos legítimos e os ilegítimos. Ele desdenhava a "hipocrisia burguesa" que chamava de "casamento" uma união registrada, a despeito do comportamento dos maridos, mas negavam o apoio legal àqueles que viviam juntos sem registro. Ele acusava os protecionistas de preconceito burguês:

> Não há diferença qualitativa entre a abordagem de nossa crítica, que acredita que apenas o matrimônio registrado deve acarretar responsabilidades materiais, e o pensamento civilizado burguês, que ensina que a diferença entre o casamento e a coabitação é uma cerimônia definida que oferece a proteção da lei e, antes disso, a proteção da Igreja.

Na opinião de Brandenburgskii, a habitação comum não diferia em nada do casamento registrado. "Consideramos necessário preservar o matrimônio registrado", ele escreveu, "mas recusamos categoricamente enxergar no registro uma condição prévia sem a qual não pode haver casamento. O registro é necessário, mas apenas como o registro de um fato já definido". Em outras palavras, o casamento era um fato social; o registro era meramente um ato legal[45].

Brandenburgskii argumentava contra a posição protecionista de que mais mulheres forçariam os homens a se registrarem, fosse essa a única forma de proteção legal. "Esta não é a vida real", ele disse. A lei não podia criar as condições de um casamento estável. Um produto da consciência e da cultura, o casamento estável não poderia ser trazido

---

[44] G. Ryndziunskii, "K Popytke Iuridicheskogo Opredeleniia Sushchnosti Braka", *Rabochii sud*, n. 1, 1926, p. 22.

[45] Iakov Natanovich Brandenburgskii, "K Diskussii o Proekte Brachnogo i Semeinogo Kodeksa", *Ezhenedel'nik sovetskoi iustitsii*, n. 46, 1925, p. 1414; e "Brak i ego Pravovye Posledstviia", *Sbornik*, cit., p. 19, 32, 37.

MULHER, ESTADO E REVOLUÇÃO

à existência pela legislação. Entretanto, Brandenburgskii vacilava: era o casamento estável um objetivo desejável? No VTsIK de 1925 ele proclamou: "não devemos aspirar a uma família altamente estável e olhar o casamento por esse ângulo. Fortalecer o casamento e a família – tornando o divórcio mais difícil – não é o novo, é o velho: é o mesmo que a lei burguesa"[46].

Os argumentos de Brandenburgskii revelavam uma profunda incerteza sobre o matrimônio *de facto*. Era idêntico ao casamento estável, registrado, que tinha seu *status* negado pela hipocrisia burguesa do Estado? Ou era menos estável que o casamento em registro, um produto da desintegração social, assinalando a necessidade da mulher por maior proteção legal? Ou representava uma forma mais avançada, mais livre, nas relações entre o homem e a mulher? Dependendo de seu raciocínio, Brandenburgskii enxergava o matrimônio *de facto* como o mesmo, pior ou melhor que o casamento em registro. Em vários momentos, consciente e inconscientemente, apoiava todos esses pontos de vista. As contradições espelhavam perfeitamente a colisão frontal entre a tradição socialista libertária e as condições da época.

Krylenko era o mais consistente representante da perspectiva libertária. Ao contrário dos protecionistas, que enxergavam o casamento como uma instituição social, Krylenko considerava-o como uma escolha estritamente pessoal. "Se você quiser, registre-se. Se não quiser, não se registre", anunciou. Krylenko observou que o Código de 1918 definia o "casamento real" pelo registro nos Zags. "O que é real?", ele inquiria. "O matrimônio *de facto* não é real no sentido jurídico, mas sim em termos de vida." Era ridículo argumentar, como faziam os críticos do Código, que o matrimônio deveria ser abençoado pelo poder soviético ao invés do poder da Igreja[47]. Ele saudou o eventual desaparecimento do registro: "Não podemos defender o registro compulsório na sociedade comunista. Se nós o preservarmos agora, é como um meio para alguma outra coisa, não porque tenha algum valor intrínseco". No momento, o registro era uma forma legal de autoproteção para a mulher, uma necessidade infeliz necessária na transição

---

[46] Iakov Natanovich Brandenburgskii, "Brak i ego Pravovie Posledstvy", cit., p. 37; Idem, *Brak i sem'ia*, cit., p. 25; VTsIK de 1925, p. 146.

[47] Nikolai Vasil'evich Krylenko, "Proekt o Brake i Sem'e", *Sbornik*, cit., p. 62.

turbulenta para a sociedade comunista"[48]. Tanto Preobrazhenskii quanto o jurista F. Vol'fson compartilharam as visões libertárias de Krylenko. Vol'fson argumentou que a lei soviética diferia da lei burguesa, precisamente, pelo fato de que não buscava proteger, preservar ou estabilizar a família. "Essa tarefa é pouco prática e inútil", declarou Vol'fson. O propósito do Código era o de proteger as mulheres no período transicional, e "não o de defender a família e o matrimônio"[49]. Preobrazhenskii argumentou que se a sociedade soviética quer avançar ao socialismo, "devemos lutar por coisas que ainda não existem". Ele observou insistentemente que os opositores do Código eram principalmente homens, que, "em todos os casos, cheiravam a *Domostroi*", lei familiar reacionária do período czarista[50].

O grupo dos interesses femininos se preocupava menos com os detalhes da lei do que em declarar suas ideias fortes sobre a vida social soviética. Compartilhava a preocupação dos protecionistas com a desintegração da família e com o alto índice de divórcios, mas diferia na questão de reconhecer o matrimônio *de fato*. Vera Lebedeva, chefe do OMM, declarou-se orgulhosamente "na extrema direita" em oposição ao esboço[51]. O *Zhenotdel* o apoiava oficialmente. No entanto, a maioria das mulheres que participavam do debate não se referia oficialmente às disposições específicas do esboço. Das sete oradoras mulheres no VTsIK de 1925, somente uma favorecia claramente o matrimônio *de facto*, as demais confinavam seus comentários à necessidade de normas mais estritas para o comportamento sexual. Das dez mulheres oradoras do VTsIK de 1926, quatro eram favoráveis ao reconhecimento do matrimônio

---

[48] Idem. I. A. Rostovskii ressaltou esse ponto de vista em seu manual popular, *Sovetskii zakon o brake i sem'e* (Moscou, 1926), p.12, exortando as mulheres a registrarem o matrimônio apenas por essa razão. "Quando um matrimônio é registrado, a paternidade é comprovada", aconselhou. "O registro torna mais fácil para a mãe provar quem é seu marido e quem é o pai do filho dela, e por essa razão, falando francamente, o registro é útil".

[49] F. I. Vol'fson, "K Peresmotru Semeinogo Kodeksa", *Proletarskii sud*, n. 10-11, 1925, p. 4-5.

[50] VTsIK de 1926, p. 675, 677.

[51] Vera Lebedeva, "Itogi i Perspektivy Okhrany Materinstva i Mladenchestva", em *Trudy III Vsesoiuznogo s''ezda po okhrane materinstva i mladenchestva* (Moscou, 1926), p. 30.

MULHER, ESTADO E REVOLUÇÃO

de facto, duas se opunham e quatro não mencionaram o tema. Mais da metade, no entanto, se centrou na instabilidade social e nos problemas que as mulheres enfrentavam para receber pensão alimentícia[52].

Um dos delegados do VTsIK, que favorecia a ratificação do novo Código, sugeriu que o reconhecimento do matrimônio *de facto* era uma excelente forma de proteger a mulher em um momento no qual o Estado não poderia fazê-lo[53]. Outra delegada favorecia o reconhecimento, mas duvidava que a lei sozinha pudesse resolver os problemas da vida social. Ela argumentava que o país precisava de mais lares de crianças, e "não de procedimentos jurídicos"[54]. E uma trabalhadora de uma fábrica de licores disse: "Eu acredito que é necessário aumentar o número de instituições de cuidado infantil, para que as mulheres deixem de temer o divórcio e de correr atrás de pensão alimentícia"[55].

Muitas mulheres se pronunciaram contra o reconhecimento do matrimônio *de facto* e a simplificação do procedimento de divórcio. Dada a incapacidade do Estado para suportar a carga de criação das crianças, elas temiam o divórcio e viam o reconhecimento do matrimônio *de facto* como uma ameaça direta a sua própria segurança econômica. Dez trabalhadoras escreveram uma carta em que sugeriam que somente dois tipos de mulheres deveriam ter o direito à pensão de menores: a ex-esposa legal e a mulher que convivia abertamente com um homem que não tivera outra família. Nenhuma mulher que se envolvia conscientemente com um homem casado merecia a pensão. As mulheres que mantinham relações sexuais com muitos homens não mereciam nem "um pedaço de pão"[56]. Uma trabalhadora de uma serralheria falou: "Eu acredito que as mulheres que têm relações com vários homens não deveriam ter direito à pensão alimentícia. Se não sabe quem é o pai de seu filho, que o crie sozinha". E acrescentou: "Tais mulheres não são melhores do que as prostitutas da rua e a pensão alimentícia as corromperia ainda mais"[57].

---

[52] Ver VTsIK de 1925, cit.; e VTsIK de 1926, cit.

[53] VTsIK de 1926, cit., p. 593.

[54] Ibidem, p. 605.

[55] "Chto Predlagaiut Rabotnitsy", *Rabotnitsa*, n.15, 1926, p.16.

[56] "Chto Predlagaiut Rabotnitsy", *Rabotnitsa*, n.13, 1925, p.14.

[57] "Chto Predlagaiut Rabotnitsy", *Rabotnitsa*, n.15, 1926, p.16.

WENDY GOLDMAN

As posições das mulheres no debate demonstram que nem todas tinham os mesmos interesses econômicos e sociais. Os interesses das solteiras e das casadas com frequência divergiam, como resultado de suas distintas relações com o homem assalariado. Enquanto o reconhecimento do matrimônio *de facto* beneficiava a mulher solteira, ameaçava diretamente a esposa. No entanto, nem sequer as mulheres que reconheciam o matrimônio *de facto* o aceitavam como uma nova forma emancipatória de união. Dadas as dificuldades sofridas pelas mulheres como mães solteiras, sua experiência prática lhes dizia que o matrimônio *de facto* só emancipava o homem.

O que é o casamento?

Muitos participantes desse debate temiam que o novo Código da Família não definisse o matrimônio *de facto*. No caso de uma disputa entre as partes, os tribunais não tinham nenhum critério para julgar se um casamento realmente existia. Krasikov perguntava incisivamente: "Se temos casamento registrado e não registrado, então quem decidirá o que é um casamento?"[58]. Um esboço do Código feito pelo NKVD havia definido o casamento como "um termo irrestrito de coabitação voluntária, baseada em um contrato livre entre um homem e uma mulher", mas a definição foi severamente criticada por Krylenko e outros. Tanto o *Sovnarkom* quanto o *Zhenotdel* se opunham a essa definição. O *Zhenotdel* se opunha a qualquer definição, temendo que seria usada para excluir mulheres da proteção da lei. O *Sovnarkom* queria substituir as palavras "termo irrestrito" por um tempo fixo mínimo[59]. E. Rosenberg, um jurista, explorou a questão na sua profundidade. Ele escreveu que se o esboço rejeitava o registro como a única maneira de definir um casamento, então uma nova definição tinha de ser criada. Nem a presença do amor, do sexo, de uma casa comum nem a gravidez sozinha proviam prova adequada de um "casamento". Ademais, Rosenberg temia que o reconhecimento do casamento *de facto* levasse à "desaparição da própria instituição do casamento"[60].

---

[58] VTsIK de 1925, cit., p. 124.

[59] Ibidem, p. 114.

[60] E. Rosenburg, "Proekt Kodeksa Zakonov o Brake, Sem'e i Opeke", *Ezhenedel'nik sovetskoi iustitsii*, n. 48, 1925, p. 1485. Krasikov compartilhava essa preocupação,

MULHER, ESTADO E REVOLUÇÃO

Enquanto juristas e oficiais do Partido disputavam para oferecer uma definição independente do ato de registro, o "casamento" se provava um conceito cada vez mais esquivo. Uma série de juristas considerou impossível a tarefa de definir o conceito. Vinokurov, um membro da Suprema Corte, argumentava que era impossível enumerar as características essenciais do casamento, já que as pessoas "as combinavam nas variedades mais bizarras". Somente os tribunais poderiam decidir, caso por caso, se o casamento existia[61]. O jurista Ryndziunskii argumentava que o casamento não era um ato judicial, mas um "fenômeno da vida", e nem o casamento nem a vida eram objetos de uma definição legal precisa[62]. Larin, fazendo uma referência indireta à falta de moradia nas cidades, remarcou com divertimento que, se a coabitação fosse aceita como critério para o casamento, "uma parte significativa da população deveria ser considerada castamente virgem", ainda que fosse casada[63]. E Vol'fson argumentava que a definição só complicaria o processo judicial e levaria a "argumentos puramente metafísicos sobre o que era ou não o casamento"[64].

No entanto, juristas e oficiais do Partido, destemidos pelo conselho de Vol'fson, ofereceram um selvagem arranjo de definições para serem incluídas no esboço do Decreto. Sural'skii, um membro do Colegiado de Advogados, sustentava que o casamento era baseado em três elementos: união física, uma casa conjunta e uma "promessa sagrada ou espiritual"[65], uma definição estranhamente antiquada para um jurista soviético. Sol'ts, não surpreendentemente, insistia que o registro tinha de ser uma característica do casa-

---

agregando que, se o registro perdia sua importância aos olhos do povo, poderia levar ao ressurgimento do casamento religioso. Ver VTsIK de 1925, cit., p. 125.

[61] A. Vinokurov, "Idti v Khvoste ili Rukovodit?", *Rabochii sud*, n. 17-18, 1926, p. 1.046. F. Kompalov, um jurista do Tribunal Provincial de Leningrado, com uma extensa experiência prática, também sentia que os tribunais deveriam determinar a questão do casamento *de facto* caso a caso. Ver F. Kompalov, "Po Povodu Brachnogo i Semeingo Kodeksa", *Rabochii sud*, n. 2, 1926, p.106.

[62] G. Ryndziunskii, "K Popytke iuridicheskogo Opredeleniia Sushchnosti Braka", cit., p.20.

[63] VTsIK de 1926, p. 578.

[64] F. Volf'son, "K Peresmotru Semeinogo Kodeksa", cit., p. 5.

[65] "Diskussiia po Povodu Proekta Kodeksa Zakonov o Brade, Sem'e i Opeke", cit., p. 235.

283

mento[66], enquanto Nakhimson, que presidia o Tribunal Provincial de Leningrado, enfatizava a duração, a estabilidade e o reconhecimento por um terceiro[67]. Beloborodov naturalmente apoiava a definição do NKVD, que Ryndziunskii prontamente marcou como "a melhor prova da esterilidade de uma definição judicial de casamento"[68]. Vasil'ev-Iuzhin afirmava que o nascimento de uma criança era a mais importante característica de um casamento[69]. Krylenko, estarrecido pela ideia de que toda união sexual que resultasse em gravidez fosse considerada um casamento, julgava a ideia de Vasil'ev-Iuzhin um "absurdo"[70]. Vinokurov não hesitou em informar Vasil'ev-Iuzhin, seu delegado presidente na Suprema Corte, que sua definição não possuía "um entendimento do casamento como uma relação social entre um homem e uma mulher", e era assim claramente não marxista[71]. Brandenburgskii, pesquisando o campo das fórmulas em voo, desanimou de jamais encontrar uma definição útil e aceitável[72].

Contudo, os juristas finalmente chegaram a um acordo, baseado em uma proposta oferecida pelo próprio Brandenburgskii. Incorporando características mais comumente citadas do casamento, a definição do casamento *de facto* no novo Decreto incluía a casa compartilhada, a educação dos filhos conjunta e a expressão das relações maritais frente a um terceiro[73]. Ainda que essa definição se aproximasse bastante das características do casamento tradicional, o debate revelou uma gama de opiniões que se estendiam desde o "elemento sagrado" de Sural'skii à generosa equivalência de toda gravidez com

---

[66] VTsIK de 1926, p. 610.

[67] "Diskussiia po Povodu Proekta Kodeksa Zakonov o Brade, Sem'e i Opeke", cit., p. 240.

[68] A. Beloborodov, "Nashi Raznoglasiia o Brachnom Kodekse", *Rabochii Sud*, n. 1, 1926, p. 4; G. Ryndziunskii, "K Popytke Iuridicheskogo Opredeleniia Sushchnosti Braka", cit., p. 19.

[69] A. M. Vasil'ev-Iuzhin, "Ob Osnovnykh Poniatiiakh v Novom Proekte Semeino–Brachnogo Kodeksa", *Pravda*, 12 nov. 1926, p. 2.

[70] Como citado por Vasil'ev-Iuzhin. Ibidem.

[71] A. Vinokurov, "Idti v Khvoste ili Rukovodit'?", cit., p. 1045.

[72] Iakov Natanovich Brandenburgskii, Aron Sol'ts, Nikolai Vasil'evich Krylenko, Semen Moiseevich Prushitskii, *Sem'ia i novyi byt*, cit., p. 15.

[73] Iakov Natanovich Brandenburgskii, "Chto Dala Nam Diskusiia o Brake i Sem'e", *Proletarskii sud*, n. 4-5, 1926, p. 5.

MULHER, ESTADO E REVOLUÇÃO

um casamento de Vasil'ev-Iuzhin. Ainda que os juristas tenham acabado por adotar critérios bastante conservadores para o matrimônio *de facto*, o debate demonstrou a diversidade da opinião jurídica sobre o papel e o significado do casamento na sociedade soviética.

Divórcio, pensão alimentícia e propriedade conjunta

A questão do casamento *de facto* e sua definição tomava as atenções acadêmicas dos juristas, as questões da pensão alimentícia e da propriedade comandavam o interesse apaixonado dos debatedores não acadêmicos. Camponeses e mulheres tinham opiniões fortes, mas contrastantes, sobre as questões econômicas do casamento.

Os camponeses tinham uma visão obscura do divórcio por razões econômicas e sociais. O próprio conceito de divórcio era estranho para eles, já que prejudicava a existência do *dvor* como unidade básica de produção. Volkov, um delegado camponês do VTsIK de 1926, da província de Ivanovo-Vosnesensk, explicou que sua esposa havia lhe escrito sobre uma vizinha cujo marido havia decidido subitamente pedir divórcio. "Desculpe", exclamava Volkov em uma indignação perplexa, "mas algo deveria prendê-lo para que ele não pudesse simplesmente dizer que não queria viver com sua esposa"[74]. Os camponeses temiam que todo o *dvor* fosse responsável por pagar a pensão alimentícia que seus membros deviam. "Por que nós teremos de pagar?", lamentava todo camponês que se apresentava frente ao VTsIK.

A. T. Kartyshev, um dos delegados camponeses, afirmou claramente: "Nós não devemos ser responsáveis pelos pecados de outros. Irmão, irmãs, familiares e pais não deveriam ser responsáveis por filhos ou outras relações". Ele insistia que o VTsIK tinha de dar um fim às situações em que o camponês era forçado a vender a sua última égua para pagar pelo sustento da criança de seu filho[75]. Blinov, um camponês da província de Tambov, concordou veementemente: "É impossível para um *dvor* camponês vender seu cavalo ou sua vaca"[76]. As casas mais pobres simplesmente não podiam se dar o luxo de pagar pensão alimentícia. Korytin, um camponês da província de Smolensk, argumentou que o divórcio não deveria ser permitido

---

[74] VTsIK de 1926, p. 690.

[75] VTsIK de 1925, cit., p. 133.

[76] VTsIK de 1926, cit., p. 659.

sem uma razão convincente. Talvez o divórcio tivesse um significado pequeno nas cidades, notava Korytin em sinal de desaprovação, mas para o camponês era extremamente importante. "Raramente um homem e esposa vivem sozinhos", dizia ele, "eles vivem com toda uma família e, portanto, todos sofrem no caso de um divórcio. Por que meu irmão deveria sofrer se eu me divorcio de minha esposa e o tribunal me manda pagar?"[77].

A indivisibilidade econômica do *dvor* era considerada um obstáculo na solução do problema da pensão alimentícia. Os camponeses salientavam que o tribunal deveria exigir pagamento somente da parte do requerido, mas isso apresentava dois problemas. Primeiro que era difícil, se não impossível, isolar a parte do requerido. Segundo, sua parte frequentemente se provava insuficiente para responder às necessidades da mulher ou da criança. Dois delegados camponeses do VTsIK mostraram uma compreensão profunda das leis sobre propriedade no esboço do Código e no Código da Terra, quando sugeriram astutamente que o *dvor* fosse sujeito às mesmas leis que as famílias urbanas. As mulheres camponesas que entravam para o *dvor* do marido depois do casamento não deveriam ter direito a uma parte inteira da propriedade do lar. Preferencialmente, sua reivindicação, como a de dona de casa, deveria ser limitada à propriedade adquirida durante o casamento. Kostenko, um camponês do norte do Cáucaso, impetuosamente sugeriu a eliminação da seção do Código da Terra que dava às mulheres total direito à propriedade no *dvor*[78].

Os protecionistas simpatizavam com as queixas dos camponeses, ainda que não apoiassem nenhuma diminuição nos direitos das mulheres. Eles argumentavam, a partir de uma perspectiva marxista, que o divórcio não era uma prática sustentável, tanto no campo quanto nas cidades. Um delegado do VTsIK de 1925 argumentou que a união livre era ótima, contanto que não existissem crianças envolvidas. Ele colocava o problema de maneira direta: "Uma mulher diz 'olhe, querido camarada, você passou a noite comigo e, como resultado, tenho *Ya-ya*. Por favor o mantenha'. E ele lhe diz 'vá embora'". Mulheres não podiam cobrar a pensão alimentícia porque os homens se mudavam para evitar o meirinho[79]. E até mesmo quando os homens pagavam a sua parte, o montante típico não poderia

---

[77] VTsIK de 1925, cit., p. 167.

[78] VTsIK de 1926, cit., p. 658, 682.

[79] Ibidem, p. 660.

MULHER, ESTADO E REVOLUÇÃO

de nenhum modo manter uma criança[80]. Sol'ts argumentava que a pensão alimentícia não poderia proteger a mulher. As questões econômicas de um casamento não poderiam ser resolvidas por ordens judiciais. "O tribunal decreta a sentença", observava Sol'ts ironicamente, "mas, ao mesmo tempo, o acusado tem o direito de trocar sua esposa toda semana". "Não tenha cinco esposas, é isso que precisa ser dito!", declarava Sol'ts[81]. Os protecionistas argumentavam que a política familiar soviética encorajava um comportamento sexual que as economias das famílias e do Estado não podiam acomodar. Casos de pensão alimentícia estavam inundando os tribunais. Medidas eram necessárias para estabilizar as relações sociais e preservar a família.

Krylenko argumentava que os homens deveriam ser forçados a pagar pensão alimentícia. A simpatia pelos seus problemas era nada mais que uma reação pequeno-burguesa, e Sol'ts era o ideólogo da pequena-burguesia[82]. Membros do *Presidium* do Tribunal Provincial de Leningrado foram esmagadoramente favoráveis ao esboço, alegando que casos de pensão alimentícia estavam inundando os tribunais. Um juiz notou que a pensão alimentícia era um "freio" na sexualidade masculina. Ademais, muitos juízes notavam que o esboço era somente uma expressão escrita do que acontecia na prática judicial corrente. Desde 1922, os tribunais reconheciam a propriedade conjunta e concediam pensão alimentícia a casamentos *de facto*[83].

Brandenburgskii buscava responder ao problema da pensão alimentícia ao limitar e definir os termos desse apoio[84]. Por um lado,

---

[80] "Perelom Diskusii o Brake", *Rabochii sud*, n. 4, 1926, p. 261.

[81] Iakov Natanovich Brandenburgskii, Aron Sol'ts, Nikolai Vasil'evich Krylenko, Semen Moiseevich Prushitskii, *Sem'ia i novyi byt*, cit., p. 18-9; Aron Sol'ts, "Vvedenie v Diskussiiu o Brake i Sem'e", cit., p. 351, 354; *Sem'ia, opeka, brak. Sbornik materialov k proektam semeinogo kodeksa USSR i RSFSR*, cit., p. 150. Ver também o argumento de Petr Anan'evich Krasikov em "V Chem Sushchnost' Semeinnykh Brachnykh Form", cit., p. 5-8.

[82] Iakov Natanovich Brandenburgskii, Aron Sol'ts, Nikolai Vasil'evich Krylenko, Semen Moiseevich Prushitskii, *Sem'ia i novyi byt*, cit., p. 24.

[83] "Zasedanie Presidiuma Leningradskogo Gubsuda", *Rabochii sud*, n. 1, 1926, p. 23-30; "Diskussiia po Povodu Proekta Kodeksa Zakonov o Brake, Sem'e i Opeke", cit., p. 232.

[84] A Superintendência dos Trabalhadores e Camponeses sugeriu que um cônjuge inválido receberia apoio por um ano depois do fim do casamento. Brandenburgskii propôs um limite de seis meses para o apoio para um cônjuge desempregado. "Cônjuges divorciados não constituem uma família", dizia ele. Ver Iakov

ele achava vergonhoso que uma dona de casa casada por quinze anos pudesse ser deixada sem nada após o divórcio. Mas, por outro, se um homem se casasse novamente e começasse uma nova família, por quanto tempo ele deveria ser obrigado a manter sua ex-esposa?[85] Já que o Código expandia sua cobertura para incluir o cônjuge desempregado, assim como os necessitados e inabilitados, Brandenburgskii temia que a lei pudesse ser usada como um refúgio para aqueles que não queriam trabalhar.

Um orador camponês ofereceu um exemplo de uma mulher que se casava com um homem, fingia doença, se divorciava dele e planejava viver de sua pensão alimentícia para o resto da vida. "Temos de queimar essas parasitas com um ferro em brasa", declarou o camponês[86]. A versão final do Código reconhecia tais sentimentos ao definir e limitar o termo de pensão alimentícia.

Ainda que os juristas progressistas concordassem com a necessidade de limitar o prazo de pensão alimentícia, eles tinham pouca simpatia com as reclamações dos camponeses. Krylenko, envolvendo um delegado camponês do VTsIK de 1925 em um diálogo notável por sua falta de compreensão mútua, insistiu diversas vezes que a lei manteria apenas o acusado como responsável pela pensão alimentícia[87]. Impaciente com as preocupações dos camponeses, Krylenko depois escreveu que a demanda camponesa essencial era abolir toda pensão alimentícia, um ponto de vista que ele não toleraria[88].

Kurskii adotou uma visão mais simpática aos problemas dos camponeses, mas deslocava a responsabilidade legal pela pensão alimentícia e o *dvor* do Código da Família para o Código da Terra. "Claro que o importante é que as demandas de dividir a propriedade são dolosas para o *dvor*, mas eu acho que a questão da pensão alimentícia na vida camponesa não deveria ser considerada aqui, mas nas leis da terra"[89]. Kurskii apontava corretamente que o Código da Terra, não o Código da Família, tinha jurisdição sobre a pensão alimentícia

---

Natanovich Brandenburgskii, "Brak i ego Pravovye Posledstviia", *Sbornik*, cit., p. 28-9.

[85] Ibidem, p. 25; Iakov Natanovich Brandenburgskii, *Brak i sem'ia*, cit., p. 12.

[86] VTsIK de 1925, cit., p. 131.

[87] Ibidem, p. 167.

[88] Nikolai Vasil'evich Krylenko, "Proekt o Brake i Sem'e", *Sbornik*, cit., p. 68.

[89] VTsIK de 1925, p. 187.

no campo. Em um esforço para balancear as necessidades da mulher e da criança contra a viabilidade econômica do *dvor*, os Comissariados da Terra e da Justiça decretaram que se a propriedade individual do pai era insuficiente para cuidar da criança, então a coleta tinha de ser feita de todo o *dvor*[90].

O esboço do Código alterava as leis da terra em somente um aspecto. O reconhecimento do casamento *de facto* dava direito a uma esposa camponesa não registrada de cobrar pensão alimentícia. As provisões de apoio à criança eram idênticas tanto no Código de 1918 quanto no esboço, e a disposição sobre propriedade conjunta no esboço era precedida e substituída pelas cláusulas de propriedade do Código da Terra. Portanto, essa discussão era, como apontava Brandenburgskii, em muitos aspectos juridicamente supérflua. Ainda assim, os camponeses valorizavam sua insatisfação geral com a noção do divórcio. Nas bruscas palavras de um delegado camponês: "Não importa quem é responsável. Temos de mudar isso!"[91].

O grupo de interesse das mulheres era resolutamente contra os camponeses na questão da pensão alimentícia. Mulheres camponesas muitas vezes divergiam de seus maridos, insistindo nos direitos da mulher de cobrar pensão alimentícia depois do divórcio e mostrando uma surpreendente falta de simpatia pelos interesses econômicos do lar patriarcal. Panarina, uma delegada camponesa da província de Voronezh, exigiu raivosamente: "Eu escuto agora dos delegados camponeses que nós não podemos arruinar nossos lares ou tirar a pensão alimentícia da propriedade do lar. Mas com o que a mulher camponesa é deixada então? Por que a criança deveria sofrer?". Ela declarou irredutivelmente que a mulher tinha de receber uma parte na propriedade comum "até mesmo se precisarmos dividir a vaca"[92].

O grupo de interesses das mulheres era especialmente sensível às questões do divórcio e da pensão alimentícia. Lebedeva, chefe do OMM, se opôs ao esboço precisamente porque ela acreditava que aumentaria o número de divórcios e mulheres abandonadas. Lançando uma queixa feminina comum na linguagem marxista, ela explicou: "O nível do pagamento salarial e toda a organização das nossas relações de produção social não engendram unidades de família que

---

[90] Iakov Natanovich Brandenburgskii, "K Predstoiashchei Sessii VTsIK: Krestianskii Dvor i Alimenty", *Ezhenedel'nik sovetskoi iustitsii*, n. 38, 1926, p. 938.

[91] VTsIK de 1925, cit., p. 134.

[92] VTsIK de 1926, cit., p. 683-4.

possam suportar o fardo de duas, três ou quatro esposas". Divórcios frequentes minavam os interesses das mulheres "porque, sob as atuais condições materiais, um homem não pode manter três esposas"[93].

Mulheres trabalhadoras e camponesas não necessitavam de uma educação formal na economia política marxista para compreender esse ponto. Muitas mulheres discutiam os problemas do divórcio e pensão alimentícia em termos orçamentários precisos. Oferecendo seus próprios orçamentos familiares como exemplos, elas contavam aos juristas que o salário médio de um homem não poderia manter mais de uma família[94]. Caso um homem casasse várias vezes, como faziam muitos, era ainda mais difícil para as mulheres receberem uma pensão alimentícia adequada. Um delegado do VTsIK remarcou: "Nós conhecemos casos nos quais meninos de dezoito a vinte anos já registraram casamento quinze vezes, e em dez desses casamentos houve consequências. O que o tribunal poderia exigir deles? Nada"[95]. Uma mulher de uma área rural escreveu:

> Nas cidades e no campo é possível encontrar grande número de famílias que foram abandonadas pelos maridos. Ainda que eles às vezes paguem pensão alimentícia, não é o suficiente para elas viverem, e muitas vezes eles simplesmente param de pagar. Isso afeta mais dolorosamente as crianças. [...] Em alguns casos, as mulheres são responsáveis por essas tragédias, mas principalmente o são os homens.[96]

Tendo em vista o alto desemprego feminino, o nível baixo dos salários em geral, a concentração das mulheres em empregos mal remunerados, a falta de creches adequadas e a estrutura patriarcal da vida rural, as mulheres se opunham apaixonadamente ao divórcio frequente e salientavam que os homens deveriam tomar mais responsabilidade com o seu comportamento sexual. Pasynkova, uma delegada do VTsIK, falou para muitas mulheres na sua raivosa condenação da irresponsabilidade masculina. "Alguns homens têm vinte esposas", disse ela, "eles vivem com uma por uma semana, com

---

[93] Vera Lebedeva, "Itogi i Perpectivy Okhrany Materinstva i Mladenchestva", em *Trudy III Vsesoiuznogo s'ezda po okhrane malerinstva i mladenchestva* (Moscou, 1926), p. 30.

[94] "Chto Predlagaiut Rabotnitsy", *Rabotnitsa*, n. 15, 1926, p.16.

[95] VTsIK de 1926, cit., p. 613-4.

[96] "Mysli Krest'ianka", *Krest'ianka*, n. 6, 1926, p.7.

MULHER, ESTADO E REVOLUÇÃO

outra por duas, e deixam cada uma com uma criança. Isso realmente não deveria ser permitido!" Denunciando a falta de comprometimento dos homens com o casamento, ela observou sarcasticamente: "Homens sempre juram que as mulheres são as culpadas, eles juram não ter nada em comum com as suas esposas. Isso tudo é ridículo: é realmente possível casar tantas vezes e nunca ter nada em comum? São eles que não querem viver juntos"[97].

Uma delegada do VTsIK que trabalhava em uma fábrica têxtil lamentava a desintegração da vida familiar à sua volta. Ela disse: "Uma jovem casa, passa um ano ou algo assim, seu marido a abandona, ela vai para outro, mais crianças nascem. [...] Que tipo de vida é essa?", perguntava a seus companheiros delegados. Ela chamava a atenção para um fenômeno generalizado que causava estragos nos casamentos da classe trabalhadora. Com os homens tirando vantagem das oportunidades de mobilidade social criadas pela Revolução, alguns começavam a considerar suas esposas atrasadas e ignorantes.

> Quando você trabalha em uma fábrica, você nota uma imagem muito desagradável", ela dizia, "enquanto um homem não participa de um trabalho político, ele trabalha e respeita sua esposa da maneira que deveria. Mas basta aparecer uma pequena promoção e já existe algo entre eles. Ele começa a ficar afastado de sua família e sua esposa, e então ela já não o satisfaz.[98]

Gnipova, outra delegada do VTsIK, concordava. Ela dizia que conseguia entender homens que se casavam por um curto período e então se divorciavam porque não tinham nada em comum com suas esposas. Mas, ela adicionava com raiva: "Eu não consigo perdoar um homem que vive com uma mulher por vinte anos, tem cinco filhos e então decide que sua esposa já não o satisfaz. Por que ela o satisfazia antes e agora não? Tenha vergonha, camarada homem!". Gnipova acusava os homens de usarem as mulheres, beneficiando-se de seu trabalho, e então as descartarem quando se tornavam velhas e menos atraentes. "Ele não entende por que ela é feia agora", Gnipova censurava, "é porque ela foi desgastada em seu proveito". Gnipova criticava seriamente os que traíam suas esposas e justificavam suas ações com desculpas de "amor". "Isso não é amor", dizia firmemente, "isso é

---

[97] VTsIK de 1925, cit., p. 136.

[98] Ibidem, p. 142.

291

WENDY GOLDMAN

porcaria". Gnipova apontava que homens tiravam vantagem da facilidade da lei de divórcio para abandonar suas esposas e suas famílias. Ela imitava a popular mentalidade masculina: "Aqui está a liberdade. Eu me sinto livre. Dê-me um divórcio"[99].

As delegadas mulheres expressavam uma amargura especial para com os homens que deixavam seus casamentos porque já não tinham nada em comum com as suas esposas. Elas suspeitavam da nova "comunalidade" que homens achavam tão prontamente em mulheres mais novas e menos sobrecarregadas. Essas mulheres e milhares de outras como elas valorizavam um outro tipo de comunalidade no casamento: uma baseada num orçamento dividido, uma parceria de trabalho e um comprometimento mútuo com as crianças. Uma comunalidade baseada na inclinação pessoal e atração sexual estava ameaçando mulheres que haviam trabalhado toda sua vida nos confins estreitos do lar ou da fábrica, que tinham filhos para alimentar e cuidar, e que eram, em algum nível, dependentes economicamente de seus maridos.

Nenhuma das mulheres argumentava no debate que mulheres deveriam imitar o comportamento sexual dos homens. Pelo contrário, muitas insistiam na necessidade de uma abordagem mais séria e responsável do sexo e do casamento. Gnipova criticava as mulheres por contribuírem com a sua própria exploração sexual. "Vocês permitiram isso, vocês mesmas, camaradas mulheres. [...] Nós nos valorizamos muito pouco". "Um homem não deveria ter quatro mulheres", ela argumentava, "mas deveria esperar dois meses por uma. A questão é, como podemos evitar que sejamos trocadas como ciganas?". Gnipova pedia pelo fim da promiscuidade masculina para que "nossas crianças não sofram e nossos lares não sejam arruinados"[100].

Lares arruinados e crianças sofrendo eram temas recorrentes na discussão sobre o esboço do Código. Uma delegada camponesa mais velha, da Sibéria, chamada Shurupova, descreveu as consequências do divórcio em seu discurso para o VTsIK. "Não há perigo para o homem", ela declarou, "já que ele encontra outra e vai viver sua vida com ela. Mas para uma mulher é horrível viver sob essas condições. Tudo que ela ganha é pobreza, e pobreza não leva ninguém a lugar algum". Ela afirmava que o país precisava desesperadamente de

---

[99] Ibidem, p. 169.
[100] Idem.

MULHER, ESTADO E REVOLUÇÃO

abrigos para crianças, mas adicionou: "Se o Estado assumisse a responsabilidade por isso agora, ele falharia". Na ausência de recursos estatais adequados, Shurupova culpava os homens. "Nosso lado comete erros", ela dizia, "mas, ainda assim, os grandes culpados são os homens". Shurupova argumentava que um homem tem de manter seus filhos não importa quantas ex-mulheres tiver. Ela dizia aos delegados homens de modo liso: "Se você gosta de andar de tobogã, então precisa empurrar seu trenó para cima do morro"[101].

As mulheres procuravam preservar a família no sentido de que representava os laços pessoais mais reais entre pais e filhos. O "definhamento" da família não representava uma reestruturação abstrata das relações de gênero, mas a possibilidade sempre presente de que fossem incapazes de alimentar seus filhos. A oposição das mulheres ao divórcio e à união livre era baseada em sua desesperada necessidade de total acesso ao salário dos maridos. Uma mulher proletária observou com uma honestidade sombria:

> As mulheres, na maioria dos casos, são atrasadas, menos qualificadas e, portanto, menos independentes que os homens. [...] Casar-se, ter filhos, ser escravizada na cozinha e então ser posta de lado pelo seu marido, isso é muito doloroso para uma mulher. É por isso que eu sou contra o divórcio fácil.[102]

Uma outra mulher, trabalhando para o *Zhenotdel* em uma área rural, leu um artigo de Alexandra Kollontai no seu jornal local e expressou uma desaprovação similar. Ela escreveu:

> Parece-me que sua visão [de Kollontai] se dirige à destruição da família. Ela propõe "amor livre" e "união livre". Sua opinião é que a vida espiritual de uma pessoa, enquanto vasta e complexa, não pode se contentar com a união com um, mas essa pessoa precisa de diversos "parceiros". [...] Em nossa opinião, no campo, isso é simplesmente chamado deboche.

Ela escrevia: "Nós precisamos lutar pela preservação da família. A pensão alimentícia é necessária enquanto o Estado não puder tomar todas as crianças sob a sua proteção"[103].

---

[101] Ibidem, p. 138-9.

[102] "Chto Predlagaiut Rabotnitsy", *Rabotnitsa*, n. 15, 1926, p.16.

[103] "Mysli Krest'ianka", *Krest'ianka*, n. 6, 1926, p. 7.

Muitas mulheres falavam diretamente contra a união livre, insistindo que deveria ser estabelecido por lei um número limite de divórcios possível. Uma operária têxtil disse: "Meu pedido às outras mulheres trabalhadoras é passar um decreto que termine com os casamentos em série"[104]. Uma mulher trabalhadora da limpeza escreveu uma carta expressando o mesmo sentimento: "Nós precisamos restringir o divórcio porque ele deteriora o Estado e a mãe"[105]. Outras mulheres iam até mais longe, exigindo que aqueles que tivessem casos extraconjugais fossem punidos. Um grupo de dez donas de casa argumentava que o governo deveria "fortalecer a punição para maridos que se envolvessem com outras mulheres, e também estabelecer uma punição para tais mulheres"[106].

Essas mulheres defendiam vigorosamente uma moralidade sexual severa e estavam dispostas a reforçá-la com medidas repressoras tanto contra os homens quanto contra as mulheres. Rejeitando diversas das mais progressistas características da lei soviética, elas procuravam limitar o divórcio, estabelecer medidas punitivas para relações extraconjugais e limitar as responsabilidades dos homens com filhos nascidos fora do casamento. Ironicamente, elas procuravam reestabelecer muitas características do sistema patriarcal da lei czarista.

O conservadorismo sexual das mulheres era um resultado direto da lacuna entre a lei e a vida. Sua situação financeira era tão precária que elas mal podiam se dar ao luxo da liberdade pessoal, inerente à lei soviética, do divórcio. Sua própria renda familiar, balançando trepidamente na fina linha que separava a subsistência da ruína, não podia sobreviver à perda do salário do homem. Sob essas circunstâncias, a supressão da sexualidade feminina fora do casamento não servia somente aos interesses dos homens, mas aos interesses econômicos de toda a família. O conservadorismo sexual das mulheres era estratégico para preservar a família como uma unidade econômica.

Paternidade

Assim como a pensão alimentícia, a questão da paternidade coletiva *versus* a individual também provocou preocupações materiais e

---

[104] VTsIK de 1925, cit., p. 143.

[105] "Chto Predlagaiut Rabotnitsy", *Rabotnitsa*, n. 13, 1926, p.14.

[106] Ibidem, p.16.

MULHER, ESTADO E REVOLUÇÃO

morais. Os vários grupos sustentavam uma curiosa mistura de posições nessa questão. Kostenko e Kartyshev, delegados camponeses do VTsIK de 1925, procuravam minimizar a responsabilidade de cada lar individual e, portanto, argumentavam que todos os homens que haviam se envolvido sexualmente com uma mulher deveriam ser obrigados a pagar. Homens deveriam enfrentar as consequências de seus atos, dizia Kostenko, a paternidade coletiva serviria como um impedimento à promiscuidade masculina. Não fazendo segredo de sua simpatia pelos camponeses abastados, Kartyshev temia que os tribunais reconhecessem sempre o homem mais rico como pai, mesmo se ele não fosse a parte responsável[107]. Uma delegada argumentou que a paternidade coletiva serviria melhor aos interesses da criança. "O apoio conjunto é uma garantia maior de que a mulher vai receber algum apoio"[108]. O *Zhenotdel* e outros, homens e mulheres, argumentaram o oposto: seria mais fácil cobrar a pensão de um homem do que de vários.

Iakhontov, um jurista que apoiava o esboço, favorecia fortemente a paternidade individual. Ele argumentava que as mulheres poderiam cobrar mais facilmente seus pagamentos e expressava receio de que algumas pessoas se opusessem ao reconhecimento do casamento *de facto* enquanto apoiava a paternidade coletiva.

> Eu estou surpreso com os camaradas que falam em fortalecer a família e defendem a paternidade coletiva. Como pode ser normal uma relação desenvolvida entre uma mãe e um filho, se o tribunal determina a paternidade a cinco homens, indicando que a mãe tenha tido relações simultâneas com os cinco? Isso dificilmente fortaleceria a família.[109]

Iakhontov considerava a paternidade coletiva mais progressista que a paternidade individual, mas argumentava que só poderia funcionar quando os níveis cultural e moral da população estivessem avançados. O país, ele concluía, não estava preparado para essa disposição.

---

[107] VTsIK de 1925, cit., p. 132.

[108] Ibidem, p. 142.

[109] Ibidem, p. 159.

O papel da lei

A visão de que o país estava culturalmente atrasado para aceitar determinados aspectos da lei era compartilhada por muitos dos juristas, especialmente por aqueles no grupo protecionista. Eles argumentavam que a lei tinha de ser usada como guia para a população rumo ao socialismo.

Krasikov, o proponente mais convicto dessa visão, alegava que a lei deveria "guiar o povo por caminhos definidos e prover normas claras"[110]. Krasikov argumentava que, enquanto o Estado não pudesse assumir o papel da família, a lei soviética, assim como a lei burguesa, tinha de ser um "dispositivo compulsório". "Não é uma dissertação, um conselho, um piedoso e bem intencionado desejo", ele severamente admoestou, "é um regra, uma coerção, uma diretriz sujeita ao cumprimento"[111].

Os juristas do grupo protecionista suspeitavam que sem uma direção clara as pessoas iriam ou cair em padrões de comportamento promíscuo ou retornar à liderança reacionária da Igreja. Eles não confiavam na espontaneidade como uma fonte confiável de mudança revolucionária. Krasikov apontou que, em 1917, muitas pessoas não estavam prontas para abolir o casamento religioso, mas "isso não queria dizer que então não deveríamos guiá-los"[112]. Ele notou também que ainda que a população mostrasse tendências espontâneas em direção ao casamento *de facto*, isso não era necessariamente um desenvolvimento positivo.

Por outro lado, os juristas progressistas tomavam a posição de que a lei não poderia alterar fundamentalmente a realidade da vida das pessoas. Vol'fson contradisse diretamente a visão normativa de Krasikov da lei com sua afirmação de que o propósito da lei familiar "não era instruir os cidadãos a um bom comportamento". Caso as pessoas decidissem viver em casamentos *de facto*, a lei não podia impedi-las. Vol'fson escreveu: "O erro dos proponentes do casamento 'normativo' está em um fetichismo judicial particular, na crença de que esta

---

[110] Ibidem, p. 126.

[111] VTsIK de 1926, cit., p. 587. Ver também comentários de Raigorodskii em *Leningradskaia pravda*, 12 dez. 1925, p. 6.

[112] VTsIK de 1925, cit., p. 126.

MULHER, ESTADO E REVOLUÇÃO

ou aquela definição da lei possa mudar a vida"[113]. Subjacente a essa abordagem, havia uma crença comum de que as novas formas de existência eram indicações positivas do avanço a caminho da sociedade socialista. Brandenburgskii alegremente previa: "Sem dúvida nós estamos nos movendo rumo ao fim da interferência estatal na vida social das pessoas. [...] É ridículo dizer que as ordens podem fortalecer o casamento ou dar-lhe uma continuidade maior. Nem mesmo os países burgueses conseguiram realizar isso"[114]. No entanto, a visão de Brandenburgskii sobre a lei tinha dois componentes. Primeiro, a lei não poderia criar o casamento estável nem mesmo se fosse um objetivo desejável. A lei era essencialmente uma forma superestrutural que se desenvolvia das condições básicas da vida. E, segundo, essas novas formas de vida eram desejáveis, já que apontavam para a diminuição do papel da família, da lei e do Estado.

Brandenburgskii e os juristas progressistas colocavam à frente a concepção libertária da lei. Novos cidadãos soviéticos estavam espontaneamente movendo-se em direção a formas livres de relações sociais e era o dever da lei refletir essa tendência positiva. Por outro lado, Krasikov, representando os protecionistas, tinha pouca fé no movimento espontâneo das massas em direção ao socialismo. A lei tinha de estabelecer normas prescritivas que levassem em conta, e em última análise remediassem, a natureza atrasada da vida social e econômica soviética[115].

"Uma nova vida revolucionária" ou "um lar arruinado"?

O novo Código do Casamento, da Família e da Tutela foi finalmente ratificado pelo VTsIK, em novembro de 1926, e passou para

---

[113] F. Volf'son, "K Peresmotru Semeinogo Kodeksa", cit., p. 5-6. Ver também Alexandra Mikhailovna Kollontai, "Brak i Byt", *Rabochii sud*, n. 5, 1926, p.368; e o comentário de Iakovchenko em "Perelom v Diskusii o Brake", cit., p. 261.

[114] Iakov Natanovich Brandenburgskii, "Brak i ego Pravovye Posledstviia", em *Sbornik*, cit., p. 21.

[115] Peter Maggs e Olympiad Ioffe descrevem essas diferenças mais profundamente em sua discussão de niilismo e normativismo legal em *Soviet Law in Theory and Practice* (Londres, Nova York, Oceana, 1938), p. 34-9. O normativismo legal foi oficialmente reconhecido como a única doutrina aceitável na lei em 1938. Isso foi completamente articulado por Vyshinskii, o promotor dos processos de Moscou.

a lei em janeiro de 1927. Em uma última tentativa para bloquear sua aprovação, Riazanov buscou excluir o reconhecimento do casamento *de facto* da última versão, mas os delegados votaram contra. O Código final diferia do esboço em alguns detalhes mínimos, mas as mais importantes disposições do esboço – o reconhecimento do casamento *de facto*, o estabelecimento da propriedade conjunta e o procedimento de divórcio simplificado – foram todas preservadas. Diferentemente do esboço, a versão final afirmava que o registro do casamento era de interesse do Estado e da sociedade, e ele oferecia uma clara definição do casamento *de facto*, baseada em coabitação, lar compartilhado, educação mútua de crianças e o reconhecimento, por parte de um terceiro, do casamento. Em lugar do prazo ilimitado de pensão alimentícia, estabelecido pelo Decreto de 1918 e seus esboços subsequentes, ele limitava a pensão alimentícia aos inválidos por um ano e aos carentes e desempregados por seis meses. Ele expandia levemente os direitos e as obrigações de apoio não somente aos irmãos e irmãs, filhos e pais carentes, mas também aos avôs e avós. No entanto, a versão final do Código refletia muitas das preocupações expressas pelos delegados sobre normas de casamento firmes, necessidades especiais das mulheres e limites da pensão alimentícia, ainda que ignorasse largamente as objeções camponesas ao divórcio e à pensão.

O Código ratificado revelava o contraste entre a visão libertária das relações sociais e a realidade material da vida, incorporando em suas disposições visão e realidade. As cláusulas sobre divórcio e casamento *de facto*, por exemplo, sintetizavam o difícil equilíbrio entre a liberdade social e suas consequências dolorosas. Por um lado, a tradição socialista-libertária insistia que todos os impedimentos para o divórcio tinham de ser removidos, por outro lado, a realidade material demandava que a lei remediasse o apuro das mulheres e crianças abandonadas. Até mesmo os juristas progressistas, ativos proponentes da tradição socialista-libertária, expressavam esse conflito dentro das suas próprias, diversas e vacilantes perspectivas do casamento *de facto*. Quer o vissem como um sinal do futuro revolucionário ou do colapso social, seus argumentos para reconhecer o casamento *de facto* circunscreviam as duas perspectivas, inconscientes da contradição.

Os Sovietes herdeiros da tradição da visão libertária eram confrontados com a incapacidade do Estado de assumir um papel maior no bem-estar social. Até que o Estado estivesse preparado para ga-

MULHER, ESTADO E REVOLUÇÃO

rantir contracepção, lares para crianças e emprego para as mulheres, qualquer tentativa de libertá-los da dependência da família tradicional estava condenada ao fracasso. Igualdade perante a lei não era o suficiente. Ironicamente, os esforços legais para minar os laços coercitivos do "casamento burguês" intensificavam as dificuldades das mulheres e as colocavam em uma posição ainda mais vulnerável. O grupo de mulheres argumentava convincentemente que a liberdade do divórcio para uma mulher sem nenhum meio de apoio só beneficiava os homens. O paradoxo era trágico: o aumento da liberdade sexual e social não somente beneficiava os homens como tornava o fardo da mulher mais difícil de suportar.

Alexandra Kollontai era a única figura de liderança que promovia ativamente a ideia de que o Estado deveria assumir o fardo do cuidado das crianças imediatamente. Ela propôs a criação de um fundo geral, por meio de um imposto de dois rublos por pessoa, a ser usado para estabelecer creches, abrigos de crianças e apoio para mães solteiras. Kollontai argumentava que a pensão alimentícia só mantinha as mulheres cujos maridos eram ricos o suficiente para mantê-las. "Como pode um camponês garantir pensão alimentícia para sua esposa, se por seis meses no ano ele vive de pão e *kvass* (leite azedo)?", ela perguntava, "ou um trabalhador cujo salário mal dá para manter-se a si mesmo?". Revelando uma série de políticas pessoais Kollontai confrontava rispidamente os homens de seu público: "Dificilmente se pode encontrar um de vocês que ao atingir a idade de trinta anos não teve já três esposas *de facto*. Qual delas vocês vão manter, camaradas Brandenburgskii e Krylenko?". Kollontai acreditava que a pensão alimentícia era humilhante para uma mulher e que todas as relações, inclusive laços de sexo casual, deveriam receber a mesma proteção legal[116].

Sua proposta foi amplamente discutida e mais amplamente criticada. Brandenburgskii, em um discurso para o *Zhenotdel*, convincentemente respondeu que o Estado precisaria de ao menos 120 milhões de rublos por ano para colocar todas as crianças carentes em instituições estatais. Caso o Estado tributasse todos os homens adultos, a cobrança por pessoa seria quase equivalente ao montante do imposto de renda. "Por isso", fundamentou Brandenburgskii, "começando com o inocente cálculo de dois rublos ao ano por pessoa, nós acabaríamos dobrando os impostos". Brandenburgskii adi-

---

[116] Alexandra Mikhailovna Kollontai, "Brak i byt", cit., p. 364-77.

cionou que "esse seria o imposto mais impopular que poderíamos estabelecer" entre o campesinato. "O plano proposto é bom", ele concluía, "mas para o momento é inaceitável"[117].

No entanto, a oposição camponesa a um aumento de impostos era só uma parte do problema. Os camponeses consideravam as premissas fundamentais do Código como invasivas e ameaçadoras. Todas as principais disposições do Código – pensão alimentícia, divórcio e provisões domiciliares – pressupunham relações sociais independentes e individualizadas, baseadas em uma economia moderna e industrial. Refletindo a histórica ascendência da cidade sobre o campo, o Código pressupunha relações familiares baseadas no trabalho assalariado. O Código simplesmente não conseguia ser justamente aplicado ao campo.

Os camponeses não se opunham, em princípio, à intervenção do Estado nos assuntos sociais. Um delegado do VTsIK, da província de Tula, sugeriu que se a parte responsável no *dvor* não pudesse arcar com o apoio à criança ou com a pensão alimentícia o Estado deveria completar a diferença. Uma mulher camponesa dos Urais escreveu: "Não é necessário ganhar o mantimento para uma mãe de um filho nascido de uma união com um homem casado. Em tais casos, a criança deveria ser enviada a um lar de crianças"[118]. Caso o Estado quisesse apoiar relações extraconjugais, crianças nascidas fora do casamento e "liberdade" sexual, e não insistisse para que o lar arcasse com as consequências, os camponeses não se oporiam. No entanto, na condição de que o Estado não pudesse "completar a diferença", tanto os camponeses quanto o grupo de mulheres não tinham opção senão defender a família tradicional.

Os juristas progressistas rapidamente se tornaram impacientes com tais posições. Brandenburgskii dizia que uma mulher camponesa dos Urais avançava um "argumento monstruoso": "Essa é a antiga posição que existe na lei burguesa", ele observou com repúdio[119]. Krylenko, em um ataque de irritação com os camponeses, estourou: "Nós temos ouvido sugestões que tentam fazer com que um dê as costas para o outro. Essas sugestões estabelecem limites para o divórcio, casamento contínuo e compulsório em nome do

---

[117] Iakov Natanovich Brandenburgskii, *Brak i sem'ia*, cit., p. 18. Ver também Baskakova, delegada camponesa do VTsIK de 1926, cit., p. 632.

[118] Iakov Natanovich Brandenburgskii, *Brak i sem'ia*, cit., p. 15.

[119] Ibidem.

MULHER, ESTADO E REVOLUÇÃO

dvor, casamento compulsório como lei, e não levam em conta o casamento *de facto*. Isso apenas escancara o caráter do pensamento das pessoas"[120].

Os juristas progressistas estavam, até certo ponto, cegos pelos seus próprios ideais. Eles se apressavam em aplaudir as "novas formas revolucionárias da vida" quando, na verdade, a realidade social era muito mais complexa. Eles eram impacientes com as ideias "antiquadas" das mulheres e dos camponeses, ainda que, ironicamente, esses grupos alertassem para uma mensagem que qualquer marxista deveria ter entendido: enquanto o Estado não pudesse assumir papel preponderante na garantia do bem-estar social, enquanto as relações agrícolas não fossem baseadas em trabalho assalariado, nem camponeses nem mulheres estariam preparados para aceitar as consequências materiais de maior liberdade social.

Os protecionistas reconheciam as infelizes consequências da liberdade, simpatizavam com as queixas das mulheres e dos camponeses. Mas eles não tinham um programa alternativo ao esboço do Código. Como marxistas, eles perceberam que a Rússia estava muito atrasada para implementar o esboço do Código, ainda assim eles negaram a consequência lógica de sua nova posição: a saber, a decisão de adotar leis que não correspondiam à realidade social. A lei consuetudinária camponesa se conformava à realidade social no campo, refletindo e reforçando séculos de relações patriarcais. E não era nenhuma coincidência que muitas das sugestões feitas por mulheres trabalhadoras e camponesas lembrassem as características mais repressivas da lei familiar pré-revolucionária. No entanto, como socialistas, os protecionistas achavam essas alternativas claramente inaceitáveis.

Juristas progressistas como Krylenko martelavam nesse ponto fraco da crítica protecionista. Krylenko notou, muito perspicaz, que, enquanto os protecionistas falavam contra o esboço, eles contestavam o Código de 1918. Em um forte desafio aos oponentes do esboço, Krylenko desafiou: "Agradar-lhes-ia estabelecer a diferença entre um filho legítimo e um ilegítimo? Agradar-lhes-ia estabelecer uma diferença entre essas crianças com relação ao direito ao apoio? [...] Agradar-lhes-ia limitar o direito ao divórcio? Proibir o divórcio?". Krylenko observava com precisão que os protecionistas criticavam o divórcio frequente e os problemas da pensão alimentí-

---

[120] VTsKI de 1925, cit., p.173.

cia, mas sua crítica se aplicava tão seguramente ao Decreto de 1918 como ao esboço[121].

Os protecionistas ofereceram a avaliação mais realista das relações sociais nos anos 1920. Eles viam que a liberdade sexual sem garantias materiais apropriadas era um desastre para as mulheres e as crianças. Mas eles estavam presos em uma ligação inescapável: sua análise como marxistas contradizia suas necessidades programáticas como dirigentes do Partido. Presos a duas opções insatisfatórias, os protecionistas eram incapazes de oferecer um programa alternativo. Eles poderiam propor leis que refletissem as relações sociais de um atrasado campesinato e uma pequena e empobrecida classe trabalhadora. Ou eles poderiam adotar leis que se incorporassem às ideias sociais da Revolução. A primeira opção era inaceitável em um país socialista, e a segunda só exacerbava as já dolorosas dificuldades da vida social. No entanto, os protecionistas não estavam sozinhos. Todos os participantes desse debate enfrentavam o mesmo dilema. Eles o enfrentavam com diferentes níveis de consciência, mas todos foram pegos pela trágica contradição de tentar construir o socialismo em um país subdesenvolvido.

---

[121] Nikolai Vasil'evich Krylenko, *Proekt kodeksa o brake i sem'e. Doklad prochitannyi v otdele robotnits TsK VKP (B). 12 Ianvaria 1926* (Moscou, 1926), p. 13, 99. Ver também Iakov Natanovich Brandenburgskii, Aron Sol'ts, Nikolai Vasil'evich Krylenko, Semen Moiseevich Prushitskii, *Sem'ia i novyi byt*, cit., p. 21-3.

7
CONTROLANDO A REPRODUÇÃO:
MULHERES *VERSUS* ESTADO

O principal meio de regulação da taxa de natalidade na família era a provocação
artificial do aborto espontâneo ou a prática do aborto.
Demógrafos soviéticos, A. G. Vishnevskii e A. G. Volkhov, em um comentário
sobre a década de 1920 e o começo dos anos 1930[1]

Na primavera de 1920, quando o aborto ainda era proibido na União Soviética, Nikolai Semashko, comissário da Saúde, foi inundado de cartas sobre a assustadora popularidade dessa prática. Um trabalhador de uma fábrica com maioria de trabalhadoras jovens escreveu: "Nos últimos seis meses, das 100 a 150 jovens com menos de 25 anos de idade, vi de 15% a 20% delas praticarem abortos sem ajuda médica. Elas simplesmente usam produtos caseiros: bebem alvejante e outras misturas venenosas"[2]. As cartas de membros do Partido, assim como dos trabalhadores, informaram que a lei contra o aborto fez pouco para dissuadir as mulheres que queriam interromper sua gravidez.

A prática do aborto tinha sido difundida na Rússia antes da Revolução, apesar da rigorosa proibição legal contra o mesmo[3]. O Código Penal de 1885 definiu o aborto como um "ato premeditado" de assassinato. Estabelecia uma forte punição tanto para quem o realizava

---

[1] Anatolii Grigorevich Vishnevskii e Andrei Gavrilovich Volkov, *Vosproizvodstvo naseleniia SSSR* (Moscou, 1983), p. 173.

[2] Nikolai Aleksandrovich Semashko, "Eshche o Bol'nom Voprose", *Kommunistka*, n. 3-4, 1920, p. 19-20.

[3] Laura Engelstein, "Abortion and the Civic Order: The Legaland Medical Debates", em Barbara Clements, Barbara Engel e Christine Worobec (orgs.), *Russia's Women. Accommodation, Resistance, Transformation* (Berkeley, University of California Press, 1991), p. 191, escreve que médicos no Congresso da Sociedade Pirogov, em 1910, acreditavam que o aborto, comum em todas as classes sociais, havia alcançado "proporções epidêmicas". Ver também p. 192, 195.

quanto àquelas que se submetiam ao procedimento. Depois de 1905, muitos médicos e juristas queriam a reforma da lei do aborto; algumas organizações profissionais recomendavam a legalização. No entanto, apesar das críticas contra a legislação existente, apenas alguns defendiam o argumento feminista de que as mulheres tinham o direito de tomar suas próprias decisões reprodutivas.[4]

A Revolução de Outubro e a subsequente guerra civil pouco fizeram para colocar fim à prática do aborto clandestino. Na verdade, a fome, a miséria e a ruína econômica estimulavam um número cada vez maior de mulheres a procurar abortos ilegais. Em 1920, Semashko alegou que o aborto justifica-se "apenas em casos extremos e excepcionais", mas reconhecia que a criminalização era ineficaz para alterar as circunstâncias que levavam as mulheres ao aborto. Além de solicitar um melhor atendimento a gestantes e mães como parte integrante da "luta contra o aborto", ele também recomendou que a operação fosse realizada, legalmente, por médicos em hospitais, "sob condições em que causasse o mínimo de danos" para as mulheres[5].

Alguns meses depois, em novembro de 1920, os Comissariados da Saúde e da Justiça (NKZdrav e NKIu) legalizaram o aborto. O decreto declarou:

> Nos últimos dez anos, o número de mulheres que fizeram abortos cresceu em nosso país e em todo o mundo. A legislação de todos os países luta contra esse mal, mediante a punição das mulheres que optam pelo aborto e dos médicos que o realizam. Esse método de luta não tem nenhum resultado positivo. Ele faz com que a operação seja subterrânea e transforma as mulheres em vítimas da ganância, e muitas vezes de abortadeiras ignorantes que se aproveitam dessa situação clandestina.

Reconhecendo que a repressão foi inútil, o decreto permitia às mulheres fazerem abortos gratuitos em hospitais, mas apenas pelos médicos; as *babki* (parteiras camponesas) ou parteiras teriam de enfrentar sanções penais e seriam privadas do seu direito à prática da profissão. O decreto explicava que "as reminiscências morais" e as "dolorosas condições econômicas do presente" tornavam o aborto

---

[4] Ibidem, p. 188-9, 193. Algumas médicas e feministas como Mariia Ivanovna Pokrovskaia argumentavam a favor dessa posição; ver p. 194, 200.

[5] Nikolai Aleksandrovich Semashko, "Eshche o Bol'nom Voprose", cit., p. 21.

MULHER, ESTADO E REVOLUÇÃO

necessário. Oferecia às mulheres uma alternativa segura, legal e economicamente justa aos becos do passado[6].

Com esse decreto, a União Soviética tornou-se o primeiro país do mundo a dar a todas as mulheres a possibilidade legal e gratuita de interromper a gravidez. No entanto, apesar da enorme liberdade que o decreto concedia às mulheres, nunca reconheceu o aborto como um direito da mulher. O decreto afirmava claramente que o aborto era "um mal", e que a legalização devia ser associada à "agitação contra o aborto entre as massas de mulheres trabalhadoras"[7]. Semashko sentiu a necessidade de salientar que o aborto não era uma questão de direito individual, já que tinha o potencial para diminuir a natalidade e ferir os interesses da sociedade e do Estado[8]. Os oficiais dos Comissariados da Saúde e da Justiça acreditavam que, quando as mulheres tivessem acesso suficiente aos alimentos, habitação, cuidados com a criança e serviços médicos, elas não teriam mais a necessidade de abortar.

O decreto, fortemente moldado pelas noções patriarcais da maternidade, mostrava pouca consciência dos limites que os filhos estabeleciam sobre a possibilidade das mulheres, mesmo sob as condições mais prósperas, de participarem da vida pública. A ideologia oficial recomendava clínicas de maternidade e creches como a principal solução do conflito entre o trabalho e a maternidade. Um pesquisador do aborto, que expressava a visão oficial dominante, escreveu:

> Esperamos que no futuro, com o aumento da riqueza material da nossa União, do padrão de vida e do nível cultural do povo trabalhador, as mulheres percam o medo da maternidade. A gravidez tornar-se-á uma alegria e não um sofrimento, e o aborto como um fenômeno de massas já não terá um papel ativo em nossa União.[9]

A ideia de que as mulheres tinham um direito básico de controlar sua própria fertilidade recebia pouca consideração como tal. Mesmo Alexandra Kollontai, uma defensora poderosa da libertação das mulheres, acreditava que a maternidade não era "uma questão privada".

---

[6] Ia. A. Perel' (org.), *Okhrana zhenshchiny-materi v ugolovnom zakone* (Moscou, Leningrado, 1932), p. 32. A. B. Gens, *Abort v derevne* (Moscou, 1926), p. 12-3.

[7] Ibidem, p. 13.

[8] Nikolai Aleksandrovich Semashko, "Eshche o Bol'nom Voprose", cit., p. 21.

[9] L. E. Shiflinger, "Iskusstvennyi Abort", *Ginekologiia i akusherstvo*, n. 1, 1927, p. 68.

Ela argumentava que a necessidade de recorrer à interrupção da gravidez desapareceria uma vez que estivessem disponíveis os serviços necessários para o cuidado da criança e as mulheres entendessem "que a *natalidade é uma obrigação social*"[10]. As discussões em torno do aborto no início da década de 1920, como as que aconteciam antes da Revolução, não foram enquadradas em termos de direitos individuais. O conceito de direitos reprodutivos das mulheres foi pouco desenvolvido, e a noção de direitos fetais menos ainda. Um especialista colocou a questão de quando o feto se tornava uma pessoa jurídica ao constatar que, para os camponeses, a adesão aos direitos no *dvor* começava no momento da concepção. Alguns juízes manifestavam a opinião de que o aborto era comparável ao assassinato, mas somente quando a mulher estava em um estágio avançado da gravidez. Em um caso, uma trabalhadora desempregada, com quatro filhos pequenos, foi abandonada pelo seu marido no oitavo mês de gestação. Ela pediu a uma parteira para fazer um aborto e o bebê morreu. Um juiz condenou ambas, a parteira e a mãe, por assassinato, mas o Supremo Tribunal, posteriormente, reduziu a sentença da parteira e inocentou a mãe. Sob a lei soviética, o feto não era considerado uma pessoa com direitos. Uma mulher que abortasse em qualquer estágio de sua gravidez estaria isenta de processo[11].

Em suma, a opinião prevalecente sobre o aborto se baseava em três princípios básicos fundamentais: em primeiro lugar, que a questão da pobreza levava as mulheres a procurar o aborto, e que uma melhora nas circunstâncias materiais eliminaria essa necessidade. Segundo, que a decisão de ter um filho não era pessoal, mas sim social; em terceiro lugar, que as necessidades reprodutivas da sociedade, em última análise, prevaleciam sobre os desejos individuais de uma mulher. As tendências libertárias tão evidentes nas discussões sobre casamento e divórcio nunca se estenderam para a questão da maternidade.

Contracepção

O apoio material e institucional para as mães, e não métodos contraceptivos, era a alternativa que a maioria dos oficiais oferecia ao

---

[10] Alix Holt (org.), *The Selected Writings of Alexandra Kollontai* (Nova York/Londres, Norton, 1977), p. 145, 149.

[11] G. Meren, "Iskusstvennoe Izgnanie Ploda – Ubiistvo?", *Proletarskii sud*, n. 22, 1926, p. 1353-5.

MULHER, ESTADO E REVOLUÇÃO

aborto. Em 1920 e 1930, a questão da contracepção estava claramente ausente em quase todas as instâncias jurídicas, teóricas e programáticas sobre a libertação das mulheres. Nem os juristas, que promoviam vigorosamente a emancipação feminina por meio da lei, nem as mulheres dirigentes do Partido, como Inessa Armand e Nadezhda Krupskaia, discutiam em qualquer medida o controle de natalidade. Os extensos escritos de Kollontai sobre as mulheres, a maternidade e a sexualidade tinham poucas referências sobre a contracepção[12].

No entanto, apesar do silêncio das direções, a ideia e a prática da contracepção não eram alheias às mulheres. Embora dispositivos básicos de controle de natalidade, tais como preservativos e diafragmas, estivessem indisponíveis para a grande maioria, demógrafos soviéticos estimavam que uma parte significativa das mulheres nos anos 1920 praticava alguma forma de contracepção, mais comumente o coito interrompido[13]. Os relatórios médicos indicavam que as mulheres estavam desesperadas para encontrar um meio seguro, indolor e confiável para restringir a natalidade.

Os mais expressivos defensores da contracepção, não surpreendentemente, foram os oficiais que tiveram contato íntimo e frequente com as mulheres. Vera Lebedeva, por exemplo, a chefe do Departamento para a Proteção da Maternidade e da Infância (OMM), sob o Comissariado da Saúde, fez um apelo isolado pela liberdade reprodutiva quando defendeu "a racionalização da sexualidade, na qual a pessoa quer ter domínio, assim como em outras áreas"[14]. Ao final de 1920, os médicos já constituíam um grupo organizado e informado que apoiava a contracepção. As revistas médicas estavam cheias de apelos pela contracepção para reduzir a dependência generalizada do aborto. A Conferência das Parteiras e Ginecologistas de Kiev, em 1927, declarou que a contracepção era "uma atividade moral vital no presente", que deveria ser incorporada à prática da parteira. Alguns

---

[12] Sobre contracepção, ver Alix Holt (org.), *The Selected Writings of Alexandra Kollontai*, p. 118, 212; Barbara Clements, *Bolshevik Feminist: The Life of Aleksandra Kollontai* (Bloomington, Indiana University Press, 1979), p. 58-9; Janet Evans, "The Communist Party of the Soviet Union and the Women's Question: The Case of the 1936 Decree 'In Defense of Mother and Child'", *Journal of Contemporary History*, n. 16, 1981, p. 768.

[13] Anatolii Grigorevich Vishnevskii e Andrei Gavrilovich Volkov, *Vosproizvodstvo naseleniia SSSR*, cit., p. 174.

[14] Ver introdução de Lebedeva para A. B. Gens, *Abort v derevne*, cit., p. 7.

médicos consideravam os métodos contraceptivos como um mal, mas, como um escritor observou, ele era um mal menor do que o aborto[15]. Os médicos e oficiais da OMM eram cada vez mais conscientes da necessidade desesperada de contracepção, à medida que descobriam as consequências devastadoras de abortos repetidos. Em meados da década de 1920, a OMM proclamou oficialmente que informações sobre contraceptivos deveriam ser distribuídas em todos os *konsultatsiias* e centros ginecológicos, como "um meio essencial" de luta contra o aumento do aborto[16].

No entanto, foram as próprias mulheres, muitas vezes analfabetas, provincianas e, segundo o Partido, "politicamente atrasadas", que superaram amplamente o Partido e os funcionários do Estado em sua compreensão da relação entre o controle reprodutivo e a libertação. As representantes do *Zhenotdel*, a seção feminina do Partido, informaram a partir dos povoados rurais que "as mulheres têm sede de palestras sobre o aborto e a contracepção"[17]. O chefe de um hospital para ferroviários e suas famílias, em Briansk, constatou que as pacientes imploravam aos médicos por ajuda. "Deem-nos a forma de prevenir a gravidez e deixaremos de vir ao hospital"[18].

As técnicas que as mulheres entendiam e praticavam não eram especialmente eficazes. Elas tendiam a confiar nas práticas folclóricas tradicionais como o coito interrompido, a ducha vaginal e métodos de barreira. Quando tudo falhava, elas recorriam ao aborto, legal ou não. Uma pesquisa publicada em 1930 sobre 1.087 mulheres camponesas das *kolkhoz* (fazendas coletivas) de 21 vilas no *okrug* (distrito) de Smolensk revelou que quase metade dessas mulheres usavam algum tipo de contraceptivo. Os métodos mais populares eram o coito interrompido (472 mulheres) e a ducha vaginal (22). Somente o companheiro de uma das mulheres usava preservativo. Os métodos de barreira também não eram muito populares: uma mulher usava um tampão cervical (*kolpachok*), quatro usavam pequenas esferas para bloquear o cérvix (*globuly*). Apesar da forte ênfase tradicional

---

[15] M. F. Levi, "Itogi Legalizatsii Aborta v SSSR Skvoz' 'Prizmu Burzhuaznoi Nauku", *Ginekologiia i akusherstvo*, n. 2, 1932, p. 162.

[16] S. S. Iakubson, "Puti Okhrany Materinstva i Mladenchestva", *Sovetskaia vrachebnaia gazeta*, n. 21, 1933, p. 1016.

[17] A. B. Gens, *Abort v derevne*, cit., p. 45.

[18] Nikolai Maksimovich Emel'ianov, "K Voprosu o Roste Iskusstvennogo Aborta i Padenii Rozhdaemosti", *Ginekologiia i akusherstvo*, n. 5, 1927, p. 430.

MULHER, ESTADO E REVOLUÇÃO

camponesa nas famílias grandes, mais de uma em cada quatro mulheres reconhecia ter feito um aborto legal ou ilegal, o que tornava o aborto a segunda forma mais popular de controle de natalidade, depois do coito interrompido[19]. Das duzentas mulheres que foram entrevistadas em uma clínica de aborto em Saratov, 40% afirmaram que tinham algum conhecimento sobre contracepção, e cerca de uma em cada cinco mulheres chegava a praticar algum meio. Ducha com água, vinagre ou produtos químicos era o método mais popular, seguido do coito interrompido. As mulheres também injetavam iodo em si mesmas, aplicavam alúmen e quinina em pó, e utilizavam bolas ou tampões com glicerina para bloquear o colo uterino. Uma mulher usava até mesmo um cogumelo[20]! Em um hospital de Briansk, que atendia trabalhadores ferroviários e suas famílias, a maioria das mulheres conhecia ou praticava o coito interrompido. Um número menor delas usava pequenas bolas (*shariki*) ou lavagens vaginais com água e vinagre. Muitas explicavam que condições de superlotação em suas moradias tornava quase impossível usar outro método que não fosse o coito interrompido. Quando uma família inteira tinha de compartilhar uma cabana, um quarto ou um canto isolado por uma cortina e sem encanamento interno, não era fácil fazer uma lavagem vaginal após o sexo. Quase todas as mulheres que praticaram um aborto pediram aos médicos algo para evitar a gravidez no futuro[21]. Apenas um estudo sobre 788 fiandeiras e tecelãs na província de Moscou, em 1926, concluiu que as mulheres não usavam nenhum método contraceptivo[22].

Apesar de os dados sobre a contracepção serem limitados, parece que havia um número significativo de mulheres urbanas e rurais cientes da contracepção, ansiosas para receberem informações, e que praticavam o coito interrompido por falta de um método melhor.

---

[19] B. Ressin, "Opyt Obsledovaniia Polovoi Sfery Zhenshchin v Kolkhoze", *Ginekologiia i akusherstvo*, n. 3, 1930, p. 344-6.

[20] L. E. Shiflinger, "Iskusstvennyi Abort", cit., p. 66.

[21] Nikolai Maksimovich Emel'ianov, "K Voprosu o Roste Iskusstvennogo Aborta i Padenii Rozhdaemosti", cit., p. 430.

[22] G. A. Ianovitskii, "Rezul'taty Ginekologicheskogo Obsledovaniia Rabotnits Tekstil'noi Fabriki im. Oktiabr'skoi Revoliutsii", *Ginekologiia i akusherstvo*, n. 3, 1929, p. 331. As conclusões de Ianovitskii sobre as mulheres tecelãs estão em desacordo com outros estudos. Não é claro por que ele achava que nenhuma mulher usava anticoncepcionais.

WENDY GOLDMAN

Preservativos e diafragmas, que eram fáceis de produzir e operar, eram quase impossíveis de obter nas décadas de 1920 e 1930 devido à escassez de borracha. Tanya Matthews, russa emigrada na Grã-Bretanha, recordou as observações de seu médico sobre contracepção em 1933: "as coisas estão difíceis agora", disse ela. "Existem comprimidos, mas eles fazem mais mal do que bem. O melhor é a borracha, mas é tão difícil conseguir como um par de galochas. Neste momento não temos nenhum método contraceptivo"[23]. Nessas circunstâncias, o aborto tinha um papel crítico ao permitir que as mulheres restringissem a fertilidade. De acordo com um demógrafo soviético, mesmo em uma cidade grande como Leningrado, no final da década de 1920 o aborto, e não a contracepção, desempenhava o papel principal na limitação da natalidade[24].

Obter um aborto legal

O decreto de 1920 tornou visíveis as necessidades – até então escondidas – das mulheres. Multidões de mulheres iam às instalações médicas soviéticas exigindo abortos. No início, vários departamentos provinciais da OMM tentaram eliminar as solicitações ao permitir somente abortos por razões médicas[25]. Em janeiro de 1924, o Comissariado da Saúde tentou impor uma certa ordem para os funcionários locais. Ele ordenou para cada OMM provincial estabelecer uma Comissão composta por um médico e representantes da OMM e do *Zhenotdel* para decidir quem iria receber um aborto. As Comissões receberam instruções expressas para explicarem para cada mulher entrevistada os riscos de saúde que implicava o aborto, bem como seu impacto negativo na sociedade.

Devido aos recursos inadequados em hospitais e à enorme demanda por abortos, as comissões receberam critérios muito específicos. Elas deveriam dar prioridade para mulheres com problemas médicos. A segunda prioridade era dada a mulheres saudáveis com seguro social (*zastrakhovannye*). Funcionários administrativos e operários, bem como suas famílias, tinham cobertura, mas os estu-

---

[23] Tanya Matthews, *Russian Child and Russian Wife* (Londres, 1949), p. 103-4.

[24] Vladimir Vladislavovich Paevskii, *Voprosy demograficheskoi i meditsinskoi statistiki* (Moscou, 1970), p. 340, citado em Anatolii Grigorevich Vishnevskii e Andrei Gavrilovich Volkov, *Vosproizvodstvo naseleniia SSSR*, cit., p .174.

[25] I. Gromov, "Pravo Ne Byt' Mater'iu", *Sud idet!*, n. 2, 1924, p. 108.

310

MULHER, ESTADO E REVOLUÇÃO

dantes, serventes, artesãos e aqueles que tinham profissões liberais (escritores, artistas etc.), os camponeses e os desempregados não registrados não tinham. Entre aqueles que tinham cobertura, mulheres solteiras e desempregadas, que foram registradas no Escritório do Trabalho, tinham prioridade, seguidas, em ordem de preferência, de mulheres solteiras com pelo menos um filho, mulheres empregadas e casadas com três filhos ou mais, e todas as outras mulheres sem cobertura. Mulheres sem cobertura tinham de ser atendidas depois das com cobertura, de acordo com a mesma ordem descrita acima. Mulheres camponesas estavam em pé de igualdade com as donas de casa proletárias[26].

Os critérios foram formulados de acordo com uma hierarquia baseada na posição de classe e vulnerabilidade social. As trabalhadoras tiveram a preferência acima de outros grupos sociais, e as solteiras e desempregadas tinham a prioridade mais alta. A lista indicava quais mulheres eram consideradas pelo Estado como as que mais mereciam acesso ao aborto, privilegiando o trabalho assalariado e a necessidade social. As camponesas foram classificadas juntamente com as donas de casa proletárias porque ambas desempenhavam um trabalho não pago dentro de casa. As solteiras e desempregadas, ambas pertencentes a grupos sociais carentes, detinham os maiores direitos ao aborto, seguidas pelas mulheres proletárias com famílias numerosas. A mulher casada com um ou dois filhos tinha menos direito de reivindicar os recursos médicos limitados do Estado. A esse respeito, a lista de prioridades correspondia perfeitamente à mentalidade oficial sobre o aborto no início da década de 1920: aos olhos do Estado, o desemprego, a pobreza e a ilegitimidade levavam as mulheres a abortar. O Comissariado da Saúde distribuía seus serviços em conformidade com isso.

Para solicitar um aborto, as mulheres tinham de enfrentar uma burocracia absurda. Deveriam compilar documentos que verificassem a gravidez, seu local de trabalho, sua residência e seu estado civil. As desempregadas necessitavam de uma confirmação da sua

---

[26] Ia. A. Perel' (org.), *Okhrana zhenshchiny-materi v ugolovnom zakone*, cit., p. 33; A. B. Gens, *Abort v derevne*, cit., p. 14, 16. O sistema estatal de seguro cobria somente de 10% a 12% da população. Em 1926, o Comissariado da Saúde tentou criar um sistema de seguro de maternidade voluntário para as mulheres que não eram cobertas pelo Estado. Ver "Zakonoproekt O Vzaimnom Strakhovanii Materinstva", *Rabochii sud*, n. 11, 1926, p. 765.

WENDY GOLDMAN

situação de emprego pelo Escritório do Trabalho. Inúmeras mulheres tentavam evitar a burocracia, pedindo a seus médicos para realizarem abortos em troca de uma taxa, e muitos médicos aceitavam. No início da década de 1920, houve uma grande confusão sobre a ilegalidade desses abortos "privados". O decreto de 1920 não permitia que médicos realizassem abortos fora de um hospital registrado, mas o Código Penal de 1922 só proibia o aborto sob condições "impróprias", deixando assim a "aptidão" de um quarto, uma casa ou um consultório sujeita à interpretação de cada um. Em 1923, o Departamento de Saúde de Moscou processou inúmeros médicos que praticavam abortos em suas casas, mas muitos funcionários da saúde acreditavam que, dada a alta demanda por abortos, longas listas de espera e as poucas vagas em hospitais, os médicos deveriam poder realizar abortos em qualquer lugar com condições sanitárias aceitáveis[27]. Em janeiro de 1924, no entanto, o Comissariado da Saúde afirmou expressamente que as condições "apropriadas" significavam apenas aquelas fornecidas em um hospital[28]. Portanto, os médicos poderiam continuar realizando abortos privados em troca de uma taxa, mas apenas nas instalações médicas do Estado. No entanto, a confusão persistiu, e o Código Penal de 1926 não ajudou a esclarecê-la: ao substituir o termo "não sanitárias" por "inaptas", seguia deixando os processos a critério dos tribunais[29].

Uma vez que uma mulher obtinha a permissão para fazer um aborto, a operação em si era relativamente segura. As mulheres raramente morriam por abortos realizados em um hospital. Em Moscou, o aborto era mais seguro do que dar à luz: a probabilidade de uma mulher morrer de uma infecção pós-parto era entre 60 e 120 vezes maior do que após um aborto[30]. Entre 15% e 30% das mulheres

---

[27] L. Vengerov, "Nakazuemost' Iskusstvennogo Aborta po Ugolovnomu Kodeksu", *Proletarskii sud*, n. 2-3, 1923, p. 9-10.

[28] Ia. A. Perel' (org.), *Okhrana zhenshchiny-materi v ugolovnom zakone*, cit., p. 33.

[29] A. Leibovich, "Nekotorye Stat'i Novogo Ugolovnogo Kodeksa, Kasaiushchiesia Sudebno-meditsinskoi ekspertizy", *Proletarskii sud*, n. 8, 1927, p. 681-2.

[30] M. F. Levi, "Itogi Legalizatsii Aborta v SSSR Skvoz 'Prizmu Burzhuaznoi Nauku", cit., p. 159; A. S. Madzhuginskii, "O Smertnosti Posle Operatsii Iskusstvennogo Aborta", *Ginekologiia i akusherstvo*, n. 3, 1933, p. 60-1. Madzhuginskii apontava que de 175 mil abortos realizados em uma clínica ginecológica em Moscou, somente nove resultaram em morte, ou aproximadamente uma morte a cada 20 mil abortos. Ibidem, p. 60.

MULHER, ESTADO E REVOLUÇÃO

sofriam complicações potencialmente graves, como sangramento, inflamação, febre e um maior risco de ter um aborto espontâneo no futuro[31]. Pobreza, desnutrição e falta de cuidados médicos resultavam geralmente em uma população feminina com problemas de saúde. Doenças sexualmente transmissíveis não diagnosticadas, infecções vaginais não tratadas e repetidos abortos legais e ilegais multiplicavam os riscos da operação[32].

A operação em si, embora segura, era extremamente dolorosa. Durava entre cinco e dez minutos e era praticada sem anestesia. Médicos usavam o método de dilatação e raspagem, com inserção de um instrumento através do colo do útero e raspagem das paredes do útero. Uma jovem com três filhos e dois abortos anteriores estava com tanto medo de fazer outro aborto em um hospital que recorreu a uma parteira quando voltou a engravidar. Ao terminar em um hospital com uma hemorragia grave, disse ao médico que a atendeu que tinha recorrido a uma parteira porque "tinha medo da dor. Eu não suportaria mais uma vez. Já tinha sofrido abortos muito dolorosos e sempre lembrei com horror a terrível dor". Outra mulher descreveu sua experiência da mesma forma: "Eu suportei facilmente as dores do parto", recorda-se. "Mas a dor do aborto era muito maior... Por duas semanas [antes de seu terceiro aborto] eu não conseguia dormir ou comer. Eu não podia deixar de pensar no que me esperava, de ter de suportar uma terrível tortura"[33]. Tanya Matthews fez um relato arrepiante de seu primeiro aborto, que foi praticado em um hospital por seu médico, em troca de uma taxa. Enquanto estava em uma sala de espera, via como ele abria as portas da sala de operações a cada quinze minutos para realocar as mulheres das macas. "Seus rostos pareciam máscaras de cor verde pálida, com gotas de suor na face". Logo, chegou sua vez:

---

[31] Ia. I. Rusin, "O Pozdnem Samoproizvol'nom Aborte", *Ginekologiia i akusherstvo*, n. 4-5, 1930, p. 565; M. Mironov, "Obzory, Retsenzii i Referaty", *Vrachebnoe delo*, n. 10, 1927, p. 773; "VIII Vsesoiuznyi S"ezd Akusherov i Ginekologov v Kieve, 21-26 Maia, 1928", *Ginekologiia i akusherstvo*, n. 4, 1928, p. 474, 483. Daqui em diante citado como "VIII S"ezd".

[32] Sobre a saúde ginecológica da mulher, ver os estudos de caso de Ressin e Ianovitskii. A. S. Madzhuginskii, "Dannye Patronazhnogo Izucheniia Vliianiia Iskusstvennogo Vykidysha na Zdorov'e Zhenshchiny", *Ginekologiia i akusherstvo*, n. 4-5, 1930, p. 509.

[33] P. I. Kolosho, "Opyt Primeneniia Mestnoi Anestezii pri Iskusstvennom Aborte", *Sovetskii vrachebnyi zhurnal*, n. 8, 1926, p. 569.

O médico disse: "bem, suba na mesa... Comporte-se bem e não grite. Aqui ninguém grita". Amarraram as minhas pernas... Eu ouvi a voz de Peter Ilyich dando ordens aos assistentes... A enfermeira ficou do meu lado, segurando as minhas mãos... Senti uma dor forte, cortante, aguda. Gritei sem perceber. "Cale-se! Cale-se!", eu ouvi a voz grave de Peter Ilyich. "Você está dificultando meu trabalho. Respire fundo... Logo vai acabar", ele ordenou, sem interromper o seu trabalho. Senti os movimentos horríveis de um instrumento que me raspava por dentro. Minhas pernas e braços ficaram fracos e úmidos de suor frio e pegajoso. Eu apertei os dentes ao contar minutos que pareceram uma eternidade.

Uma vez terminada a operação, Matthews perguntou, debilmente, ao médico: "Por que não me disse que faria isso sem anestesia?". Ele respondeu friamente: "Estamos guardando o éter para as operações mais importantes. O aborto não é nada; as mulheres o suportam facilmente. Agora que você sabe disso, também vai servir como uma boa lição"[34]. Alguns médicos que eram relutantes em realizar abortos para qualquer tipo de caso podem ter considerado a dor como uma força positiva dissuasória para as mulheres que "pretendiam escapar da gravidez"[35].

Quem tinha acesso a abortos legais?

De acordo com a ideologia oficial e o decreto de 1920, as mulheres pediam abortos por desespero: as pobres, as mulheres desempregadas e as solteiras seriam as que mais recorriam às clínicas para o aborto. Nas palavras de um perito no campo jurídico: "a própria vida mostra que o aborto é praticado por mulheres trabalhadoras somente em casos excepcionais, devido à extrema pobreza, à doença ou aos

---

[34] Tanya Matthews, *Russian Child and Russian Wife*, cit., p. 104.

[35] Essa frase arbitrária aparece em uma série de relatórios de médicos. Ver, por exemplo, a compilação de A. B. Gens de questionários mandados a médicos, em *Abort v derevne* e "VIII S"ezd", cit., p. 485. M. F. Levi, "Itogi Legalizatsii Aborta v SSSR Skvoz 'Prizmu Burzhuaznoi Nauku", cit., p. 154, aponta que o decreto de 1920 foi recebido com hostilidade pelos médicos. Dois meses antes da proibição do aborto, um médico sugeriu a seus colegas que uma injeção de anestesia local diminuiria enormemente o sofrimento das mulheres. Ver P. I. Kolosho, "Opyt Primeneniia Mestnoi Anestezii pri Iskusstvennom Aborte", cit., p. 569-73. O aborto na União Soviética ainda hoje é realizado sem anestesia.

MULHER, ESTADO E REVOLUÇÃO

defeitos genéticos"[36]. Esse especialista, no entanto, não poderia estar mais errado. No final da década de 1920, as estatísticas mostraram que o perfil da paciente "típica" de um aborto era muito diferente do que poderiam ter previsto os comissários da Saúde e da Justiça em 1920. Mas, se a maioria das mulheres não era desempregada, solteira ou pobre, o que era?

A esmagadora maioria das mulheres que fazia abortos legais vivia nas cidades. Os abortos eram realizados em Moscou e Leningrado. Em 1926, os médicos realizaram um total de 102.709 abortos em hospitais em toda a Rússia. Apesar de Moscou e Leningrado contarem juntos com apenas 3,5% da população feminina, representavam 39% dos abortos na Rússia. O número de abortos caía ao sair de áreas urbanas para as áreas rurais. Os médicos praticavam 30% de todos os abortos em cidades provinciais (*guberniia*) e em distritos (*okrug*), 16% deles em cidades menores. Apenas 15% dos abortos no país foram praticados nas zonas rurais, apesar de 83% das mulheres do país morarem ali[37]. Em outras palavras, quase 85% das mulheres da Rússia viviam na zona rural, mas 85% dos abortos ocorriam nas cidades.

Devido à escassez geral de serviços de saúde e assistência no campo, as mulheres rurais nem sequer tinham a opção de um aborto legal no início da década de 1920. Havia poucos hospitais antes da Revolução, e, ao chegar o ano de 1921, muitos deles tinham deixado de funcionar. Aqueles que permaneceram não tinham leitos, roupa de cama, medicamento e nem mesmo instrumentos básicos. As equipes médicas rurais faziam pouco para informar às camponesas de seu direito ao aborto, ainda que algumas praticassem abortos a pedidos pessoais. Lebedeva escreveu: "Parecia perigoso e simplesmente inadmissível abrir as portas de hospitais distritais para abortos, quando faltavam até mesmo leitos". As autoridades da saúde temiam que a procura de abortos "sobrecarregasse a já fraca rede regional de saúde"[38].

---

[36] I. Gromov, "Pravo Ne Byt' Mater'iu", cit., p. 107.

[37] Os seguintes perfis sociais de pacientes de abortos são principalmente baseados nos dados de *Aborty v 1926 g.* (Moscou, 1926). Essa fonte fornece informações sobre onde foram feitos os abortos, mas não sobre as residências das mulheres que os faziam. Ver p. 8. *Narodnoe khoziaistvo* (Moscou, Leningrado, 1932), p. 2, 21.

[38] A. B. Gens, *Abort v derevne*, cit., p. 5.

WENDY GOLDMAN

As mulheres das cidades tinham maior acesso ao aborto do que suas contrapartes rurais, mas também tinham um forte desejo de limitar sua fertilidade. Um estudo feito entre 1929 e 1933 mostrou que a fertilidade das mulheres que migraram baixou significativamente após quatro anos de residência na cidade. A fertilidade daquelas que já tinham residido na cidade durante muito tempo era ainda mais baixa[39]. Ao viver do lado de fora da grande e estendida família – que era tão essencial para a prosperidade econômica na zona rural –, as mulheres urbanas tinham um incentivo menor a ter filhos. A transição para o trabalho remunerado, a eliminação da família como unidade básica de produção, as residências superlotadas e a falta de bens de consumo necessários foram todos fatores que encorajaram as mulheres a reduzir o tamanho da família. Abortos eram, portanto, não só mais acessíveis em cidades, mas também muito mais desejados pelas mulheres urbanas.

A composição social das mulheres que recebiam abortos reflete a base urbana do fenômeno. Apenas 10% das mulheres que receberam abortos em 1926 eram camponesas. A grande maioria era de *sluzhashchie* (37%) ou operárias (33%), ou eram casadas com homens desses setores sociais. Os desempregados eram o segundo maior grupo (12%), enquanto estudantes e mulheres nas profissões liberais representavam menos de 4% como um todo. Outros 4% eram compostos por *khoziaiki* (pequenas empreendedoras) independentes, dos setores não agrícolas. Portanto, um total de 86% das mulheres que fizeram abortos tinha feito a transição para o mundo do trabalho assalariado e estava estudando, trabalhando por um salário ou eram casadas com trabalhadores assalariados.

A composição social das mulheres que recebiam abortos nas cidades refletia aproximadamente a composição da população urbana feminina[40] (ver Tabela 10). A porcentagem de mulheres trabalhadoras nas alas de abortos era significativamente maior do que a

---

[39] Ellen Jones, Fred Grupp, *Modernization, Value Change, and Fertility in the Soviet Union* (Cambridge, Cambridge University Press, 1987), p. 85-6. Havia 280 nascimentos a cada mil mulheres rurais, nas idades entre 16 e 44, nos quatro anos antecedentes à migração, e 216 nos quatro anos após.

[40] A Tabela 10 deriva de duas fontes separadas nas quais as categorias para composição social não eram idênticas. Categorias para a população da cidade como um todo, como divisões estaduais, desclassificados etc., que não apareciam nos dados de composição social para as áreas de aborto, foram simplesmente mudados para "Outros", levando em conta o grande tamanho dessa categoria.

MULHER, ESTADO E REVOLUÇÃO

sua porcentagem na população urbana, o que pode refletir, por um lado, a preferência especial que as comissões deram para as mulheres da classe trabalhadora ou, por outro lado, o incentivo maior entre as trabalhadoras em reduzir o tamanho da família. O *sluzhashchie* também tinha um presença maior nas clínicas do que na população da cidade. A porcentagem das mulheres nas profissões liberais era exatamente a mesma, e as *khoziaiki* independentes tinham nas clínicas uma representação um tanto menor do que sua proporção. Apesar das comissões para aborto darem prioridade às mulheres desempregadas – e as mulheres sofreram muito com o desemprego na década de 1920 –, é notável que estas não figuravam tão proeminentemente entre as mulheres que realizavam abortos nas cidades. Aparentemente, as desempregadas não tinham mais razões para solicitar um aborto que as mulheres com salários regulares. Enquanto funcionários do Estado acreditavam que a necessidade extrema motivava as mulheres a procurarem abortos, a composição social das mulheres nas clínicas sugere que as mulheres eram menos motivadas pelo desespero (tais como as desempregadas poderiam sofrer) do que por fatores compartilhados por mulheres urbanas de todas as classes sociais.

Tabela 10. Abortos e a população urbana feminina, 1926

Composição social	Mulheres que fizeram abortos		População feminina urbana	
	Número	Porcentagem	Número	Porcentagem
Sluzhashchie	30.240	35	652.692	30
Trabalhadoras	27.605	32	511.532	23
Desempregadas	10.635	12	234.054	11
Khoziaiki independentes	3.883	4	152.665	7
Profissionais liberais	349	0,4	7.838	0,4
Outras	14.189	16	617.348	28
TOTAL	86.901	99,4	2.176.129	99,4

Nota: Todas as categorias incluem mulheres empregadas na ocupação determinada e esposas de homens na ocupação determinada.

Fonte: Compilado das estatísticas em *Aborty v 1926 g.*, p. 14-5, 32-3, 50-1. Valentina B. Zhiromskaia, "Sotsialnaia Struktura Gorodskogo Naseleniia RSFSR v Vosstanovitel'nyi Period (1921-1925)", Kandidatskaia dissertatsiia, Institut Istorii SSSR (Moscou, 1982), p. 216.

WENDY GOLDMAN

Apesar de as mulheres estarem representadas em proporções praticamente iguais tanto nas clínicas urbanas para abortos como na mais ampla população urbana feminina, o aborto era muito mais predominante em determinados grupos sociais. No entanto, devido ao fato de que muitos desses grupos eram apenas uma pequena porcentagem da população feminina, essas diferenças não se refletiam na composição das mulheres nas clínicas. A Tabela 11 mostra o número e a taxa (abortos por mil mulheres) de abortos entre mulheres de diferentes grupos sociais, em Moscou, em 1926.

Os grupos com maiores taxas de abortos eram as profissionais liberais (93 abortos a cada mil mulheres), as esposas dos desempregados (85,5), as *khoziaiki* do campo (74,4), as esposas dos *khoziaiki* do campo (62,2) e as operárias (58,9). No entanto, com exceção das mulheres trabalhadoras, esses grupos eram uma pequena porcentagem da população feminina de Moscou e representavam apenas uma pequena porcentagem (7,5%) dos abortos que eram lá praticados. Assim, embora as mulheres de determinados grupos fossem mais propensas a recorrer ao aborto, a composição social daquelas na clínica era bastante representativa da população feminina de Moscou. As mulheres trabalhadoras, por exemplo, representavam 10,7% da população feminina de Moscou e 14,3% dos abortos praticados.

Não havia nenhuma correlação aparente entre a condição das mulheres como dona de casa ou assalariada e sua propensão a recorrer ao aborto (ver Tabela 12). Em 1926, a população feminina de Moscou foi dividida igualmente entre mulheres assalariadas e donas de casa. A taxa de aborto era quase idêntica entre os dois grupos (entre assalariadas, 42,8 abortos para cada mil; entre donas de casa, 45,2). Além disso, as mulheres na clínica para aborto eram divididas igualmente entre assalariadas e donas de casa. Aqui também a composição das clínicas refletia a população mais ampla.

As expectativas iniciais dos funcionários também provaram uma pobre previsão do estado civil das mulheres na ala de aborto. Enquanto as comissões deram prioridade para mulheres solteiras, a maioria das mulheres na clínica (69%) não fugia do estigma da ilegitimidade, mas estavam sob a categoria, para melhor ou para pior, dos casamentos registrados[41] (ver Tabela 13). As clínicas em Moscou

---

[41] Os dados em *Aborty v 1926 g.*, cit., não dividiam as mulheres entre "solteiras"ou "casadas", mas entre "casamento registrado" ou "casamento não registrado". Nos anos 1920, esta última categoria incluía uma diversidade de relacionamentos,

MULHER, ESTADO E REVOLUÇÃO

e Leningrado tinham o maior percentual de mulheres solteiras (18%), e na zona rural apenas 13% eram solteiras.

A esmagadora maioria das mulheres (78%) que fazia abortos já era mãe (ver Tabela 14). Nas áreas rurais, a porcentagem de mulheres sem filhos (14%) era ainda menor do que a nacional (16%), e a porcentagem de mulheres com famílias grandes era ainda maior. As clínicas para abortos em Moscou e Leningrado receberam o maior percentual de mulheres sem filhos (20%). Mulheres com famílias pequenas (um ou mais filhos) constituíam o maior grupo de mulheres que recebiam abortos nas cidades (50%-56%). Na clínica rural, no entanto, mulheres com três filhos ou mais predominavam (45%). Mais da metade das mulheres (56%) que recebiam abortos em Moscou e Leningrado tinha um ou mais filhos, enquanto cerca de um quinto delas tinha três ou mais. No campo, os números foram inversos: apenas 37% das mulheres tinham um ou dois filhos, enquanto 45% tinham três ou mais. Em Moscou e Leningrado, apenas 4% tinham cinco filhos ou mais, enquanto nas áreas rurais esse grupo era quatro vezes maior. Portanto, as mulheres urbanas optavam por abortos com mais frequência depois de ter um ou mais filhos; as mulheres rurais, depois de três ou mais. No entanto, fosse urbano ou rural, o aborto foi usado principalmente pelas mães. Além disso, as diferenças no tamanho das famílias das pacientes urbanas e rurais tinham uma correlação com as diferenças entre a fertilidade urbana e rural. Isso sugere que tanto as mulheres urbanas quanto as rurais usavam o aborto para limitar o tamanho de suas famílias, simplesmente divergindo em termos do que era considerado um tamanho aceitável.

O maior grupo de mulheres que realizavam abortos (58%) tinha entre 20 e 29 anos de idade, o segundo maior grupo (31%) entre 30 e 39. Apenas uma pequena fração das mulheres tinha menos de dezessete anos (menos de 1%) e apenas 3% tinha entre dezoito e dezenove anos de idade (ver Tabela 15). Não é de se admirar que a maioria das

---

variando desde aqueles de longo prazo, uniões estáveis, até curtos relacionamentos sexuais. Ela pode, de qualquer modo, ser interpretada como "não casada" ou "solteira". V. Khalfin, "Istreblenie Ploda (Abort) v Moskvei Moskovskoi Gubernii", *Problemy prestupnosti*, Vypusk 2, Gosudarstvennoe Izdatel'stvo, 1927, 195-6, conclui que mulheres em casamentos registrados também prevalecem nas enfermarias de Moscou e da província de Moscou (78,3%), acima dos casamentos *de facto* (17,4%). Ele também apontava a percepção comum equivocada de que mulheres em casamentos *de facto* tinham mais chances de fazer um aborto.

mulheres tivesse entre vinte e quarenta anos, um período em que grande parte das mulheres já se casou e começou a ter filhos. Saindo das áreas urbanas para as áreas rurais, a porcentagem de mulheres mais velhas que realizavam abortos aumentava. O grupo de mais de

Tabela 11. Abortos entre mulheres de 14 a 44 anos em Moscou, 1926

Ocupação	Número de mulheres em Moscou	Porcentagem da população feminina em Moscou	Número de abortos em 1926	Porcentagem de todos os abortos em 1926	Taxa de aborto*
Trabalhadoras	65.717	10,7	3.872	14,3	58,9
Esposas de trabalhadores	94.246	15,3	4,372	16,2	46,4
Sluzhashchie	141.730	23,0	5,197	19,2	36,7
Esposas de "	135.120	22,0	5.886	21,8	43,6
Khoziaiki rurais	3.992	0,6	297	1,1	74,4
Esposas de "	1.640	0,3	102	0,4	62,2
Outras *Khoziaiki*	17.997	3,0	320	1,2	17,8
Esposas de outros "	40.139	6,5	838	3,1	20,9
Desempregadas	57.649	9,4	1.838	6,8	31,9
Esposas de desempregados	16.859	2,7	1.442	5,3	85,5
Estudantes	—	—	844	3,1	—
Esposas de estudantes	—	—	303	1,1	—
Profissionais liberais	2.032	0,3	189	0,7	93,0
Esposas de "	1.759	0,3	59	0,2	33,5
Desconhecidas	24.613	4,0	860	3,2	34,9
Esposas de desconhecidos	11.177	1,8	600	2,2	53,7
TOTAL	614.670	99,9	27.019	99,9	

* a cada mil mulheres

Fonte: M. Gernet, "Povtornye i Mnogokratnye Aborty," *Statisticheskoe obozrenie*, n. 12, 1928, p. 113.

Tabela 12. Abortos entre donas de casa e assalariadas em Moscou, 1926

	Número de mulheres	Porcentagem da população feminina	Número de abortos	Porcentagem de todos os abortos	Abortos a cada mil mulheres
Assalariadas	313.730	51,0	13.417	50,0	42,8
Donas de casa	300.940	49,0	13.602	50,0	45,2

Fonte: extraído da Tabela 11.

Tabela 13. Estado civil de pacientes de aborto por localidade, 1926

Estado civil	Moscou e Leningrado		Cidades de Guberniia e Okrug		Outras cidades		Áreas rurais		TOTAL	
	Número	Porcentagem	Número	Porcentagem	Número	Porcentagem	Número	Porcentagem	Número	Porcentagem
Casamento de facto	7.094	18	2.984	10	1.553	9	2.043	13	13.674	13
Casadas	30.996	78	18.017	59	10.844	66	10.722	68	70.579	69
Desconhecido	1.756	4	9.483	31	4.042	25	3.038	19	18.319	18
TOTAL	39.846	100	30.484	100	16.439	100	15.803	100	102.572	100

Fonte: *Aborty v 1926 g.*, p. 14, 32, 50, 68.

Tabela 14. Tamanho das famílias de mulheres que fizeram abortos, 1926

Número de filhos	Moscou e Leningrado		Cidades de Guberniia e Okrug		Outras cidades		Áreas rurais		TOTAL	
	Número	Porcentagem	Número	Porcentagem	Número	Porcentagem	Número	Porcentagem	Número	Porcentagem
Nenhum	7.967	20	4.393	14	2.004	12	2.235	14	16.599	16
1	12.988	33	8.925	29	4.498	27	2.686	17	29.097	28
2	9.019	23	6.918	23	3.857	23	3.138	20	22.932	22
3	4.855	12	3.604	12	2.190	13	2.658	17	13.307	13
4	2.221	6	1.921	6	1.234	8	1.858	12	7.234	7
5 ou mais	1.758	4	1.996	7	1.273	8	2.457	16	7.484	7
Desconhecido	1.038	3	2.859	9	1.383	8	771	5	6.051	6
TOTAL	39.846	101	30.616	100	16.439	99	15.803	101	102.704	99

Fonte: *Aborty v 1926 g.*, p. 18, 36, 54, 72.

Tabela 15. Idade de mulheres que fizeram abortos, 1926

Idade	Moscou e Leningrado		Cidades de Guberniia e Okrug		Outras cidades		Áreas rurais		TOTAL	
	Número	Porcentagem	Número	Porcentagem	Número	Porcentagem	Número	Porcentagem	Número	Porcentagem
17 ou menos	119	0,3	112	0,4	73	0,4	79	0,5	383	0,4
18-19	1.157	3	969	3	498	3	470	3	3.094	3
20-29	24.782	62	18.065	59	9.089	55	7.695	49	59.631	58
30-39	12.028	30	8.191	27	5.250	32	6.067	38	31.536	31
40 ou mais	1.399	4	1.219	4	811	5	1.358	9	4.787	5
Desconhecida	361	1	2.110	7	718	4	134	0,8	3.323	3
TOTAL	39.846	100,3	30.666	100,4	16.439	99,4	15.803	100,3	102.754	100,4

Fonte: *Aborty v 1926 g*, p. 18, 36, 54, 72.

WENDY GOLDMAN

40 anos era mais que o dobro em áreas rurais (9%) em relação a Moscou e Leningrado (4%). Mulheres entre 30 e 39 anos eram responsáveis por 30% das mulheres em Moscou e Leningrado e 38% das do campo. As mulheres que recebiam abortos no campo tendiam a ter famílias maiores e, portanto, optavam por abortos em uma idade mais avançada de seus anos férteis. Um percentual ligeiramente maior de mulheres no grupo etário mais jovem recebia abortos na zona rural, mas esse grupo era tão pequeno que as diferenças eram insignificantes.

As mulheres que lotavam as alas para abortos na década de 1920 desmentiam as primeiras expectativas das comissões de aborto e do Estado. Apesar de os funcionários dos Comissariados da Saúde e da Justiça acreditarem que a extrema necessidade levava as mulheres a procurar abortos – e estruturarem, em consequência, os critérios das comissões em concordância com isso –, a paciente típica do aborto não era nem solteira nem desempregada. Não era uma jovem em apuros ou uma mulher que fazia sexo casual; não era nem uma mulher com casamento não registrado. Pelo contrário, tinha entre pouco mais de vinte e trinta e poucos anos, era casada e, geralmente, era mãe de pelo menos um filho. A probabilidade de que fosse uma dona de casa ou assalariada era a mesma, e ela era ou empregada como operária ou *sluzhashchie* com cobertura médica, ou então casada com um homem numa dessas situações. A composição das mulheres que buscavam as clínicas era uma amostra representativa da sociedade urbana.

Por que as mulheres faziam abortos?

As mulheres tinham uma série de razões para recorrer ao aborto, mas as pesquisas distribuídas pelas comissões listavam apenas seis possibilidades (ver Tabela 16). A pobreza era a razão mais importante para o aborto, citada por cerca de metade de todas as mulheres nas alas de aborto, tanto nas cidades quanto no campo[42]. Um pesquisador disse que as mulheres tendiam a exagerar seu desespero material, na esperança de ter maior possibilidade de que as comissões aprovassem seus pedidos[43], no entanto, dadas as condições de vida na

---

[42] O estudo de caso de Emel'ianov apoiava essas cifras nacionais.

[43] V. Khalfin, "Istreblenie Ploda (Abort) v Moskvei Moskovskoi Gubernii", cit., p. 201.

MULHER, ESTADO E REVOLUÇÃO

década de 1920, não era um motivo improvável. Bebês precisam de alimento, roupas, fraldas e espaço residencial, todos elementos que eram, em suma, escassos. Não havia substitutos saudáveis e seguros para o leite materno, e a amamentação no peito prendia a mulher por um período mínimo de oito a nove meses. As fraldas não estavam disponíveis e até o tecido era escasso. Tanya Matthews descreveu seu "sacrifício" em fazer com um "lençol do tempo pré-revolucionário" fraldas para o seu recém-nascido[44]. Para as famílias que viviam em apartamentos superlotados ou em quartos pequenos, a presença de um bebê que chora e se queixa torna insuportável uma situação que já era intolerável. Quase metade das mulheres que recorriam ao aborto em 1924 vivia com uma família de quatro ou mais pessoas em um quarto[45]. E as condições pioraram ainda mais durante o primeiro Plano Quinquenal. Em 1932, o governo destinou apenas 4,6 metros quadrados de espaço de habitação por pessoa nas cidades, espaço suficiente para deitar-se. As casas não tinham água corrente, banheiros, chuveiros, fogões; muitas eram frias, úmidas, fétidas e estavam em um estado de ruína crônica[46].

A taxa de mortalidade infantil manteve-se elevada, mesmo com ativistas e médicos lutando com sucesso para reduzi-la. Um estudo realizado em meados de 1920, com cerca de 541 fiandeiras e tecelãs em Moscou, mostrou que um total de 70% delas tinha perdido um filho, principalmente devido à fome e às precárias condições de habitação. A perda de uma criança era uma experiência comum e compartilhada por mulheres urbanas e rurais. Uma camponesa disse ao médico: "As condições de vida são tão difíceis. Não existe possibilidade de criar os filhos que já temos"[47]. As ruas das cidades, as estações de trem e os mercados eram um formigueiro de crianças abandonadas – os *besprizorniki* – que estavam desesperadas por comida e abrigo. As instituições de assistência à infância atendiam

---

[44] Tanya Matthews, *Russian Child and Russian Wife*, cit., p. 194.

[45] Vladimir Zinov'evich Drobizhev, *U istokov Sovetskoi demografii* (Moscou, Mysl', 1987), p. 81.

[46] William Chase, *Workers, Society, and the Soviet State: Labor and Life in Moscou, 1918-1929* (Urbana, Chicago, University of Illinois Press, 1987), p. 183-92; Neibakh, "Zhilishchnoe i Kommunal'noe Khoziaistvo vo Vtoroi Piatiletke", *Sovetskaia vrachebnaia gazeta*, n. 15-16, 1932, p. 947.

[47] G. A. Ianovitskii, "Rezul'taty Ginekologicheskogo Obsledovaniia Rabotnits Tekstil'noi Fabriki im", cit., p. 332; A. B. Gens, *Abort v derevne*, cit., p.23.

WENDY GOLDMAN

a apenas uma fração da população, estavam superlotadas e tinham pessoal e abastecimento insuficientes no início dos anos 1930.

Em um estudo, 2.207 médicos rurais informavam que a pobreza e a vulnerabilidade material eram as razões de mais da metade (62%) das mulheres que recorriam ao aborto. Em suas visitas ao médico, as mulheres falavam da fome de 1921-1922, da colheita ruim de 1924, da escassez de terras, do desemprego, das dificuldades para alimentar uma criança, da perda de suas cabanas em incêndios, do desejo de "não propagar a mendicância" e de não ter suficiente tecido para cobrir o bebê. Cerca de metade desse grupo era composto por mulheres com famílias grandes, que simplesmente não podiam cuidar de outra criança. Uma camponesa disse a um médico, com humor obscuro: "As mulheres educadas deixaram de dar à luz há muito tempo. Só nós, mulheres tolas, continuamos a ter filhos"[48].

Apesar da pressão que possam ter sentido as mulheres ao citar a pobreza como razão, uma porcentagem surpreendentemente grande delas simplesmente disse às comissões que não queriam ter um filho. Para as mulheres de Moscou e Leningrado, era o segundo motivo mais citado. Sendo uma razão geral, abrangia uma série de possibilidades. Um grande número de pesquisadores observou que a instabilidade familiar, as uniões de curto prazo e o "medo" generalizado "do amanhã" faziam com que muitas mulheres não quisessem ter filhos. Embora a maioria das pacientes de aborto fosse casada, a extensão do divórcio e as dificuldades para obter pensão e subsídio deve ter afetado negativamente a visão das mulheres sobre a maternidade[49]. Para as mulheres camponesas, o número cada vez maior de *razdely* (divisão familiar) produzia famílias menores, o que por sua vez aumentava o trabalho das mulheres. Sua contribuição se tornou mais essencial do que nunca em uma casa pequena e mal equipada, e tinham pouco tempo para criar uma criança. Muitas camponesas comentavam sobre como era difícil trabalhar durante a gravidez ou cuidar de um bebê[50].

---

[48] Essa informação é baseada nos questionários de Gens para 2.207 médicos rurais. Ver A. B. Gens, *Abort v derevne*, cit., p. 22-5, 31-6.

[49] Ibidem, p. 8; P. P. Kazanskii, "4.450 Sluchaev Nepolnykh Vykidyshei", *Ginekologiia i akusherstvo*, n. 6, 1927, p. 517; Nikolai Maksimovich Emel'ianov, "K Voprosu o Roste Iskusstvennogo Aborta i Padenii Rozhdaemosti", cit., p. 430; M. Kaplun, "Brachnost' Naseleniia RSFSR", *Statisticheskoe obozrenie*, 1929, p. 95-7.

[50] A. B. Gens, *Abort v derevne*, cit., p. 23.

MULHER, ESTADO E REVOLUÇÃO

Tabela 16. Motivação de mulheres que fizeram abortos por localidade, 1926

	Moscou e Leningrado		Cidades de Guberniia e Okrug		Outras cidades		Áreas rurais		TOTAL	
	Número	Porcentagem	Número	Porcentagem	Número	Porcentagem	Número	Porcentagem	Número	Porcentagem
Pobreza	19.071	48	15.178	50	7.559	46	7.713	49	49.521	48
Doença	4.910	12	4.090	13	3.554	22	2.973	19	15.527	15
Gravidez escondida	215	0,5	216	0,7	272	2	645	4	1.348	1
Ainda amamentando	2.693	7	2.751	9	940	6	807	5	7.191	7
Não quer outro filho	6.236	16	2.524	8	1.874	11	2.023	13	12.657	12
Desconhecida	6.721	17	5.857	19	2.240	14	1.642	10	16.460	16
TOTAL	39.846	100,5	30.616	99,7	16.439	101	15.803	100	102.704	99

Fonte: *Aborty v 1926 g.*, p. 14, 32, 50, 68.

WENDY GOLDMAN

Havia também razões positivas e negativas para o aborto. Quando Tanya Matthews recorreu ao aborto em 1933, o médico lhe disse: "Qual o problema do seu marido? Por acaso ele não se casou com você para que lhe desse filhos?". "É uma visão ultrapassada, Peter Ilyich", ela respondeu, "nós temos estudos e carreiras para pensar. A vida já é suficientemente difícil sem crianças"[51]. A Revolução trouxe novas oportunidades; campanhas de alfabetização em massa e as atividades do *Zhenotdel* expandiam os horizontes e as opções das mulheres. Um médico disse que as mulheres que iam trabalhar ou se envolviam em atividades políticas, mostravam uma nova "impaciência com os filhos". A "nova vida revolucionária" transformava as expectativas das mulheres e, assim, suas atitudes em relação a terem filhos[52].

A doença (citada por 15% do total) era o segundo motivo mais importante citado pelas mulheres para o aborto. As mulheres das cidades pequenas e da zona rural eram mais propensas a citar a razão de doença em comparação às mulheres em Moscou e Leningrado devido à sua dificuldade em obter cuidados médicos. A saúde da mulher era alarmantemente ruim, segundo os padrões modernos, especialmente em áreas rurais. Elas sofriam de inúmeras infecções crônicas, complicações de outras gravidezes, doenças sexualmente transmissíveis, miomas e outras doenças não tratadas. Muitas vezes, as mulheres tinham de cuidar de um cônjuge ou membro da família doente, o que deixava pouco tempo para um bebê[53].

As mulheres rurais e urbanas tinham aproximadamente os mesmos motivos para abortar, com uma exceção importante. O desejo de se esconder a gravidez ilegítima era muito mais predominante entre as razões das mulheres no campo do que entre as das mulheres nas cidades. Em Moscou e Leningrado, as mulheres que desejavam "esconder a gravidez" constituíam apenas uma pequena fração das pacientes do aborto (0,5%), mas saindo da cidade para o cam-

---

[51] Tanya Matthews, *Russian Child and Russian Wife*, cit., p. 103.

[52] Tanto Jones e Grupp quanto Vishnevskii e Volkov argumentavam que fatores como urbanização, emprego das mulheres e crescente alfabetização faziam com que as mulheres reduzissem o tamanho das famílias. Ver Ellen Jones, Fred Grupp, *Modernization, Value Change, and Fertility in the Soviet Union*, cit., p. 70-121; e Anatolii Grigorevich Vishnevskii, Andrei Gavrilovich Volkov, *Vosproizvodstvo naseleniia SSSR*, cit., p. 173-6.

[53] A. B. Gens, *Abort v derevne*, cit., p. 24.

MULHER, ESTADO E REVOLUÇÃO

po a proporção desse grupo crescia de forma constante, chegando a se multiplicar por oito e chegar a 4%. Os médicos rurais informavam que um percentual ainda maior (um total de 20%) das mulheres que procuravam por um aborto pertencia a essa categoria[54].

No campo, a grande vergonha da ilegitimidade poderia arruinar as possibilidades de casamento de uma jovem, como também fazer com que seu pai a expulsasse do *dvor*. As mulheres camponesas não casadas e grávidas falavam de sua "consciência frente às pessoas" e procuravam abortos por causa do "medo, da vergonha, dos pais e da opinião pública". Muitas dessas mulheres refletiam as mudanças sociais na vida das aldeias geradas pela Revolução e os longos anos de guerra. As viúvas socorriam temporariamente os soldados em suas aldeias. Os jovens mostravam menos restrições sexuais. Um médico rural assinalou que, apesar da mudança na moralidade sexual, as atitudes em relação à ilegitimidade continuavam as mesmas, forçando muitas mulheres a escolherem o aborto[55].

Nas cidades, a menor presença de mulheres motivadas por um desejo de esconder a gravidez sugere que as mulheres urbanas consideravam a ilegitimidade como uma razão menos importante para abortar em relação a outras. Na transição do campo para a cidade, os migrantes poderiam ter atenuado suas atitudes severas em relação à ilegitimidade. É possível que fosse mais fácil para as mulheres urbanas liberadas das restrições do lar patriarcal poderem ter e criar seus filhos fora do casamento.

Grande parte da informação mencionada acima sugere que as mulheres utilizavam o aborto para limitar o tamanho de suas famílias, em vez de abortar como solução para uma gravidez acidental ou fora do casamento. Essa conclusão era reforçada pela evidência que demonstrava que as mulheres recorriam repetidamente ao aborto. Quase metade daquelas que recebiam abortos em Moscou e Leningrado tinham feito ao menos um aborto prévio. Mais de 50% tinham feito um, 25% tinham feito dois, e cerca de 20% tinham feito três ou mais abortos. Nas cidades provinciais e nas áreas rurais, eram menos mulheres que tinham feito abortos anteriores (aproximadamente um terço e um quarto das mulheres, respectivamente), o que refle-

---

[54] Idem, muitas dessas mulheres nunca viajavam às comissões, julgando pela grande discrepância entre a cifra citada na Tabela 7 e os relatórios dos médicos rurais. Veja a seção sobre aborto ilegal abaixo.

[55] Ibidem, p. 24-5, 35-6.

tia os padrões de maior fertilidade, como também a disponibilidade limitada do aborto. Aqui também as pacientes recorrentes tinham feito menos abortos anteriores[56].

Tanto nas cidades como nas zonas rurais, quanto mais gravidezes uma paciente de aborto tinha tido, maior era a probabilidade de que houvesse feito um aborto anterior (ver Tabela 17). Nas alas de abortos de Moscou e Leningrado, 22% de todas as mulheres que tinham passado por duas gravidezes tinham feito um aborto anterior. No entanto, entre as mulheres que tinham passado por cinco gravidezes, um total de 71% tinham feito um aborto anterior. As cifras eram um tanto menores nas áreas rurais, mas a porcentagem de mulheres com abortos anteriores continuava crescendo com o número de gravidezes. Não só aumentava a possibilidade de que uma mulher tivesse feito um aborto segundo o número de gravidezes que tinha, como também aumentava o número de abortos segundo o de gravidezes (ver Tabela 17). A taxa de abortos (abortos para cada cem gravidezes) entre cada grupo subia de forma constante a cada nova gravidez. Em Moscou e Leningrado, a porcentagem de gravidezes que resultavam em abortos subia de 11%, entre as mulheres do primeiro grupo, a 18%, entre as do segundo, até chegar a 22% entre as mulheres do terceiro grupo. Nas áreas rurais, a porcentagem crescia de 6% no primeiro e no segundo grupos até 8% no terceiro. Por fim, o aborto para muitas mulheres era mais do que uma solução excepcional para uma gravidez acidental. À medida que estas avançavam em seus ciclos reprodutivos, contavam, uma ou outra vez, com o aborto para ajudá-las a limitar o tamanho de suas famílias. Nas palavras de dois demógrafos soviéticos, depois de 1920, "o aborto passou rapidamente a uma prática familiar de massas"[57].

O aborto ilegal

Mesmo depois de o aborto ser legalizado, milhares de mulheres ainda recorriam às *babki*, às parteiras, às cabelereiras, às enfermeiras e a uma série de remédios caseiros automedicados para interromper

---

[56] *Aborty v 1926 g.*, cit., p. 9; M. Gernet, "Povtornye I Mnogokratnye Aborty", *Statisticheskoe obozrenie*, n. 12, 1928, p. 111.

[57] Anatolii Grigorevich Vishnevskii, Andrei Gavrilovich Volkov, *Vosproizvodstvo naseleniia SSSR*, cit., p. 173.

MULHER, ESTADO E REVOLUÇÃO

a gravidez. Suas razões variavam amplamente: algumas buscavam evitar a dor do procedimento hospitalar; outras não podiam viajar até as comissões de aborto e hospitais; algumas desejavam manter suas gravidezes em segredo; e muitas simplesmente confiavam mais nas práticas da *babka* e da parteira do que na dos médicos modernos.

Tabela 17. Abortos e gravidezes anteriores entre
as mulheres que fizeram aborto, 1926

	Moscou e Leningrado			Áreas rurais		
	Número	Porcentagem	Taxa de aborto*	Número	Porcentagem	Taxa de aborto*
Grupo 1			11%			6%
Segunda gravidez						
0 abortos	5.412	78		1.617	89	
1 aborto	1.514	22		204	11	
Total	6.926			1.821		
Grupo 2			18%			6%
Terceira gravidez						
0 abortos	3.729	54		1.779	83	
1 aborto	2.712	39		345	16	
2 abortos	501	7		27	1	
Total	6.942			2.151		
Grupo 3			22%			8%
Quarta gravidez						
0 abortos	2.348	41		1.569	74	
1 aborto	2.071	36		469	22	
2 abortos	1.117	19		92	4	
3 abortos	219	4		4	0,2	
Total	5.755			2.134		
Grupo 4						
Cinco ou mais gravidezes						
0 abortos	4.097	29		4.391	60	
1 aborto	3.387	24		1.719	24	
2 abortos	2.992	21		736	10	
3 abortos	1.811	13		260	4	
4 abortos	963	7		122	2	
5 abortos	1.019	7		69	1	
Total	14.269			7.297		

* a cada cem mulheres grávidas
Fonte: *Aborty v 1926 g.*, p. 10-1.

A *babka* desempenhava um papel crucial no parto e no aborto na aldeia. Muitas mulheres camponesas, que nunca haviam ido a um hospital nem sido sequer examinadas por um médico, tinham muitos filhos com a ajuda da *babka*. Quando recorriam ao aborto, esta era a primeira pessoa que procuravam, com naturalidade e confiança. As *babki* praticavam abortos de inúmeras formas: usavam agulhas de tricô, fusos, arame, agulhas de crochê, cadarços de sapato, penas de ganso, cenouras e raízes de vegetais para induzir o aborto espontâneo; ferviam chás de açafrão, camomila, aloe e ferrugem. E aconselhavam as mulheres sobre inúmeros remédios, incluindo as práticas antigas de levantar cargas pesadas, tomar banhos quentes e emplastros de mostarda, como também doses de quinina, cândida e o sublimado corrosivo químico[58]. É impossível determinar quão seguros ou efetivos eram tais remédios porque somente uma fração das pacientes que os tomavam era atendida em hospitais. Os médicos só viam o trabalho falido das *babki* e das parteiras "ignorantes"; não tinham noção nenhuma de seus êxitos.

As atividades das *babki* estavam cobertas de silêncio. Não só eram ilegais, como suas clientes tinham de manter suas gravidezes em segredo. As *babki* e as mulheres a que atendiam estavam unidas por um pacto de silêncio que frequentemente permanecia intacto até a morte. Muitos observadores assinalavam que as mulheres se negavam a revelar os detalhes de seus abortos ou os nomes das *babki* até o leito de sua morte, mantendo firmemente que o aborto espontâneo tinha sido provocado por uma queda ou por ter levantado uma carga pesada[59].

Há evidências que sugerem que os remédios populares não eram tão ineficazes nem tão perigosos como proclamavam veementemente os médicos. Uma mulher que entrou em um hospital com hemorragia reconheceu que havia induzido o próprio aborto mediante a inserção de uma pena de ganso na cérvix. E, ainda, contou que já tinha feito onze abortos antes, com sucesso, usando esse método[60]. A esposa de um mecânico ferroviário em Krasnoiarsk tinha praticado

---

[58] B. Ressin, "Opyt Obsledovaniia Polovoi Sfery Zhenshchin v Kolkhoze", cit., p. 344; A. B. Gens, *Abort v derevne*, cit., p. 30.

[59] Ibidem, p. 17, 27; V. L. Karpova, "K Voprosu ob Abortakh i Aktivnom Vmeshatel'stve pri Infitsirovannom Vykidyshe na Sele", *Vrachebnoe delo*, n. 1, 1930, p. 28, 30.

[60] Ibidem, p. 27-8.

MULHER, ESTADO E REVOLUÇÃO

abortos durante anos. Ela pediu a seu marido que confeccionasse um tubo de metal cônico, que ela fervia antes de cada operação. Ela inseria o tubo na cérvix e, usando um balão de borracha, sopra-va uma pequena quantidade de ar no útero. Ela tinha usado esse método de forma segura em si mesma e em outras mulheres em diversas ocasiões[61]. Apesar de essa mulher provavelmente não repre-sentar um caso típico, seu relato sugere que existiam mulheres que praticavam aborto de modo seguro e ganhavam, assim, a confiança e a lealdade das mulheres de suas comunidades.

A frequência do aborto ilegal é mensurável somente pelo número de mulheres que acabavam no hospital. Os êxitos e fracassos que nunca chegavam ao hospital constituíam a cifra "obscura" ou des-conhecida do aborto ilegal. No entanto, nem todas as mulheres que eram socorridas no hospital com abortos incompletos eram vítimas do aborto ilegal. Algumas sofriam abortos espontâneos ou provo-cados por acidentes. Os médicos e pesquisadores divergiam ampla-mente em suas estimativas de qual era a porcentagem de mulheres com "abortos incompletos" que eram, de fato, vítimas do aborto ile-gal. As estimativas variavam entre 10% e 95%. Alguns argumentavam que era impossível determinar se uma hemorragia era espontânea, autoinduzida, acidental ou deliberadamente induzida por outra pessoa. Outros sustentavam que a vasta maioria das mulheres que entrava no hospital com um quadro combinado de hemorragia, in-fecção e febre alta era, sem dúvida, receptora de abortos ilegais[62]. As próprias mulheres confundiam ainda mais a situação ao se negarem a reconhecer um aborto ilegal.

Os dados seguintes se baseiam nas mulheres que entravam em hos-pitais com abortos incompletos. Infelizmente, é impossível dizer com exatidão a porcentagem de abortos intencionais (ilegais, autoinduzi-dos ou praticados por outras pessoas) e a porcentagem de abortos es-

---

[61] V. V. Khvorov, "K Kazuistike Abortmakherstva", *Vrachebnaia gazeta*, n. 15, 1930, p. 1149.

[62] Magid, p. 104, cita Gens com a alta cifra de 95%. Aleksandr Andreevich Verbenko, S. E. Il'in, V. N. Chusova e T. N. Al'shevskaia, *Aborty i protivozacha-tochnye sredstva* (Meditsina, 1968), p. 10, diziam que 92% das mulheres que entravam nos hospitais de Moscou, em 1924, com abortos incompletos haviam sido vítimas de práticas ilegais. A. S. Madzhuginskii, "Dannye Patronazhnogo Izucheniia Vliianiia Iskusstvennogo Vykidysha na Zdorov'e Zhenshchiny", cit., p. 48, acreditava ser 33%; e Ia. I. Rusin, "O Pozdnem Samoproizvol'nom Abor-te", cit., p. 568, somente 10%.

pontâneos e induzidos por acidente. Contudo, dada a probabilidade de que o aborto ilegal fosse uma fração dos abortos incompletos (e tendo em vista que esses são os únicos dados sociológicos que temos sobre as mulheres que recebiam abortos ilegais), o aborto incompleto é usado aqui como um índice aproximado do aborto ilegal.

No começo da década de 1920, o número de mulheres hospitalizadas por abortos incompletos era extremamente alto. Nos hospitais rurais, o número de mulheres com abortos incompletos superavam, na realidade, o daquelas que realizavam abortos legais. Além disso, entre 1922 e 1924, o número de abortos incompletos aumentou a cada ano. Portanto, apesar da legalização do aborto, o aborto ilegal ainda era praticado amplamente, em especial no campo. A relação entre abortos incompletos ilegais caiu no final dos anos 1920, mas a presença do aborto continuou sendo bastante significativa[63].

Em 1926, 14% das mulheres em alas de aborto – 17.201 de 119.910 mulheres – eram tratadas pelas consequências de um aborto incompleto. O número de mulheres tratadas por abortos incompletos era quase o mesmo em Moscou e Leningrado e nas áreas rurais. No entanto, devido ao fato de os hospitais rurais praticarem menos abortos, as mulheres com abortos incompletos ocupavam o dobro da quantidade de leitos (23%) nas clínicas rurais do que em Moscou e Leningrado (12%) (ver Tabela 18). A porcentagem mais alta de mulheres tratadas por abortos incompletos nas clínicas estava nas províncias da Região Industrial Central (RIC) que rodeava Moscou: Ivanovo-Vosnesensk (40%), Riazan (35%), Nizhegorod (30%) e Kostroma (25%). Em quase metade das províncias do país, um de cada cinco leitos instalados para abortos legais era ocupado por uma mulher tratando de um aborto iniciado fora do hospital. Nas áreas rurais, um estudo mostrou evidências claras do grande predomínio do aborto ilegal. Em 1930, de 1.249 mulheres de um *kolkhoz* da área de Smolnsk, metade tinha sofrido um aborto ilegal praticado por si própria ou pelas *babki*[64].

As mulheres continuaram na clandestinidade por muito tempo. Alguns funcionários da saúde sugeriam que as mulheres voltavam a

---

[63] Entre 1922 e 1924, médicos rurais realizaram 40.828 abortos legais e trataram 41.684 mulheres por complicações resultantes de abortos ilegais. A. B. Gens, *Abort v derevne*, cit., p. 27.

[64] *Aborty v 1926 g.*, cit., p. 6-7; B. Ressin, "Opyt Obsledovaniia Polovoi Sfery Zhenshchin v Kolkhoze", cit., p. 344.

MULHER, ESTADO E REVOLUÇÃO

fazer abortos ilegais porque eram rechaçadas pelas comissões. Em várias províncias urbanizadas, as altas taxas, tanto de abortos incompletos como de rejeição sugerem um círculo vicioso: as mulheres que sofriam dos efeitos dos abortos ilegais mal praticados ocupavam leitos na ala para abortos, reduzindo assim os lugares disponíveis para mulheres que solicitavam abortos legais, obrigando, por sua vez, que mais mulheres fizessem abortos ilegais. As clínicas para abortos nas províncias de Riazan, Kostroma, Vladimir e Ivanovo-Vosnesensk, onde as comissões rechaçaram uma porcentagem alta de solicitantes, apresentavam alta porcentagem de mulheres com abortos iniciados fora do hospital. Ainda assim, com a exceção de Vladimir e outras províncias, o número de mulheres tratadas por abortos incompletos excedia amplamente o número dos rechaços das comissões. Em nível nacional, 17.201 mulheres foram tratadas por abortos incompletos, mas somente 6.102 mulheres foram rechaçadas pelas comissões[65]. Portanto, o rechaço das comissões – ou a incapacidade das instalações médicas para responder à demanda – claramente não era a única razão pela qual mulheres recorriam à clandestinidade.

Tabela 18. Abortos legais e incompletos por localidade, 1926

Tipo de aborto	Moscou e Leningrado	Cidades de Guberniia e Okrug	Outras cidades	Áreas rurais	Total
Legal	39.851	30.616	16.439	15.803	102.709
Incompleto	5.219	3.744	3.474	4.764	17.201
Porcentagem nacional de todos os abortos incompletos	30%	22%	20%	28%	100%
Porcentagem de mulheres nas enfermarias com abortos incompletos	12%	11%	17%	23%	14%

Fonte: *Aborty v 1926 g.*, p. 8.

Muitas mulheres de áreas rurais que necessitavam de abortos não apresentavam a solicitação às comissões. Uma viagem de ida à comissão, seguida de uma viagem de ida a um hospital, era quase impossível. Os caminhos eram intransitáveis durante grande parte do ano. Inclusive em uma casa onde existisse um cavalo, este não estaria

---

[65] *Aborty v 1926 g.*, cit., p. 8.

WENDY GOLDMAN

disponível, e a mulher teria de andar de 30 a 40 milhas para chegar ao hospital. Muitos hospitais de áreas rurais nem sequer praticavam abortos. Além disso, as comissões requeriam comprovação da gravidez, estado civil, tamanho da família e local de trabalho. Mesmo que uma mulher conseguisse a documentação necessária de um médico e do Soviete local, a papelada e sua ausência subsequente expunham o propósito da viagem frente a todo o povoado. Mais de 1.900 médicos informaram que as mulheres de áreas rurais imploravam para que praticassem abortos de forma privada, sem a permissão das comissões. Nas palavras de um médico: "Se um hospital rechaçava uma mulher solteira ou viúva, ela pedia ajuda imediatamente às *babki*"[66]. Como resultado da falta de hospitais disponíveis, das dificuldades para apresentar uma solicitação às comissões e da tradição de recorrer à *babka*, o aborto ilegal era uma prática muito estendida no campo. As camponesas constituíam 18% das mulheres tratadas nas clínicas por abortos incompletos, mas somente 10% dos abortos legais.

Havia outras diferenças entre as mulheres que faziam abortos legais e as que eram tratadas por abortos fora do hospital, mas não eram significativas. A maioria esmagadora das mulheres em ambos os grupos era casada (cerca de 85%). As desempregadas beneficiadas pelas comissões de aborto representavam uma porção muito menor das pacientes com abortos incompletos (5%) do que as pacientes de abortos legais (12%). Mais mulheres com abortos incompletos não tinham filhos, talvez porque as comissões privilegiassem as mulheres com filhos ou porque as solteiras buscavam evitar a publicidade das comissões. Mas em outros aspectos a composição social dos grupos era similar. A grande maioria das mulheres tratadas por abortos incompletos, assim como suas contrapartes "legais", era de mães. O maior grupo (46%) tinha famílias pequenas de um ou dois filhos[67].

Em geral, as mulheres com abortos incompletos tendiam a ser um pouco mais velhas e a ter menos filhos do que as mulheres que faziam abortos legais. As camponesas se destacavam em suas fileiras, e os hospitais rurais tratavam uma porcentagem mais alta. No entanto, os respectivos perfis dos grupos eram notavelmente similares. Como entre as mulheres que realizavam abortos legais, as operárias e *sluzhashchie* representavam o maior grupo das mulheres tratadas

---

[66] A. B. Gens, *Abort v derevne*, cit., p. 15, 20, 38-46.

[67] *Aborty v 1926 g.*, cit., p. 20, 24, 38, 42, 56, 60, 74, 78.

MULHER, ESTADO E REVOLUÇÃO

por abortos incompletos e tendiam a ser mães, tendo entre 20 e 29 anos, com famílias pequenas.

Os dados sobre mulheres com abortos incompletos não fornecem muita informação sobre o sombrio e secreto mundo do aborto clandestino. Se aquelas que terminavam em hospitais com abortos incompletos eram pouco representativas das mulheres que recorriam a abortos clandestinos, os perfis sociológicos mostram que as mulheres que praticavam abortos clandestinos não diferiam significativamente das que faziam abortos legais. E, o mais importante, ambos os grupos, em geral, não podiam se distinguir das milhões de mães casadas cujas opções sobre a reprodução determinavam em última instância a taxa de natalidade russa.

O aborto e a taxa de natalidade

No final da década de 1920, os médicos e pesquisadores estavam profundamente preocupados com a dependência das mulheres em relação ao aborto. Faziam frequentes referências à taxa de natalidade decrescente, às milhares que sofriam de complicações depois da operação, à perda de tempo de trabalho durante a recuperação e ao impacto debilitador do aborto na saúde das mulheres. Ao informar à Associação Científica de Médicos de Simferopol, em 1927, um médico concluiu que na Crimeia o alto número de abortos "representa um grande fator antissocial e constitui uma ameaça para o crescimento regular da população". No I Congresso de Parteiras e Ginecologistas Ucranianos, no mesmo ano, um médico de Starobel'ks anunciou que a relação entre abortos e nascimentos havia disparado de quarenta abortos a cada cem nascimentos em 1924 para 84 em cada cem em 1925, e superava o número de nascimentos com 107 abortos a cada cem nascimentos em 1926[68]. Vera Lebedeva sentiu a necessidade de responder a esse grave prognóstico assinalando que o aborto não tinha afetado significativamente a taxa de natalidade. No entanto, demarcou que em Moscou havia 65 abortos a cada cem nascimentos em 1926, e que o número continuava crescendo. Em 1928, um médico de Moscou no VIII Congresso de Parteiras e Ginecologistas assinalou que o número de abortos havia superado o de nascimentos. Advertiu:

---

[68] "Nauchnaia zhizn'", *Vrachebnoe delo*, n. 14-15, 16, 1927, p. 1107, 1196-7.

WENDY GOLDMAN

> Devemos prestar atenção ao predomínio ameaçador dos abortos em relação aos nascimentos entre mulheres jovens de nossa época e as consequências inevitáveis: uma queda na taxa de natalidade e na capacidade de trabalho das mulheres. O aborto, em última instância, coloca uma carga pesada sobre o Estado porque reduz a contribuição das mulheres na produção.

Um delegado do Cáucaso Norte comentou que havia quatro vezes mais abortos do que nascimentos em sua região, e outro, da Ucrânia, se referiu a "uma epidemia de abortos"[69].

No final da década de 1920, o número de abortos tinha superado o de nascimentos em algumas cidades. Em Briansk, havia 35 abortos legais e ilegais a cada cem nascimentos em 1924; 46 em 1925; 166 em 1926; e 244 em 1927. A quantidade de abortos em 1927 era 2,5 vezes maior do que a de nascimentos[70]. Em Leningrado, havia um aumento de quase seis vezes na taxa de abortos entre 1924 e 1928, de 5,5 a 31,5 abortos a cada mil pessoas. A relação entre abortos e nascimentos aumentou de 21 abortos a cada cem nascimentos em 1924, a 138 em 1928[71]. Em Moscou, em 1921, houve dezenove abortos a cada cem nascimentos; 21 em 1922; 19 em 1923; 19 em 1924; 31 em 1925; 55 em 1926; 87 em 1927; 130 em 1928; e 160 em 1929. Em 1934, a quantidade de abortos por nascimentos havia chegado a 271, ainda que tenha caído a 221 em 1935. Assim, em 1928, os abortos de Moscou haviam superado os nascimentos, e na década de 1930 havia duas vezes mais abortos do que nascimentos por ano[72]. Com a soma dos abortos ilegais o efeito sobre as cifras teria sido ainda mais assustador. E, ainda que o crescimento do aborto tenha sido maior nas grandes cidades, as cifras em nível nacional também eram significativas. Na Rússia, em 1926, os médicos praticaram 212.978 abortos legais. Em 1935, essa cifra disparou para 1,5 milhão. Em

---

[69] "VIII S"ezd", cit., p. 474-5 , 478, 482, 485.

[70] Nikolai Maksimovich Emel'ianov, "K Voprosu o Roste Iskusstvennogo Aborta i Padenii Rozhdaemosti", cit., p. 425.

[71] Anatolii Grigorevich Vishnevskii, Andrei Gavrilovich Volkov, *Vosproizvodstvo naseleniia SSSR*, cit., p. 174.

[72] Frank Lorimer, *The Population of the Soviet Union: History and Prospects* (Genebra, Liga das Nações, 1946), p. 127; M. F. Levi, "Itogi Legalizatsii Aborta v SSSR Skvoz 'Prizmu Burzhuaznoi Nauku", cit., p. 156.

MULHER, ESTADO E REVOLUÇÃO

1926, houve 1,3 abortos a cada mil pessoas; em 1935, 13,1 – um aumento de mais de dez vezes[73].

E à medida que o número de abortos crescia, a taxa de natalidade bruta caía. Entre 1927 e 1935, caiu de 45 nascimentos a cada mil pessoas em 1927, para 43,7 em 1928; 41,4 em 1929; 39,2 em 1930; 36,9 em 1931; 34,6 em 1932; 32,4 em 1933; 30,1 em 1934; e 30,1 em 1935. Ainda que muitos fatores tenham contribuído para a queda da taxa de natalidade bruta, é assustador que o declínio que começou em 1928 coincidisse com o aumento extraordinário do aborto. No final da década de 1920, em Briansk, Moscou, Leningrado, partes da Ucrânia, no Norte do Cáucaso e em outras áreas, o número de abortos superou o de nascimentos e continuou crescendo. Nas palavras dos demógrafos soviéticos, o aborto havia se transformado "no meio de regulação primário da taxa de natalidade na família"[74].

Ainda que saibamos pouco sobre as mulheres que praticavam aborto no começo da década de 1930, a cifra sobre abortos e a taxa de natalidade sugerem que os milhões de mulheres camponesas que chegavam às cidades e entravam para a força de trabalho nesse período tinham grandes motivações para limitar o tamanho da família. Entre 1932 e 1934, 2.834.300 mulheres se estabeleceram nas cidades[75], e dessa forma aumentaram suas oportunidades de obterem um aborto legal. A coletivização, a industrialização e a urbanização foram acompanhadas de um aumento importante dos abortos legais, assim como, provavelmente, de ilegais também. As mulheres entraram na força de trabalho em níveis recordes. Os administradores das plantas desencorajavam fortemente as mulheres grávidas que solicitavam postos de trabalho para evitar os custos da licença maternidade generosa concedida pelas leis do Estado soviético. Os abusos eram frequentes: as mulheres que

---

[73] *Aborty v 1926 g.*, cit., p. 6; a estimativa de abortos em 1935 é derivada de estatísticas fornecidas por Elizaveta Alikhanovna Sadvokasova, *Sotsial'no-gigienicheskie aspekty regulirovaniia razmerov sem'i* (Meditsina, 1969), p. 30, sobre aborto em 1937--1938. Sadvokasova aponta que aconteceram 500 mil abortos entre 1937-1938, o ano após o decreto. Para o número de nascimentos em 1926, ver L. Lubnyi-Gertsyk, "Estestvennoe Dvizhenie Naseleniia SSSR za 1926", *Statisticheskoe obozrenie*, n. 8, 1928, p. 86. Estatísticas para 1935 desenvolvidas usando a cifra populacional de 1933 do *Handbook of the Soviet Union* (Nova York, American-Russian Chamber of Commerce, 1936), p. 3.

[74] Frank Lorimer, *The Population of the Soviet Union*, cit., p. 134; Anatolii Grigorevich Vishnevskii, Andrei Gavrilovich Volkov, *Vosproizvodstvo naseleniia SSSR*, cit., p. 173.

[75] *Zhenshchina v SSSR* (Moscou, 1936), p. 63.

WENDY GOLDMAN

se apresentavam para um posto de trabalho eram submetidas a testes de gravidez e eram aconselhadas a fazer abortos ou procurar outro trabalho. E, obviamente, as mulheres procuravam abortos por conta própria. Um estudo das mulheres que praticaram abortos no começo da década de 1930 mostrou que eram menos motivadas pela pobreza e mais pelo desejo de "não ter um filho"[76]. A fome no campo, o racionamento nas cidades e as expropriações forçadas de milhões de camponeses contribuíram à grande queda da taxa de natalidade. O aborto legalizado não era a causa dessa queda, era simplesmente um dos vários métodos que as mulheres utilizavam para evitar a gravidez.

Em junho de 1936, em meio a uma grande campanha de propaganda, o Comitê Executivo Soviético Central (TsIK) e o *Sovnarkom* emitiram um decreto que declarava o aborto como ilegal. Aqueles que praticassem a operação estariam sujeitos a no mínimo dois anos de prisão, e inclusive a mulher que se submetia ao aborto estaria sujeita a multas altas depois da primeira infração. A nova lei oferecia incentivos para a maternidade mediante um subsídio para novas mães, bônus grandes para mulheres com muitos filhos e licenças maternidade mais longas para funcionárias administrativas. Também aumentou a quantidade de clínicas de maternidade, creches e cozinhas de leite. Somado às medidas pró-natalidade, ficou mais difícil conseguir um divórcio, e as multas e penas para os homens que negassem pagar pensões alimentícias aumentaram. A proibição do aborto foi a peça-chave de uma campanha mais ampla para promover a "responsabilidade familiar"[77].

Os oficiais nunca debateram publicamente as verdadeiras razões da proibição do aborto. Publicizando os novos avanços no nível de vida e as alegrias da maternidade, insistiam que as mulheres já não precisavam abortar. Colocaram ênfase no caráter temporário da legalização prévia e proclamaram que cada mulher podia agora realizar seu direito de ser mãe. No entanto, a justificativa oficial da proibição fazia pouco sentido. Se o nível de vida era tão alto que as mulheres

---

[76] D. Khutorskaia e M. Krasil'nikov, "Bor'ba s Podpol'nymi Abortami", *Sotsialisticheskaia zakonnost'*, n. 4, 1936, p. 21-2.

[77] *Proekt postanovleniia TsIK i SNK SSR o zapreshchenii abortov, uvelechenii material'noi pomoshchi rozhenitsam, ustanovlenii gosudarstvennoi pomoshchi mnogosemeinym, rasshirenii seti rodi'nykh domov, detskikh iaslei, detskikh sadov, usilenii ugolovnogo nazaniia za neplatezh alimentov, i o nekotorykh izmeneniiakh v zakonodatel'stve o razvodakh* (1936); G. A. Baksht, "K Voprosu o Zapreshchenii Abortov", *Sovetskii vrachebnyi zhurnal*, n. 12, 1936, p. 884.

MULHER, ESTADO E REVOLUÇÃO

já não necessitavam recorrer ao aborto, por que se incomodar em proibi-lo?

A evidência sugere firmemente que a proibição era motivada por uma grande preocupação em relação à taxa de natalidade decrescente, somada à incipiente compreensão do significado mais profundo das estatísticas do aborto. Os dados dos organismos de estatísticas sobre paciente de abortos desmentiram as suposições oficiais. Os criadores do decreto de 1920 acreditavam que, uma vez que a pobreza fosse eliminada, as mulheres não mais necessitariam do aborto. Os critérios das comissões de aborto – favorecer as mulheres mais vulneráveis em termos materiais e sociais – refletiam implicitamente essa convicção. No entanto, a maioria das mulheres que procuravam o aborto, tanto legal como ilegal, na década de 1920 não eram as desempregadas, as solteiras ou as que eram muito jovens, mas sim as mães estáveis, casadas e em plena idade fértil. Em suma, não eram nem as mais necessitadas, nem as mais vulneráveis, nem as mais marginais. Essas mulheres, fundamentalmente as assalariadas urbanas ou as esposas dos assalariados, não respondiam somente à pobreza e às penúrias materiais, mas sim a novas oportunidades abertas pela Revolução: educação, emprego e trabalho político em um mundo mais amplo.

Em 1934, S. G. Strumilin, a serviço dos organismos de estatística orçamentária, completou um projeto imenso de pesquisas sobre as taxas de natalidade e mortalidade infantil. Ele coletou informações sobre 10 mil mulheres, ao longo de suas vidas de casadas, desde 1914. As conclusões de Strumilin tiveram impacto profundo nos níveis mais altos do governo porque desafiaram muitas suposições que sustentavam a visão do Estado sobre o aborto. Em primeiro lugar, Strumilin assinalou que a taxa de casamento havia crescido firmemente entre 1914 e 1933. Ainda que isso deva ter produzido um aumento de 2,5 milhões de mães e ao menos 750 mil nascimentos, de fato, a taxa de natalidade caiu. Em segundo lugar, Strumilin mostrou que à medida que as famílias ascendiam na escala social, passando de camponeses a trabalhadores não qualificados, e em seguida a trabalhadores industriais qualificados, a fertilidade familiar caía. Além disso, as mulheres que combinavam o trabalho assalariado com a criação dos filhos e o trabalho doméstico tinham uma fertilidade menor do que a média. Em terceiro lugar, previu que se as metas econômicas fossem alcançadas, e se mais de 5 milhões de mulheres

WENDY GOLDMAN

entrassem para a força de trabalho em um futuro próximo, os nascimentos nas cidades poderiam ter uma queda de 400 mil, uma queda da taxa de natalidade de quase 10%. Em 1935, as mulheres nascidas durante a Primeira Guerra Mundial entrariam na idade de terem filhos. A princípio se trataria de um pequeno grupo (devido à queda da taxa de natalidade durante a guerra), mas se estima que a taxa de natalidade se reduziria ainda mais quando esse grupo de mulheres se incorporasse à força de trabalho[78]. A pesquisa de Strumilin mostrou que a melhora das condições materiais e a mobilidade social provocariam a queda da taxa de natalidade.

As cifras de casamento, taxa de natalidade, aborto e a sociologia das pacientes de abortos se combinaram para produzir uma mensagem inequívoca: primeiro, a taxa de natalidade estava caindo e continuaria a cair no futuro; e, segundo, as mães da Rússia recorriam ao aborto repetidamente durante suas vidas reprodutivas para limitar o tamanho de suas famílias.

Os funcionários supunham que a queda na taxa de natalidade poderia ser freada com a criminalização do aborto. Essa suposição era uma mudança profunda com relação à visão estatal prévia, que sustentava que a criminalização não servia para mudar as difíceis condições sociais que levavam as mulheres a procurar o aborto. Contudo, em 1936, os funcionários abandonaram a noção de que a repressão era inútil. Impulsionavam agora a ideia contrastante do jurista que proclamou: "Faz sentido aplicar medidas mais repressivas"[79].

A lei de 1936 confundiu o método das mulheres para limitar a fertilidade conjugal (aborto legal) com suas motivações. O Estado acreditou que ao privar as mulheres do método para limitar a fertilidade eliminaria também suas motivações para tal. As estatísticas logo mos-

---

[78] O estudo de Strumilin é citado por Elizaveta Alikhanovna Sadvokasova, *Sotsial'-no-gigienicheskie aspekty regulirovaniia razmerov sem'i*, cit., p. 28-9. Strumilin analisava a porcentagem de mulheres casadas, entre 16 e 49 anos, de 1914 a 1933, determinando o crescimento da taxa de casamentos.

[79] "Obsuzhdaet Zakonoproekt", *Sotsialisticheskaia iustitsiia*, n. 17, 1936, p. 2-4; "Rabotniki Iustitsiia Aktivno Uchastvuite Obsuzhdenii Zakonoproekt", *Sotsialisticheskaia iustitsiia*, n. 18, 1936, p. 1-4; A. Gertsenzon, A. Lapshina, "Zakono Zapreshchenii Aborta", *Sotsialisticheskaia zakonnost'*, n. 10, 1936, p. 31; D. A. Glebov, "Zakonoproekt TsIK i SNK Soiuza SSR ot 25 Maia 1936", *Sovetskii vrachebnyi zhurnal*, n. 11, 1936, p. 802-3; O. P. Nogina, "Zadachi Okhrany Materinstva i Mladenchestva", *Sovetskii vrachebnyi zhurnal*, n. 5, 1936, p. 321-5; "V Zashchitu Materi i Rebenka", *Sotsialisticheskaia zakonnost'*, n. 7, 1936, p. 17-20.

MULHER, ESTADO E REVOLUÇÃO

traram que essa crença era completamente errônea. A criminalização destruiu a opção de aborto legal para milhões de mulheres, mas nunca conseguiu convencê-las a voltar à criação das crianças da família camponesa patriarcal. Em última instância, o Estado fracassou em elevar substancialmente a taxa de natalidade. A proibição produziu um aumento imediato, mas só durou alguns anos. Em 1938, a taxa de natalidade começou a cair novamente, e em 1940 havia voltado aos níveis de 1935, anteriores à proibição do aborto[80].

Apesar da proibição, a incidência do aborto continuou sendo alta. Em Moscou, houve 9,7 abortos a cada mil pessoas em 1925; 15,8 em 1926 e 12 em 1939[81]. Nas cidades russas, houve 6,1 abortos em 1926; 9,6 em 1938 e 10,8 em 1939[82]. Dessa forma, em 1939, apesar da proibição, a incidência do aborto era maior do que em 1926, durante o período de legalização. Muitos dos abortos praticados depois de 1936 eram trabalhos de "limpeza" realizados por médicos nas mulheres que entravam nos hospitais com hemorragias por abortos ilegais. Um demógrafo estimou que depois de 1936 só 10% de todos os abortos praticados em hospitais eram abortos legais realizados por razões médicas. Os 90% restantes eram abortos iniciados fora do hospital: 30% eram abortos ilegais e 60% espontâneos[83]. No entanto, qualquer mulher que entrasse em um hospital depois de 1936 relutaria muito em admitir o aborto ilegal, e é provável que a porcentagem de abortos tratados em hospitais fosse muito mais alta. Depois de 1936, os médicos viram um aumento enorme na quantidade de mulheres que sofriam de infecções, peritonite, perfurações, hemorragias, inflamação crônica, sepsia, esterilidade e outras complicações. A taxa de mortalidade por abortos ilegais disparou. Um estudo da década de 1960 sobre mil mulheres na época de sua menopausa revelou a preponderância assustadora do aborto ilegal

---

[80] Ansley Coale, Barbara Anderson, Erna Harm, *Human Fertility in Russia since the Nineteenth Century* (Princeton, Princeton University Press, 1975), p. 16.

[81] A. Gertsenzon, N. Lapshina, "Zakon o zapreshchenie aborta", *Sotsialisticheskaia zakonnost'*, n. 10, 1936, p. 29; Elizaveta Alikhanovna Sadvokasova, *Sotsial'no-gigienicheskie aspekty regulirovaniia razmerov sem'i*, cit., p. 30.

[82] Sobre abortos em 1925 e 1926, ver *Aborty v 1926 g.*, cit., p. 8; sobre população em vilas e no campo em 1926, ver L. Lubnyi-Gertsyk, "Estestvennoe Dvizhenie Naseleniia SSSR za 1926", cit., p. 86; e Elizaveta Alikhanovna Sadvokasova, *Sotsial'no-gigienicheskie aspekty regulirovaniia razmerov sem'i*, cit., p. 30, sobre as taxas de aborto em 1938 e 1939.

[83] Ibidem, p. 31-2.

WENDY GOLDMAN

depois do decreto de 1936. Os anos férteis de muitas dessa mulheres coincidiram com o período da proibição. Das mulheres férteis, só um terço havia tido filhos, mas nunca feito um aborto. Cerca de 5% haviam terminado todas as gravidezes com abortos. Entre as mulheres que haviam feito abortos, 28% fizeram um, 23% dois e 49% três ou mais. Em média, uma mulher fértil teve cerca de cinco gravidezes das quais três terminaram em aborto[84].

A repressão, a longo prazo, demonstrou ser inútil tanto para elevar a taxa de natalidade como para eliminar o aborto. O aborto ilegal nunca desapareceu, nem durante o período da legalização, e sem dúvida muitas mulheres voltaram às práticas clandestinas de médicos, parteiras e *babki* dispostos. A evidência sugere fortemente que a queda na taxa de natalidade em 1938 mostrou o êxito das mulheres em expandir as redes do aborto ilegal[85]. Diante da ausência de contraceptivos confiáveis, as mulheres continuaram usando o aborto, ainda que ilegal, como principal método de controle de natalidade. E sofreram, ficaram doentes e morreram em consequência disso.

---

[84] Aleksandr Andreevich Verbenko, et al., *Aborty i protivozachatochnye sredstva*, cit., p. 12-3.

[85] Elizabeth Waters, "From the Old Family to the New: Work, Marriage and Motherhood in Urban Soviet Russia, 1917-1931", dissertação de doutorado, University of Birmingham, Birmingham, 1985, p. 306; também seu capítulo "Regulating Fertility". Waters escreve que a queda da taxa de nascimentos de 1938 assinalava o sucesso das mulheres em "reconstruir" as redes de aborto ilegal, mas provas nesse capítulo mostram que tais redes nunca realmente desapareceram. Anatolii Grigorevich Vishnevskii e Andrei Gavrilovich Volkov, *Vosproizvodstvo naseleniia SSSR*, cit., p. 174.

8
REFORMULANDO A VISÃO:
A RESSURREIÇÃO DA FAMÍLIA

O que eu como e bebo, como eu durmo e me visto é meu assunto particular, e também é
meu assunto privado a relação que tenho com uma pessoa do sexo oposto.
August Bebel, 1879[1]

É necessário colocar fim à visão anarquista do casamento e da natalidade como
assuntos exclusivamente privados.
P. A. Krasikov, vice-presidente da Suprema Corte, 1936[2]

A proibição do aborto em junho de 1936 foi acompanhada de uma campanha para desacreditar e destruir as ideias libertárias que tinham dado forma à política social ao longo da década de 1920. Depois da ratificação do Código da Família de 1926, os problemas colocados pelo divórcio, pela pensão alimentícia, pela instabilidade familiar e pelo *besprizornost'* continuaram crescendo. O processo de coletivização forçada criou novas camadas de crianças famintas e sem-teto, e a industrialização veloz impôs novas e terríveis pressões à família. À medida que as mulheres entravam massivamente na força de trabalho no final do primeiro Plano Quinquenal, a imprensa sinalizava cada vez mais um novo fenômeno de crianças "sem supervisão e desatendidas" (*beznadzornost'*). Ao chegar o ano de 1935, o Estado tinha começado a colocar penas severas à delinquência juvenil e às crianças de rua. Em 1936, os juristas repudiaram muitas de suas ideias iniciais, e em um deslocamento ideológico claro exigiram o fortalecimento e a estabilização da família. Enquanto envolvia as novas políticas com um apelo populista à ordem social, o Partido abandonou sua primeira visão das relações sociais por uma nova confiança na repressão massiva. A doutrina da "extinção", que em

---

[1] August Bebel, *Women under Socialism* (Nova York, 1910), p. 467

[2] "Rabotniki Iustitsii Aktivno Uchastvuite v Obsuzhdenii Zakonoproekta", *Sotsialisticheskaia iustitsiia*, n. 18, 1936, p.3. Daqui em diante citado como *SIu*.

WENDY GOLDMAN

um momento havia sido central para a compreensão socialista da família, do direito e do Estado, foi repudiada.

Pensão alimentícia e divórcio

O novo Código do Casamento, da Família e da Tutela foi promulgado em janeiro de 1927. Os proponentes do novo Código tinham argumentado que a lei deveria refletir a vida, mas ao passar um ano era notável que a vida também refletia a lei. O novo Código teve um impacto imediato sobre a taxa de divórcios em todo o país. O número de divórcios, que já era muito considerável, aumentou entre 1926 e 1927 na zona europeia da URSS de 1,6 para 2,7 a cada mil habitantes. As áreas rurais demonstraram um aumento de 1,4 a 2 na taxa de divórcios, e nas cidades a taxa duplicou de 2,9 a 5,8[3]. Nas cidades da zona industrial central, que incluía Moscou, a taxa de divórcio subiu mais do que o dobro (de 3 a 7,2), e nas da região de Leningrado (*oblast'*) chegou a quase o triplo (de 3,3 a 9). Em Moscou, os números deram um salto de 6,1 a 9,3; em Tver, de 4,8 a 7,6; em Iaroslavl, de 4 a 7,8; e, em Leningrado, de 3,6 a 9,8. E as cidades com as taxas de divórcio mais baixas demonstraram um aumento ainda maior: de 1,9 a 6,2 em Saratov; de 1,9 a 6,3 em Samara; de 1,9 a 4,6 em Ivanovo-Vosnesensk; e 1,8 a 7,8 em Voronezh. Em Leningrado, houve 265 divórcios a cada mil casamentos em 1926, e 657 em 1927. Em Moscou, o número cresceu bruscamente de 477 a 741. Por fim, ao chegar o ano de 1927, dois terços de todos os casamentos em Leningrado terminaram em divórcio, e em Moscou três quartos[4]. A taxa de divórcio continuou subindo em Moscou, chegando a 10,1 em 1929, com quase quatro de cada cinco casamentos terminando em divórcio (ver Tabela 19).

Em 1927, aproximadamente 20% de todos os homens e 17% das mulheres que se casaram nos povoados já haviam se divorciado. No campo, as cifras eram geralmente mais baixas, mas ainda assim consideráveis: 11% dos homens e 9% das mulheres. O sociólogo S. Ia.

---

[3] S. N. Prokopovich, *Narodnoe khoziaistvo SSSR*, v. 1 (Nova York, Izdatel'stvo imeni Chekhova, 1952), p. 74.

[4] *Estestvennoe dvizhenie naseleniia RSFSR za 1926 god* (Moscou, 1928), p. 54; M. Kaplun, "Brachnost' naseleniia RSFSR", *Statisticheskoe obozrenie*, 1929, p. 95-7. Semen Iakovlevich Vol'fson, *Sotsiologiia braka i sem'i*, cit., p. 410, aponta que a taxa de divórcio apresentou aumentos similares na Bielorrússia e em outras repúblicas.

MULHER, ESTADO E REVOLUÇÃO

Vol'fson qualificou a situação como uma "anarquia sexual", ao assinalar que muitos homens se aproveitavam do Código novo para se casar com uma mulher atrás da outra, em um carrossel vertiginoso de relações em série[5]. No final de 1927, o fenômeno havia se estendido suficientemente para que a Suprema Corte ditasse que todo homem ao registrar um casamento com o único objetivo de manter relações sexuais para logo em seguida se divorciar estaria sujeito a um processo penal[6].

Tabela 19. Casamentos e divórcios em Leningrado e Moscou, 1918-1929 (a cada mil habitantes)

	Moscou			Leningrado		
	Casamento	Divórcio	Divórcios a cada cem casamentos	Casamento	Divórcio	Divórcios a cada cem casamentos
1918	7,5	2,1	28	14,4	—	—
1919	17,4	3,4	19	19,5	—	—
1920	19,1	3,7	19	27,7	1,9	7
1921	16,9	5,1	30	20,9	2,4	11
1922	15,3	3,5	23	14,9	2,3	15
1923	16,1	3,8	24	14,9	3,4	23
1924	14,9	4,5	30	12,4	3,2	26
1925	13,6	5,6	41	13,2	3,1	23
1926	12,7	6,0	47	13,6	3,6	26
1927	12,6	9,3	74	15,0	9,8	65
1928	12,7	9,6	76	16,5	—	
1929	12,9	10,1	78	16,2	—	

Fonte: S. N. Prokopovich, *Narodnoe khoziaistvo SSSR*, v. 1 (Nova York, Izdatel'stvo Imeni Chekhova, 1952), p. 66, 75.

O aumento dos divórcios e a confusão nas relações sociais eram capturados em uma piada popular contada em Moscou em meados da década de 1930:

Em um tribunal, um homem é condenado a pagar a pensão alimentícia (um terço de sua renda) a sua ex-mulher.

---

[5] M. Kaplun, "Brachnost' Naseleniia RSFSR", cit., p. 91; Semen Iakovlevich Vol'fson, *Sotsiologiia braka i sem'i*, cit., p. 380.

[6] "Raz"iasnenie Plenuma Verkhovnogo Suda RSFSR", *Ezhenedel'nik sovetskoi iustitsii*, n. 12, 1928, p. 383. Daqui em diante citado como *ESIu*.

WENDY GOLDMAN

"Não posso, já estou pagando isso a minha outra ex-esposa", diz.

"Bom, deverá pagar um segundo 'terço'", disse o juiz.

"Não posso, também já estou pagando isso", respondeu o homem.

"Bom, então deverá pagar um terceiro 'terço'."

"Não posso, também já estou pagando isso."

"O que quer dizer?", perguntou o juiz. "Você está pagando todo o seu salário a suas ex-esposas? Então com o que você vive?"

"Vivo com a pensão alimentícia que minha mulher recebe de cinco homens diferentes", respondeu o homem.[7]

Contudo, a realidade era que a redistribuição da riqueza não era nem de longe tão efetiva ou divertida. O novo Código da Família estabelecia um procedimento de divórcio simples, mas as dificuldades encaradas pelas mulheres divorciadas continuavam sendo essencialmente as mesmas. Apesar de as mulheres estarem voltando à força de trabalho ao longo da década de 1920, na maioria dos ramos da indústria a porcentagem de trabalhadoras mal excedia a do período pré-guerra. O número de casas e creches ainda era pequeno. Em 1926-1927, existiam apenas 1.629 estabelecimentos pré-escolares que atendiam um total de 85.349 crianças. Se as instalações sazonais e rurais fossem incluídas nesses números, o Estado atenderia somente 150 mil de uma população de 10 milhões. Vol'fson explicou: "Isto significa que o Estado continua levando somente a porcentagem mais insignificante da carga que implica o cuidado de crianças pré-escolares. Os demais ficam sob responsabilidade da família"[8].

Além disso, apesar de certas disposições do novo Código da Família oferecerem uma proteção adicional às mulheres, outras exacerbavam seus problemas. Transferir o divórcio do arco dos tribunais ao dos Zags simplificava o procedimento e aliviava a carga de casos nas mãos dos tribunais, mas estendia e complicava por sua vez o processo de um julgamento por pensão alimentícia ou subsídio de menores. Sob o Código de 1918, o juiz ditava a adjudicação monetária imediatamente depois de escutar o caso de divórcio. Mas desde 1927 qualquer um dos cônjuges podia registrar um divórcio nos Zags sem o consentimento nem o conhecimento de seu parceiro. Se não fosse feita nenhuma anotação com relação ao subsídio, o cônjuge com a necessidade disso, frequentemente a esposa, deveria iniciar um jul-

---

[7] Ella Winter, *Red Virtue* (Nova York, 1933), p. 145.

[8] Semen Iakovlevich Vol'fson, *Sotsiologiia braka i sem'i*, cit., p. 386, 389.

MULHER, ESTADO E REVOLUÇÃO

gamento separado. O novo Código introduziu, dessa maneira, uma demora entre o divórcio e a adjudicação que muitas mulheres não podiam suportar. O procedimento era especialmente desvantajoso para as mulheres sem educação, sem consciência de seus direitos ou ignorantes dos procedimentos jurídicos e administrativos[9].

O novo Código também limitava o prazo do subsídio ao permitir somente um ano de pensão alimentícia para o cônjuge incapacitado e seis meses para o desempregado. Essa disposição também afetou as adjudicações de subsídios estabelecidos antes de 1926: se um homem já havia pagado pensão alimentícia durante mais de seis meses ou um ano, o juiz tinha o poder de cancelar seus pagamentos futuros[10]. Dois comentadores observaram criticamente que tal disposição retroativa "ignora o fenômeno de nossa vida contemporânea instável: as mulheres que permanecem em uma situação desesperada". Assinalaram:

> A mulher, no percurso de uma longa vida matrimonial, ajudou o marido, com suas "preocupações", a criar sua boa "posição". Mas, graças à vida de casada, ela ganhou muitas deficiências (abortos frequentes, muitas doenças, sífilis etc.). Em que tipo de posição se encontra essa mulher? Seus interesses são protegidos sob o novo Código? Obviamente que não.[11]

No entanto, apesar dos limites de tempo para pensão alimentícia, o novo Código motivou muitas mulheres, especialmente aquelas em casamentos *de facto*, a iniciarem processos por apoio financeiro logo depois do divórcio ou do abandono. As pesquisas revelaram um aumento de aproximadamente um terço no número de processos desse tipo. Na região siberiana (*krai*), em 1926, houve 17.815 casos relacionados com apoio financeiro, os quais representavam 9% de todos os casos civis. Nos primeiros seis meses de 1927, houve 11.579 casos, ou 10% dos casos civis. Ao projetar o número de casos do ano inteiro, existiram mais de 23 mil processos por apoio em 1927: um aumento de 30% em relação ao ano de 1926. O estudo demonstrou

---

[9] N. S. Dad'iants, *Iski ob alimentakh* (Moscou, 1927), p. 9.

[10] Ibidem, p. 5; L. I. Fishman, "Po Povodu Novogo Kodeksa Zakonov o Brake", *Pravo i zhizn'*, n. 3, 1927, p. 7-8.

[11] S. S. Bronstein e S. S. Konstantinovskaia, "Imushchestvennie Vzaimootnosheniia Mezhdu Suprugami", *Pravo i zhizn'*, n. 6-7, 1927, p. 72.

349

WENDY GOLDMAN

que dos 179 casos apresentados aos tribunais populares no distrito (*okrug*) de Novosibirsk, zona que cobria duas cidades e três aldeias, a esmagadora maioria (79%) estava relacionada com pensão para crianças. Dos restantes, 10% se tratavam de pais anciãos que processavam os filhos adultos por apoios. Somente 7% pediam pensão alimentícia.

A maioria dos queixosos nas cidades e aldeias do *okrug* de Novosibirsk eram mulheres. Nas cidades, 75% dos queixosos eram trabalhadores desempregados, donas de casa ou inválidos, o que representava uma porcentagem surpreendentemente elevada de casos por subsídio pessoal. No campo, 75% dos queixosos eram *bedniachki* (camponeses pobres), e 7% eram *batrachki* (trabalhadores sem-terra). Os queixosos, em sua maioria mulheres, se encontravam claramente em uma situação financeira desesperadora. Os queixosos homens estavam em condições ligeiramente melhores. Nas cidades, quase metade (45%) eram funcionários administrativos (*sluzhashchie*), aproximadamente um quarto eram trabalhadores de colarinho azul e um quinto de artesãos (*kustarniki*). Somente uma pequena fração era de desempregados. No campo, 25% dos candidatos eram *bedniaks* e aproximadamente 40% eram *seredniaks* (camponeses médios). Pouquíssimos camponeses prósperos estavam envolvidos em julgamentos por pensões. Tanto nos casos urbanos como nos rurais, os homens tendiam a estar logo acima de suas contrapartes femininas na escala social. As diferenças de classe não eram suficientemente grandes, no entanto, para resolver os problemas financeiros que enfrentavam os réus para pagar a pensão alimentícia ou o apoio de menores, já que até os *sluzhashchie* e os *seredniaks* tinham dificuldades para realizar pagamentos mensais.

A pesquisa também sublinha os problemas criados pela transferência do divórcio dos tribunais aos Zags. A maioria das demandas tardava mais de um mês para se resolver, e algumas se prolongavam durante seis meses ou mais. As demandas por pensões ou subsídios deveriam ser resolvidas rapidamente para que uma mulher sem renda pudesse manter a si própria e a seus filhos, mas os tribunais eram lentos e o tempo de espera entre o divórcio e a adjudicação era significativo[12].

As adjudicações de subsídios de menores por todo o país eram pequenas, especialmente no campo. Na província de Viatka, por exem-

---

[12] *Obzor praktiki narodnykh i okruzhnykh sudov Sibirskogo kraia po primeneniiu kodeksa zakonov o brake, sem'e i opeke* (1928), p. 1-5.

MULHER, ESTADO E REVOLUÇÃO

plo, os demandantes eram quase todos camponeses, e o tribunal do distrito (*uezd*) adjudicava aproximadamente quatro rublos ou menos por mês. Assim como na *krai* siberiana, os casos demoravam mais do que o necessário. Um caso se estendeu durante tanto tempo que o demandante terminou escrevendo: "Eu me resignei a minha posição". Também existiam outros problemas. Os juízes frequentemente não especificavam o montante da adjudicação, mas decretavam automaticamente: "Será cobrado do réu um salário mínimo de acordo com as taxas do Birô de Estatísticas". Não investigavam as condições financeiras das partes enfrentadas e não faziam esforço algum para localizar os pais no litígio de paternidade[13]. Tanto o estudo siberiano como o da Viatka denunciavam que os casos de pensão alimentícia e apoio se encontravam esmagados pela burocracia, pelo escasso preparo, pelos adiamentos desnecessários e pelas decisões "formais".

O obstáculo principal para a cobrança da pensão alimentícia não era, no entanto, o difícil processo judicial, mas sim a negativa em pagar o queixoso. O estudo de Viatka demonstrou que mais de 90% dos homens se negavam a pagar por vontade própria[14]. O procedimento para cobrança de pensão alimentícia de um réu relutante era razoavelmente simples, ainda que a corrupção, a incompetência e o desconhecimento popular da lei frequentemente levassem a complicações e atrasos sem fim. Se os cônjuges acordavam nos Zags a adjudicação de uma pensão alimentícia ou um subsídio de menores, e logo em seguida o homem se negasse a pagar, a mulher obtinha uma ordem judicial para a cobrança. Frente à falta de um acordo pelo subsídio, começava o julgamento. Em qualquer caso, um oficial de justiça, que recebia uma lista de devedores, tinha os poderes para cobrar o dinheiro[15]. Mas, na realidade, os oficiais, sobrecarregados com casos de pensões alimentícias, demoravam em buscar os réus desaparecidos ou inadimplentes. Os homens mudavam de emprego e endereço esforçando-se para evitar o pagamento. Houve um rapaz que mudou tantas vezes de emprego, em um período de dois anos, que precisou adquirir uma carteira de trabalho nova: já não havia espaço para carimbar

---

[13] Krinkin, "Dela Alimentnye", *ESIu*, n. 49-50, 1928, p. 1245-6; G. Uvarov, "O Passivnosti Suda v Razreshenii Alimentnykh Del", *Rabochii sud*, n. 17-18, 1929, p. 1165.

[14] Krinkin, "Dela Alimentnye", cit., p. 1246.

[15] N. S. Dad'iants, *Iski ob alimentakh*, cit., p. 9, 21.

seu local de trabalho[16]. Às vezes, os oficiais de justiça enviavam mulheres ao local de trabalho de seus ex-maridos para cobrar seu dinheiro. Sem estar seguras de seus direitos nem acostumadas a lidar com a burocracia, as mulheres eram facilmente proteladas por empregadores e contadores, que tendiam a "perder momentaneamente" as ordem judiciais e "esquecer" de deduzir as adjudicações do salário dos réus. Em alguns casos, o oficial só enviava uma ordem judicial de rotina ordenando que o candidato pagasse, sem tomar mais medidas para o caso. Alguns oficiais simplesmente enviavam por correio a ordem judicial ao local de trabalho, medida essa que não produzia resultado algum[17]. Milhares de mulheres esperavam ansiosamente pelas adjudicações que nunca chegavam.

Além disso, as medidas punitivas raramente se aplicavam aos homens que se negavam a pagar subsídio ao filho. Apesar de o Código Penal estabelecer que a recusa "maliciosa" em pagar implicava pena de seis meses de prisão ou multa de até trezentos rublos, a Suprema Corte decretou, em 1927, que o não pagamento da pensão alimentícia ou do subsídio de menores só era considerado "malicioso" se o candidato tivesse os meios para pagar, mas se negasse a fazê-lo[18]. Dadas as reais dificuldades que os trabalhadores e camponeses tinham em cumprir seus pagamentos, os recursos legais das mulheres eram limitados.

Como resultado dos atrasos e das dificuldades que impediam o pagamento da pensão alimentícia e do subsídio de menores, o VTsIK e o SNK decretaram em 1928 que aqueles responsáveis pelo pagamento de um subsídio deveriam informar ao oficial de justiça e seus empregadores sobre qualquer mudança em seu endereço, local de trabalho ou salário. A falta de informes sobre essas mudanças eram um delito. Sete meses depois, o Comissariado para Assuntos Internos (NKVD) enviou uma circular a seus *krai*, *oblast'* e departamentos provinciais na qual exigia que se prestasse mais atenção aos divórcios e negociações de subsídios que envolvessem crianças. Os

---

[16] P. Liublinskii, "Uklonenie ot Platezha Alimentov (st. 158)", *Sotsialisticheskaia zakonnost'*, n. 10, 1936, p. 36. Daqui em diante citado como *SZ*.

[17] N. Zaks, "Zamechaniia po Prakticheskoi Rabote", *Proletarskii sud*, n. 2, 1926, p. 5; "O Posobnikakh Zlostnym Neplatel'shchikam Alimentov", *Pravda*, 28 mai. 1936, p. 2.

[18] "Raz"iasnenie Plenuma Verkhovnogo Suda RSFSR", *ESIu*, n. 8, 1927, p. 240; V. V. Sokolov, *Prava zhenshchiny po sovetskim zakonam* (Moscou, 1928), p. 63.

órgãos locais receberam instruções para transferir automaticamente aos tribunais todos os casos nos quais se apelasse contra o subsídio. O NVKD instruiu os Zags locais a informarem aos pais sobre suas responsabilidades financeiras para com seus filhos, e que se assegurassem que ficasse claramente estabelecido o subsídio de menores em casos correspondentes[19]. Essas instruções, uma tentativa administrativa inicial para enfatizar a responsabilidade familiar, foram o resultado direto dos problemas criados com a transferência do divórcio dos tribunais aos Zags.

Os problemas persistiram – e de fato se intensificaram – até o começo da década de 1930. Ainda que os homens seguissem burlando as ordens judiciais, as condenações por falta de pagamento de fato caíram entre 1932 e 1934. E, mesmo quando obtinham condenações, as penas eram pouco severas. A maioria dos homens recebia condenações ao trabalho forçado, geralmente por um período de seis meses, que eram cumpridas no próprio local de trabalho. Na prática, isso era um pouco mais do que o pagamento de uma multa. Uma porcentagem significativa recebia a condenação de "trabalho forçado condicional", um sinônimo virtual de absolvição[20].

O caso de Anna Nikitina, uma trabalhadora fabril de 28 anos, era um exemplo típico dessa situação. Em 1934, logo depois que seu esposo Nikitin desapareceu, Anna mantinha seus dois filhos pequenos e sua mãe idosa com sua renda, de 150 a 200 rublos por mês. Quando as assistentes sociais por fim localizaram Nikitin, Anna apresentou um pedido. O tribunal ordenou que Nikitin pagasse 38 rublos por mês, mas ele logo se mudou para o campo. O oficial enviou uma ordem judicial para sua nova residência e descobriu que ele havia se mudado novamente, dessa vez para uma granja estatal próxima dali (*sovkhoz*). O oficial de justiça enviou então uma nova ordem ao diretor do *sovkhoz*, mas sem sucesso: Anna continuava sem receber o dinheiro. Ao longo dos seis meses seguintes, as autoridades judiciais enviaram uma série de ordens e averiguações ao diretor e aos procuradores em nível de *raion* (distrito) e *oblast'*. Como resultado dessa enxurrada de papéis, Anna recebeu 266 rublos, o que saldou a dívida

---

[19] "V Sovnarkome RSFSR", *ESIu*, n. 18, 1928, p. 555; "Ofitsial'naia Chast'", *ESIu*, n. 33, 1928, p. 923. Brandenburgskii apoiava fortemente a ideia de forçar uma pessoa que devia pensão alimentícia a registrar uma mudança de residência ou salário. Ver seu "Zhizn' Pred"iavliaet Svoi Trebovaniia", *ESIu*, n. 28, 1928, p. 666.

[20] P. Liublinskii, "Uklonenie ot Platezha Alimentov (st. 158)", cit., p. 32, 34.

de Nikitin dos nove meses anteriores. Anna logo voltou aos tribunais e pediu com sucesso a um juiz o aumento de sua adjudicação para setenta rublos por mês. Mais uma vez, Nikitin deixou de pagar, o que provocou um novo monte de ordens judiciais. Enquanto isso, os filhos de Anna padeciam de fome. Finalmente, depois que o diretor do *sovkhoz* recebeu uma intimação, Nikitin enviou, relutantemente, uma nova única soma que nada tinha a ver com a nova quantia ordenada pelo juiz. Outra citação ao procurador do *oblast'* suscitou a resposta de que a residência de Nikitin era desconhecida, apesar de os documentos revelarem que ele continuava trabalhando e morando no *sovkhoz*. Então, foi apresentado um pedido contra o diretor do *sovkhoz*. Passados dois anos inteiros de sua primeira apresentação no tribunal, Anna ainda esperava o julgamento tanto do marido como do empregador dele. Seus filhos continuavam sofrendo com a perda da renda[21].

O sucesso de Nikitin em contornar o juiz, sua conivência com o empregador, a ineficácia do tribunal, a frustração de Anna e a desgraça dos filhos refletiam um padrão que se repetia em milhares de casos por ano. Em 1934, 200 mil casos de pensão alimentícia passaram pelos tribunais populares[22]. Os problemas em fazer cumprir a adjudicação engendravam um descontentamento crescente tanto nas mulheres como nos funcionários judiciais.

A persistência do *besprizornost'*

O problema aparentemente intratável do *besprizornost'* havia forçado um recuo sustentado da política de criação estatal das crianças até culminar no decreto de 1926, que legalizava a adoção. O decreto provia certos alívios para os lares superlotados de crianças, mas não colocou fim no *besprizornost'*. Mesmo quando a economia recuperou sua fortaleza do pré-guerra, as crianças abandonadas e sem-teto continuaram rondando as ruas. À medida que surgiam mais claramente os laços sociais entre o *besprizornost'*, as mães solteiras, o divórcio e a irresponsabilidade masculina, as agências estatais enfatizavam cada vez mais a responsabilidade da família. Mais do que qualquer outro fator social, foi o *besprizornost'* que levou a essa mudança de política.

---

[21] Ibidem, p. 37-8.

[22] Ibidem, p. 32.

MULHER, ESTADO E REVOLUÇÃO

Em 1927, existiam aproximadamente 190 mil crianças em instituições estatais, e entre 95 mil e 125 mil nas ruas[23]. Os órfãos de famílias camponesas pobres ou sem-terra, as crianças *batrak* que trabalhavam como pastores no verão, os filhos de famílias grandes e empobrecidas como também de mães solteiras, as crianças abandonadas e as que fugiram dos lares de crianças se encontravam todos na rua[24]. O V Congresso Pan-Russo do Departamento para a Educação do Povo (ONO) notou que as novas causas do fenômeno dos sem-teto e do delito juvenil já não estavam na fome, e sim "no desmoronamento da antiga vida e na ausência persistente de uma nova forma de vida estável"[25]. Os horrores da fome cederam gradualmente frente às consequências menos dramáticas da pobreza e à desintegração familiar como principais causas do *besprizornost'*.

O Encontro de toda a União sobre o *Besprizornost'*, realizado em abril de 1927, afirmou que este preservava um "caráter de massas" devido às "condições econômicas e de vida". As resoluções finais do Congresso refletiam a política prevalecente em relação aos *besprizorniki*, com ênfase na necessidade de medidas preventivas, incluindo "fortalecer a responsabilidade dos pais sobre o cuidado de seus filhos", liberar as ruas dos *besprizorniki* e prepará-los para trabalhar mediante o estabelecimento de oficinas e programas de capacitação de trabalho nos lares de crianças[26]. A ênfase sobre a prevenção revelava uma consciência maior dos laços entre o *besprizornost'* e a

---

[23] Para uma estimativa mais baixa, ver *TsGAOR fond 5207, op. 1, delo 336*, cit., p. 41, 46. Uma estimativa mais alta é citada em *TsGAOR fond 5207, op. 1, delo 392*, p. 18; e "Orientirovochnyi Trekhletnii Plan Bor'by s Detskoi Besprizornost'iu", em *Sbornik deistvuiushchikh uzakonenii i resporiazhenii pravitel'stva Soiuza SSR i pravitel'stva RSFSR, postanovlenii Detkomissii pri VTsIK i vedomstvennykh rasporiazhenii* (Moscou, 1929), p. 28. Daqui em diante citado como *Sbornik 1929*.

[24] Fond 5207, op. 1, delo 326, p. 45; I. Daniushevskii, "Kak Preduprezhdat' Detskuiu Besprizornosti", em Semen Sergeevich Tizanov, Moiisei Solomonovich Epshtein (orgs.), *Gosudarstvo i obshchestvennost' v bor'be s detskoi besprizornost'*, cit., p. 10.

[25] "O Bor'be s Detskoi Besprizomost'iu", em Semen Sergeevich Tizanov, Moiisei Solomonovich Epshtein (orgs.), *Gosudarstvo i obshchestvennost' v bor'be s detskoi besprizornost'*, cit., p. 40.

[26] "O Metodakh Bor'by s Detskoi Besprizornost'iu", em *Sbornik 1929*, p. 40; Z. Sh. Karamysheva, "Pedagogicheskie Problemy Sotsial'no-Pravovoi Okhrany Nesovershennoletnykh v RSFSR, 1917-1932", cit., Candidate of Pedagogical Science, Nauchno Issledovatel'skii Institut Obshei Pedagogiki Akademii Pedagogicheskikh Nauk SSSR (Moscou, 1976), p. 45.

355

desintegração familiar, como também um compromisso mais forte com a preservação da unidade familiar.

Em junho de 1927, o VTsIK e o SNK lançaram um plano ambicioso de três anos a fim de erradicar por completo o *besprizornost'*. Seguindo as resoluções adotadas pelo Encontro de toda a União sobre o *Besprizornost'* dois meses antes, o plano enfatizava a capacitação para o trabalho, a transferência dos presos adolescentes para o trabalho produtivo, o aumento da ajuda para mães solteiras e empregos para adolescentes desocupados. O plano fornecia oitenta rublos por ano para cada oficina que empregasse um adolescente; aumentava o número de crianças em idade pré-escolar, que receberiam alojamento pago; e estabelecia dormitórios para as mães solteiras. Ele instruiu os comitês executivos locais a trabalhar desenvolvendo incentivos econômicos adicionais para incentivar a adoção entre os camponeses.

O plano visava reduzir drasticamente o número de crianças nas instituições estatais. Fixava o objetivo de que 68 mil crianças, principalmente adolescentes, fossem transferidas dos lares entre 1927 e 1929: 22 mil iriam com famílias camponesas; 25 mil iriam para fábricas e oficinas; e 21 mil retornariam a seus pais, que receberiam ajuda financeira. O plano estabeleceu várias medidas para ajudar mães solteiras a preservarem suas famílias, inclusive assistência governamental temporária. Com ênfase para o pagamento de alojamento e auxílios para famílias, o plano revelou a suposição implícita oficial de que a família poderia cuidar de forma mais eficaz das crianças do que o Estado[27].

Segundo relatos locais, o plano reduziu com sucesso o número de crianças nas ruas. Os números caíram de um montante estimado em 125 mil para menos de 10 mil em outubro de 1928. No entanto, uma carta da *Detkomissiia* assinalava que as autoridades locais muitas vezes exageravam as reduções, declarando algumas improváveis: de 1.500 a 720 crianças de rua na província de Kursk; 2 mil a 450 em Orlov; e de 12 mil para 4 mil no norte do Cáucaso[28]. Ainda que não haja números confiáveis disponíveis, as estimativas indicam transferências massivas, envolvendo milhares de crianças, das ruas para os lares de crianças, e destes para locais de trabalho, famílias

---

[27] "O Plane Bor'by s Detskoi Besprizornost'iu", em *Sbornik 1929*, p. 20-5. *Sistimaticheskoe sobranie zakonov RSFSR*, I (Moscou,1929), p. 635-8.

[28] *TsGAOR, fond 5207, op. 1, delo 392*, cit., p. 18-21.

MULHER, ESTADO E REVOLUÇÃO

e alojamento pago. Dada a persistência do desemprego juvenil no final da década de 1920 e os limites do número de adolescentes que podiam ser absorvidos pelas fábricas ou cooperativas, a maioria dos *besprizorniki* deve ter sido enviada a famílias camponesas ou voltou para seus pais empobrecidos.

Enquanto o centro aumentava a pressão para tirar as crianças das ruas, intensificava-se a guerra encoberta entre as autoridades centrais e locais. Em abril de 1928, o Comitê Central do Partido ordenou estritamente aos comitês centrais locais a liberarem as ruas dos *besprizorniki* e assegurarem que as crianças não voltassem às suas creches antigas. No entanto, em 1930, segundo informações da *Detkomissiia,* os lares de crianças continuavam "em uma situação extraordinariamente difícil" porque os funcionários locais continuavam interpretando as instruções do centro como justificativa para o fechamento dos lares. Mudavam os lares para prédios em mau estado, de um povoado a outro e dos povoados às áreas rurais. A *Detkomissiia* notava que muitos lares estavam em lugares insalubres, e que as instalações para a alimentação, o estudo e o cuidado das crianças eram "totalmente insuficientes"[29].

A política de adoção por parte dos camponeses demonstrou ser um mau substituto para os lares de crianças apropriadamente financiados. Houve muitas queixas: que as famílias exploravam as crianças e não permitiam que elas fossem à escola; que o Estado não providenciava nenhum acompanhamento dos casos; e que as somas oferecidas para a manutenção das crianças eram muito pequenas[30]. As crianças adotadas por famílias camponesas prósperas que buscavam trabalhadores adicionais eram "exploradas da forma mais inescrupulosa". Algumas crianças fugiam e se transformavam em *batraks*; outras iam para os povoados. Um membro do tribunal assinalou que um número de *besprizorniki* furiosos e vitimizados no distrito dele havia apresentado um pedido pelo pagamento de seu trabalho no *dvor*. O tribunal reconheceu a validade de suas reivindicações, mas se viu obrigado a aderir ao decreto de adoção de 1926, que negava

---

[29] "Postanovlenie VKP (b)" e "Po Dokladu Detkomissii pri VTsIK i NKProsa RSFSR o Khode Raboty po Bor'be s Detskoi Besprizornost'iu", em *Sbornik deistvuiushchikh uzakonenii i rasporiazhenii pravitel'stva SSSR i pravitel'stva RSFSR, postanovlenii Detkomissii pri VTsIK i vedomstvennykh rasporiazhenii* (Moscou, 1932), p. 5-6. Daqui em diante citado como *Sbornik 1932.*

[30] *TsGAOR, fond 5207,op. 1, delo 392,* cit., p. 32-7.

357

aos adotados o direito a salários ou *vydel* (propriedade mobiliária). À luz desses casos, o membro do tribunal pediu ao governo que revogasse a lei de adoção[31].

No entanto, os críticos da adoção camponesa tiveram pouco impacto sobre o rumo da política. Com a reativação econômica, os funcionários começaram a encorajar a adoção por parte dos residentes urbanos. Os inválidos, operários, *sluzhashchie*, aposentados, artesãos, membros das cooperativas, *artely* e até alunos eram incentivados a levar as crianças dos lares. Aos residentes urbanos era assegurado o recebimento de uma quantia antecipada de cinquenta a cem rublos, pagamentos mensais de oito a quinze rublos, um desconto de 10% em seu aluguel e outros privilégios tributários para ajudar a custear a criação de uma criança. As crianças não deveriam trabalhar antes dos doze anos de idade[32]. As regras que regiam a adoção urbana (ou o patronato, tal como era chamada) se baseavam em grande parte no modelo anterior desenvolvido para a adoção camponesa. As famílias ou os indivíduos com necessidade de rendas adicionais eram encorajados a se inscreverem e faziam todos os esforços possíveis para lhes serem fornecidos fortes incentivos monetários.

No final dos anos 1920, as políticas favoreciam claramente a família como alternativa econômica ao cuidado estatal. Diferentemente do Código da Família de 1926, que buscava o estreitamento do círculo da responsabilidade familiar, Brandenburgskii propôs no VTsIK de novembro de 1928 que a responsabilidade legal pelas crianças se estendesse aos padrastos se os pais biológicos morressem ou fossem incapazes de oferecer um cuidado adequado. Dado o grande número de divórcios e novos casamentos, sua proposta afetaria uma quantidade considerável de famílias. Também articulou para que o beneficiário de uma herança deixada pelo pai ou pelo tutor de uma criança mantivesse os órfãos. Com ambas as moções, o VTsIK buscava diminuir a responsabilidade do Estado mediante a ampliação do que constituía uma "família" e suas obrigações[33].

---

[31] Statsenko, "Peredacha Vospitannikov Detskikh Domov v Krest' ianskie Sem'i", *ESIu*, n. 31, 1929, p. 732.

[32] M. Popov, *Detskaia besprizornost' i patronirovanie* (Izdanie Oblastnoi Detkomissii Ivanovskoi Promyshlennoi Oblasti, 1929), p. 17-20.

[33] *III sessiia Vserossiiskogo Tsentral'nogo Ispolnitel'nogo Komiteta, XIII sozyva. Biulleten'No. 17* (1928), p. 1-2. Sobre casos envolvendo padrastos e crianças, ver E.

MULHER, ESTADO E REVOLUÇÃO

Os argumentos anteriores tinham defendido a superioridade do Estado em relação à família no cuidado das crianças, mas agora todos os esforços eram feitos para incentivar os pais a evitar que seus filhos se transformassem em dependentes do Estado. Uma circular dos Comissariados da Saúde e da Justiça, em 1927, explicava que as mães que abandonassem seus filhos não deveriam se ver necessariamente privadas de direitos maternais caso os lares de crianças já estivessem severamente superpopulosos. A assistência governamental às mães necessitadas era considerada preferível a colocar bebês e crianças nos lares estatais, os quais apresentavam altos índices de mortalidade. Se uma mãe era incapaz de prover cuidado, o bebê deveria ficar com uma família adotiva, que o subsidiaria por esforço próprio. A circular exigia o aumento das penas por abandono de crianças e que os pais subsidiassem aqueles transferidos para estabelecimentos estatais. Assinalava que os tribunais deveriam se unir na luta contra o *besprizornost'*, mediante a busca ativa de pais que se negassem a pagar pensão alimentícia e subsídio de menores. O Comissariado da Saúde ordenou a seu Departamento para a proteção da Maternidade e da Infância (OMM) que organizasse um grande número de escritórios para consultas jurídicas, que informassem as mulheres de seus direitos. Em maio de 1927, a Suprema Corte decretou que os pais que abandonassem seus filhos próximo aos lares de crianças estariam sujeitos a um processo penal; e em maio de 1930 aumentavam as ameaças de sanções parecidas aos pais que abandonassem seus filhos nas clínicas da OMM depois de levá-los ali para algum tratamento[34].

Empregando uma mistura de incentivos e ameaças, os funcionários fizeram todos os esforços possíveis para reduzir a carga financeira do Estado, para convencer os pais a manterem seus filhos e para preservar os laços familiares. Ainda que a ênfase fosse colocada em grande parte sobre as medidas preventivas e de curto prazo, a responsabilidade paterna e familiar começavam a surgir como assuntos importantes. Contudo, até então, todas as medidas tinham um caráter administrativo: de orientação prática, desenvolviam-se diretamente das necessidades concretas em reduzir a superpopulação nos lares de crianças, reduzir a mortalidade infantil e resolver o problema do

---

Kazanskii, "K Novym Izmeneniiam Kodeksa Zakonov o Brake, Sem'e i Opeke", *ESIu*, n. 35, 1928, p. 954.

[34] Ia. A. Perel' (org.), *Okhrana zhenshchiny-materi v ugolovnom zakone* (Moscou, Leningrado, 1932), p. 18-20.

WENDY GOLDMAN

besprizornost'. Não foram acompanhadas de uma campanha ideológica de massas para fazer ressurgir os laços familiares tradicionais. Os assistentes sociais, juízes e outros funcionários estavam envolvidos em esforços diários para remendar a família, ainda que seguissem dividindo um compromisso oficial com sua "extinção". Sua posição foi prolixamente articulada pelo sociólogo S. Ia. Vol'fson em uma obra significativa, publicada em 1929. Vol'fson escreveu que o Estado se via obrigado a utilizar a família como "uma formação social auxiliar", ainda que a despojasse de suas funções sociais. O Estado se via por fim atado a uma "posição intermediária" devido à "necessidade de utilizar essa célula social"[35].

Mulher e trabalho assalariado

Em 1928 a direção do Partido embarcou em um esforço massivo para coletivizar a agricultura e industrializar a economia. Nos dez anos seguintes, o país atravessou uma dolorosa transformação com milhões de camponeses e camponesas inundando as grandes cidades e centros industriais para se somar à força de trabalho assalariada. Entre 1928 e 1937, 6,6 milhões de mulheres passaram a trabalhar na indústria e serviços[36]. As relações sociais que haviam caracterizado a NEP mudaram de forma dramática e irreversível.

Inicialmente, contudo, a guinada para a industrialização teve pouco efeito na participação e na posição das mulheres na força de trabalho. O primeiro Plano Quinquenal (PQ) foi lançado em 1927-1928 e, ainda que tenha aberto imediatamente novas perspectivas para os homens, ofereceu menos oportunidades às mulheres. Até 1930, as mulheres constituíam de modo geral a mesma parcela (28%) da força de trabalho que em 1923. Sua participação nos empregos fabris, na realidade, caiu entre 1929 e 1930. A queda refletia a grande ênfase do plano no desenvolvimento da indústria pesada, na qual as mulheres tinham fraca representação[37]. Na indústria metalúrgica, por exemplo, até 1931 as mulheres não haviam retomado

---

[35] Semen Iakovlevich Vol'fson, *Sotsiologiia braka i sem'i*, cit., p. 376, 379, 443-5.

[36] P. M. Chirkov, *Reshenie zhenskogo voprosa v SSSR (1917-1937)* (Moscou, Izdatel'st-vo "Mysl'", 1978), p. 124-5.

[37] B. Marsheva, "Zhenskii trud v 1931 godu", *Voprosy truda*, n. 1, 1931, p. 31-3.

360

MULHER, ESTADO E REVOLUÇÃO

a parcela da força de trabalho que representavam em 1920[38]. Durante a melhor parte do primeiro PQ, as mulheres permaneceram segregadas nas indústrias tradicionais femininas: sua parcela de empregos nas estações elétricas, mineração e abastecimento, metalurgia e produção de máquinas continuava menor do que 8% no início de 1930. Elas continuavam dominando indústrias tais como a têxtil, de costura, fabricação de roupas, borracha e fósforos[39]. Um grande defensor do emprego das mulheres observou desapontado como, apesar da crescente demanda por trabalho qualificado e não qualificado em 1929, as mulheres entravam na força de trabalho "a passo de lesma"[40].

Diversos economistas expressaram a preocupação de que o primeiro PQ contribuiu para a desvantagem das mulheres. Uma entre estes, preocupava-se com que a ênfase na indústria pesada prejudicaria a participação das mulheres na produção. Crítica às prioridades do plano, ela argumentava que "a posição estável do trabalho das mulheres só é possível com o crescimento generalizado de *toda* a nossa indústria"[41]. Outros economistas notaram com apreensão que a fórmula da Gosplan (comissão de planejamento estatal) de ligar os salários à produtividade teria um impacto negativo sobre as mulheres, que estavam concentradas nos setores mais de apoio e menos produtivos. Outro propunha que o excedente gerado pelo aumento dos investimentos e da produtividade na indústria pesada fosse igualmente distribuído entre todos os trabalhadores, e não apenas entre os qualificados nas indústrias prioritárias[42].

Essas críticas radicais ao padrão de industrialização escolhido tinham pouco efeito sobre o planejamento. E, de toda a forma, elas logo se tornaram supérfluas com o grande influxo de mulheres em todos os ramos da indústria no outono de 1930. Esse "ponto de inflexão" na política não foi o resultado da preocupação do Partido

---

[38] G. Serebrennikov, "Zhenskii Trud v SSSR za 15 Let", *Voprosy truda*, n. 11-12, 1932, p. 60.

[39] B. Marsheva, "Zhenskii trud v 1931 godu", cit., p. 33; I. Berlin, Ia. Mebel', "Strukturnye Sdvigiv Naselenii i Proletariate", *Voprosy truda*, n. 11-12, 1932, p. 21.

[40] B. Marsheva, "Zhenskii trud v 1931 godu", cit., p. 32.

[41] Idem, "Problema Zhenskogo Truda v Sovremennykh Usloviiakh", *Voprosy truda*, n. 2, 1929, p. 40.

[42] F. Vinnik, "O Planirovanii Zarabotnoi Platy", *Voprosy truda*, n. 1, 1929, p. 49-50; F. Bulkin, "Leningradskie Soiuzy i Zarabotnaia Plata v Piatiletke", *Trud*, n. 240, 1928.

com os interesses das mulheres, mas sim da crescente e persistente demanda por novas fontes de trabalho[43]. Quando a reserva de trabalhadores urbanos masculina se esgotou, o Partido se voltou para as esposas e filhas dos trabalhadores, uma fonte inexplorada de trabalho que poderia acabar com a escassez de mão de obra sem colocar novas pressões sobre a oferta de alimentos e de moradia. Em outubro de 1930, o TsIK anunciou "a completa eliminação do desemprego na União Soviética"[44]. No final de 1931, a parcela de mulheres em empregos industriais mostrou seu primeiro crescimento considerável desde 1923, quando 422.900 mulheres entraram na indústria, quase três vezes o número dos dois anos anteriores somados[45].

Além disso, pela primeira vez desde a guerra civil, as mulheres começaram a ingressar em números significativos em ramos industriais dominados por homens. A parcela das mulheres na indústria pesada, que havia decrescido constantemente entre 1923 e 1930, agora demonstrava um crescimento. Nos dezoito meses entre janeiro de 1930 e julho de 1931, a porcentagem de mulheres com empregos na indústria pesada saltou subitamente de 22% para 42%. E, enquanto a porcentagem de mulheres subia tanto na indústria leve como na pesada, o crescimento nesta última era mais rápido, de 14% para 24%, enquanto na primeira era de apenas 51% para 58%[46]. As mulheres tiveram conquistas sem precedentes nos setores dominados por homens, como construção, ferrovias, mineração, metalurgia e produção de máquinas.

As incursões feitas pelas mulheres em 1930-1931 continuaram ao longo do segundo Plano Quinquenal, que dependia substancialmente do trabalho feminino. Na primeira metade de 1932, mais da metade dos novos trabalhadores eram mulheres. Elas constituíam 44% dos novos trabalhadores da construção e 80% dos novos trabalhadores na indústria[47]. Entre 1932 e 1937, 4.047.000 novos trabalhadores

---

[43] Solomon Schwarz aponta que um "ponto de viragem" ocorreu no outono de 1930, ver *Labor in the Soviet Union* (Nova York, Praeger, 1951), p. 66.

[44] *Rabochii klass – vedushchaia sila v stroitel'stve sotsialisticheskogo obshchestva, 1927-1937 gg.*, v. 3 (Moscou, Izdatel'stvo Nauka, 1984), p. 224.

[45] B. Khasik, "Vovlechenie Zhenshchin v Tsenzovoi Promyshlennost' SSSR v 1931", *Voprosy truda*, n. 2, 1932, p. 47.

[46] G. Serebrennikov, "Zhenskii Trud v SSSR za 15 Let", cit., p. 63; B. Khasik, "Vovlechenie Zhenshchin v Tsenzovoi Promyshlennost' SSSR v 1931", cit., p. 48.

[47] G. Serebrennikov, "Zhenskii Trud v SSSR za 15 Let", cit., p. 64.

MULHER, ESTADO E REVOLUÇÃO

adentraram a força de trabalho; 3.350.000 (82%) eram mulheres[48]. Em 1932, as mulheres haviam se tornado uma das mais importantes fontes de trabalho para o incremento da industrialização.

O crescimento da confiança nas mulheres teve um impacto significativo na força de trabalho. Em 1930, 28% dos trabalhadores de indústrias de larga escala eram mulheres, em 1937, 42%. Nos grandes centros industriais, as mulheres compunham uma fração ainda maior da força de trabalho: em Leningrado, 49% dos trabalhadores das grandes indústrias eram mulheres. Em 1937, havia 9.357.000 mulheres em todos os ramos da economia (35%). As mulheres compunham 40% dos trabalhadores na indústria, 21% na construção, 34% no comércio, 72% nos serviços de saúde e 57% na educação[49]. Assim, ao final do segundo PQ, as mulheres estavam vastamente representadas em todos os ramos da indústria, incluindo aqueles anteriormente dominados por homens. Seu número era dividido quase igualmente entre a indústria leve e a pesada: de 9,4 milhões de mulheres empregadas na indústria nacional, quase metade (4,3 milhões) trabalhavam na indústria pesada, construção e transporte[50].

A entrada das mulheres na força de trabalho também teve um efeito substancial na família. Inicialmente, as novas trabalhadoras provinham principalmente (64%) das cidades: as desempregadas e as esposas, irmãs e filhas dos trabalhadores. Conforme elas entravam na força de trabalho, as taxas de natalidade caíam, e o tamanho das famílias diminuiu de 4,6 em 1927 para 3,8 em 1935. A combinação entre famílias menores e o aumento no número de mulheres assalariadas diminuiu a taxa de dependência dentro da família: de 2,46 dependentes para cada provedor em 1927 para 1,59 em 1935[51]. A dependência dos homens que havia minado as chances das mulheres de serem independentes durante os anos da NEP havia desaparecido, em grande medida. As estatísticas pareciam indicar o começo de uma nova era para as mulheres. Pela primeira vez desde 1920, a promessa da emancipação feminina parecia ter uma sólida fundamentação material.

---

[48] Solomon Schwarz, *Labor in the Soviet Union*, cit., p. 72.

[49] *Sovetskie zhenshchiny i profsoiuzy* (Moscou, Proizdat, 1984), p. 50; Solomon Schwarz, *Labor in the Soviet Union*, cit., p.72.

[50] *Sovetskie zhenshchiny i profsoiuzy*, cit., p. 50.

[51] Solomon Schwarz, *Labor in the Soviet Union*, cit., p. 145.

WENDY GOLDMAN

Líderes partidários e planejadores começaram a prestar grande atenção à socialização do trabalho doméstico. Creches e restaurantes públicos, deixados de lado nos anos 1920, tornaram-se necessidades prementes. Em dezembro de 1931, o Comitê Central tirou a poeira das velhas fulminações de Lênin contra o trabalho doméstico e assumiu "a tarefa de transformar formas de consumo individual em alimentação social"[52]. Um economista previu entusiasticamente que o segundo PQ iria "atingir 100% de socialização dos aspectos básicos da vida cotidiana"[53]. O número de estabelecimentos para cuidados infantis expandiu-se rapidamente: as creches para bebês cresceram em vinte vezes entre 1928 e 1934, de 257 mil para 5.143.400; e os jardins de infância cresceram doze vezes, de 2.132 centros em 1927--1928 para 25.700 em 1934-1935, atendendo 1.181.255 crianças[54]. Serviços de cuidados infantis eram apressadamente organizados nas fábricas, *kolkhozes, sovkhozes,* cooperativas e lares.

A expansão da rede de creches estava diretamente ligada à necessidade de envolver as mulheres na produção. Quando o SNK assinalou as mulheres como fonte nova de trabalho, em dezembro de 1930, direcionou a *Gosplan* a desenvolver uma proposta para suprir as necessidades de creches das mulheres trabalhadoras, assim como daquelas que se esperava que ingressassem na força de trabalho pela primeira vez. Quatro meses depois, em abril de 1931, o SNK aprovou a proposta da *Gosplan,* agregando que se devia reservar espaço para creches em todas as casas recém-construídas. Os Comissariados para o Esclarecimento e da Saúde foram instruídos a organizar pais voluntariamente em creches cooperativas em casa e no trabalho. Os *sovkhozes* e *kolkhozes* tinham instruções para organizar creches. Uma circular do Comissariado dà Saúde indicou que as creches nas cidades deveriam ser alteradas para o sistema de turnos, para "ajudar a participação ativa das mulheres trabalhadoras na produção, na vida social e nos estudos". No campo, foram organizadas creches sazonais, permanentes e móveis. Um decreto do Soviete das Cooperativas de Habitação de toda a União, em abril de 1931, observou a necessidade de criar creches, centros infantis,

---

[52] Decreto do Comitê Central citado por V. Val'ter, "Obshchestvennoe Pitanie – Vazhneishee Zveno v Bor'be za Profinplan", *Voprosy truda,* n. 11-12, 1931, p. 85.

[53] G. Serebrennikov, "Zhenskii Trud v SSSR za 15 Let", cit., p. 67.

[54] *Zhenshchina v SSSR* (Moscou, 1936), p. 124, 127.

MULHER, ESTADO E REVOLUÇÃO

lavanderias comunitárias e refeitórios em casas cooperativas. Especificou que 20% das cozinhas nas casas cooperativas deveriam ser reservadas para refeitórios comunitários. As cooperativas de habitação foram instruídas a organizar creches de dezesseis horas por dia, a contratar pessoal e a equipar cozinhas para preparar comida para seus residentes. O custo de equipar creches e refeitórios seria garantido através da dedução de 10% do pagamento do aluguel de cada residente e por empréstimos de longo prazo do Comissariado do Trabalho. Donas de casa eram encorajadas a se matricular em cursos especiais visando prepará-las para o trabalho assalariado nas cozinhas comunitárias, creches e lavanderias[55].

Por um breve período, parecia que a visão social dos anos 1920 havia finalmente ganhado vida, revivida por uma enorme transfusão de gastos estatais em serviços sociais. O desemprego da NEP, tão esmagador entre as mulheres em seus efeitos econômicos e sociais, desapareceu. As condições para a "extinção" da família e a libertação das mulheres pareciam mais favoráveis do que nunca. Uma mulher ativista escreveu convicta: "Para envolver esses milhões de mulheres na construção socialista, é necessário reconstruir a vida em uma base socialista, liberando as mulheres do trabalho doméstico e das responsabilidades com os filhos"[56]. Seus comentários refletiam o novo clima dos tempos.

Os planejadores de cidades desenhavam entusiasticamente novas cidades e centros de vivência. Um projeto propunha unidades móveis, de uso particular, similares a capsulas gigantes, para serem usadas pelos membros "libertos" de suas famílias. Frederick Starr observa que nas novas cidades industriais gigantes "viver em comunidade, por necessidade, já ocorria na prática", em grande medida devido à falta de instalações. Em sua estimativa, os planejadores utópicos "eram bastante razoáveis ao concluir que a família havia de fato se tornado uma instituição do passado", dado o rápido crescimento no emprego feminino, o decréscimo na fertilidade feminina nas cidades e as pressões centrífugas da mobilidade do trabalho na vida familiar. Planejadores argumentavam que a socialização do trabalho doméstico era mais econômica e eficiente: os custos

---

[55] Ia. Perel, A. A. Liubimova (orgs.), *Okhrana materinstva i mladenchestva* (Moscou, Leningrado, 1932), p. 24-5, 27, 31-2.

[56] Ibidem, p. 11.

365

seriam compensados pela nova, potencializada produtividade da mulher[57].

Krupskaia falou sobre a necessidade de "ajudar as pessoas a viverem humanamente". Priorizando as necessidades das mulheres, ela alertou que a economia era somente uma área na qual o socialismo seria construído. Ressaltou a importância de criar "as condições materiais para a vida coletiva" e "para a libertação das mulheres da escravidão do lar"[58]. Stálin propagandeava os benefícios da coletivização em um apelo às mulheres, e incontáveis ativistas rurais incorporaram suas palavras. Ao destruir o lar patriarcal como a unidade primária de produção, a coletivização oferecia uma reconstrução radical da vida rural que libertaria as mulheres de séculos de opressão. Mecanização, aumento de produtividade, salários individuais ou créditos e a socialização do trabalho doméstico criaram uma nova base para a libertação das mulheres no interior. Por fim, as famílias urbana e rural "se extinguiriam".

Entretanto, o novo entusiasmo pela libertação das mulheres despertado pela transformação radical da economia teve vida curta. Embora o desemprego tivesse desaparecido, o número de creches aumentado e o de oportunidades para educação e treinamento profissional expandido, a promessa da independência feminina nunca foi cumprida. As estratégias de acumulação que moldaram o primeiro e o segundo PQs deixaram as mulheres tão dependentes da unidade familiar em 1937 quanto uma década antes. A proporção de dependência caiu com o ingresso das mulheres na força de trabalho, mas a dependência real da família não. Entre 1928 e 1932, os salários reais caíram chocantes 49%. Como resultado, a renda real *per capita* não aumentou à medida que mais membros da família começaram a trabalhar, mas caiu para 51% em relação ao nível de 1928[59]. Em outras palavras, dois trabalhadores eram empregados agora ao custo de um. Duas rendas eram agora necessárias onde uma havia sido suficiente. Se o "salário familiar" masculino

---

[57] S. Frederick Starr, "Visionary Town Planning during the Cultural Revolution", em Sheila Fitzpatrick (org.), *Cultural Revolution in Russia, 1928-1931* (Bloomington, Indiana University Press, 1984), p. 208, 231-2.

[58] N. K. Krupskaia, *O bytovykh voprosakh. Sbornik statei* (Moscou, Leningrado, 1930), p. 3-6.

[59] Naum Jasny, *Soviet Industrialization, 1928-1952* (Chicago, University of Chicago Press, 1961), p. 447.

MULHER, ESTADO E REVOLUÇÃO

havia reforçado a unidade familiar ao garantir a dependência das mulheres em relação aos homens, a queda vertiginosa dos salários tinha efeito similar. Os indivíduos dependiam das contribuições conjuntas dos membros da família para garantir um nível decente de vida. A família, como E. O. Kabo havia observado criticamente em 1924, continuava com funções cruciais de distribuição de renda e igualamento do consumo.

A situação melhorou um pouco durante o segundo PQ. O nível real dos salários caiu todo ano entre 1928 e 1931, estabilizou-se entre 1932 e 1933, registrou uma ligeira melhora em 1933, caiu novamente em 1934 e 1935 e permaneceu estável ao longo de 1937. Solomon Schwarz argumenta que o padrão de vida não poderia ter caído muito mais depois de 1931 sem "uma completa desintegração da vida econômica". Em 1937, os ganhos reais dos trabalhadores ainda estavam muito abaixo do nível de 1928[60].

O ingresso das mulheres na força de trabalho pode ter tido menos a ver com novas oportunidades do que com a necessidade desesperadora de contrabalançar a queda da renda da família. Planejadores podem ter organizado conscientemente uma queda nos salários reais para mobilizar reservas de trabalho feminino na família urbana[61]. Embora mais trabalho de pesquisa deva ser realizado sobre a relação entre os salários e o recrutamento do trabalho feminino, uma questão é clara. A política salarial não encorajou o "definhamento" da família, mas, ao contrário, contou com a unidade familiar como um meio efetivo de exploração do trabalho. Em um período abertamente definido pela intensificação da acumulação dentro de cada indústria e cada fábrica, a família foi a instituição que permitiu ao Estado realizar a mais-valia de dois trabalhadores pelo preço de um.

Reforçando a ordem social

A entrada de milhões de mulheres no mercado de trabalho marcou um ponto decisivo não somente na política de trabalho, mas também na política social. As revoltas do primeiro e do segundo PQs criaram uma desordem social massiva por todo o país. Inúmeros

---

[60] Solomon Schwarz, *Labor in the Soviet Union*, cit., p. 160-3.

[61] Schwarz deduz que esse era o caso, argumentando que os planificadores estavam conscientes do efeito da queda dos salários reais no desejo das mulheres de entrar na força de trabalho. Ver Ibidem, p. 66.

camponeses foram violentamente arrancados de suas vilas e levados a campos de trabalho forçado. Crianças famintas e órfãs, sofrendo das brutalidades da coletivização e da fome, inundavam as cidades. Entre 1932 e 1934, 29.903.000 pessoas chegaram às cidades soviéticas enquanto 23.947.000 as deixavam[62]. Ondas de pessoas chegavam e recuavam, levantando demandas sem precedentes sobre moradia e outros serviços sociais. Por baixo dos *slogans* da construção socialista planejada jazia um agitado submundo ao estilo de Dickens, com embriaguez, crimes e especulação, que prosperou entre os miseráveis, moradias superlotadas, famílias desestruturadas e pobreza nas cidades e nas vilas.

A saída massiva de mães das suas casas deixava milhões de crianças sem supervisão durante as horas após a escola. Vivendo em apartamentos comunais superlotados e sórdidos, as crianças escapavam para as ruas onde se misturavam com os *besprizorniki*, que rapidamente os iniciavam no mundo dos pequenos crimes. O fenômeno de *beznadzornost'* começou a receber maior atenção quando homens da milícia, juízes, educadores e assistentes sociais se defrontaram com as consequências da pobreza e da negligência.

As crianças reunidas das ruas pelas autoridades contavam histórias pessoais sobre famílias desestruturadas, pais alcoólatras, divórcio e pauperização. Elas descreviam vizinhanças onde a linha entre a classe trabalhadora e o mundo do crime era turva. Mulheres mandavam seus filhos mendigarem, ladrões mais velhos ensinavam crianças de rua a baterem carteiras[63]. "O lar" era frequentemente "o coração da embriaguez e da dissolução"[64], um canto de quarto dividido por muitas pessoas. Um menino de treze anos, preso numerosas vezes por roubo, explicou descaradamente: "Meu pai trabalha como zelador. Onde? Eu não sei. Ele nunca está em casa e eu passo a maior parte do tempo nas ruas e na quermesse. Eu não estudo nem trabalho. Eu roubo apartamentos". Outro menino de treze anos, preso por assalto, disse: "Minha mãe é inválida. Ela vive de uma pensão. Eu sou um ladrão e simplesmente me acostumei com esse estilo de vida". Um jovem adolescente disse: "Eu não vivo com meu pai há dois meses porque ele casou com outra pessoa. Depois da morte de minha mãe, a vida ficou muito difícil e eu decidi deixar a casa. Eu vivo onde pos-

---

[62] *Narodnoe khoziaistvo SSSR* (Moscou, Leningrado, 1932), p. 401, 405.

[63] M. Vinogradov, "Aktual'nost' Zakona 7 Aprelia", *SIu*, n. 19, 1935, p. 11.

[64] V. Tadevosian, "God Zakona 7 Aprelia 1935 g.", *SZ*, n. 4, 1936, p. 9.

MULHER, ESTADO E REVOLUÇÃO

so e roubo para poder comer." Outro garoto de treze anos explicava: "Eu sou forçado a roubar porque meu irmão Pavel me expulsou de casa e não tenho onde viver e nenhuma outra maneira de existir"[65].

Crianças presas pela milícia em 1931, em Moscou, representavam por exemplo esse misto de órfãos e negligenciados. Entre janeiro e julho, a milícia havia contado 4.654 crianças e as mandou para quatro estações receptoras no *oblast* de Moscou. As crianças estavam divididas quase igualmente entre *besprizorniki* e *beznadzorniki*. A grande maioria eram meninos, entre dez e catorze anos. Aproximadamente a metade vinha de famílias operárias e um terço do campesinato. Mais da metade (55%) eram fugitivos de lares de crianças. A maior parte das crianças estava nas ruas há pouco tempo: por volta de 40% por menos de um mês e um quarto por menos de seis meses. Aproximadamente 30% haviam estado nas ruas por mais de um ano. Mais de um terço das crianças dizia que vivia na rua porque era infeliz nos abrigos. Um pouco mais do que um quarto citava circunstâncias familiares problemáticas[66].

De acordo com outro estudo, 59% dos adolescentes que cometiam crimes pela primeira vez viviam com sua família. Daqueles com histórico de atividade criminosa, 44% viviam com a família, enquanto 47% eram *besprizorniki*. Em Kiev, as estatísticas eram similares: 59% dos adolescentes presos tinham ao menos um dos pais; 41% eram órfãos. Aqui, mais da metade tinha origem camponesa[67].

O fenômeno *beznadzornost'* foi reconhecido no começo de 1927, quando o Comissariado para o Esclarecimento (NKPros) adotou medidas contra crianças não supervisionadas e arruaceiras. Marcando as áreas de distritos de trabalhadores, instalações de fábricas e áreas rurais como áreas de maiores problemas, o Comissariado impulsionava organizações sociais a desenvolverem atividades extracurriculares para as crianças e grupos de discussão sobre criação de filhos para os pais. Mas as ações tomadas contra crianças de rua, *besprizorniki* e *beznadzorniki*, se tornaram cada vez mais rígidas no começo dos anos 1930. Em 1931, a milícia ordenou que as ruas das

---

[65] Strelkov, "Praktika Narsuda Vostochnoi Sibiri po Delam o Prestupleniiakh Nesovershennoletnikh", *SIu*, n. 26, 1935, p. 8-9.

[66] TsGAOR, fond 5207, op. 1, delo 487.

[67] B. Utevskii, "Nesovershennoletnie i Molodye Retsidivisty", *SIu*, n. 20, 1935, p. 3; Starovoitov, "Oblastnaia Prokuratura Kievshchiny v Bor'bes Detskoi Besprizornost'iu i Prestupnost'iu", *SZ*, n. 4, 1936, p. 11.

369

cidades deveriam ser limpas, recolhendo as crianças em grandes arrastões e despachando-as para estações receptoras e Comissões locais para Assuntos de Menores (*Komones*). Naquele verão, duas grandes varreduras em Moscou limparam as ruas, mas as crianças rapidamente voltaram. As estações receptoras, transformadas em quartéis temporários para crianças que esperavam vagas em lares de crianças, estavam terrivelmente superlotadas. Os lares já tinham mais crianças do que poderiam suportar. Eles, logicamente, recusavam-se a receber mais. No monastério de Danilovskii, transformado em uma estação receptora, trezentas crianças viviam em uma área de trezentos metros quadrados. As crianças dormiam lado a lado em um chão úmido e lamacento. Um assistente social no monastério admitiu: "É um regime de cadeia. Não existe nenhum serviço político ou educacional e nenhuma capacitação para o trabalho. Segundo o Departamento para a Educação do Povo de Moscou (Mono), existiam 240 estações receptoras no *oblast'* com 17.274 crianças. Oficiais se frustavam nos seus esforços para conseguir um alojamento permanente para elas. Os lares estavam em ruínas, com falta de talheres, mesas, cadeiras, bancos e camas. No lar de Lênin, duas ou três crianças dormiam em uma cama e de cinco a dez comiam de uma tigela. Em outro lar, metade das crianças não tinha sapatos. As condições sanitárias em muitos dos lares eram deploráveis[68].

Após as varreduras de Moscou no verão de 1931, os oficiais do Mono, desesperados em aliviar a superlotação, enviaram cerca de mil crianças ao Comissariado da Justiça. Em um estranho presságio, o sistema de justiça criminal assumiu o trabalho que as agências de serviço social eram incapazes de realizar. Ao final de setembro, um relatório do Soviete de Moscou relatou que havia cerca de 2 mil crianças nas ruas. Em outubro, outra varredura demonstrou que esse número era muito pequeno. Ela juntou 2.811 crianças, das quais 400 foram enviadas ao Comissariado da Justiça para ser processadas por atividades criminosas. Aproximadamente metade das crianças apanhadas pela milícia tinha entre oito e dezesseis anos. Por volta de um terço tinha dezesseis ou mais. Muitas haviam chegado da Sibéria e da Ucrânia, refugiadas da coletivização e da nova colonização forçada. Um assistente social do monastério de Danilevskii colocava com rígida intolerância burocrática:

---

[68] TsGAOR, fond 5207, op. 1, delo 487.

MULHER, ESTADO E REVOLUÇÃO

Precisamos de um expurgo diário nas ruas de Moscou. Precisamos tirar as crianças, que roubam e continuamente passam pelas comissões, de seus pais. Isso é necessário se queremos eliminar os arruaceiros e bandidos que desmoralizam os lares. E, para realizar tudo isso, precisamos de uma estação receptora que trabalhe continuamente.[69]

Em fevereiro de 1933, o Comitê Executivo e o Soviete de Moscou instruíram a milícia a não permitir nenhuma criança mascate, mendiga, acrobata, cantora ou engraxate nas ruas, em volta dos mercados ou nas estações ferroviárias. Essas crianças deveriam ser rapidamente abordadas e enviadas para as agências apropriadas. A milícia deveria fazer cumprir a "ordem social correta" nas ruas e em outros locais públicos. Brigas públicas, vadiagem e perambular sem destino, especialmente nas proximidades de estações ferroviárias, mercados, cinemas e clubes, estavam estritamente proibidos. Adultos que usavam suas crianças para mendigar ou vender bens estavam suscetíveis a uma multa de cem rublos ou trinta dias de trabalho forçado[70].

Ainda que a milícia abordasse as crianças facilmente, o mesmo obstáculo da moradia e do cuidado continuava. A Comissão sobre Delitos Juvenis (*Komones*) não tinha para onde mandar as crianças e nenhuma maneira de fazer cumprir a ordem. Em março de 1935, uma reunião especial foi realizada com os representantes da *Komones*, do Comissariado para o Esclarecimento, do Komsomol e dos tribunais. O significado da reunião foi ressaltado pela proeminência do presidente, A. Ia. Vyshinskii, o recém-nomeado procurador geral da URSS (e depois de Genrikh Iagoda, o chefe do NKVD, era o único funcionário legal proeminente, com credenciais de toda a União)[71]. Faishevskii, o chefe da *Komones* de Moscou, ofereceu um relatório sombrio. As comissões estavam sobrecarregadas com casos, incapazes de lidar efetivamente com a criminalidade juvenil e sua reincidência. A *Komones* continuou atuando como uma "porta giratória" para *besprozorniki* e delinquentes juvenis. As *Komones* dos *raion*, operando com nada mais do que dois ou três empregados, estavam

---

[69] Idem.

[70] TsGAOR, fond 5207, op. 1, delo 547.

[71] Ver Eugene Huskey, *Russian Lawyers and the Soviet State: The Origins and Development of the Soviet Bar* (Princeton, Princeton University Press, 1986), p. 185, sobre ascensão de Vyshinskii. Arkady Vaksberg, *Stalin's Prosecutor: The Life of Andrei Vyshinsky* (Nova York, Grove Weidenfeld, 1991), p. 62-71.

WENDY GOLDMAN

com falta de pessoal. Os problemas dos anos 1920, como baixo número de funcionários, escassez de fundos, fracas ligações com outras organizações sociais e judiciais e lugares limitados para crianças, permaneceram sem ser resolvidos.

Faishevskii reclamava que as *Komones* não tinham nenhuma "base material para combater o crime". Apesar de uma constante enxurrada de cartas das comissões locais aos lares, os esforços para conseguir lugar para as crianças se provavam muitas vezes em vão. Além disso, os abrigos eram relutantes em aceitar crianças com pais. Lugares nas instalações corretivas dirigidos pelo NKVD eram limitados. Estatísticas recentes da *Komones* mostravam o uso dos mesmos métodos ineficientes aplicados durante os anos 1920. Somente 4% dos criminosos juvenis eram colocados em abrigos. A grande maioria simplesmente recebia uma advertência ou uma conversa[72]. Adolescentes com experiência nas ruas sabiam que as comissões não tinham o poder de impor punições maiores do que uma palestra sobre a moralidade, e se comportavam de acordo. Para Faishevskii, o "x" da questão era que não havia um lugar para mandar os jovens que tinham passado pelas *Komones*[73].

Vyshinskii concordava com Faishevskii. Ele falava asperamente contra o comportamento frouxo da milícia, a ausência de instituições especiais para crianças difíceis e adultos que usavam as crianças para propósitos criminais. Ele colocava que a *Komones* era inapta para lidar com "o notável crescimento da criminalidade juvenil". Em sua visão, tanto a *Komones* quanto a legislação sobre a criminalidade juvenil estavam desatualizadas. Anunciando um plano para criar um ramo especial da Procuradoria Geral da União dirigido à criminalidade juvenil, Vyshinskii argumentava que a *Komones* deveria ser eliminada e substituída pelos tribunais, pela milícia e pela procuradoria[74]. A sugestão da Vyshinskii ia diretamente contra as convicções jurídicas dos anos 1920 e do começo dos anos 1930, defendidas por Pashukanis e seus adeptos. Enquanto juristas haviam previamente procurado limitar o papel dos tribunais e da lei na vida social, a dissolução da *Komones* teria o efeito oposto: fortalecer os tribunais e a procuradoria ao estender sua jurisdição.

---

[72] V., "Soveshchanie po Bor'be s Detskoi Prestupnost'iu", *Za sotsialisticheskuiu zakonnost'*, n. 4, 1935, p. 42.

[73] V. K., "O Detskoi Prestupnosti", *SIu*, n. 13, 1935, p. 11-2.

[74] V., "Soveshchanie po Bor'be s Detskoi Prestupnost'iu", cit., p. 42.

MULHER, ESTADO E REVOLUÇÃO

Em abril de 1935, o impulso de Vyshinskii para amplificar a jurisdição dos tribunais sobre o crime juvenil atingiu um sucesso parcial. Em uma nova lei, o SNK garantia aos tribunais vastos novos poderes: todas as crianças acima de doze anos que haviam cometido roubo, violência, danos corporais, mutilações, tentativa de homicídio ou homicídio eram removidas da jurisdição da *Komones* e transferidas para um tribunal criminal, para serem julgadas como adultos[75]. Qualquer um que organizasse as crianças com objetivo de prostituição, mendicância ou especulação era passível de ser preso por não menos do que cinco anos. Um comentador observou com aprovação que a nova lei serviria para "destruir a corrente de irresponsabilidades e falta de supervisão que cerca os criminosos adolescentes"[76].

A lei de abril resultou imediatamente em um maremoto de prisões e julgamentos. Enormes números de adolescentes foram presos, principalmente por pequenos furtos, e sentenciados à prisão. Sua maioria tinha entre doze e quinze anos. F. M. Nakhimson, o chefe do tribunal provincial de Leningrado, observou que 70% dos adolescentes presos em seis *oblasts* depois de abril tinham menos de quinze anos[77]. No *krai*, leste da Sibéria, aproximadamente metade tinha menos de quinze anos; no *oblast* de Lêningrado, o número chegava perto de 60%. A maior parte dos adolescentes era presa por furto ou vadiagem, mais do que crimes mais sérios como homicídio ou estupro. Em Kiev, 78% eram presos por furtos, 14% por vadiagem e 8% por estupro e crimes mais sérios. No *oblast* de Leningrado, 85% eram condenados por furtos, e, no *krai* da Sibéria oriental, 70% por furto e 25% por vandalismo[78].

Na cidade siberiana de Tomsk, as detenções típicas incluíam um menino de treze anos, de uma família proletária cujo pai estava doente e incapacitado de trabalhar. Enquanto o menino estava tem-

---

[75] *Sbornik deistvuiushchikh uzakonenii i rasporiazhenii partii i pravitel'stva, postanovlenii detkomissii VTsIK i vedomstvennykh rasporiazhenii po likvidatsii detskoi besprizonosti i beznadzornosti, Vypusk* IV (Moscou, 1936), p. 102. Daqui em diante citado como *Sbornik 1936*. Ver também John Hazard, "The Child under Soviet Law", *University of Chicago Law Review*, v. 5, n. 3, 1938, p. 424-45.

[76] Orlov, "Bor'ba s Prestupnost'iu Nesovershennoletnikh", *SIu*, n. 26, 1935, p. 6.

[77] "V Gosudarstvennom Institute Ugolovnoi Politiki", *SIu*, n. 31, 1935), p. 18.

[78] Strelkov, "Praktika Narsudov Vostochnoi Sibiri Po Delam o Prestupleniiakh Nesovershennoletnikh", cit., p. 8; Orlov, "Bor'ba s Prestupnost'iu Nesovershennoletnikh", p. 6; Starovoitov, "Oblastnaia Prokuratura Kievshchiny v Bor'be s Detskoi Besprizornost'iu i Prestupnost'iu", cit., p. 11.

WENDY GOLDMAN

porariamente vivendo nas ruas, ele encontrou dois fugitivos de uma colônia de trabalho e os três começaram a roubar. Outro menino de treze anos foi preso por bater a carteira de um homem idoso. Um menino de doze anos, cujo pai era estivador e a mãe varredora de rua, foi preso por roubar a produção de um *artel* de cegos[79]. Em um caso trágico, uma mulher trabalhadora empobrecida, abandonada sem apoio pelo marido, mandou o filho de onze anos roubar lenha e desenterrar batatas que sobraram perto de um campo *kolkhoz*. Ainda que o caso tenha sido finalmente recusado, ela foi inicialmente processada por furto[80]. Na maioria dos casos, as crianças vinham de famílias desestruturadas, vivendo como indigentes às margens da sobrevivência. Elas eram presas por pequenos crimes contra a propriedade.

Um mês depois, em maio de 1935, o triunfo de Vyshinskii era completo. Suas recomendações na reunião sobre o crime juvenil foram implementadas em sua totalidade. O *Sovnarkom* e o Comitê Central aboliram as *Komones* e transferiram toda a responsabilidade sobre os crimes juvenis à procuradoria e aos tribunais. Seu decreto colocava que o *besprizornost'* não era resultante da probreza, mas sim "do fraco trabalho do Soviete local, do Partido, dos profissionais e das organizações do Komsomol". Ele alegava que a maioria dos abrigos eram mal organizados, que havia uma atenção insuficiente para o "elemento criminoso" entre as crianças e que os pais estavam sancionando a vadiagem juvenil, roubo, libertinagem e ociosidade. Os abrigos foram novamente instruídos a enviarem todas as crianças acima dos catorze anos a escolas técnicas, fábricas, *sovkhozes*, *kolkhozes* ou estações de tratores. Os chefes desses empreendimentos eram orientados a aceitar "incondicionalmente" todas as crianças e provê-las de salário e moradia. O presidente do Soviete da vila ou cidade recebia a responsabilidade direta pelos órfãos em seu distrito; ele era pessoalmente responsável por cada criança que permanecesse na rua. A milícia deveria responder somente à vadiagem nas ruas, brigas públicas, ou qualquer interferência de transeuntes. Os lares de crianças, independentemente de quão superlotados, não tinham mais o direito de negar a admissão de uma criança. Pais eram res-

---

[79] Kazachkov, "Kak v Tomske Sumeli Izvratit' Postanovlenie Pravitel'stva 7 Aprelia 1935 g.", *SIu*, n. 29, 1935, p. 8.

[80] V. O., "V Bor'be za Likvidatsiiu Beznadzornosti i Besprizornosti Detei", *SIu*, n. 27, 1935, p. 9.

MULHER, ESTADO E REVOLUÇÃO

ponsabilizados, com multas de duzentos rublos, por danos causados por vadiagem juvenil ou injúria cometidas pelos filhos[81]. Caso os pais falhassem em supervisionar seus filhos, o Estado tinha o direito de remover a criança e colocá-la em um abrigo, à custa dos pais. Os procuradores republicanos, regionais e locais foram instruídos a apontar procuradores especiais para casos juvenis[82].

Juristas e criminologistas, então, alvejavam a desintegração da família como a fonte primária para o crime juvenil. Alegando que o crime já não era cometido pela pobreza ou condições sociais, oficiais procuravam fazer dos pais responsáveis pelo comportamento dos filhos, ao estabelecer medidas repressivas para impor responsabilidade. V. Tadevosian, deputado procurador para questões de juventude da URSS, anunciou diretamente que na União Soviética, "onde a vida havia se tornado melhor e mais alegre, onde o nível material e cultural dos trabalhadores foi alçado a novas alturas, em um país assim não existe base e não pode existir base para *besprizornost'* e crime". "A necessidade material e a pobreza já não são as razões básicas para o crime", ele declarou[83]. Outro criminologista advertiu severamente:

> Uma das razões básicas para o crime juvenil – *besprizornost'* e *beznadzornost'* – é a falta de responsabilidade entre pais e guardiões pela educação de seus filhos [...] e, frequentemente, a instigação direta de crianças, feita pelos adultos, ao furto, à vadiagem, à dissolução.

Pais eram arrastados a tribunais com seus filhos e sentenciados à prisão. Um pai embriagado foi sentenciado a cinco anos por abandonar seu filho e ignorar os pequenos furtos da criança. Em outro caso, no qual o filho de um membro do Partido foi pego roubando, o tribunal prontamente informou sua célula da "atitude indiferente dele perante seu filho"[84].

Tadevosian ligava a entrada das mulheres no mercado de trabalho com *beznadzornost'* e clamava pela constante supervisão de adolescentes em atividades extracurriculares. "Vagabundear pelas ruas",

---

[81] *Sbornik 1936*, cit., p. 7-11.

[82] V. Tadevosian, "Voprosy Protsessa po Delam Nesovershennoletnikh", *SZ*, n. 10, 1936, p. 19.

[83] Idem, "God Zakona 7 Aprelia 1935 g.", cit., p. 7; Idem, "Prestupnaia Sreda i Pravonarusheniia Nesovershennoletnikh", *SIu*, n. 31, 1935, p. 11.

[84] V. O., "V Bor'be za Likvidatsiiu Beznadzornosti i Besprizornosti Detei", cit., p. 9.

375

em sua visão, era uma das maiores causas do crime juvenil. Citando um estudo sobre jovens criminosos em Moscou e em Leningrado, ele argumentava que 90% deles "passavam seu tempo de forma desorganizada", vadiando em pátios, mercados e ruas[85]. Nakhimson, citando o mesmo estudo, reiterava que o crime juvenil não era o resultado da pobreza[86]. Ia. Berman, presidente da Suprema Corte, escreveu um artigo pioneiro em *Sotsialisticheskaia iustitsiia*, criticando severamente os tribunais por ignorarem a responsabilidade dos pais e as necessidades das crianças. Ele ligava a negligência com as crianças à frouxidão das atitudes perante casos de pensão alimentícia, alegando que 80% das adjudicações judiciais não eram pagas. Berman demandava o aumento das punições pela negligência paterna e acusações mais vigorosas de adultos que envolviam crianças em crimes. Ele declarou agressivamente: "A ameaça da repressão, a ameaça da punição e sua aplicação adequada devem ser fortes armas suplementares na luta do Partido para a eliminação das reminiscências da velha sociedade capitalista"[87].

Juristas pioneiros denunciavam *Komones* e sua organização mãe, o Comissariado para o Esclarecimento, por sua "atitude liberal e frouxa como geleia perante o crime juvenil", pela sua "visão pútrida de que crianças não deveriam ser punidas". Tadesovian instruiu severamente os tribunais sobre seu novo papel no julgamento de casos juvenis. Os métodos pedagógicos da *Komones*, ele explicava, eram baseados nos "princípios hipócritas da burguesia liberal"[88]. O trabalho da *Komones* com a juventude era "inútil, [...] um interminável estudo da vida social e desdentadas advertências para as crianças e os adultos". Sob nenhuma condição os tribunais populares deveriam repetir os erros da *Komones* ao sentenciar jovens a "medidas pedagógicas". Eles deveriam cumprir a lei de abril e sentenciar as crianças como adultos[89].

Apesar da dura liminar de Tadevosian para substituir a pedagogia por punições, juízes frequentemente se recusavam a sentenciar menores como adultos. Escolarizados no clima pedagógico progressista dos anos 1920, muitos questionavam: "Como podemos punir crianças?". Consequentemente, eles com frequência sentenciavam

---

[85] V. Tadevosian, "Prestupnaia Sreda i Pravonarusheniia Nesovershennoletnikh", cit., p. 9-10.

[86] "V Gosudarstvennom Institute Ugolovnoi Politiki", cit., p.18.

[87] Ia. Berman, "Sud na Okhrane Detei", *SIu*, n. 23, 1935, p. 1-2.

[88] V. Tadevosian, "Voprosy Protsessa po Delam Nesovershennoletnikh", cit., p. 19-21.

[89] Idem, "Bor'ba s Prestupleniiami Nesovershennoletnikh", *SZ*, n. 11, 1935, p. 4.

MULHER, ESTADO E REVOLUÇÃO

delinquentes juvenis a penas curtas ou probatórias. Tadesovian tomou uma linha especialmente severa com esses "defensores oportunistas liberais das crianças", afirmando que "desconsideravam os tribunais e reviviam as práticas da *Komones*"[90].

Ainda assim, os juízes eram impedidos de levar adiante a lei de abril não somente pelas suas limitações "estilo *Komones*", mas por muitos dos mesmos motivos que haviam impedido as *Komones* desde o começo. Além de mandar as crianças para a cadeia, a lei de abril fazia pouco para expandir as opções do juiz. Juízes frequentemente devolviam jovens criminosos para seus pais, que trabalhavam todos os períodos, viviam em apartamentos comunais e eram claramente incapazes de manter seus filhos fora das ruas[91]. Simplesmente não existiam suficientes lares de crianças, colônias de trabalho, reformatórios e instituições corretivas para preencher as necessidades. Os *kollektors*, desenhados como estações temporárias para adolescentes depois de sentenciados, rapidamente se tornavam prisões. E, enquanto a lei de maio afirmava que pais deveriam pagar pela internação de seus filhos em uma instituição do Estado, a grande maioria dos pais de jovens infratores simplesmente não poderia pagar os 250 rublos por mês que custava manter uma criança em uma dessas instituições[92]. Em algumas áreas, juízes sentenciavam quase metade dos jovens infratores à "privação condicional de liberdade", uma sentença que não tinha nenhum tipo de consequência[93].

As leis de abril e maio marcaram a etapa final de um longo recuo da educação socializada, ainda assim representaram qualitativamente uma nova aproximação ao *besprizornost'* e à criminalidade juvenil. Frustrado com a porta giratória das *Komones*, assustado com a nova e potencialmente explosiva mistura de *besprizornost'* e *beznadzornost'* e impaciente com o dreno financeiro imposto pelos lares de crianças, o Partido havia finalmente descoberto, em 1935, uma instituição barata para crianças sem casa e jovens infratores: acampamentos prisionais. Em uma quebra acentuada com os ideais pedagógicos e reabilitacionais da Revolução, o Partido designou à família, junto à milícia, aos tribunais e à procuradoria para impor ordem social nas

---

[90] Ibidem, p. 6; Mashkovskaia, "O Metodakh Bor'by s Detskoi Prestupnost'iu", *SZ*, n. 4, 1936, p. 15.

[91] Ibidem, p. 15-6.

[92] Bezrukova, "Bor'ba s Detskoi Prestupnost'iu v Leningrade", *SZ*, n. 4, 1936, p. 14-5.

[93] V. Tadevosian, "God zakona 7 Aprelia 1935 g.", cit., p. 10.

A repressão sobre os homens

O crescente uso de repressão contra o *besprizornost'*, o crime juvenil e a irresponsabilidade paternal estavam ligados a uma forte campanha sobre a questão da pensão alimentícia. Jornais e revistas humilhavam publicamente homens que se aproveitavam de mulheres, oficiais do Partido defendiam penas mais duras pelo não pagamento da pensão alimentícia e juízes expunham os processos tribunais como excessivamente burocráticos, formalistas e prejudiciais aos interesses das mulheres e das crianças. Em uma extraordinária explosão de atenção para o problema da pensão alimentícia, pesquisadores empreenderam diversos estudos detalhados dos tribunais populares, demonstrando sem lugar a dúvidas que as reclamações das mulheres ao longo dos anos 1920 e começo dos anos 1930 eram amplamente justificadas[94].

No *oblast'* de Zapadnyi, os tribunais ouviram 11.485 casos de pensão alimentícia em 1935, aproximadamente 20% de todos os casos cíveis. Cerca de 65% (7.465) dos casos de pensão alimentícia envolviam processos por apoio à criança. Quase um terço desses era solicitado por mães, retornando ao tribunal porque seus maridos se recusavam a pagar. Em mais de um quarto dos casos de pensão alimentícia, o estudo descobriu que os juízes determinavam os valores baseados em conhecimentos superficiais da situação financeira do réu e do queixoso. Muitos valores eram muito baixos para manter uma criança, e, ainda pior, os casos demoravam um longo período para serem processados. Mais da metade demoravam um mês ou mais, enquanto alguns se arrastavam por pelo menos um ano. Após o juiz proferir uma decisão, o período de espera continuava ao passo que o juiz transferia a ordem a um oficial de justiça[95].

---

[94] Ver, por exemplo, Ingel', "Praktika Orekhovo-Zuevskogo Narsuda po Alimentnym Delam", *SIu*, n. 32, 1935, p. 12-3. A pensão alimentícia criou uma fração significativa dos casos considerados pelos tribunais locais. Em 1935, no distrito de Orekhova-Zuevskii, por exemplo, uma área com muitas mulheres tecelãs, ocorreram 5 mil casos de pensão alimentícia, constituindo um terço de todos os casos julgados pelo tribunal popular naquele ano.

[95] Gromov, "Sudebnaia Praktika po Alimentnym Delam Trebuet Reshitel'noi Perestroiki", *SIu*, n. 12, 1936, p. 8.

MULHER, ESTADO E REVOLUÇÃO

Um outro estudo, realizado por representantes da OMM, mostrou que as ordens dos tribunais eram frequentemente perdidas por contabilistas em lugares de trabalho ou até mesmo roubadas pelos réus. Na fábrica Red Profintern, o departamento de finanças era incapaz de determinar quantos de seus trabalhadores estavam sujeitos a descontos salariais por pensão alimentícia. Eles raramente tinham o endereço correto da ex-esposa e frequentemente retinham menos do que a soma total do salário do réu[96]. Um estudo do tribunal de Moscou de 1933 expressou que promotores consideravam os casos de pensão alimentícia muito "pequenos" para merecerem atenção, e eram muitas vezes culpados de "falta burocrática de coração". Aqui também cerca de um quarto das decisões judiciais não eram levadas até o final, escriturários no local de trabalho perdiam as listas e algumas sanções eram promulgadas contra o não pagamento[97].

Os problemas que as mulheres enfrentavam em meados dos anos 1930 eram bastante similares àqueles da década anterior. No entanto, em 1935 os juristas adicionaram uma nova "significância política" à pensão alimentícia. O estudo sobre o *oblast'* de Zapadnyi concluía rigorosamente:

> As atitudes chocantes dos tribunais populares têm de ser eliminadas. Uma vez mais é necessário advertir os tribunais que cada manifestação de burocratismo e ineficiência, falta de atenção aos interesses das mães e das crianças [...] será decisivamente interrompida e considerada prova de falta de disciplina e subestimação do significado político dos casos de pensão alimentícia.

O estudo de Moscou recomendava que contabilistas de locais de trabalho que atrasavam ou interferiam com a correta e rápida dedução da pensão alimentícia poderiam ser criminalmente responsabilizados[98].

No começo de 1934, pressões se amontoaram nos tribunais para eliminar a burocracia e processar os não pagantes. Em maio, o procurador da União enviou cartas raivosas aos procuradores locais,

---

[96] Idem.

[97] L. Otmar-Shtein, "Bol'she Aktivnosti i Energii v Bor'be za Interesy Detei", *SIu*, n. 9, 1935, p. 12-3.

[98] Gromov, "Sudebnaia Praktika po Alimentnym Delam Trebuet Reshitel'noi Perestroiki", cit., p. 8. L. Otmar-Shtein, "Bol'she Aktivnosti i Energii v Bor'be za Interesy Detei", cit., p. 12.

acusando-os de sua abordagem nos casos de pensão alimentícia ser caracterizada por "indulgência inadequada e covardia"[99]. Um ano depois, em junho de 1935, o Comissariado da Justiça enviou uma circular urgindo os promotores a reverem os casos de pensão alimentícia cuidadosamente. Este solenemente advertiu: "Uma política liberal frente a pessoas que não pagam pensão alimentícia e indulgência perante eles por parte dos trabalhadores da justiça é completamente inadmissível"[100].

Hostilidade para com homens que se recusavam a pagar pensão alimentícia era cada vez mais expressa em público. *Sotsialisticheskaia iustitsiia* publicou o nome de um secretário do Partido, no *oblast'* de Sverdlovsk, que havia abandonado sua esposa e seus três filhos em 1933 e então ignorado a ordem judicial para mantê-los. O jornal condenou sua "atitude burocrática e sem coração perante as crianças"[101]. Numerosos outros artigos denunciavam homens, em importantes posições, nomeando-os por ofensas similares[102]. Um escritor instigava que homens que usavam e abandonavam mulheres, tratavam-nas com desprezo ou as sujeitavam à humilhação pública, deveriam ser julgados por "vadiagem sexual". Em uma redefinição feminista radical do comportamento criminal, ele argumentou que um homem que demonstrasse "desprezo pela individualidade da mulher" deveria ser criminalmente responsabilizado. Para ele, a promiscuidade masculina era uma forma de "vadiagem sexual" porque negava às mulheres sua "dignidade humana" ao tratá-las exclusivamente como "parceiras de cama". "Meios de compulsão" estavam disponíveis para homens que não respondiam à persuasão cultural e educação[103].

---

[99] S. Fainblit, "Dela Alimentnye", *Za sotsialisticheskuiu zakonnost'*, n. 12, 1934, p. 36. Ver também N. Lagovier, "Prokurorskii Nadzor po Alimentnym Delam", *SZ*, n. 5, 1936.

[100] "Tsyrkuliary NKIu", *SIu*, n. 20, 1935, p. 25.

[101] "Signaly s Mect", *SIu*, n. 32, 1935, p. 17.

[102] Livshits, "Rebenok – v Tsentre Vnimaniia Sovetskoi Obshchestvennosti", *SIu*, n. 24, 1935, p. 8; I. Rostovskii, "Na Bor'bu s Narushiteliami Prav Materi i Rebenka, s Dezorganizatorami Sem'I", *SIu*, n. 26, 1936, p. 16; "20 Mesiachnaia Volokita", *Pravda*, 8 jan. 1935, p. 4; "V Zashchity Prav Materi i Rebenka", *SIu*, n. 12, 1935, p. 16.

[103] K. Pletnikov, "Na Zashchitu Zhenshchiny ot Izdevatel'stva", *SZ*, n. 11, 1935, p. 29-30.

MULHER, ESTADO E REVOLUÇÃO

Ainda que não exista evidência de que essa proposta jamais tenha sido considerada seriamente, o Comitê do Comissariado da Justiça, encabeçado por Krylenko, desenvolveu e apresentou um plano ao SNK para aumentar a punição pelo não pagamento de pensão alimentícia de seis meses de trabalho compulsório a um ano de prisão, marcar a obrigação da pensão alimentícia no passaporte do réu e considerar a administração do local de trabalho do réu responsável pelo não pagamento[104]. Em debate sobre o plano no Instituto de Polícia Criminal, F. E. Niurina, deputada procuradora da RSFSR, apoiava as mudanças sugeridas, argumentando que "a legislação atual é extremamente conveniente para indivíduos que maliciosamente se recusam a pagar a pensão alimentícia". Ela apontou que existiam mais de 200 mil casos judiciais de não pagamento somente em 1934. Vyshinskii, o entusiasta proponente das soluções punitivas, adicionou que somente "ameaças de punição severa" poderiam mudar o comportamento social. "Temos de atacar os preguiçosos em suas peles", ele declarou. "Temos de mostrar que o poder soviético não está brincando". Outros juristas divergiram, argumentando que não havia sentido em aumentar a pena do trabalho compulsório para um regime de prisão, já que um pai preso poderia fazer muito pouco para manter sua esposa e sua família. Outros sugeriram revogar a provisão no Código da Família de 1926 que permitia o divórcio sem consentimento mútuo. Um jurista observou que a medida mais efetiva contra o não pagamento das pensões alimentícias era limitar o número de vezes que um indivíduo poderia se divorciar[105]. Diversas sugestões eram remanescentes das propostas feitas por mulheres e camponeses nos debates de 1925-1926[106].

A Suprema Corte, influenciada pelo clima repressivo crescente, definiu em julho de 1935 que pais que maliciosamente negligenciavam seus filhos deveriam ser sentenciados à prisão[107]. Em março de 1936, a junta governativa da Suprema Corte enviou uma carta aos tribunais exigindo que compilassem relatórios trimestrais revendo o

---

[104] Livshits, "Rebenok – v Tsentre Vnimaniia Sovetskoi Obshchestvennosti", cit., p. 8.

[105] "Izmenenie Zakonov ob Alimentakh", *SIu*, n. 29, 1935, p. 20.

[106] Ver Capítulo 6 para debate sobre o Código de 1926.

[107] "Postanovlenie Prezidiuma Verkhsuda RSFSR ot 11 iiulia 1935 g. o Mere Nakazaniia po ch. 2, st. 158 UK v Sviazi s Delompo Obvineniiu Kashtanova i dr.", *SIu*, n. 23, 1935, p. 6-7; "Rech' Zam. Prokurora Respublik T. Niurinoi", mesma publicação, p. 2-5.

381

WENDY GOLDMAN

status de todos os casos de pensão alimentícia e a competência dos juízes e meirinhos. Esta exigia que o NKVD assegurasse que as Zags enviariam suas declarações de paternidade e informação de divórcios contestados pelos tribunais. O NKVD teria de achar os homens que não haviam pagado a pensão alimentícia e levá-los ao tribunal. Os tribunais deveriam então olhar uma segunda vez para todos os casos de pensão alimentícia e de paternidade nos quais era negada à mulher uma adjudicação. Locais de trabalho deveriam rever sistematicamente as ordens judiciais para garantir que a quantia apropriada estava sendo descontada dos salários do réu[108].

A lei de junho de 1936

A campanha contra a irresponsabilidade dos homens culminou alguns meses depois em uma explosão de propaganda pró-família, cercando o esboço de uma nova lei. Ela foi criada para aumentar as penalidades pelo não pagamento de pensão alimentícia, dificultar o divórcio, proibir o aborto e expandir o número de creches. Publicada na capa do *Pravda*, no dia 26 de maio, e amplamente distribuída em forma de panfleto, a nova legislação prometia "lutar contra uma atitude frívola sobre a família e a irresponsabilidade familiar"[109].

A lei proposta proibia o aborto a não ser que a saúde da mulher corresse perigo. Médicos que executassem a operação poderiam ser sentenciados a dois anos de prisão, e não médicos que fizessem o procedimento, a mais de três anos. Qualquer um que forçasse uma mulher a fazer um aborto estava sujeito a dois anos de prisão. Mesmo as mulheres eram passíveis de censura social pelo primeiro crime e de multa de trezentos rublos pelo segundo. A nova lei também garantia um aumento do seguro para o nascimento e dobrava o pagamento mensal a mães de bebês empregadas, de 5 a 10 rublos por mês. Proporcionava também apoios similares para mães trabalhadoras sem seguro e garantia quase quatro meses de licença-maternidade para *sluzhashchie*, assim como para operárias. Estabelecia pena-

---

[108] "Sudebnaia Praktika", *SIu*, n. 19, 1936, p. 23.

[109] *Proekt Postanovleniia TsIK i SNK Soiuza SSR o zapreshchenii abortov, uvelichenii material'noi pomoshchi rozhenitsam, ustanovlenii gosudarstvennoi pomoshchi mnogosemeinym, rasshirenii seti rodil'nykh domov, detskikh iaslei, detskikh sadov, usilenii ugolovnogo nakazaniia za neplatezh alimentov i o nekotorykh izmeneniiakh v zakonodatel'stve o razvodakh* (1936).

382

MULHER, ESTADO E REVOLUÇÃO

lidades criminais para empregadores que se recusavam a contratar mulheres grávidas ou diminuíam seu pagamento e autorizava que uma mulher grávida executasse um trabalho menos árduo que o de seu nível salarial anterior. A cada mulher com seis filhos ou mais, a lei garantia 2 mil rublos por cinco anos por cada criança nascida depois. Mães com onze crianças recebiam 5 mil rublos por cada criança adicional por um ano e 3 mil rublos pelos seguintes quatro anos. O esboço expandia o número de clínicas maternidade, de creches e de cozinhas de leite.

Além dessas medidas pró-natalistas, o esboço acabava com a prática onipresente do divórcio por carta postal, exigindo que ambos os cônjuges comparecessem em Zags para ter o divórcio registrado em seu passaporte. Ele aumentava o preço do divórcio de 50 rublos, no primeiro divórcio, para 150 rublos no segundo e 300 rublos no terceiro. Estabelecia níveis mínimos de apoio à criança em um terço do salário do réu para uma criança, 50% para duas crianças e 60% para três ou mais. E também aumentava a penalidade para o não pagamento a mais de dois anos de prisão.

Diferentemente dos debates sobre o Decreto de 1926, a discussão do esboço durou menos de um mês e foi cuidadosamente orquestrada de cima. A "discussão" pontuada por hinos de louvor ao Partido por permitir um debate aberto contrastava radicalmente com o debate de 1925-1926, que foi marcado pela ausência de autocongratulação e pela abundância de afiada e viva troca.

Krylenko, por exemplo, entoou abertamente: "Somente um governo que acredita profundamente na unidade com o povo e na equidade e exatidão das medidas que sugere poderia permitir-se essa rota de envolvimento direto das massas no trabalho legislativo". Seus comentários eram típicos dos muitos que precediam toda declaração de um elaborado elogio a Stálin e ao Partido[110].

O real "debate" entre juristas e dirigentes do Partido era empolado e confinado a pronunciamentos cuidadosamente formulados em favor da lei proposta. As pessoas que haviam se diferenciado pela sua abertura e paixão, em meio aos anos 1920, agora temerosamente se apressavam para repetir as fórmulas que vinham de cima. Eles construíram contorcidas explicações das diferenças entre a proibição "burguesa" e "socialista" do aborto. Um artigo de Lênin se opondo

---

[110] *Na shirokoe obsuzhdenie trudiashchikhsia* (Moscou, 1936), p. 4. Ver outros artigos nessa coleção para comentários similares.

a Malthus foi escavado para prover as citações necessárias. O jurista A. Lisitsyn explicou que o aborto já não era necessário na União Soviética porque as condições eram propícias para educar crianças. Também Tadevosian apontou o grande avanço econômico do socialismo sobre o capitalismo e questionava com falsa incredulidade: "É possível sugerir que trabalhadoras se recusariam a ter filhos? Não há nenhuma base para tal sugestão"[111].

Oficiais davam palestras sobre as alegrias de uma criança, o orgulho paternal e patriota, a mobilidade ascendente e a felicidade da mãe operária. O aumento astronômico do aborto e o despencar dos nascimentos dificilmente recebiam uma menção. Em uma rara referência ao número de nascimentos, Sol'ts apontou: "Nossa vida se torna mais alegre, mais feliz, rica e satisfatória. Mas o apetite, como dizem, vem com a refeição. Nossas demandas crescem dia após dia. Nós precisamos de novos lutadores – eles constroem esta vida. Nós precisamos de pessoas". Sol'ts explicava às mulheres soviéticas que a maternidade, "um grande e honorável dever", não era seu "assunto pessoal, mas um assunto de grande significado social". Em um retrocesso vergonhoso de sua antiga sensibilidade com as dificuldades das mulheres, ele enaltecia "a grande alegria da maternidade" e insistia que as mulheres deveriam receber uma punição severa pelo aborto[112].

Krylenko observou que a lei do aborto tinha dois objetivos: "proteger a saúde" das mulheres e "salvaguardar a criação de uma geração forte e saudável". Em tom de censura, ele dizia às mulheres: "O erro básico em todo caso é cometido por aquelas mulheres que consideram a 'liberdade de abortar' como um de seus direitos civis". E Krasikov, o deputado presidente do Supremo Tribunal, escalou o auge da hipocrisia com sua sugestão de que a pobreza e as habitações apertadas já não poderiam justificar o aborto, porque as casas de maternidade e creches atribuídas pela nova lei poderiam ser legitimamente vistas como aumento salarial e uma extensão do espaço de moradia. A deputada procuradora Niurina falou sobre o trabalho stakhanovista na área da maternidade; Vyshinskii, Berman, Vinokurov e outros juristas expressaram opiniões similares[113].

---

[111] "Obsuzhdaet Zakonoproekt", *SIu*, n. 17, 1936, p. 2-3.

[112] Ibidem, p. 4.

[113] Ver a discussão entre juristas em "Rabotnik Iustitsii! Aktivno Uchastvuite v Obsuzhdenii Zakonoproekta", *SIu*, n. 18, 1936, p. 1-4, para visões similares às de Krylenko.

MULHER, ESTADO E REVOLUÇÃO

Tadevosian estava entre os poucos juristas que tinham problemas com a nova lei. Ainda que ele se opusesse ao aborto publicamente, ele se pronunciou contra criminalizá-lo, argumentando que medidas educacionais sobre o aborto seriam suficientes. Ainda mais importante, ele alegava que o Estado não deveria "obrigar uma mulher a ter um filho à 'força'". O aborto só poderia ser cerceado aumentando o padrão de vida e a disponibilidade de creches. Ele honestamente reconhecia que o déficit habitacional limitava a capacidade das mulheres de terem famílias maiores. Como deputado procurador das questões de juventude, Tadevosian estava agudamente consciente de que abundavam crianças indesejadas e abandonadas e que proibir o aborto somente incharia seus números[114].

A discussão da nova lei era relativamente livre entre trabalhadores, camponeses, donas de casa, estudantes e outros grupos que tinham posições sociais menos importantes. Ainda que sua contribuição tivesse pequeno ou nenhum impacto na adoção definitiva da nova lei, muitas cartas críticas foram impressas no *Pravda* ao lado das peças mais propagandísticas em favor da legislação. Previsivelmente, um bom número de cartas exaltava a alegria das grandes famílias. Os trabalhadores da fábrica têxtil de Trekhgornia, por exemplo, enviaram uma carta descrevendo suas discussões sobre a lei proposta no chão de fábrica. Sua carta, bastante típica em seu aconchegante tom de brincadeira, dizia:

> Camaradas correram para felicitar o carpinteiro Smechkin, pai de oito crianças. Mas ele não está sozinho. Vorobeva tem sete crianças. E temos muitos na fábrica que têm cinco ou seis. Eles dizem: "Não se preocupem, ainda vamos alcançá-los".[115]

Muitas mulheres testemunhavam os horrores do aborto e as alegrias pessoais da maternidade. Elas escreviam como o aborto tinha deteriorado sua saúde, quão felizes estavam por terem recusado o aborto, como a vida era terrível antes da Revolução e como era incrível criar filhos na sociedade soviética[116].

---

[114] Ibidem, p. 2-3.

[115] "Trekhgorka Golosuet", *Pravda*, 27 mai. 1936, p. 2.

[116] Ver, por exemplo, "Ia Mat' Chetyrekh Detei", "Odobriaiu Zapreshchenie Abortov", "Kak la Stala Invalidom", "I Za I Protiv", *Pravda*, 27 mai. 1936, p. 2; "Istoriia Abortov", "Predlozheniia Kalininskikh Tkachikh", *Pravda*, 28 mai. 1936, p. 2; "Berite

WENDY GOLDMAN

Ainda assim, as mulheres também debatiam se era possível ser mãe de uma grande família e ainda contribuir para a vida social e política. Embora algumas cartas argumentassem que era possível fazer os dois, outras sustentavam que o aborto era necessário se as mulheres deveriam estudar, trabalhar e ocupar um papel equivalente na sociedade ao dos homens. Muitas mulheres descreviam os dolorosos conflitos entre trabalho e maternidade em um tom extremamente familiar e moderno[117]. Uma jovem mulher escreveu que estudantes precisavam do direito ao aborto:

> Somente aqueles que não conhecem as condições da vida de um estudante podem declarar que é possível combinar a maternidade e os estudos no instituto sem problemas. É especialmente impossível, quando marido e esposa vivem em diferentes extremos de uma cidade, em diferentes dormitórios.[118]

Vinte e oito mil estudantes do Instituto de Energia de Moscou escreveram que as "mulheres perdem sua liberdade plena" se são forçadas a dar à luz contra sua vontade[119]. Mulheres trabalhadoras sugeriram que o aborto deveria estar disponível para mulheres com grandes famílias, renda limitada ou apartamentos superlotados. Outra carta propunha que mulheres solteiras tivessem o direito ao aborto porque uma criança poderia limitar suas chances de casar-se e construir vidas produtivas. E uma jovem mulher corajosamente esboçou que, quando o país tivesse lavanderias, creches, roupas prontas para crianças e sapatos decentes, então "será possível pensar sobre famílias maiores"[120]. Vistas em conjunto, as cartas sugerem que havia um apoio considerável ao aborto legal para mulheres com grandes famílias, estudantes, mulheres solteiras, mulheres pobres, mulheres em apartamentos lota-

---

Primer s Menia", *Pravda*, 29 mai. 1936, p. 4; "Govorit Sovetskaia Mat'", *Pravda*, 30 mai. 1936, p. 4; "Otvet Nine Ershovoi", *Pravda*, 31 mai. 1936, p. 3.

[117] Ver *Pravda*, "Zhenshchina-Obshchestvennitsa", 5 jun. 1936, p. 4; "Mnenie Znatnoi Traktoristki", 7 jun. 1936, p. 3; "Neskol'ko Predlozhenii k Zakonoproektu o Zapreshchenii Abortov", 16 jun. 1936, p. 4.

[118] "Studentke-Materi Nuzhny L'goty", *Pravda*, 6 jun. 1936, p. 4.

[119] "Chto Tolkaet Zhenshchinu na Abort", *Pravda*, 1 jun. 1936, p. 4.

[120] Ver *Pravda*, "Uchityvat' Ne Tol'ko Zdorov'e no i Semeinoe Polozhenie", 4 jun. 1936, p. 3; "Ogranichit' Prava Aborta", "Kak Obespechit' Vzyskanie Alimentov", 1 jun. 1936, p. 4; "Chto Meshaet Obzavestis' Sem'ei", 30 jun. 1936, p. 4.

MULHER, ESTADO E REVOLUÇÃO

dos e mulheres com cargos importantes; em resumo, para quase toda mulher soviética que se encontrasse em uma gravidez não desejada.

Ainda que muitas mulheres discordassem da proibição do aborto, elas apoiavam fortemente as medidas mais restritas sobre o divórcio e a pensão alimentícia, e a expansão das instalações de cuidado das crianças. As mulheres da fábrica têxtil de Trekhgornia sugeriram que homens que se recusavam a pagar a pensão alimentícia "deveriam ser forçados a cavar canais e construir casas", o pagamento da pensão alimentícia seria descontado de seus salários pelo trabalho compulsório. Duas mulheres técnicas escreveram: "O pai que não quer cumprir com suas obrigações paternais é um destruidor da família". Outras cartas sugeriam que as taxas para o divórcio deveriam ser ainda mais altas do que as propostas, e que os divórcios deveriam retornar dos Zags para os tribunais[121]. As mulheres aprovavam a ideia de fortalecer a família, se isso significasse aumentar a responsabilidade dos homens perante suas esposas e crianças.

Em um parque em Red Presnaia, em Moscou, um distrito com longa tradição de militância da classe trabalhadora, uma operária em uma discussão pública da lei de 1936 gritou: "Destruam todos os homens e tudo estará em ordem"[122]. O Estado chamou a atenção para essa profunda fonte de amargura para justificar a ressurreição da família. A lei de 1936 oferecia às mulheres uma barganha implícita: ela ampliava tanto a responsabilidade do Estado como a do homem pela família, mas em troca ela exigia que as mulheres assumissem o duplo fardo do trabalho e da maternidade. A ideia de que o Estado assumiria as funções da família foi abandonada. A nova barganha era possível precisamente pelas dolorosas experiências das mulheres – nos anos 1920 e na nova revolução industrial soviética – com a desintegração da família. Ainda que satisfizesse determinadas necessidades sociais, esta também marcava o começo da renúncia do Estado das responsabilidades sociais e do duplo fardo que as mulheres soviéticas carregam hoje. Por fim, essa barganha, que acomodou confortavelmente tanto os homens quanto o Estado, deixou as mulheres com a parte do leão da responsabilidade pelo trabalho, compras, serviço doméstico e cuidado com os filhos.

---

[121] Ver *Pravda*, "Trekhogorka Golosuet", "Polnoe ZapreshchenieAborta – Nepravil'-no", 27 mai. 1936, p. 2; "O Posobnikakh Zlostnym Neplatel'shchikam Alimentov", 28 mai. 1936, p. 2; "Kak Dolzhen Proiskhodit' Razvod", 8 jun. 1936, p. 3.

[122] Livshits, "Rebenok – V Tsentre Vnimaniia Sovetskoi Obshchestvennosti", cit., p. 8.

CONCLUSÃO
O OXÍMORO DE STÁLIN: ESTADO SOCIALISTA, DIREITO E FAMÍLIA

Não devemos aspirar por uma família altamente estável e ver o casamento a partir desse ângulo. O fortalecimento do casamento e da família – tornando o divórcio mais difícil – não é algo novo, e sim velho: é como o direito burguês.
Iakov Brandenburgskii, ao argumentar diante do VTsIK em 1925[1]

Essas "teorias" se refletiam também em uma negação do caráter socialista do direito soviético, em tentativas de retratar o direito soviético como direito burguês, como direito que se baseava nos mesmos princípios burgueses e expressava as mesmas relações sociais inerentes à ordem burguesa. Essas pessoas transitaram o caminho desgastado das perversões trotskistas-bukharinistas...
Andrei Ia. Vyshinskii, 1948[2]

Nas duas décadas que se passaram entre 1917 e 1936, a visão soviética oficial sobre a família passou por uma completa inversão. Depois de começar com o compromisso feroz e libertário com a liberdade individual e a "extinção" da família, o período terminou com uma política baseada no fortalecimento repressivo da unidade familiar. Deslocamentos parecidos aconteceram na ideologia do Estado e do direito, à medida que o Partido eliminava sistematicamente as correntes libertárias do pensamento bolchevique. Uma concepção legal do crime baseada nas causas sociais e na reabilitação cedeu frente a uma nova ênfase da culpabilidade pessoal e do castigo. A troca intelectual aberta cedeu lugar à cautela temerosa, o debate honesto a uma farsa de discussão dura e débil. Ao chegar o ano de 1936, os jornais pregavam o apoio a uma família socialista forte, a códigos legais elaborados e a um Estado poderoso. Os conceitos de família, direito e Estado

---

[1] *Stenograficheskii otchet zasedaniia 2 sessii Vserossiikogo Tsentral'nogo Ispolnitel'nogo Komiteta, 12 sozyva. 20 oktiabria 1925 goda* (Moscou, 1925), p. 146.

[2] Andrei Ianuar'evich Vyshinskii, *The Law of the Soviet State*, cit., p. 53.

WENDY GOLDMAN

socialistas, mais tributários de Constantine Pobedonotsevdo que de Marx, haviam se convertido na nova tríade sagrada do Partido.

Os deslocamentos ideológicos aconteceram de forma desigual e frequentemente contraditória. A abolição do *Zhenotdel* em 1930 eliminou um centro importante de ideias e atividades que promoviam os interesses da mulher. Debilitado pela falta de apoio e fundos ao longo da década de 1920, o *Zhenotdel* já tinha perdido grande parte do poder ao final da década[3]. No entanto, apesar de sua debilidade, a organização planificou e realizou reuniões como o Congresso da Mulher de 1927, que reuniu centenas de mulheres trabalhadoras e camponesas para criticar os homens, o Partido, o Estado, para explorar as origens de sua opressão e para discutir suas ideias de mudança. Richard Stites assinala que a abolição do *Zhenotdel* marcou "o fim do movimento proletário feminino"[4].

No exato momento em que o *Zhenotdel* foi desarticulado, no entanto, o primeiro Plano Quinquenal ressuscitou as primeiras ideias sobre a emancipação feminina e a "extinção" da família. Muitos ativistas do Partido, motivados pela inserção da mulher na força de trabalho, adotaram com entusiasmo a causa do cuidado das crianças, dos refeitórios socializados, e a liberação feminina das responsabilidades do lar. Na esfera legal, um grupo de juristas dirigidos por Krylenko redigiu um novo código penal "minimalista", em 1930, feito para minar as bases da lei. O esboço não continha nenhuma sanção contra o delito juvenil e destacava os motivos sociais do comportamento criminoso e "medidas preventivas e de readaptação com orientação social" no lugar do castigo[5].

O discurso de Stálin frente ao XVI Congresso do Partido, em 1930, tipificou a combinação contraditória de regressão e ressurgimento revolucionário. Sem abandonar a adesão à eventual "extinção" do Estado, articulou uma nova dialética de poder estatal.

> Estamos a favor da extinção do Estado. E também estamos a favor do fortalecimento da ditadura do proletariado... O maior desenvolvimento do poder estatal com o objetivo de preparar a extinção do

---

[3] Richard Stites, *The Women's Liberation Movement in Russia*, cit.; Carol Eubanks Hayden, "The Zhenotdel and the Bolshevik Party", cit.

[4] Richard Stites, *The Women's Liberation Movement in Russia*, cit., p. 344.

[5] John Hazard, "The Abortive Codes of the Pashukanis School", em F. J. M. Feldbrugge, *Codification in the Communist World* (Leiden, A. W. Sijthoff, 1975), p. 160.

MULHER, ESTADO E REVOLUÇÃO

poder estatal; eis aqui a fórmula marxista. Existe aqui uma "contradição"? Sim, é uma "contradição".[6]

No entanto, ao terminar o primeiro Plano Quinquenal, a política começou a ter uma viragem brusca em oposição à doutrina da "extinção". Em 1932, Vyshinskii publicou um chamado por um firme e centralizado controle do poder judiciário e por uma nova estabilidade legal. Em uma oposição clara a Pashukanis e seus seguidores, argumentou que a lei teria sua expressão máxima sob o socialismo e não sob o capitalismo como tinha sustentado a escola da troca de mercadorias[7]. Em 1933, o estabelecimento de uma Procuradoria da União forneceu uma base forte de poder centralizado para Vyshinskii e suas ideias. A pluralidade de opiniões e jornais desapareceu. Vyshinskii atacou Pashukanis vitoriosamente no XVII Congresso do Partido, em 1934, por "niilismo legal"[8]. A designação de Vyshinskii como Procurador Geral, em março de 1935, constituiu uma vitória clara sobre Krylenko, o comissário russo da Justiça e proponente da doutrina da "extinção" no âmbito legal[9].

Ao chegar a primavera de 1935, a mudança na política em relação ao direito e à família foi gravada em novas leis, escritas com o fim de usar a família para contra-atacar o delito juvenil. Vyshinskii

---

[6] Joseph Stálin, citado em *Sovetskoe gosudarstvo*, n. 9-10, 1930, no frontispício do volume.

[7] Andrei Ianuar'evich Vyshinskii, "Revoliutsionnaia Zakonnost' i Nashi Zadachi", *Pravda*, 28 jun. 1932, p. 2. Sobre o artigo de Vyshinskii como ponto de inflexão, ver Eugene Huskey, *Russian Lawyers and the Soviet State*, cit., p. 180, e "From Legal Nihilism to *Pravovoe Gosudartvo*: Soviet Legal Development, 1917-1990", que aparecerá em um volume editado por Donald Barry. Os historiadores legais diferem sobre o momento no qual o Partido abandonou oficialmente a doutrina da extinção a favor de uma lei socialista forte. Huskey assinala o artigo de Vyshinskii e o decreto acompanhante do *Sovnarkom* como sinais do giro, Hazard cita o discurso de Stálin em 1930 diante do XVI Congresso do Partido, e Peter Solomon assinala a diretiva secreta de Stálin, de maio de 1933, para deter a deportação dos *kulaks* e sancionar os funcionários locais por excessos. Ver John Hazard, "The Abortive Codes of the Pashukanis School", cit., p. 166; Peter Solomon, "Local Political Power and Soviet Criminal Justice, 1922-1941", *Soviet Studies*, 37, n. 3, 1985, p. 313.

[8] Robert Sharlet, "Pashukanis and the Withering-Away of the Law in the USSR", em Sheila Fitzpatrick (org.), *Cultural Revolution in Russia, 1928-1931*, cit.; "Stalinism and Soviet Legal Culture", cit.

[9] Eugene Huskey, *Russian Lawyers and the Soviet State*, cit., p. 185.

conseguiu destruir e impugnar a *Komones*, Comissão para Assuntos de Menores, a Procuradoria adquiriu novos e vastos poderes sobre o delito juvenil e o Partido lançou uma campanha pelo cumprimento das pensões e subsídios de menores. Os juristas, que antes tinham sido sensíveis às causas sociais do *besprizornost'*, ao aborto e ao delito infantil, agora justificavam a repressão sob a alegação simplista e até mesmo cínica de que as condições haviam melhorado.

Ao chegar o ano de 1938, Vyshinskii qualificou as teorias legais da década de 1920 como "perversões extremamente cruas" produzidas "por um grupo de pseudomarxistas que não pouparam esforços em contaminar nossa literatura jurídica com porcarias pseudocientíficas". Chamou Pashukanis de "espião e destruidor", e declarou que Stuchka e outros juristas "transitaram o caminho desgastado das perversões trotskistas-bukharinistas"[10]. Tanto Pashukanis como Krylenko foram presos e executados em 1937. Alexander Goikhbarg, o autor idealista do Código da Família de 1918, e Aron Sol'ts, ativo participante dos debates no VTsIK entre 1925 e 1926, além de membro do alto escalão da Comissão de Controle Central e da Procuradoria, foram internados em instituições psiquiátricas. Muitos outros participantes do debate sobre o Código da Família, como Alexander Beloborodov, Aleksei Kiselev e Pyotr Krasikov, foram assassinados na prisão entre 1936 e 1939. Inúmeros juristas e ativistas desapareceram nos campos.

Ao chegar o ano de 1944, a inversão do direito familiar era completa: o Édito sobre a Família desse ano repudiava os traços remanescentes da legislação dos anos 1920 ao retirar o reconhecimento do casamento *de facto*, proibir os julgamentos pela paternidade, reintroduzir a categoria da ilegitimidade e transferir o divórcio de volta aos tribunais. Nas palavras de Peter Juviler, o Édito sobre a Família buscou promover a estabilidade familiar "ao poupar ao homem e sua família legal os choques financeiros e emocionais que poderiam surgir dos julgamentos pela paternidade e divórcio"[11]. O conflito de vinte anos entre a esposa legal e a amante pela renda do homem assalariado foi finalmente resolvido a favor da família. As disposições mais revolucionárias dos Códigos de 1918 e 1926 foram erradicadas.

---

[10] Andrei Ianuar'evich Vyshinskii, *The Law of the Soviet State*, cit., p. 38, 53.

[11] Peter Juviler e Henry Morton, *Soviet Policy Making: Studies of Communism in Transition* (Londres, Pall Mall, 1967, p. 33).

MULHER, ESTADO E REVOLUÇÃO

As raízes da reversão do direito familiar datam dos anos 1920. O legado do subdesenvolvimento russo, a falta de recursos estatais, o peso da economia, da sociedade e das tradições camponesas atrasadas, a devastação da base industrial durante o período de guerra, o desemprego, a fome e a pobreza foram fatores que minaram gravemente a primeira visão socialista. Os *besprizorniki* cumpriram um papel crucial em obrigar o Estado, de decreto em decreto, a abandonar a criação coletiva das crianças. Muitas das sugestões oferecidas pelas mulheres e camponesas na década de 1920 – limitar o divórcio, garantir o cumprimento da responsabilidade pela pensão alimentícia, deter a promiscuidade masculina – foram finalmente adotadas pela lei e política familiar stalinistas. A dura retórica da responsabilidade familiar encontrou sem dúvida um público agradecido.

No entanto, o Estado seguiu sua própria agenda através da lei de 1936, que não era aceita necessariamente pela população soviética. Tadevosian admitiu logo depois da Segunda Guerra Mundial que "a alta fertilidade da família soviética foi um dos propósitos básicos do Estado socialista com a publicação do decreto do dia 27 de junho de 1936 sobre a proibição do aborto"[12]. Ainda que as mulheres apoiassem certos artigos da lei, não existe nenhuma evidência de que as soviéticas, que viviam em casas improvisadas e lotadas, e lutavam com as responsabilidades do trabalho e da família, sobrecarregadas pelo esforço de abrigar e alimentar seus filhos, tenham apoiado a proibição do aborto. A ênfase pró-natalista da lei, que elogiava as famílias de sete ou oito filhos, burlava as condições sociais e aumentava incomensuravelmente a pesada carga do trabalho e da maternidade já suportada pelas mulheres.

Além disso, as estatísticas econômicas e sociais sugerem que as medidas repressivas contra maridos e pais irresponsáveis não eram a forma mais eficaz de proteger mulheres e crianças. Ainda que os homens fossem sem dúvida irresponsáveis em seu comportamento em relação a suas ex-mulheres e filhos, isso não significava que o salário de um trabalhador pudesse manter duas famílias. Os homens podiam ser obrigados a pagar, mas a soma geralmente era deduzida nas costas da segunda esposa e sua família. A repressão tinha um valor social limitado sob circunstâncias nas quais as rendas reduzidas, em vez da culpabilidade pessoal, determinavam a sorte das famílias. Os homens

---

[12] Citado em ibidem, p. 32.

indubitavelmente exacerbavam o sofrimento das mulheres, mas o indivíduo assalariado não possuía a chave para a libertação feminina.

Finalmente, ainda que as condições materiais tenham cumprido um papel fundamental em minar a visão dos anos 1920, não foram em última instância responsáveis pela sua desaparição. Um jurista escreveu em 1939: "A insistência na 'extinção' da família foi revertida pela própria vida"[13]. No entanto, isso não era de todo verdade. O compromisso jurídico com a união livre e a "extinção" da família foi sustentado apesar das adversidades da NEP. Houve oficiais dos Comissariados da Terra e da Justiça que mantiveram uma forte dedicação à libertação feminina no campo apesar da poderosa oposição camponesa. Os juristas continuaram advogando pela socialização das tarefas domésticas apesar da falta de recursos estatais. A reversão ideológica na década de 1930 foi essencialmente política, não de natureza econômica ou material, e levava a marca da política stalinista em outras áreas. A lei de 1936 tinha suas raízes nas críticas populares e oficiais da década de 1920, mas seus meios e fins constituíam uma ruptura marcada com as primeiras correntes do pensamento, de fato com uma tradição de séculos de ideias e práticas revolucionárias.

A política stalinista em relação à família foi um híbrido grotesco: enraizada na visão socialista original, esfaimada pela terra esgotada de pobreza e finalmente deformada pela crescente confiança do Estado na repressão. Contudo, contornos da visão original ainda poderiam ser discernidos no híbrido de 1936. Diferentemente da política familiar nazista, por exemplo, a ideologia stalinista nunca sustentou que o lugar da mulher era o lar. Apesar da ênfase na família forte e estável, o Partido continuou entusiasmando a mulher a ingressar na força de trabalho e, além disso, seguia disfarçando suas apelações com a velha retórica da libertação feminina. Os funcionários seguiam políticas agressivas no sentido de capacitar, promover e educar as mulheres, todas elas antitéticas ao fascismo. E, apesar da nova glorificação da família, do direito e do Estado, os juristas stalinistas nunca deserdaram por completo a legislação de 1918 e 1926. Rechaçaram seu objetivo principal, concretamente o de promover a "extinção" da família, e sancionaram a destruição de seus autores, mas seguiram declarando uma continuidade entre a legislação das décadas de 1920, 1930 e 1940. E ainda sustentavam orgulhosamente

---

[13] M. Reikhel', "Voprosy Semeinogo Prava i Proekt Grazhdanskogo Kodeksa SSSR", *Problemy sotsialisticheskogo prava*, n. 2, 1939, p. 83.

MULHER, ESTADO E REVOLUÇÃO

que o socialismo havia libertado "milhões de mães trabalhadoras para sua participação na produção e na vida social"[14].

A tragédia da reversão no campo da ideologia não foi simplesmente a de ter destruído a possibilidade de uma nova ordem social revolucionária, ainda que milhões tenham sofrido e morrido precisamente por esse motivo. A tragédia foi que o Partido continuou se apresentando como herdeiro genuíno da visão socialista original. Mascarando seu enfoque restrito à produção com a retórica vazia da emancipação feminina, abandonou sua promessa de socializar o trabalho doméstico e fomentar relações mais livres e iguais entre homens e mulheres. E a maior tragédia de todas é que as gerações subsequentes de mulheres soviéticas, desconectadas dos pensadores, das ideias e das experiências geradas por sua própria Revolução, aprenderam a chamar isso de "socialismo" e "libertação".

---

[14] Ibidem, p. 84-5; S. Vol'fson, "Sem'ia v Sotsialisticheskom Gosudarstve", *Problemy sotsialisticheskogo prava*, n. 6, 1939, p. 39, 43; G. A., "Sem'ia i Brak v SSSR i v Kapitalisticheskikh Stranakh", *Sovetskaia iustitsiia*, n. 2, 1937, p. 29-33.

ÍNDICE DE TABELAS

Tabela 1. Distribuição dos casos pelas Comissões
das Questões das Minorias na RSFSR, 1922-1924 121

Tabela 2. Efeito dos gastos de 1926. *Besprizorniki* nas ruas
e nos lares, abril de 1927 133-4

Tabela 3. Taxas de casamentos e divórcios soviéticos, 1911-1926 ... 146

Tabela 4. Taxas de casamentos e divórcios
na URSS e na Europa, 1925-1926 147

Tabela 5. O divórcio nas cidades e no campo, 1925 147

Tabela 6. O casamento e o divórcio nas cidades,
vilas e áreas rurais, 1926 148

Tabela 7. Desemprego feminino, 1921-1929 152

Tabela 8. Mulheres na produção industrial, 1923-1929 154

Tabela 9. Instituições de cuidado infantil, 1917-1925 169

Tabela 10. Abortos e a população urbana feminina, 1926 317

Tabela 11. Abortos entre mulheres de 14 a 44 anos
em Moscou, 1926 320

Tabela 12. Abortos entre donas de casa e assalariadas
em Moscou, 1926 320

Tabela 13. Estado civil de pacientes de aborto
por localidade, 1926 321

Tabela 14. Tamanho das famílias de mulheres
que fizeram abortos, 1926 322

Tabela 15. Idade de mulheres que fizeram abortos, 1926 323

Tabela 16. Motivação de mulheres que fizeram abortos
por localidade, 1926 327

Tabela 17. Abortos e gravidezes anteriores entre as mulheres
que fizeram aborto, 1926 331

Tabela 18. Abortos legais e incompletos por localidade, 1926 335

Tabela 19. Casamentos e divórcios em Leningrado e Moscou,
1918-1929 (a cada mil habitantes).. 347

CRÉDITOS DAS IMAGENS

All Photo Russia (http://all-photo.ru): 89 (embaixo, à esquerda)

International Institute of Social History (http://socialhistory.org/): 83 (em cima), 93, 96 (em cima)

Library of Congress: 84 (em cima), 85, 86, 87, 88, 89 (em cima, à esquerda e à direita), 90, 91, 92, 94, 95, 96 (embaixo)

Michael Löwy (org.), *Revoluções* (São Paulo, Boitempo, 2009): 81, 82, 84 (embaixo)

Seventeen Moments in Soviet History (www.soviethistory.org): 83 (embaixo)

Wikimedia Commons: 89 (embaixo, à direita)

Adolf Strakhov-Braslavskii, 1926. "Mulheres
emancipadas – construam o socialismo!"

Publicado em março de 2014, 145 anos após o nascimento da revolucionária russa Nadezhda Krupskaia e no mês internacionalmente dedicado às mulheres, este livro foi composto em New Baskerville, corpo 10,1/12,12, e reimpresso em papéis Pólen Natural 70 g/m² e couché fosco 115 g/m² na gráfica Rettec, para a Boitempo, em agosto de 2023, com tiragem de 1.500 exemplares.